Die englische Originalausgabe erschien 1871
unter dem Titel *»Tales of Old Japan«* in zwei Bänden
bei Macmillan in London.
Die hier zugrundegelegte erste deutsche Ausgabe
erschien 1875 bei Grunow in Leipzig
(zwei Bände in einem, hier zusammengeführt)

FSC www.fsc.org MIX Papier | Fördert gute Waldnutzung FSC® C014496

Penguin Random House Verlagsgruppe FSC® N001967

3. Auflage

Neumarkter Straße 28, 81673 München
produktsicherheit@penguinrandomhouse.de
(Vorstehende Angaben sind zugleich
Pflichtinformationen nach GPSR.)

Umschlaggestaltung: Katja Holst, Frankfurt am Main
Umschlagmotiv: Utagawa Hiroshige, »Cherry Blossom«,
from *One Hundred Famous Views of Edo*, Brooklyn Museum, New York,
© Brooklyn Museum / Gift of Anna Ferris / Bridgeman Images
Satz und Layout: Roland Poferl Print-Design, Köln
Druck und Bindung: GGP Media GmbH, Pößneck
Printed in Germany
ISBN 978-3-7306-1371-9
www.anacondaverlag.de

Algernon Bertram Mitford

DAS ALTE JAPAN

Sagen, Mythen, Märchen, Bräuche

Aus dem Englischen von
Johann Georg Kohl,
neu eingerichtet und überarbeitet
von Kim Landgraf

Mit zahlreichen Illustrationen
japanischer Künstler

Anaconda

Algernon Bertram Mitford
Das alte Japan

INHALT

VORWORT UND EINLEITUNG

A. B. Mitford, der Herausgeber und teilweise Verfasser des äußerst interessanten Buches »Tales of Old Japan«, war als Sekretär der britischen Gesandtschaft längere Zeit unter Japanern, eignete sich die Sprache dieses in vieler Hinsicht merkwürdigsten Volkes des östlichen Asiens an, orientierte sich in seiner reichen Literatur, kam in seiner diplomatischen Stellung mit fast allen Klassen der Einheimischen in Berührung und lernte auf manchen Ausflügen und Reisen Land und Leute aus eigener Anschauung kennen.

Vor allen Dingen sammelte er mit viel Fleiß und guter Auswahl mehrere von Japanern verfaßte Schriften, die er so treu und wörtlich, wie es der verschiedene Geist der beiden Sprachen zuließ, ins Englische übersetzte und dann unter obigem Titel publizierte und die ich hier nun, wieder ebenso treu aus dem Englischen ins Deutsche übersetzt, dem größeren Publikum meines Landes vorlege.

Einige der in diesem Buch mitgeteilten Schriften enthalten Berichte über Begebenheiten älteren und neueren Datums: Volkstraditionen, Erzählungen von berühmten Männern und Helden, Schilderungen japanischer Gebräuche und Riten, Märchen und Kindergeschichten, die Mitford teils aus seltenen japanischen Handschriften, teils aus sehr populären und zahlreich im Land verbreiteten, außerhalb Japans aber unbekannten Büchern schöpfte. Da die Schauplätze dieser Geschichten und die in ihnen auftretenden Personen sehr verschieden sind, da einige sich mit den einfachen Bauern und Bürgersleuten, andere mit den hochfahrenden Adeligen und Aristokraten des Reichs, einige mit den Liebesangelegenheiten der Frauen oder mit den Heldentaten und Racheübungen der Männer, andere mit den Einfällen und Phantasiespielen der Kinder beschäftigen, erhält man ein ziemlich vollständiges, von Japanern selbst entworfenes Gemälde des ganzen Volks und der Zustände, Denk- und Lebensweise seiner verschiedenen Klassen und Stände, und in dieser Beziehung steht das Buch Mitfords, ich meine als Buch, dem man den Titel geben könnte »Les Japonais peints par eux-mêmes«*, beinahe einzig in seiner Art und ohne Vorgänger da.

»Fast alle über Japan und die Japaner in Europa bisher veröffentlichten Werke«, so über diesen Punkt der Herausgeber selbst,** »wurden entweder aus offiziellen Berichten und politischen Dokumenten kompiliert, oder sie enthielten skizzenhafte Reiseeindrücke von Touristen und Naturforschern. Vom inneren Leben und Wesen der Japaner hat unsere Lesewelt wenig erfahren. Ihre Religion, ihr Aberglaube, ihre Geistesanlagen, die verborgenen Triebfedern ihres Tuns und Treibens – das alles blieb vielfach geheimnisvoll. Und das war auch nicht zu verwundern. Die ersten ›Männer aus dem Westen‹, die mit Japan in Berührung kamen – ich meine nicht die alten holländischen und portugiesischen Kaufleute und Priester, sondern die Diplomaten und Handelsherren der letzten elf Jahre –, wurden im fernen Osten sehr kühl aufgenommen. Das einheimische Gouvernement trachtete jeder Erforschung der Sprache, Lite-

* Nach dem berühmten Gemeinschaftswerk und Sittengemälde »Les Français peints par eux-mêmes« (1840–1842).

** Er sagt dies nicht in seiner Vorrede, sondern in einer Anmerkung zu einer seiner Erzählungen. Ich habe aber geglaubt, diese Äußerung gleich hier vorzusetzen zu sollen. Es ist die einzige Umstellung oder Änderung, die ich mir bei der Übersetzung des Werkes erlaubt habe.

ratur, Religion und Geschichte des Landes Hindernisse zu bereiten. Die Regierung des Taikuns – mit der die Fremden, solange der Mikado in seiner alten heiligen Residenz zu Kioto abgesondert und verborgen blieb, allein in Berührung kamen – war sich bewußt, daß der kaiserliche Purpur, mit dem man ihren Chef bekleidet hatte, vor dem hellen Sonnenschein der Sprach- und Geschichtsforschung der Europäer, die die alten Bücher und Dokumente Japans zu lesen und zu verstehen fähig wären, bald vergehen müsse. Keine Gelegenheit wurde versäumt, den Neuankömmlingen Staub in die Augen zu streuen. Man versuchte sie oft schon in den geringfügigsten Nebenumständen über die Verfassung, die sozialen Verhältnisse und die politische Lage des Landes zu täuschen und irrezuführen.

Heute gibt es keinen Anlaß mehr zur Geheimhaltung. Der *Roi fainéant* (der Mikado) ist aus seiner Lethargie erwacht, hat seinen *Maire du palais* (den Taikun) beiseite geschoben, und ein verständliches Gouvernement, das eine Beleuchtung von außen nicht zu fürchten braucht, ist das Resultat gewesen. Da die alten Annalen und Urkunden des Reichs hinreichende Beweismittel für die Legitimität der Obergewalt des Mikados liefern, ist Geheimniskrämerei nicht mehr nötig. Der Forschung stehen nun alle Wege offen, und obwohl ihr noch vieles zu tun übrigbleibt, ist doch manche wertvolle Kenntnis erlangt worden, von der man auch in Europa gewiß gern etwas vernehmen wird.

Die in letzter Zeit durchgeführte Revolution in Japan hat sowohl politische als auch soziale Wandlungen zuwege gebracht. Und wenn zu den Änderungen und Fortschritten, die schon gemacht sind, nun auch Eisenbahnen und Telegraphenlinien das Land durchkreuzen und die entlegensten Punkte des Reichs untereinander in Verbindung setzen werden, dann wird wohl der alte Japaner, sowie wir ihn vor elf kurzen Jahren fanden und wie er bis dahin seit Jahrhunderten gewesen war, bald ganz von der Schaubühne abtreten.«

Zur Beleuchtung und charaktervollen Schilderung einer so eigentümlichen und schnell verschwindenden Zivilisation schien dem Herausgeber nichts geeigneter als die Übersetzung und Mitteilung einiger der interessantesten nationalen Legenden, Historien, Sagen und Märchen der Japaner und einiger anderer verwandter Proben ihrer Literatur, in denen die Japaner sich selbst porträtieren.

Mitford hat hier und da seinen Übersetzungen einige einleitende und erklärende Worte, wo sie ihm nötig schienen, hinzugefügt. Auch diese sind als von einem so intelligenten Kenner Japans herrührend vielfach wertvoll und interessant, und ich habe sie daher ebenfalls unverändert übersetzt.

Bei dieser Arbeit haben mir die oft abschreckend langen und fremdartigen japanischen Personennamen nicht wenig zu denken gegeben. Ich mußte dabei die Orthographie des englischen Originals erst wieder ins Deutsche übertragen. Der Verfasser, mit dem ich über diesen Punkt korrespondierte, teilte mir mit, daß er die japanischen Vokale so geschrieben habe wie die Italiener, deren Vokale mit unseren deutschen übereinstimmen. Die Wörter »Kami« und »Hijaku« sind daher nicht auszusprechen wie Kamei und Heijaku, wie die Engländer es tun würden, sondern Kami, Hijaku etc., wie die Deutschen und Italiener es tun. Die japanischen Konsonanten hat der Verfasser dagegen nach englischer Rechtschreibung wiedergegeben. Danach würde sein »sh« wie im Deutschen »sch«, »ch« wie »tsch«, »j« wie »dsch«, »y« wie »j«, »z« wie das weiche deutsche »s« in »dieses«, »s« wie das scharfe englische »s« in »say« oder wie das deutsche »ß« klingen. Demzufolge habe ich die Namen »Chobei«, »Juyémon«, »Kazuma«, um sie im Mund des deutschen Lesers so klingen zu lassen, wie sie bei den Japanern klingen, in »Tschobei«, »Dschujémon«, »Kasuma« umgewandelt. Das »y« ist im Englischen zuweilen (am Anfang der Silben) ein Konsonant, der wie unser deutsches »j« lautet, zuweilen (in der Mitte der Silben) ein Vokal, gleich dem deutschen »ai«. Die Namen »O Koyo«, »Tykun« schrieb ich daher »O Kojo«, »Taikun«. – Übrigens beriet ich mich bei meiner Rechtschreibung der Namen auch mit einem Muttersprachler, der die Güte hatte, mir alle japanischen Wörter des Buches deutlich vorzusprechen, und dessen Mund ich sorgfältig belauschte. So ist es mir, wie ich glaube, gelungen, ein richtiges Lesen und Aussprechen der Namen wenigstens in den meisten Fällen möglich zu machen.

Um nun dem Leser auch das Verständnis und die Bedeutung des Buches im Voraus etwas näherzubringen, sei es mir gestattet, den Inhalt der enthaltenen Erzählungen, Essays und Exkurse hier in aller Kürze anzugeben. Der erste Band des Buches enthält:

1. Die siebenundvierzig Ronin

Die Geschichte von den siebenundvierzig Ronin (entlassenen Vasallen) behandelt ein in Japan sehr beliebtes Thema, nämlich das der Vasallentreue und der aufopfernden Racheübung an den Feinden eines in seiner Ehre gekränkten Lehnsherrn. Der Erzählung liegen Begebenheiten zugrunde, die sich zu Beginn des 18. Jahrhunderts ereignet haben. Siebenundvierzig treue Anhänger und Vasallen eines vornehmen Herrn rächten die Beleidigungen, die diesem ein anderer zänkischer und unedel gesinnter Grand Seigneur angetan hatte, mit Bekriegung und Tötung des letzteren und gaben sich danach, von den Gerichten verurteilt, selber in heroischer und hingebender Weise den Tod. Die Geschichte ist in ganz Japan bekannt und die siebenundvierzig treuen Ronin werden dort fast als Heilige verehrt und ihre Grabstätten von den Patrioten besucht. Zu Teilen wurde diese Sache auch schon von anderen Schriftstellern besprochen und mitgeteilt. Hier erhalten wir sie zum ersten Mal vollständig mit all den so charakteristischen Details von einem Japaner selbst vorgetragen.

Mitford hat diesem furchtbaren Gemälde eines wilden Heroismus zusätzlich einige von ihm gefundene Dokumente und einige schöne Schilderungen der von ihm besuchten Schauplätze der Begebenheiten beigegeben. – Auf dem die Erzählung begleitenden Bild ist eine Szene dargestellt, wie sie nur unter den so höflichen und zugleich rachedurstigen und im Waffenhandwerk so geschickten Japanern vorkommen kann. Die Ronin liegen vor ihrem vornehmen Feind, den sie besiegt und gefangengenommen haben, auf den Knien und flehen ihn an, sich der Sitte der japanischen Edelleute gemäß selbst entleiben zu wollen. Da dies aber dem Feigling nicht schmecken will und er das Harakiri (die Selbstentleibung) schmählich verweigert, werden sie ihm im nächsten Augenblick mit ihrem Messer an den Hals steigen und den Kopf des Sünders, den sie, solange es nur eben anging, so höflich behandelten, mit ein Paar Streichen heruntersäbeln. Das Ende dieser treuen Seelen ist wahrhaft heroisch und rührend und in unserer Erzählung sehr befriedigend und ganz vollständig dargestellt.

2. Die Liebschaft des Gompatschi und der Komurasaki

Da Liebesgeschichten in unserem Buch so häufig vorkommen und einen so hervorragenden Platz einnehmen, könnte man das Ganze fast das japanische Dekameron nennen, besonders auch deswegen, weil die Erzählungen nicht weniger drastisch vorgetragen sind als bei Boccaccio. Die Schilderung der Grabstätte, auf der die beiden oben genannten Liebenden ruhen, und ihrer idyllischen Umgebung, mit der unser Verfasser seine Novelle einleitet, ist sehr anmutig, und ebenso hübsch ist die japanische Mythe von den beiden fabelhaften Vögeln, »Schigoku« genannt, von denen sie sagen, daß sie der eine im anderen leben, und die so, indem sie einen mysteriösen Dualismus in demselben Leib darstellen, ein Emblem treuer und inniger Liebe sind. Man findet diese Doppelvögel zuweilen auf den Gräbern früh verstorbener Liebenden abgebildet.

Der Held der Erzählung, Gompatschi, gerät auf seinen ritterlichen Fahrten eines Tages in eine Räuberhöhle, in der er mit dem wunderschönen Mädchen Komurasaki zusammentrifft, in die er sich kopfüber verliebt und die er aus den Händen der Räuber befreit. Da er aber mittellos ist und seine einst reiche Geliebte ebenfalls in Armut fällt, verrichtet er, um ihr ein schönes Leben zu verschaffen, die abenteuerlichsten Dinge und wird ihr zuliebe selbst ein verwegener und arger Räuber. Nach Ausführung vieler kühner und blutiger Taten wird er entlarvt, ins Gefängnis geworfen und hingerichtet, worauf seine verzweifelnde Geliebte Komurasaki sich auf seinem Grab erdolcht. – Die gutmütigen Priester eines benachbarten Tempels, die diese bis in den Tod treue Liebe sehr bewunderten, errichteten dem nun still vereinten Paar ein Grabmal, und die Bewohner Jedos* besuchen noch heute diesen Platz und preisen die Schönheit des kühnen Gompatschi und die Treue seiner Komurasaki, wie die Bewohner Veronas die von Romeo und Julia.

Weil diese Geschichte zum Teil in dem berühmten Stadtquartier Jedos spielt, das »Joschiwara« oder »Blumendistrikt« heißt, hat der Verfasser uns in einem Anhang ein sehr lebhaftes Bild dieses Quartiers und des Treibens in ihm entworfen.

* Jedo, auch Edo, der alte Name der heutigen Hauptstadt Tokio.

3. Kasumas Rache

Dolche und Schwerter sind für die auf Ehre so bedachten und dabei so rachlustigen Japaner Dinge von höchster Wichtigkeit. Die Schwertfeger bilden bei ihnen die angesehenste Handwerkerklasse, in die sogar Edelleute eintreten.

Sie geben ihren Waffen eine Härte, Schärfe und Vollkommenheit, die vielleicht von den Künstlern keines anderen Volks erreicht wurde. Einige Waffenschmiede sowie auch einzelne Schwerter haben bei ihnen eine fast historische Berühmtheit erlangt. Die Schwerter sind nach dem Glauben des Volks zuweilen von einem besonderen Geist beseelt. Sie sind gewissen Familien treu und ergeben oder auch feindselig. Sie haben bei den Japanern ihre eigene, oft abenteuerliche Geschichte, wie bei den Ungarn die Königskrone. Und die Lebensgeschichte eines abhanden gekommenen oder geraubten Schwertes ist oft so bunt und romantisch, wie bei anderen Völkern die Geschichte einer geraubten Geliebten.

»Kasumas Rache« ist in der Hauptsache die Geschichte eines japanischen Schwertes und der bunten sich an dasselbe knüpfenden Vorfälle. Sie spielt am Anfang des 17. Jahrhunderts, einer Zeit großer bürgerlicher Unruhen in Japan, und hat also einen interessanten historischen Hintergrund, den sie mehrfach hell beleuchtet. Sie behandelt zum Teil Begebenheiten, die gerade bei den zu unserer Zeit ins Werk gesetzten inneren Umgestaltungen Japans und bei den zwischen verschiedenen Gesellschaftsklassen ausgebrochenen Fehden wieder eine große Bedeutung haben. Obwohl sie wegen der in ihr vorgeführten blutigen Szenen manchen Leser nicht sehr ansprechen wird, ist sie doch als eine echt japanische Volkstradition für den Erforscher sozialer Phänomene von nicht geringem Interesse.

4. Die Geschichte der Otokodaté von Jedo

Seit alten Zeiten bestanden in Japan gewisse Verbrüderungen, deren Mitglieder sich Otokodaté, d. h. »rüstige Gesellen«, nannten. Es gab sie sowohl unter den Vasallen des Taikuns, die einen vornehmen Herrn an der Spitze hatten, als auch unter den Plebejern, deren Haupt irgendein angesehener und ehrenwerter Bürgersmann war. Beide Klassen von Otokodaté rivalisierten unter sich und hatten allerlei Konflikte und Reibungen miteinander, ähnlich wie die Korporationen der deutschen Studenten. Unter dem obigen Titel erhalten wir eine Reihe meist sehr wilder und blutiger japanischer Charakterbilder aus der Geschichte und dem Treiben dieser Banden, namentlich aus der Lebens- und Leidensgeschichte eines wegen seiner Tugenden und Wohltaten in Japan berühmten Chefs der bürgerlichen Otokodaté, Tschobei von Bandsuin, dessen grausamer Tod von einem ihn verfolgenden Oberhaupt der Adeligen herbeigeführt wurde. Die ganze Geschichte dieses Tschobei ist voll von Mord, Raub und Racheübung, und als wenn das nicht genug wäre, sind vom japanischen Erzähler auch noch ebensolche Geschichten als Intermezzos in den Rahmen des Ganzen in ähnlicher Weise eingeschachtelt, wie von japanischen und chinesischen Künstlern nicht selten ein hölzernes Kistchen oder eine elfenbeinerne Kugel in die andere gefügt wird. Übrigens läßt auch diese Erzählung oder vielmehr dieses Knäuel von abenteuerlichen Geschichten uns wieder mehrere Blicke in das Wesen und den Charakter des merkwürdigen Inselvolks tun. Es gibt auch in ihr wieder Szenen und Situationen, die ganz einzig in ihrer Art sind und nur in Japan so vorkommen können. So, um nur etwas hier hervorzuheben, das bewundernswürdige Benehmen der beiden an den Bettelstab gebrachten, durch Krankheit und Leiden ganz elend und invalide gewordenen, und doch stets so nobel und heroisch gesinnten, so feurigen und mutigen jungen Edelleute. Der Edelmut und Duldersinn Tschobeis, des Haupthelden des Stücks, wird jedem Leser wohltun. – Da der Bericht nicht fingiert, sondern tatsächlich und historisch ist, zeigt er, wie weit es in solchen Dingen in Japan gehen kann.

Mitford entnahm diese Geschichte einem von ihm übersetzten Manuskript, das ein japanischer Gelehrter namens Nagasawa abfaßte. Die Gegenstände, die sie behandelt, sind jedem Japaner bekannt und geläufig.

5. Asakusa und die japanischen Schau-, Lust- und Trauerspiele

»Asakusa« heißt einer der belebtesten Stadtteile Jedos, in dem sich zahlreiche Wahrsager, Musiker, Sänger, Tänzer, Gaukler und Kunststückmacher herumtreiben und in dessen Nähe sich auch die meisten Schauspielhäuser der Stadt befinden. Der Verfasser gibt uns nach einem japanischen Buch mit dem Titel »Führer durch die glückliche Stadt Jedo« und »nach anderen einheimischen Quellen« sowie auch zum Teil nach eigener Anschauung ein farbenreiches Bild vom Treiben und den Szenen an diesem merkwürdigen Ort. Zugleich fügt er einige lehrreiche Bemerkungen über die Geschichte und das Wesen des japanischen Dramas bei und teilt in einem Anhang den Inhalt mehrerer interessanter Schauspiele mit, die jüngst in Anwesenheit des Herzogs von Edinburgh in Jedo ausgeführt wurden und denen der Verfasser selbst beiwohnte. Wir erfahren daraus deutlich, wie es bei solchen Aufführungen auf der japanischen Bühne zugeht.

6. Die wundervollen Abenteuer des Funakoschi Dschujémon

Die weniger historischen als vielmehr nur sagenhaften Abenteuer des Dschujémon könnte man mit denen des englischen Robin Hood und seiner Gesellen vergleichen. Auch wenn sie sich nicht genauso begeben haben, wie sie hier erzählt werden, so haben sie sich in Japan doch vermutlich hundertmal in ähnlicher Weise zugetragen und sind daher sozusagen mehr als historisch, nämlich typisch, und gewähren erneut ein treues Bild japanischer Sitten und Anschauungen. Sie zeigen, was dort häufig oder gewöhnlich vorkommt. Unter anderem beweisen die Art der Rache, die Dschujémon an der Frau, die ihn entehrt hatte, und an ihrem Buhlen, einem Preisfechter, nahm, und die Straflosigkeit, die ihm vor Gericht für die Racheübung zuerkannt wurde, die hohe Bedeutung, die die Japaner der Heiligkeit der ehelichen Bande beilegen.

Weil in dieser Geschichte des Dschujémon ein Preisfechter eine hervorragende Rolle spielt, hat unser Verfasser derselben eine kleine, sehr interessante Abhandlung über die japanischen Ringer und Preisfechter angehängt und manches Neue über ihre Sitten und Geschichte mitgeteilt.

7. *Das Etamädchen und der Hatamoto*

Die sogenannten Eta (andere schreiben »Jeta«) sind die Parias von Japan, die Hatamoto dagegen Edelleute. Und wie in Europa Gott Amor zuweilen, auf Standesunterschiede keine Rücksicht nehmend, zwischen Grafen, Rittern und schönen Zigeunerinnen Verbindungen anspinnt, die dann zu allerlei romantischen Konflikten führen, so geschah dies auch in Japan einst zwischen Gensaburo, einem vornehmen Hatamoto, und dem verachteten, aber reizend schönen Etamädchen O Kojo, einer japanischen Preziosa, deren Liebschaft in dieser Geschichte geschildert wird. Die bei einer zufälligen Begegnung plötzlich zwischen Gensaburo und O Kojo auflodernde Leidenschaft, die geheimen Zusammenkünfte der beiden, ihre treue Liebe, die alle sie bedrohenden Gefahren nicht berücksichtigt und bis in den Tod dauert, dies alles ist in dieser japanischen Liebesgeschichte ungefähr so wie bei Shakespeares Romeo und Julia. Nur das Ende ist in Japan noch viel tragischer als in Europa. Denn wer in Japan sich in eine so arge Mesalliance einläßt, zieht, wenn diese ans Tageslicht und vor Gericht kommt, nicht nur sich und seiner Geliebten, sondern auch seinem ganzen Geschlecht und allen seinen Helfershelfern Schande und Verderben zu. Und so endigt der Roman nach dem Genuß eines verstohlenen Liebesglücks mit dem völligen Untergang der beiden Helden, des Hatamoto und des Etamädchens, ihrer Familien und ihrer Freunde. Die ganze Geschichte ist einfach und gut erzählt. Besonders lebhaft ausgeführt ist die Darstellung der Szene, in der der vornehme Edelmann dem schüchternen und bescheidenen Etamädchen auf stürmische Weise seine Liebe erklärt.

8. Japanische Märchen

Märchen und Feengeschichten bilden in Japan, wie anderswo, einen kleinen Literaturzweig für sich. Sie werden dort in separaten kleinen, mit Bildern illustrierten Büchern gedruckt, die Familienväter und Kinder begierig kaufen.

Es gibt, wie mir ein Japaner versichert hat, bei den japanischen Buchhändlern ganze Haufen solcher Bücher mit Kindergeschichten, die die Mütter ihren Kleinen erzählen, um sie damit in Schlaf zu lullen.

Mitford hat einige derselben aufgespürt und mitgeteilt. Er hat sie, wie alles Übrige, wörtlich aus dem Japanischen übersetzt. Sie sind einfach, echt volkstümlich erzählt, und man wird sie ebensogern lesen wie unsere Grimm'schen Märchen. Dabei sind sie ganz originelle japanische Gewächse, aus den Lebensverhältnissen, den Sitten, den abergläubischen Vorstellungen und der Phantasie dieses Inselvolks hervorgegangen. Sie scheinen nicht mit anderen Märchen des Orients, weder mit arabischen, noch mit den kürzlich gesammelten indischen, in Zusammenhang zu stehen. Es waltet in ihnen eine äußerst kecke Phantasie, die nicht nur den Naturgegenständen, den Tieren, Pflanzen, Steinen, Strohhalmen etc., sondern auch den menschlichen Gerätschaften, den Teekesseln, Reismörsern, Besenstielen etc., Leben, Vernunft und Sprache erteilt, und auch solche Dinge wie Menschen handelnd und redend auftreten läßt. – Sie tragen ein ganz national-japanisches Gepräge und führen uns wieder durch ein anderes Tor in das Innerste der Denk- und Lebensweise dieses Volks ein.

Aimé Humbert, der bekannte Schweizer Reisende und Berichterstatter über Japan, der dort eine ganze Bibliothek von populären Geschichten, Märchen, Legenden und moralischen Erzählungen zusammenkaufte, macht folgende kritische Bemerkung: »Der Wert dieser Produktionen«, sagt er, »scheint mir wesentlich in der Wahl der Ausdrücke, in der originellen Wendung der Phrasen, und, um es mit einem Wort zu sagen, in der Eleganz des Stils zu liegen, von dem allen eine Übersetzung nur selten eine entsprechende Vorstellung gibt.« – Dies gilt namentlich von den verkümmerten und nachlässigen Übersetzungen, die uns hier und da auch Sir Rutherford Alcock und andere flüchtige Besucher Japans mitgeteilt haben. Da Mitford treu und vollständig übersetzt hat, erhalten wir durch ihn wenigstens ein so richtiges Bild von der Eleganz und Originalität des Stils in diesen literarischen Erzeugnissen der Japaner, wie es eine Übersetzung überhaupt geben kann.

9. Der Geist von Sakura

Diese Geschichte gehört zu den interessantesten und lehrreichsten Mitteilungen unseres Buches. Sie wirft ein helles Licht auf die Zustände der zahlreichsten Volksklasse Japans, der ehrlichen, fleißigen und doch oft so bedrückten und armen Bauern, und auf ihr Verhältnis zu ihren großen Herren und Landeigentümern. – Ein Mitglied der vornehmen, berühmten und reich begüterten Hottafamilie namens Kotsuké no Suké Masanobu, Herr des Schlosses Sakura, drückte seine Pächter mit unbarmherzigen Fronarbeiten und willkürlichen Abgaben und brachte sie in die größte Armut und Verzweiflung, so daß sie sich endlich gegen ihn auflehnten, einen Bund unter sich machten und beschlossen, ihre Klagen vor den Taikun zu bringen. An ihre Spitze trat als Vorredner ein ehrlicher Bauer namens Sogoro, der das größte Mitgefühl mit seinen Freunden und Standesgenossen empfand und sich entschloß, die von den Vorstehern von 136 Dörfern unterzeichnete Klage- und Bittschrift dem Taikun zu überreichen, was er auch auf öffentlicher Straße ausführte. Der harte Schloßherr Kotsuké no Suké wurde danach zwar gezwungen, seine grausames Verhalten gegen die Pächter zu ändern und die drückenden Abgaben wieder zu mindern. Aber er entbrannte gegen den Bauern Sogoro, der ihn durch seine Anklage geschädigt hatte, in furchtbarer Rache. Er ließ ihn ergreifen, machte ihm wegen der Überreichung der Petition an den Taikun auf öffentlicher Straße, was in Japan als ein hochverräterisches, mit strenger Strafe bedrohtes Verbrechen betrachtet wurde, den Prozeß und ließ ihn mitsamt seiner Frau und seinen Kindern trotz der Fürbitten aller Bauern, Beamten und Wohlgesinnten auf höchst unbarmherzige Weise am Kreuz sterben. Sogoro und die Seinen ertrugen diesen grausamen Tod als Märtyrer für das Volk mit der größten Duldung und mit rührendem Heldenmut. Nach ihrem Tod jedoch erschienen sie dem von seinem Gewissen geplagten Tyrannen und seiner Gemahlin als nächtliche Quälgeister. Die letztere wurde von den Gespenstern so geängstigt, daß sie darüber erkrankte und starb, und auch der vornehme Despot selbst geriet durch den ihn verfolgenden Spuk in die größte Bedrängnis und Verzweiflung und wurde endlich so klein gemacht, daß er, von Reue zerknirscht, anfing, dem Geist seines Bauern Sogoro Abbitte zu tun. Daraufhin nahm die Gespensterplage ab. Doch geriet Kotsuké no Suké in noch anderes und tieferes Unglück. Seiner ihm angeborenen Leidenschaftlichkeit gemäß tötete er in einem Zank am Hof des Taikuns einen anderen großen Edelmann, mußte darüber flüchtig werden, wurde des Hochverrats angeklagt und zum Verlust seiner Ehren und Güter verurteilt. In seiner Herzensangst, in der er erkannte, daß all dieses Unglück ihn nur als eine gerechte Strafe für die grausame Ermordung Sogoros, seiner Frau und unschuldigen Kinder getroffen habe, wandte er sich an den Mikado, das kirchliche und kaiserliche Oberhaupt Japans, und bat ihn, den Bauern Sogoro zum Landesheiligen zu erklären. Dies geschah, Kotsuké no Suké errichtete seinem heilig gesprochenen Leibeigenen einen großen Tempel, bei dem die Leute zur Anbetung herbeiströmten, um die Feier seines Namens auf alle folgenden Geschlechter zu überliefern. – Nach dieser großartigen Sühne wurde der nun ganz gedemütigte Kotsuké no Suké begnadigt und in seine Ehren und Güter wieder eingesetzt. – Die Erzählung von seinen Geschicken sowie von denen des armen edlen Bauern Sogoro ist noch bis auf den heutigen Tag eine der populärsten in ganz Japan, wo sie jeder kennt. – Die Hauptmomente der Geschichte, die Verschwörung der Bauern, die Kreuzigung des Dulders Sogoro und seiner mit ihrem Vater mutig in den Tod gehenden Frau und Kinder, der Gespensterlärm und der Reumut des bösen Herrn sind in unserer Erzählung rührend und ergreifend, ich möchte fast sagen, meisterhaft erzählt.

10. Tajima Schumé

Der fahrende Ritter Tajima Schumé, ein sonst nicht unedler Charakter, wurde eines Tages vom Teufel in Versuchung geführt, einen reichlich mit blankem Geld versehenen Reisegenossen, einen Priester, mit dem er zusammentraf, zu berauben und heimlich zu ermorden. Das geraubte Geld gedieh bei ihm, und da er damit glücklich spekulierte, wurde er ein reicher Mann, den eine splendide Haushaltung und eine zahlreiche, scheinbar glückliche Familie umgaben. Aber nachdem er alles, wonach ihm verlangte, erreicht hatte und wie er seine Habe und die Häupter seiner Lieben überschaute und zählte, fing er an, über die faule Quelle dieses Reichtums nachzusinnen. Auf dem Gipfel des Glücks überfielen ihn Gewissensbisse, und der Geist seines gemordeten Reisegefährten erschien ihm zu wiederholten Malen, so daß er darüber in eine heftige, den Seinigen unerklärliche Krankheit verfiel. Er schien am Rande des Grabes zu sein, bis ein Priester, der die Ursache seines Zustands erriet und sein von Reue zerrissenes Gemüt mitleidig erkannte, tröstend an sein Krankenlager trat, ihm die Gnade des Himmels verhieß und ihn bewog, seinen Reichtum den Tempeln und den Armen zuzuwenden und durch ein der Mildtätigkeit hingegebenes Leben seine Missetat abzubüßen. – Die Hauptmomente auch dieser Geschichte sind abermals vortrefflich erzählt.

11. Verschiedene Arten von Aberglauben betreffend

Unter diesem Titel teilt der Herausgeber verschiedene japanische Gespenstergeschichten mit. Er hat dieselben solchen »Geschichtenbüchern« entnommen, wie es viele und sehr populäre in Japan gibt und die immer besonders reich an Erzählungen und Sagen von Geistern zu sein pflegen. Wie bei uns die weißen und schwarzen Damen, so spielen in Japan die gespenstischen Füchse, Katzen, Dachse etc. zuweilen eine große Rolle in der Geschichte alter und vornehmer Familien. Jede der von unserem Verfasser ausgewählten Spukgeschichten hat irgendein nicht unbedeutendes Interesse.

Die »Vampirkatze von Nabéschima« gewährt eine merkwürdige Parallele zu ähnlich schreckhaften, von Vampiren handelnden Sagen der Ungarn und Wallachen.

Die Geschichte »von dem Mann, dem von zwei Füchsen der Kopf geschoren wird« ist recht launig und die »vom dankbaren Fuchs« sehr rührend und bezeugt das zarte Mitgefühl, das die Japaner selbst für die wilden Kreaturen haben.

Nicht weniger charakteristisch ist die Geschichte »von dem Geld des Dachses«, die uns in die Hütte eines frommen japanischen Einsiedlers führt und das Leben und Treiben eines solchen sowie sein Verhältnis zu der ihn umgebenden Natur und Wildnis vor Augen bringt.

Die Erzählung »vom Fürsten und dem Dachs«, in der ein alter Fürst zu Gunsten seines Sohnes abdankt und ihm die Regierung übergibt, weil er Anzeichen eines außerordentlichen Scharfsinns an demselben entdeckt zu haben glaubt, ist in ihren Motiven und Fortgang wieder echt japanisch. – Alle diese Spukgeschichten sind sehr gut, lebhaft, drastisch, dabei auch kurz und bündig erzählt.

12. Predigten

Die Priester verschiedener Religionsparteien und Sekten Japans halten vor ihren Gemeinden bisweilen auch moralisierende und dogmatisierende Predigten, von denen wir bisher nichts Authentisches vernommen haben. Als Mitford einst von der Ankündigung solcher Predigten in einem Tempel Jedos hörte, begab er sich mit einem Maler und Schnellschreiber an

Ort und Stelle, ließ die ganze Gemeinde frommer Japaner zeichnen und die vor ihnen gehaltene Rede wörtlich aufzeichnen. Im Abschnitt »japanische Predigten« gibt er uns zunächst einen lebensvollen Abklatsch dessen, was er dort selber sah und hörte.

Aber auch die Japaner selbst haben die Reden vieler ihrer Priester aufgezeichnet, gesammelt und drucken lassen. Eine der besten Sammlungen dieser Art ist der »Kiu-o-Dowa«, in dem die Predigten eines Priesters der sogenannten »Schingaku-Sekte« enthalten sind. Die Anhänger dieser Sekte sind Eklektiker, die in ihrem System alles vereinigt zu haben glauben, was die drei Hauptreligionen Japans, die altjapanische Schintoreligion, die Lehre des Konfuzius und der aus Indien über China und Korea eingeführte Buddhismus Vortreffliches enthalten. – Die Predigten und Lehren dieser Sekte sind daher am besten dazu geeignet, die unter dem japanischen Volk am meisten verbreiteten Glaubenssätze und moralischen Anschauungen zu charakterisieren. Der Herausgeber teilt uns aus jener Sammlung drei Predigten als Proben japanischer Kanzelberedsamkeit mit. Man erkennt in ihnen ein eigentümliches, in Japan zustande gekommenes Gemisch buddhistischer und altchinesischer Grundsätze und Meinungen.

Die populäre und zum Teil sehr humoristische Weise des Vortrags erinnert ein wenig an unsere Kanzelredner aus der Schule des Abraham a Santa Clara. – Die Lehren des Konfuzius und Buddhas werden beständig mit aus dem Leben gegriffenen Beispielen erläutert und mit kleinen eingefügten Erzählungen, Anekdoten und sonstigen ansprechenden Episoden unterhaltender gemacht. – Einige dieser Erzählungen sind in ihrer Art ganz ausgezeichnete Kompositionen, z. B. die »von den beiden neugierigen Fröschen«, die bei ihren Ausblicken in die Welt und bei der Beurteilung der Dinge ganz die eigentümliche Stellung ihrer Augen vergessen, wie es auch vorwitzigen Menschen passiert, und die »vom dummen Fisch Sasajé«, der sich in seinem Muschelgehäuse so sicher glaubte und doch so unverhofft mitsamt seinem Gehäuse auf den Markt und auf die Schlachtbank geführt wurde.

Wahrhaft ergreifend ist die »Erzählung von dem verlorenen Sohn« und von der rührenden Liebe der Eltern zu ihm, und wiederum sehr launig und mit einem trefflichen humoristischen Schluß versehen ist die Geschichte »von den guten Freunden, die das Geschrei der Hirsche im Wald belauschen wollen«, die, während sie vergebens horchen, über ihre häuslichen Angelegenheiten und Sorgen in Gespräche geraten und dabei soviel zu bejammern finden, daß ihre Klage laut in den Wald hinausschallt, wodurch am Ende die Hirsche herbeigezogen werden, die nun dem Geschrei der Menschen still und verwundert zuhören, statt von ihnen belauscht zu werden.

Dieses ganze Kapitel wurde schon einmal in dem hübschen Buch »Japan, ein Vortrag von Eufemia von Kudriaffsky« in deutscher Sprache mitgeteilt.

13. Das Harakiri

Das »Harakiri« der Japaner, die unter gewissen Umständen durch die Sitte gebotene Selbstentleibung, ist als eine ganz ungewöhnliche und bei anderen Völkern gar nicht vorkommende Erscheinung lange unter uns berühmt gewesen und häufig besprochen worden. Aber zum ersten Mal erhalten wir hier eine detaillierte und eingehende Schilderung von allen Zeremonien und Feierlichkeiten, mit denen die Japaner das grausige Bauchaufschneiden ihrer Edelleute umgeben und zum Teil seine Schrecken etwas gemildert haben. Dieselbe ist von einem japanischen Autor und Kenner des Gegenstandes entworfen, dessen sehr seltene Schrift Mitford übersetzt hat.

Es ist ein merkwürdiges Stück des japanischen Kriminalkodex und seines Prozeßverfahrens. Allen, die bei einer solchen Selbsthinrichtung eine Rolle zu spielen haben – der Hauptperson, die den Akt des Leibaufschneidens an sich vorzunehmen hat, dem sogenannten »Prinzipal«, seinen Gehilfen, namentlich dem sogenannten »Kaischaku« (Sekundanten), den Zeugen, die dabei zugegen sein müssen, dem Beamten, der zuvor den Urteilsspruch verkündet, und auch denen, die die Dekorierung des Orts der Hinrichtung besorgen müssen etc. –, wird in den verschiedenen Paragraphen dieser Abhandlung genau vorgeschrieben, wie sie zu verfahren haben, wie und wo sie sich hinstellen oder setzen müssen, die Kleidung, die sie anlegen, die Worte, die sie sprechen sollen etc.

Auch von den Variationen der Harakirifeierlichkeiten hören wir etwas. Sie waren zu unterschiedlichen Zeiten etwas verschieden. Auch wichen sie in gewissen Gegenden des Landes von der allgemeinen Norm ein wenig ab, und waren je nach dem Stand der betreffenden Personen mehr oder minder vollständig oder zeremoniös.

Unser Verfasser mußte infolge seiner offiziellen Stellung selbst einmal dem Harakiri eines edlen Japaners beiwohnen. In einem Anhang schildert er uns die ergreifenden Szenen, die er ansah, in sehr drastischer Weise. Auch bei solchen Gelegenheiten kommt es in Japan wieder zu Vorfällen und Situationen, die einzig in ihrer Art sind. Ein wohlwollender Mann kann z. B. durch die eigentümlichen Sitten und Gebräuche der Japaner in die Lage versetzt werden, daß der letzte Liebesdienst, den er seinem Freund leistet, darin besteht, daß er ihm rasch, geschickt und mutig den Kopf abschneidet. Denn das Amt eines Kaischaku, d. h. des Mannes, der den Qualen des Bauchaufschneidens durch Köpfen rasch ein Ende macht, übernimmt nicht selten ein Busenfreund.

14. Über verschiedene Gebräuche und Zeremonien der Japaner

Ein so höfliches und zeremoniöses Volk wie die Japaner kann natürlich nicht ohne Benimmbücher und ohne einen fleißig ausgearbeiteten Zeremonienkodex sein. Ein solcher ist der sogenannte »Schorei Hikki« (das Verzeichnis der Zeremonien), ein offizielles Handbuch für die Einrichtung und korrekte Anordnung aller Arten von Feierlichkeiten. Mitford hat sich dieses Buch verschafft und uns einige Kapitel aus demselben mitgeteilt, nämlich eins »über die Hochzeitsfeier«, ein zweites »über die Gebräuche bei der Geburt, Namengebung, Mündigkeitserklärung« etc. der Kinder und ein drittes »über die Begräbnisbräuche«.

Man muß in der Tat erstaunen über die ängstliche und ins kleinste Detail gehende Sorgfalt, mit der in diesem Kodex alles bestimmt und abgewogen wird. Da werden die Gewänder, die Braut und Bräutigam und ihre Gäste bei der Hochzeit tragen müssen, ihr Zuschnitt und ihre Farbe genau beschrieben, die Geschenke, die sie sich senden sollen, alle umständlich aufgezählt, sogar auch die richtige Art der Verpackung dieser Geschenke gelehrt. Auch die Gerichte, die beim Hochzeitsmahl zu erscheinen haben, werden festgesetzt, ebenfalls die Art, wie man sie zubereiten und auftragen muß, desgleichen die Anzahl von Tassen Wein, die jeder bald bei diesem, bald bei jenem Tempo des Aktes zu trinken, sowie was er dabei zu sprechen hat. Auch erfahren wir, was unbemittelte Leute wohl allenfalls dabei auslassen können, was dagegen bei den Vornehmen die Etikette durchaus erfordert. Bei der Ausstattung des Brautschatzes hat jeder Gegenstand seinen angemessenen und ihm zukommenden Platz.

Wir Europäer haben in unserer Kindheit hauptsächlich zwei festliche und betonte Lebensmomente, zuerst die Taufe und dann die sogenannte »Konfirmation«. Die Japaner dagegen haben schon vor der Geburt für das erwartete Kind Feierlichkeiten und Zeremonien. So im fünften Monat der Schwangerschaft eine feierliche Gürtelanlegung. Dann kommen die zeremoniösen Umständlichkeiten bei der Geburt selbst, darauf gleich am siebten Tag nach der Geburt das Fest, das »die Gratulation der siebten Nacht« heißt und an dem das Kind seinen ersten, später noch mehrere Male geänderten Namen erhält – daraus der hundertzwanzigste Tag nach der Geburt, an dem das Kleine von der Mutterbrust entwöhnt und zudem ein eigener Zeremonienmeister, »der Entwöhnungsvater«, und »die Entwöhnungsmutter« ernannt werden. Vom dritten Lebensjahr an hat die Etikette an verschiedenen bestimmten Tagen allerlei mit den Haaren des Kindes zu tun. Im einen Jahr werden die Haare so, im anderen anders geschoren oder geschnitten. Der wichtigste der Haarschneidetage ist ein mit großer Vorsicht auserwählter Glückstag im fünfzehnten Lebensjahr, an dem dem Knaben die hübsche kleine Stirnlocke, die er bis dahin trug, weggeschnitten wird. Am selben Tag setzt man ihm die »Edelmannshaube« auf, und er erhält nun seinen Platz unter den Erwachsenen. Es wird für diesen Tag wieder ein eigener Zeremonienmeister, der sogenannte »Haubenvater«, erwählt. Die abgeschnittene Stirnlocke wird für immer auf den Hausaltar gelegt und nachher dem, dem sie einst gehörte, bei seinem Tod mit ins Grab gegeben. – Außer den genannten Festtagen der Kindheit gibt es noch andere, z. B. einen im vierten Lebensjahr, an dem dem Knaben das weite Beinkleid der Samurai angelegt wird. –

Über diese und andere Festtage und Lebensabschnitte, die die Japaner so sorgfältig ins Auge gefaßt und markiert haben, gehen wir europäischen Barbaren ganz achtlos hinweg. – Von dem, was der japanische Zeremonienkodex über die Begräbnisbräuche sagt, möchte ich als besonders eigentümlich und beachtenswert folgende Punkte hervorheben: erstens, daß er die Beerdigung der Eltern als die wichtigste Zeremonie bezeichnet, die ein Mensch während seines ganzen Lebens vorzunehmen hat, zweitens, daß er das Verbrennen der Leichen als außerordentlich tadelnswert und verabscheuungswürdig bezeichnet* und entschieden auf Beerdigung besteht, drittens, daß seine Vorschriften über das Betragen der Teilnehmer bei der Beerdigung vielfach an unsere mittelalterlichen Polizeiverordnungen und Begräbnissitten erinnern, und endlich viertens, daß jeder Japaner nach seinem Tod, als wenn er ein Heiliger oder bei seiner Verklärung ein ganz anderes Wesen geworden wäre, einen neuen himmlischen Namen empfängt.

Mit dieser Betrachtung über das Lebensende und mit der Schilderung der Begräbnisfeierlichkeiten schließt das Buch ab.

Auch auf die dem Buch beigefügten Illustrationen möchte ich den deutschen Leser noch aufmerksam machen. Sie stammen von einem japanischen Künstler, und man wird sie nicht weniger charakteristisch finden als die Erzählungen selbst.

Johann Georg Kohl

* Jedoch wohl nur für die Mehrzahl der Japaner und namentlich für die Vornehmen. Denn bei manchen niederen Klassen und Sekten Japans und namentlich bei den japanischen Parias, den Etas, ist das Verbrennen der Leichen üblich.

KAPITEL I

Die siebenundvierzig Ronin

In der Mitte einer Gruppe alter ehrwürdiger Bäume in Takanawa, einer Vorstadt Jedos, liegt der Bergquellentempel Sengakuji verborgen, der in ganz Japan wegen seiner Gräber berühmt ist, in denen »die siebenundvierzig Ronin«* begraben liegen, die in Japans Geschichte und Volksdramen so vielgepriesenen, tapferen Männer, deren glorreiche Taten ich nun erzählen will.

Auf der linken Seite des Haupthofs dieses Tempels liegt eine Kapelle, in der unter der vergoldeten Figur des Kwanjin, des Gottes der Barmherzigkeit, die Statuen der siebenundvierzig Männer und ihres vielgeliebten Herrn aufgestellt sind. Dieselben sind aus Holz geschnitzt, die Gesichter gefärbt und die Kleider reich lackiert. Es sind Kunstwerke von großem Wert.

* Das Wort »Ronin« bedeutet wörtlich »Wellenmann«, ein Mensch, der hin- und hergeschleudert wird wie die Wogen der See. Es wird zur Bezeichnung von Personen edler Herkunft gebraucht, die sich von ihren Lehnsherren entweder freiwillig losgesagt haben oder von ihnen entlassen wurden und die danach im Land wie eine Art abenteuerlicher, fahrender Ritter ohne nachweisbare Unterhaltsmittel umherschweifen, indem sie zuweilen in den Dienst anderer großer Herren treten, sich zuweilen auch von Räuberei ernähren, mitunter auch ganz von ihrer Rangstufe abfallen und sich den bürgerlichen Gewerben und Handwerken widmen. Nicht selten auch ereignet es sich, daß ein Vasall aus politischen Gründen Ronin wird, damit sein Lehnsherr nicht in eine blutige Tat, die er, der Ronin, plant, verwickelt wird. Schließlich werden manche Personen Ronin und verlassen ihren Geburtsort für einige Zeit, bis eine böse Geschichte, an der sie beteiligt waren, wieder vergessen ist, wonach sie dann zu ihrer friedlichen Stellung zurückkehren. Heutzutage ist es auch nicht ungewöhnlich, daß die Vasallen der großen Herren sich für einige Zeit zu Ronin machen und in den offenen Häfen sogar zu sehr niedrigen Verrichtungen in den Dienst der Fremden treten in der Hoffnung, sich etwas von den Sprachen und Wissensschätzen der »Westleute« aneignen zu können. Ich kannte Personen von ziemlich hoher Geburt, die von Wissensdurst bewogen, diesen Weg eingeschlagen hatten.

Haltung und Ausdruck der Helden sind, jeder mit seinen Lieblingswaffen angetan, wunderbar lebhaft und sprechend. Einige von ihnen sind ehrwürdige Greise mit grauem, dünnem Haar (einer war siebenundsiebzig Jahre alt), andere sind sechzehnjährige Knaben. Nahe bei der Kapelle, zur Seite eines auf einen Hügel führenden Fußpfads sprudelt eine kleine Quelle von klarem Wasser. Sie ist eingefaßt und von einem Gebüsch zierlicher Farnkräuter umgeben, über der eine Inschrift angebracht ist, die folgendes besagt: »Dies ist die Quelle, in der der Kopf gewaschen wurde. Niemand darf hier seine Hände oder Füße waschen.« Ein wenig abseits steht eine kleine Bude, in der ein alter Mann durch den Verkauf von Büchern, Bildern und Medaillen, die die loyalen Taten der »Siebenundvierzig« verewigen, seinen Lebensunterhalt verdient.

Noch etwas höher bergauf befindet sich, von einer Gruppe stattlicher Bäume überschattet, eine zierliche Einfassung, die, wie eine Inschrift verkündet, durch freiwillige Beiträge unterhalten wird. Innerhalb derselben sind achtundvierzig kleine Grabsteine aufgestellt, jeder mit Immergrün bedeckt und bei jedem etwas Wasser und etwas Weihrauch für die entschlafene Seele. Es sind nur siebenundvierzig Ronin gewesen, dagegen sind es achtundvierzig Grabsteine, und die Geschichte des achtundvierzigsten ist, wie sich später zeigen wird, sehr charakteristisch für die Begriffe von Ehre bei den Japanern. Dicht an den Gebäuden des Leichenackers steht ein großartigeres Monument, unter dem der vornehme Herr, dessen Tod seine frommen Anhänger rächten, begraben liegt.

Doch nun zu unserer Geschichte.

*

Zu Beginn des 18. Jahrhunderts lebte ein Daimio namens Asano Takumi no Kami, Schloßherr von Ako in der Provinz von

Der Brunnen, in dem die Ronin den Kopf wuschen

Harima. Damals traf es sich, daß ein kaiserlicher Gesandter vom Hof des Mikados zum Schogun* in Jedo geschickt wurde und daß man jenen Herrn Takumi no Kami und einen anderen Edelmann namens Kamei Sama beauftragte, den Gesandten zu empfangen und ihm die Honneurs zu machen. Ein hoher Beamter namens Kira Kotsuké no Suké sollte jene beiden über das bei solchen Gelegenheiten herkömmliche und notwendige Zeremoniell belehren.

Die beiden Edelleute mußten daher täglich zum Schloß gehen, um die Instruktionen des Kotsuké no Suké anzuhören. Dieser Kotsuké no Suké war jedoch ein äußerst habgieriger und egoistischer Mensch, und da er meinte, daß die Geschenke, die die beiden Daimios dem durch die Zeit geheiligten Gebrauch gemäß ihm für seine Bemühungen dargebracht hatten, zu wertlos und seiner unwürdig seien, erfüllte ihn Ärger und Haß gegen sie, gab er sich nicht die gehörige Mühe bei den Belehrungen, machte die beiden Herren vielmehr zum Gegenstand seines Spottes. Der von einem strengen Pflichtgefühl zurückgehaltene Takumi no Kami ertrug die Beleidigungen mit Geduld. Aber Kamei Sama, der sein Temperament nicht zu zügeln verstand, fühlte sich sehr empfindlich verletzt und entbrannte dermaßen in Rachegefühlen, daß er beschloß, den Kotsuké no Suké ums Leben zu bringen.

* Der volle Titel des Taikuns war Sei-i-tai-Schogun (»der die Barbaren bändigende General-Kommandeur«). Der Titel »Tai kun« (»Großer Fürst«) wurde für ihn zur Zeit der Abschließung der Verträge eingeführt, um den Fremden die Vorstellung einzuflößen, daß er Souverän sei. Die Gesandten des Mikados von Kioto, die dem Schogun den Willen seines Souveräns kundtun sollten, mußten von ihm mit kaiserlichen Ehrenbezeugungen empfangen werden, und die Pflicht sie ehrenvoll zu bewirten, wurde Edelleuten von hohem Rang auferlegt. Den Titel Sei-i-tai-Schogun nahm zuerst Minamoto no Joritomo im siebten Monat des Jahres 1192 n. Chr. an.

Eines Abends nach Verrichtung seiner Pflichten im Palast des Taikuns kehrte Kamei Sama zu seinem eigenen Schloß zurück, rief seine Vertrauten und Räte* zu einer geheimen Sitzung zusammen und sprach zu ihnen:

»Kotsuké no Suké hat den Takumi no Kami und mich, während wir beim kaiserlichen Gesandten den Dienst verrichteten, bitterlich beleidigt. Dies ist gegen Anstand und Sitte, und ich fühlte mich sehr aufgelegt, ihn auf der Stelle niederzustoßen. Doch besann ich mich, daß, wenn ich diesen Racheakt innerhalb der Mauern des Palastes ausführte, nicht nur mein eigenes Leben verfallen sei, sondern auch meine Familie und alle meine Vasallen ruiniert sein würden. Und so hielt ich an mich. Aber das Leben eines solchen elenden Despoten ist eine Plage für das ganze Volk, und morgen, wenn ich zu Hof gehe, will ich ihn erschlagen. Darüber steht mein Entschluß fest, und für alle Gegenvorstellungen bin ich taub.« Während er so sprach, wurde sein Gesicht ganz bleich und blaß vor Wut.

Nun war einer von Kamei Samas Vertrauten ein Mann von sehr gutem Urteil, und als der aus dem Benehmen seines Herrn schloß, daß alle Einrede vergeblich sein würde, sprach er: »Eurer Herrlichkeit Worte sind für mich ein Gesetz. Euer Diener wird demgemäß alle Vorbereitungen treffen. Und morgen, wenn Eure Herrlichkeit zu Hof geht und dieser Kotsuké no Suké wieder beleidigend werden sollte, so mag der Tod sein Los sein.«

* Wörtlich »Älteste«. Die Räte oder Ältesten der Daimios teilten sich in zwei Klassen: die »Karo« (die eigentlichen »Ältesten«), ein erbliches Amt, das die Mitglieder der Nebenlinie der fürstlichen Familie bekleideten, und die »Jonin« oder Geschäftsleute, die vom Fürsten wegen ihrer Verdienste und Talente ausgewählt und angestellt wurden. Diese »Räte« der Daimios spielen eine große Rolle in der Geschichte Japans.

Seinem Herrn gefiel diese Rede, und er erwartete mit Ungeduld den Anbruch des Tages, damit er schnell zu Hof käme und an seinem Feind Rache nähme.

Der treue, in seinem Herzen sehr bewegte Ratgeber ging unterdessen nach Hause und überdachte die Äußerungen eines Fürsten sorgfältig und ängstlich. Und indem er alles erwog, kam er auf den Gedanken, daß Kotsuké no Suké, da er den Ruf eines habgierigen Geizhalses hatte, sich wohl durch Bestechung gewinnen lassen könne und daß es besser sein möchte, ihm eine Summe, selbst eine sehr große, zu bezahlen, als daß sein Herr mit seinem ganzen Haus in Unglück geriet. Also raffte er soviel Geld wie möglich zusammen, übergab es seinem Diener zum Transport, ritt mit ihm noch am selben Abend zu Kotsuké no Sukés Palast und sagte zu den Leuten desselben:

»Mein Herr, der jetzt beim kaiserlichen Gesandten den Dienst hat, fühlt sich dem Herrn Kotsuké no Suké zu großem Dank verpflichtet, da er sich mit seiner Belehrung über die beim Empfang des kaiserlichen Gesandten zu beobachtenden Zeremonien soviel Mühe gegeben hat. Das, was ich hier bringe, ist nur ein geringfügiges Geschenk, das er durch mich übersendet; aber er hofft, daß Seine Herrlichkeit sich herablassen wird, es anzunehmen, und er empfiehlt sich selbst der Gnade Seiner Herrlichkeit.« – Und mit diesen Worten übergab er tausend Silberunzen für Kotsuké no Suké selbst und hundert Unzen zur Verteilung unter seine Leute.

Als die Männer das Silber erblickten, glänzten ihre Augen vor Freude, und sie drückten ihren Dank mit verschwenderischer Beredsamkeit aus. Indem sie den Rat baten, ein wenig zu warten, gingen sie zu ihrem Herrn und erzählten ihm von dem herrlichen Geschenk, das mit einer so höflichen Botschaft von Kamei Sama angekommen sei.

Der ganz entzückte Kotsuké no Suké lud den Rat in eins seiner inneren Gemächer ein, und nachdem er ihm gedankt hatte, versprach er ihm, seinen Herrn am folgenden Morgen über alle Punkte der Etikette sorgfältig zu belehren. Der Rat, die Fröhlichkeit des alten Geizkragens wahrnehmend, freute sich über das Gelingen seines Plans und kehrte, nachdem er sich verabschiedet hatte, in munterster Stimmung nach Hause zurück. Aber Kamei Sama, der nichts davon ahnte, daß der treue Vasall seinen Feind gewonnen hatte, lag die ganze Nacht über seiner Rache brütend wach und begab sich am folgenden Morgen bei Tagesanbruch in feierlicher Prozession zum Hof.

Als Kotsuké no Suké ihm da begegnete, offenbarte derselbe ein völlig verändertes Benehmen und eine ganz außerordentliche Höflichkeit. »Sie sind schon frühzeitig zu Hof gekommen, mein Herr Kamei«, sagte er. »Ich kann Ihren Eifer nicht genug rühmen. Ich werde die Ehre haben, heute Ihre Aufmerksamkeit auf verschiedene bisher noch nicht berührte Punkte der Etikette zu ziehen. Ich muß Eure Herrlichkeit ersuchen, mein früheres Benehmen zu entschuldigen, es muß Ihnen recht unhöflich erschienen sein. Aber ich habe leider von Natur ein etwas grobkörniges Temperament, und ich bitte Sie, mir alles verzeihen zu wollen.«

Und während er fortfuhr, sich mit Entschuldigungen so zu demütigen, wurde das Herz Kamei Samas allmählich erweicht, und er ließ die Absicht, ihn ums Leben zu bringen, fallen.

Auf diese Weise wurde Kamei Sama und sein ganzes Haus durch die kluge Politik seines Rates vor Unheil bewahrt.

Bald danach kam auch Takumi no Kami, der kein Geschenk übersandt hatte, im Schloß an, und nun warf sich Kotsuké no Sukés ganze Bosheit auf diesen. Er überschüttete ihn mit spöttischen und beleidigenden Anspielungen. Doch Takumi no Kami schien dies alles nicht zu bemerken und unterwarf sich ganz geduldig den Befehlen Kotsuké no Sukés.

Dieses Betragen war weit davon entfernt, eine gute Wirkung zu haben. Es rief Kotsuké no Sukés Hochmut und Mißachtung noch mehr hervor, bis er zuletzt ganz übermütig ausrief: »Hier, mein Lord von Takumi! Schauen Sie! Das Band meiner Socke hat sich gelöst. Seien Sie so gut, es für mich wieder festzubinden.«

Takumi no Kami, obgleich bei dieser Beschimpfung vor Zorn erglühend, hielt dennoch an sich, und da ihm einfiel, daß er hier im kaiserlichen Dienst und Palast und daß Gehorsam seine Pflicht sei, knüpfte er das Band der Socke zu. Darauf wandte sich Kotsuké no Suké verächtlich von ihm ab und rief ganz mutwillig aus: »Ach, Herr Takumi, wie ungeschickt und plump Ihr seid! Ihr könnt ja nicht einmal das Band einer Sokke knüpfen, wie sich's gehört. Jedermann sieht, daß Ihr ein Bauer vom Land seid und nichts von den feinen Sitten der Residenz Jedo versteht.« – Und mit einem höhnischen Gelächter verließ er das Vorzimmer, um sich zu einem der inneren Gemächer seines Palastes zu begeben.

Aber nun war auch die Geduld Takumi no Kamis erschöpft. Diese letzten Schmähworte waren mehr, als er ertragen konnte.

»Halt! Einen Augenblick, mein Lord!« schrie er.

»Nun, was wollt Ihr noch?« erwiderte der andere. Und indem er sich umdrehte, zog Takumi no Kami seinen Dolch und versetzte ihm einen Hieb auf den Kopf. Da aber Kotsuké no Suké durch die dicke Hofmütze, die er trug, geschützt war, hinterließ der Hieb nur eine Schramme, und mit dieser rannte er davon. Takumi no Kami versuchte zwar, während er ihn verfolgte, noch einen Stoß. Aber er verfehlte ihn, und sein Dolch flog in einen hölzernen Pfeiler. In diesem Augenblick trat ein

Offizier namens Kajikawa Josobei, der die Szene mit angesehen hatte, rasch hervor, hielt den rasenden Edelmann sanft zurück und gab dem Kotsuké no Suké Gelegenheit zur Flucht.

Darauf entstand im Palast ein allgemeiner Tumult und eine große Verwirrung. Takumi no Kami wurde arretiert, entwaffnet und in einem Gemach des Palastes unter Aufsicht der Zensoren eingesperrt. Eine große Beratung wurde anberaumt und der Gefangene einem Daimio namens Tamura Ukijo no Daibo übergeben, der ihn in seinem eigenen Palast zum großen Kummer seines Weibes und seiner Vasallen unter Schloß und Riegel hielt. Und nach beendigter Beratung erfolgte der Bescheid, daß Takumi no Kami, weil er innerhalb der Mauern der Residenz des Taikuns einen anderen Mann angegriffen und verwundet habe, Harakiri vornehmen, das heißt sich selbst den Leib aufschneiden und töten müsse, daß ferner seine Güter konfisziert und seine Familie degradiert werden solle. Dies war der gesetzmäßige Urteilsspruch, dem sich Takumi no Kami unterwerfen mußte. Er führte demgemäß das Harakiri aus. Sein Schloß Ako wurde konfisziert, und seine entlassenen Vasallen machten sich zu Ronin. Einige traten in den Dienst bei anderen Daimios, und einige wurden Kaufleute oder Handwerker. –

Nun befand sich aber unter diesen Vasallen auch sein vornehmster Ratgeber, ein Mann namens Oischi Kuranosuké, der mit sechsundvierzig anderen treuen Anhängern einen Bund machte in der Absicht, den Untergang seines Herrn durch den Tod des boshaften Kotsuké no Suké zu rächen. Dieser Oischi Kuranosuké war zur Zeit des Anfalls nicht zugegen gewesen, sonst würde derselbe wahrscheinlich gar nicht stattgefunden haben. Denn als ein weiser Mann würde er nicht verfehlt haben, den Kotsuké no Suké durch passende Geschenke und Zureden zu versöhnen, während der Rat, der eben damals statt seiner den Dienst hatte, ein Tropf war, keinerlei Vorsichtsmaßregeln ergriff und so den Tod seines Herrn und den Ruin seines Hauses veranlaßte.

So fingen nun Oischi Kuranosuké und seine sechsundvierzig Genossen an, ihre Rachepläne gegen Kotsuké no Suké zu schmieden. Aber dieser war durch ein Corps bewaffneter Männer, die ihm von einem Daimio namens Ujésugi Sama, seinem Schwiegervater, geliehen und gestellt waren, so gut bewacht, daß sie mit Gewalt nichts ausrichten zu können und ihre Zuflucht zur List nehmen zu müssen glaubten. Sie trennten sich daher in verschiedene Trupps, verkleideten sich, einige als Zimmerleute und Handwerker, andere als Kaufleute, und ihr Anführer Kuranosuké ging nach Kioto und baute dort im Stadtquartier Jamaschina ein Haus. Hier begann er ein wildes Leben zu führen, besuchte Häuser vom schlechtesten Ruf und gab sich der Trunkenheit und aller Art von Ausschweifung und Lustbarkeit hin, als wenn ihm nichts ferner liege, als ernsthafte Rachepläne. Kotsuké no Suké, der wohl argwöhnte, daß Takumi no Kamis ehemalige Vasallen irgend etwas Böses gegen ihn im Sinn haben möchten, sandte insgeheim Späher nach Kioto und ließ sich über alles, was Kuranosuké tat, genauen Bericht erstatten. Dieser war jedoch entschlossen, seinen Feind ganz gründlich zu blenden und einzuschläfern. Er ließ sich eines Tages, da er betrunken aus einer Spelunke heimkehrte, mitten auf die Straße fallen und schlief ein. Die Vorübergehenden lachten und spotteten über ihn. Einer von ihnen, ein Mann aus Satsuma, sah ihn im Vorbeigehen und sagte: »Siehe da! Ist das nicht Oischi Kuranosuké, der weise Rat des Takumi no Kami? Oh Schande! Er hat nicht das Herz, seinen Herrn zu rächen, und gibt sich dem Wein und den Weibern hin! Seht, wie er

Der Mann aus Satsuma verspottet den Oischi Kuranosuké

schmählich betrunken auf offener Straße daliegt! Ein treuloser Mensch! Ein Narr! Und ein Feigling! Unwürdig des Namens eines edlen Samurai*!« – und er trat Kuranosuké mit dem Fuß und spie ihn an.

Als Kotsuké no Sukés Späher dies alles nach Jedo berichteten, fühlte er sich durch solche Neuigkeiten beruhigt und vor aller Gefahr sicher.

Eines Tages kam Kuranosukés Weib, die über das wüste Treiben ihres Mannes sehr bekümmert war, zu ihm und sagte: »Mein Herr! Ihr sagtet mir, daß Eure Ausschweifungen nur eine List seien, um Euren Feind einzuschläfern. Aber in der Tat! In der Tat! Dies geht zu weit! Ich bitte Euch, tut Euch doch ein wenig Zwang an!«

»Laß mich in Ruhe!« erwiderte Kuranosuké. »Ich will dein Gewinsel nicht hören. Wenn mein Lebenswandel dir nicht gefällt, so will ich dich entlassen, und du magst deiner Wege gehen! Ich werde dann eins der hübschen jungen Mädchen aus einem der öffentlichen Häuser loskaufen und sie zur Frau nehmen. Ich bin es überdrüssig, eine so alte Frau, wie du es bist, im Haus zu sehen. Darum geh nur davon! Je eher, desto lieber!«

So sprechend, brach er in ein wütendes Gekeife aus, und sein Weib, darüber ganz erschreckt, verlegte sich aufs Bitten um Verzeihung und Gnade.

»Oh, mein Herr und Meister! Nimm diese schrecklichen Worte zurück! Ich bin zwanzig Jahre lang dein treues Weib gewesen und habe dir drei Kinder geboren. In Krankheit und Sorgen habe ich zu dir gestanden. Du kannst nicht so grausam sein, mich nun aus deinem Haus zu weisen. Hab Erbarmen! Hab Erbarmen!«

* Ein Mann, der zur Kriegerkaste gehört und das Recht hat, Waffen zu tragen.

»Laß ab! Nein! Mein Entschluß ist gefaßt, und du mußt nun gehen, und da die Kinder mir ebenfalls im Weg sind, so magst du auch sie gleich mitnehmen!«

Als sie ihren Gemahl so sprechen hörte, suchte sie in ihrem Kummer ihren ältesten Sohn Oischi Tschikara auf und bat ihn, einzuschreiten und den Vater zu besänftigen. Aber nichts konnte diesen von seinem Vorsatz abbringen, und so ging denn sein armes Weib mit ihren beiden jüngeren Kindern davon und eilte zurück zu ihrem Geburtsort. Nur der älteste Sohn Oischi Tschikara blieb bei seinem Vater.

Die Späher berichteten auch dies ohne Hehl dem Kotsuké no Suké, und da er vernahm, wie Kuranosuké Weib und Kinder hinausgeworfen, sich eine Konkubine gekauft habe und nun das Leben eines erklärten Wüstlings führte, überließ er sich ganz der festen Überzeugung, daß er von den Anhängern Takumi no Kamis nichts mehr zu fürchten habe, da sie offenbare Feiglinge seien, die nicht den Mut besaßen, ihren Herrn zu rächen. So ließ er denn in seiner Wachsamkeit allmählich etwas nach und schickte die Hälfte der Leibgarden, die ihm, wie ich oben erzählte, sein Schwiegervater Ujésugi Sama geliehen hatte, wieder zurück. Keine Ahnung hatte er davon, wie er auf diese Weise in die Falle geriet, die ihm Kuranosuké gestellt hatte, der mitten in seiner eifrigen Begierde, den Feind seines Herrn zu vernichten, sich nichts daraus machte, diesem Vorhaben Weib und Kinder zu opfern. Ein bewundernswürdiger, ein treuer Mann!

Auf diese Weise fuhr Kuranosuké fort, seinem Gegner Sand in die Augen zu streuen, und blieb bei seinem anscheinend schadlosen Lebenswandel. Unterdessen gingen seine Mitverschworenen insgeheim einer nach dem anderen nach Jedo, bewirkten es dort, daß sie in ihren verschiedenen Charakteren als

Arbeitsleute oder als hausierende Krämer Zugang zu Kotsuké no Sukés Haus bekamen, machten sich auf diese Weise mit dem Plan des Baues und der Lage der verschiedenen Räume und Gemächer bekannt und erforschten den Charakter der Bewohner, welche von ihnen brave und loyale Männer seien und welche Feiglinge, und sandten über dies alles regelmäßige Berichte an Kuranosuké.

Als es endlich aus den von Jedo kommenden Nachrichten ganz ersichtlich wurde, daß Kotsuké no Suké völlig arglos und sicher gemacht sei, da triumphierte Kuranosuké, daß jetzt der Tag der Rache zur Hand sei, und nachdem ein Sammelplatz zu einem allgemeinen Rendezvous verabredet war, floh er heimlich von Kioto, indem er die Wachsamkeit der Spione seines Gegners täuschte. Danach warteten die siebenundvierzig Männer, nachdem sie ihre Pläne und Beschlüsse gefaßt hatten, geduldig den rechten Zeitpunkt ab.

Es war nun mitten im Winter, der zwölfte Monat des Jahres, und die Kälte war streng. Eines späten Abends, während heftigen Schneefalls, als alle Welt ruhig zu Hause war und friedfertige Leute auf ihren Matten ausgestreckt schliefen, da sahen die Ronin, daß ihnen keine günstigere Gelegenheit zur Ausführung ihres Vorsatzes geboten werden könne. So berieten sie sich also, und nachdem sie ihre ganze Gesellschaft in zwei Partien geteilt hatten, wurde jedem sein Posten angewiesen. Ein Haufen, von Oischi Kuranosuké angeführt, sollte das Haupttor angreifen und der andere Trupp unter dem Befehl seines Sohnes Oischi Tschikara die Hintertür des Hauses stürmen. Da aber Tschikara erst sechzehn Jahre alt war, wurde Joschida angewiesen, ihm als Adjutant zur Hand zu sein. Ferner wurde angeordnet, daß eine auf Befehl Kuranosukés gerührte Trommel das Zeichen für den gleichzeitigen Angriff sein solle, und daß, wenn einer von ihnen Kotsuké no Suké erschlagen und ihm den Kopf abgeschnitten habe, derselbe seinen Kameraden ein Zeichen geben solle, damit sie alle herbeieilen, den Kopf betrachten und identifizieren könnten, um ihn dann zum Tempel Sengakuji hinüberzuführen und ihn dort als Opfer vor dem Grabmal ihres Herrn niederzulegen. Hierzu verpflichteten sich die Ronin, alle und jeder.

Mitternacht wurde als Stunde der Ausführung festgesetzt, und die siebenundvierzig Kameraden, nachdem sie alles für den Angriff vorbereitet hatten, setzten sich zu einer letzten Abschiedsmahlzeit zusammen. Denn am folgenden Morgen hatten sie sämtlich den Tod zu erwarten. Danach redete Oischi Kuranosuké die Gesellschaft an und sprach:

»Diese Nacht werden wir unseren Feind in seinem Palast angreifen. Seine Gesellen werden uns ohne Zweifel Widerstand leisten, und wir werden genötigt sein, sie zu bekämpfen und aus dem Weg zu räumen. Aber alte Männer und Frauen und kleine Kinder zu erschlagen, ist ein trauriges Ding; daher bitte ich jeden von Euch, acht zu haben, daß Ihr keine hilflose und vereinzelte Person tötet.« – Alle stimmten dieser Ermahnung bei und blieben dann still beieinander, die Ankunft der Mitternacht erwartend.

Als die bestimmte Stunde da war, brachen die Ronin los. Der Wind heulte wütend, und der fliegende Schnee schlug ihnen ins Gesicht. Aber sie kümmerten sich wenig um Wind und Schnee, als sie, von Leidenschaft und gerechtfertigten Rachegefühlen bewegt, auf ihrem Weg dahinstürmten. Bald erreichten sie Kotsuké no Sukés Palast, teilten sich in zwei Banden, und Tschikara marschierte mit dreiundzwanzig Mann zum Hintertor herein. Vier Männer gelangten mit Hilfe einer Strickleiter, die sie am Dach der Vorhalle befestigten, in den vordersten Hof, und da sie bemerkten, daß die Hausbewohner in tiefem Schlaf lagen, drangen sie in die Loge des Torwächters ein, in der die Wachen schliefen, und bevor diese sich von ihrem Erstaunen erholen konnten, banden sie sie mit Stricken. Die bestürzten Männer baten um Gnade und um ihr Leben. Die vier Ronin willigten unter der Bedingung ein, daß ihnen die Schlüssel zum Tor herausgegeben würden. Aber die anderen sagten zitternd, daß die Schlüssel im Haus eines ihrer Offiziere gehalten würden und daß es ihnen unmöglich sei, sie sogleich zu beschaffen. Da wurden die Ronin ungeduldig, schlugen mit einem Hammer den dicken Bolzen, der das Tor verschloß, zusammen, und die Türen flogen auf zur Rechten und zur Linken. Im selben Augenblick hatten auch Tschikara und die Seinen das Hintertor eingebrochen.

Darauf sandte Oischi Kuranosuké einen Boten zu den benachbarten Häusern und ließ den Leuten folgendes ankünden: »Wir, die Ronin, die früher Takumi no Kamis Vasallen waren, brechen diese Nacht in den Palast des Kotsuké no Suké ein, um unseren Herrn zu rächen. Da wir weder Nachträuber noch Schelme sind, werden wir den benachbarten Häusern keinerlei Schaden zufügen. Wir bitten Euch daher, ganz unbesorgt und ruhig zu bleiben!« – Und da Kotsuké no Suké bei seinen Nachbarn wegen seiner Habsucht verhaßt war, rührten sie sich nicht, ihm Beistand zu leisten.

Noch eine andere Vorsichtsmaßregel wurde getroffen. Damit nicht etwa einer der Leute des Palastes hinausschlüpfen konnte, um die Verwandten und Mitglieder der Familie zu Hilfe zu rufen, postierte Kuranosuké zehn seiner Leute mit Bögen bewaffnet auf dem Dach der vier Seiten des Hofes mit dem Befehl, jeden der Insassen, der etwa einen Versuch machen sollte, den Platz zu verlassen, niederzuschießen.

Nachdem er so alles angeordnet und die Posten verteilt hatte, schlug Kuranosuké eigenhändig die Trommel und gab das Zeichen zum Angriff.

Zehn von Kotsuké no Sukés Dienstmännern erwachten bei diesem Geräusch und stürzten mit gezogenen Schwertern in das Vorzimmer, um ihren Herrn zu verteidigen. In diesem Augenblick traten auch die Ronin in dasselbe Zimmer, dessen Tür sie aufgebrochen hatten, und es entbrannte bald ein wütender Kampf zwischen beiden Parteien, währenddessen Tschikara, seine Krieger durch den Garten führend, in den hinteren Teil des Hauses einbrach. Kotsuké no Suké flüchtete, von Todesangst ergriffen, mit Weib und Mägden in ein Kabinett der Veranda, während seine übrigen Dienstmänner, die in den Baracken außerhalb des Hauses schliefen, sich zu seiner Verteidigung und Rettung anschickten. Aber die Ronin, die zur Vordertür hereingekommen waren und den Kampf mit jenen zehn Garden aufgenommen hatten, überwältigten diese und machten sie alle nieder, ohne einen der Ihren zu verlieren, worauf sie sich bis zu den hinteren Zimmern durchschlugen und mit Tschikara und seinen Männern zusammentrafen. Auf diese Weise waren beide Banden wieder vereinigt.

Unterdessen war auch der Rest von Kotsuké no Sukés Männern hereingekommen, und es entspann sich ein allgemeines Gefecht. Kuranosuké, der sich auf einen Feldstuhl gesetzt hatte, gab seine Befehle und dirigierte die Ronin. Sehr bald mußten die Insassen des Palastes wahrnehmen, daß sie ihren Gegnern nicht gewachsen seien, und verfielen daher darauf, dem Ujésugi Sama, dem Schwiegervater ihres Herrn, von ihrer Bedrängnis Nachricht zu geben, mit der Bitte, daß er mit allen ihm zu Gebote stehenden Truppen zu Hilfe kommen möchte. Aber ihre Boten wurden von den Bogenschützen, die Kuranosuké auf dem Dach postiert hatte, niedergeschossen. Da infolgedessen keine Hilfe kam, setzten sie den Kampf in Verzweiflung fort. Darauf rief Kuranosuké mit lauter Stimme: »Kotsuké no Suké allein ist unser Feind. Laßt einen hineingehen und ihn lebendig oder tot herausbringen!«

Nun standen vor Kotsuké no Sukés Privatzimmer drei tapfere Vasallen mit gezogenen Schwertern. Der erste war Kobajaschi Héhatschi, der zweite Waku Handaiju, und der dritte war Schimidsu Ikhaku, lauter gute, tüchtige und treue Männer und geübte Fechter. So nachdrücklich hieben diese drei Männer um sich, daß sie die Ronin eine Zeitlang in Schach hielten und sie für einen Augenblick sogar zurückdrängten. Als Oischi Kuranosuké dies sah, knirschte er vor Wut mit den Zähnen und schrie seinen Leuten zu: »Was! Hat nicht jeder von Euch geschworen, sein Leben für seinen Herrn in die Schanze zu schlagen, und nun laßt Ihr Euch von drei Männern zurücktreiben? Feiglinge seid Ihr, nicht wert, daß man mit Euch rede! Zu sterben im Gefecht für die Sache seines Herrn, sollte der edelste Ehrgeiz eines braven Vasallen sein!« – Dann zu seinem Sohn Tschikara sich wendend, rief er ihm zu: »Hierher, Knabe! Greif diese Kerle an, und wenn sie dir zu stark sind, stirb!«

Von diesen Worten angefeuert, ergriff Tschikara einen Speer und begann den Kampf mit Waku Handaiju. Aber er konnte sich nicht halten, und allmählich zurückweichend wurde er von seinem Gegner in den Garten hinausgetrieben, wo er ausrutschte und in einen Teich fiel. Als aber Handaiju in den Teich hinabsah, stieß Tschikara seinem Feind den Dolch ins Bein und warf ihn um. Dann kroch er aus dem Wasser, fiel über ihn her und brachte ihn ums Leben. Unterdessen hatten die Ronin auch Kobajaschi Héhatschi und Schimidsu Ikhaku überwunden und getötet, und am Ende blieb von allen Kriegern Kotsuké no Sukés nicht ein einziger mehr im Gefecht. Als Tschikara dies sah, drang er mit seinem blutigen Schwert in eins der Hinterzimmer, um den Kotsuké no Suké selbst aufzusuchen. Aber er fand nur dessen Sohn, einen jungen Herrn namens Kira Sahiojé, der ihn mit einer Hellebarde in der Hand angriff, bald aber verwundet floh. Da nun alle Männer Kotsuké no Sukés getötet oder vertrieben waren, hörte der Kampf auf. Von ihm selbst aber hatte man noch keine Spur entdeckt. –

Deshalb teilte Kuranosuké seine Leute in mehrere kleine Truppen und ließ alle Räume des Hauses von ihnen durchsuchen. Aber alles war umsonst. Nur weinende Weiber und schreiende Kinder waren zu sehen. Da sank den siebenundvierzig Männern der Mut, und sie klagten, daß sie nach allen Mühsalen und Anstrengungen ihren Hauptfeind hätten entkommen lassen, und für einen Augenblick schienen sie drauf und dran zu sein, in ihrer Verzweiflung sofort sich alle das Leben zu nehmen. Doch beschlossen sie, noch einen Versuch zu machen. Also ging Kuranosuké in Kotsuké no Sukés Schlafgemach, betastete die Bettdecke mit seinen Händen und rief aus: »Soeben fühle ich, daß diese Bettpolster noch etwas warm sind, und ich glaube daher, daß unser Mann noch nicht weit weg sein kann. Er hält sich gewiß noch irgendwo im Haus versteckt.« – Hierdurch sehr ermutigt, begannen die Ronin ihre Nachsuchungen von neuem. Nun fand sich im erhöhten Teil des Zimmers nahe beim Ehrenplatz ein Gemälde an der Wand. Dasselbe rissen sie herunter und entdeckten dann hinter ihm in der Mauer ein großes Loch. Mit einem Speer, den sie hineinsteckten, konnten sie nichts herausfinden. Einer der Ronin aber, Jasama Dschutaro, der hineinstieg, gewahrte, daß auf der anderen Seite des Lochs ein kleiner Hof war, in dem ein Hinterhaus für Kohlen und Brennholz stand. Als er in dieses Haus hineinlugte, sah er im Hintergrund etwas Weißes schimmern, und als er mit seinem Speer danach stieß, sprangen zwei bewaffnete Männer auf ihn zu und versuchten ihn niederzumachen. Aber er wehrte sie ab, bis einer seiner Kameraden herbeikam, der einen der Männer tötete und den anderen beschäftigte, während Dschutaro, weiter vordringend, das dunkle Innere des Hauses mit seinem Speer sondierte. Wieder sah er etwas Weißes. Und als er hineinstieß, verriet ein Schmerzensschrei, daß es ein Mensch sei, der sich nun erhob und mit einem Dolch nach ihm stieß. Dschutaro aber entriß ihm die Waffe, packte ihn beim Kragen und zerrte ihn ans Tageslicht. Dann kam auch der andere Ronin herbei, und sie betrachteten den Gefangenen aufmerksam. Sie bemerkten, daß es ein nobel aussehender Mann, etwa sechzig Jahre alt, war, eingehüllt in ein Schlafgewand von weißem Satin, das Blutflecken zeigte. Die beiden Ronin fragten nach seinem Namen. Er gab keine Antwort. Da sie sich aber überzeugten, daß dies kein anderer sein könne, als Kotsuké no Suké selbst, gaben sie das verabredete Signal mit der Pfeife, und kurz darauf waren ihre Freunde sämtlich zur Stelle. Oischi Kuranosuké brachte eine brennende Laterne herbei, beleuchtete und prüfte die Gesichtszüge des Mannes. Und in der Tat, es war Kotsuké no Suké. Ganz sicher und außer Zweifel gesetzt wurde dies noch durch eine Narbe, die sich an seiner Stirn zeigte und die von jener Wunde herrührte, die ihm früher ihr ehemaliger Herr und Meister Takumi no Kami während des oben geschilderten Überfalls im Schloß beigebracht hatte. Da mithin aller Irrtum ausgeschlossen war, fiel Oischi Kuranosuké auf die Knie, und indem er den alten Herrn sehr respektvoll anredete, sprach er:

»Hoher Herr, wir sind die Dienstmannen des Takumi no Kami. Im vorigen Jahr hatten Eure Herrlichkeit und unser Herr und Meister einen Streit im kaiserlichen Palast, infolge dessen

Die Ronin fordern den Herrn Kotsuké no Suké auf, sich selbst zu entleiben

unser Herr zum Harakiri verurteilt und mitsamt seiner Familie degradiert wurde. Wir sind nun diese Nacht hierhergekommen, um ihn zu rächen, wie es die Pflicht treuer und loyaler Vasallen ist. Ich bitte Eure Herrlichkeit die Gerechtigkeit unseres Vorsatzes anzuerkennen. Und nun ersuchen wir auch Euch, zur Sühne an Euch selbst das Harakiri zu verrichten. Ich werde die Ehre haben, Euch dabei als Sekundant beizustehen. Es ist meine Absicht, den Kopf Eurer Herrlichkeit, nachdem ich ihn mit gebührender Hochachtung in Empfang genommen haben werde, auf dem Grab unseres Herrn Takumi no Kami als Sühneopfer niederzulegen.«

Auf diese Weise behandelten die Ronin den Herrn Kotsuké no Suké in Rücksicht seines hohen Ranges mit der größten Höflichkeit. Sie ersuchten ihn zu wiederholten Malen, das Harakiri zu vollführen. Aber er blieb sprachlos feige und zitternd zusammengekauert sitzen.

Als Kuranosuké endlich sah, daß es ganz vergebens sei, ihn dazu zu bewegen, den freiwilligen und ehrenvollen Tod eines Edelmannes zu sterben, warf er ihn zu Boden und schnitt ihm mit demselben Schwert den Kopf ab, mit dem sein Herr Takumi no Kami sich den Tod gegeben hatte. Darauf legten die siebenundvierzig Kameraden, ganz erfüllt und gehoben von Triumphgefühlen, den Kopf ihres Feindes in einen Eimer und dachten an ihren Rückzug. Bevor sie indes den Palast verließen, löschten sie vorsichtig alle Lichter und Feuer in den Räumen aus, damit nicht etwa durch Zufall eine Feuersbrunst entstehen möchte, durch die die Nachbarn leiden könnten.

Als sie auf ihrem Weg nach Takanawa, derjenigen Vorstadt Jedos, in der der Tempel Sengakuji steht, hinausmarschierten, brach der Tag an, und die Hausbewohner kamen hervor, um die siebenundvierzig Männer zu sehen, die mit ihren blutigen Waffen und Kleidern einen schrecklichen Anblick gewährten. Jedermann lobte sie und bewunderte ihre Treue und ihren Mut. Sie aber erwarteten jeden Augenblick, daß Kotsuké no Sukés Schwiegervater sie angreifen und ihnen den erbeuteten Kopf abnehmen würde. Sie hielten sich daher in Bereitschaft, ihre bloßen Schwerter in der Hand, und erreichten Takanawa ganz unbehelligt. Denn Matsudaira Aki no Kami, einer der achtzehn Hauptdaimios von Japan, in dessen Haus Takumi no Kami einst Page gewesen war, hatte mit Freuden von den Begebenheiten der letzten Nacht gehört und hatte sich gerüstet, um den Ronin, wenn sie angegriffen werden sollten, beizustehen. Kotsuké no Sukés Schwiegervater konnte daher keinerlei Verfolgung wagen.

Ungefähr um sieben Uhr morgens kamen die Ronin beim Palast Matsudaira Mutsu no Kamis, des Fürsten von Sendai, an, und dieser Fürst, da er von dem Vorgefallenen hörte, ließ einen seiner Räte kommen und sagte zu ihm: »Die Lehnsleute des Takumi no Kami haben den Feind ihres Herrn erschlagen und ziehen auf diesem Weg vorüber. Ich kann ihre Pflichttreue nicht genug bewundern. Da sie von ihrer nächtlichen Arbeit ermattet und hungrig sein müssen, so gehe du hin, lade sie ein, hereinzukommen, und setze ihnen etwas Grütze und einen Becher Wein vor.«

Also ging der Rat hinaus und sprach zu Oischi Kuranosuké: »Mein Herr! Ich bin ein Rat des Fürsten von Sendai, und mein Herr hat mir geboten, Euch zu bitten, da Ihr nach allem, was Ihr diese Nacht verrichtet habt, müde sein müßt, zu ihm hereinzukommen und eine bescheidene Erfrischung, so gut wir sie Euch in der Eile bieten können, zu Euch zu nehmen. – Das ist meine Botschaft an Euch von meinem Herrn!«

»Ich danke Ihnen, mein Herr!« antwortete Kuranosuké. »Es ist sehr gütig von Seiner Herrlichkeit, daß er sich die Mühe gibt, unserer zu gedenken. Wir wollen sein Anerbieten dankbar annehmen.«

Daraufhin betraten die siebenundvierzig Ronin den Palast und ließen sich mit Grütze und Wein verköstigen, und alle Anhänger und Dienstleute des Fürsten von Sendai kamen herbei und zollten ihnen Lobsprüche.

Danach wandte sich Kuranosuké an den Rat und sprach: »Mein Herr, wir sind Euch in der Tat für diese gütige Gastfreundschaft sehr verpflichtet. Da wir aber Eile haben, nach Sengakuji zu kommen, so müssen wir ganz untertänig von Euch Abschied nehmen.« Und nachdem sie ihrem Wirt tausend Dank gesagt hatten, verließen sie den Palast des Fürsten von Sendai und eilten nach Sengakuji, wo ihnen der Abt des Klosters entgegenkam, sie beim Tempeltor empfing und zum Grab ihres Herrn Takumi no Kami geleitete.

Als sie an dem Grab angekommen waren, nahmen sie den Kopf des Kotsuké no Suké hervor, wuschen ihn in der in der Nähe befindlichen Quelle und legten ihn als Sühneopfer auf dem Grab nieder. Nachdem das geschehen war, luden sie die Priester des Tempels ein, herbeizukommen und Gebete zu lesen, während sie Weihrauch spendeten. Zuerst verbrannte Oischi Kuranosuké etwas Weihrauch, dann sein Sohn Oischi Tschikara, und nach ihnen vollbrachten dann auch die anderen fünfundvierzig Männer dieselben Opferzeremonien. Darauf gab Kuranosuké alles Geld, das er bei sich hatte, an den Abt und sprach:

»Nachdem wir siebenundvierzig Männer Harakiri verrichtet haben werden, bitten wir Euch, uns ehrlich zu begraben. Ich verlasse mich in dieser Hinsicht auf Eure Güte. Dies Geld ist nur eine Kleinigkeit, die ich anbieten kann. So wie es ist, bitte ich Euch, es zur Zelebrierung von Messen für unsere Seelen verwenden zu wollen!«

Und der Abt, den treuen Mut der Männer bewundernd, versicherte mit Tränen in den Augen, daß er ihre Wünsche erfüllen werde. Dann setzten sich die siebenundvierzig Ronin, in ihrer Seele beruhigt, auf den Gräbern nieder und warteten geduldig auf die Anordnungen und Befehle der Obrigkeiten.

Nach einiger Zeit wurden sie vor den obersten Gerichtshof, in dem die Gouverneure von Jedo und die Staatszensoren sich versammelt hatten, berufen. Und der alsbald über sie gefällte Urteilsspruch lautete, wie folgt: »Weil Ihr, ohne die Ordnung und Würde dieser Stadt zu respektieren und ohne die Regierung dieses Landes zu fürchten, Euch verschwört habt, Euren Feind ums Leben zu bringen, und weil Ihr mit Gewalt nächtlicherweise in das Haus von Kira Kotsuké no Suké eingebrochen seid und ihn ermordet habt, so lautet der Urteilsspruch dieses Hofes dahin, daß Ihr für dieses freche Beginnen Harakiri vollbringen sollt.« –

Nachdem dieses Urteil verkündet war, wurden die siebenundvierzig Ronin in vier Gruppen geteilt und verschiedenen Daimios zur Gefangenhaltung übergeben. Polizeibeamte wurden zu den Palästen der Daimios gesandt, in deren Gegenwart die Ronin Harakiri vollbringen sollten.

Da sie sich von Anfang bewußt gewesen waren, daß die ganze Sache nicht anders enden könne, gingen sie entschlossen dem Tod entgegen und ergaben sich ihm, wie es Edelleuten geziemt. Ihre Leiber wurden zum Tempel von Sengakuji gebracht und vor dem Grabmal ihres Herrn Takumi no Kami begraben. Und nachdem die Kunde von all dem sich auswärts verbreitet hatte, kamen die Leute in Haufen herbei, um auf den Gräbern der pflichttreuen Männer zu beten. –

Unter denen, die so zum Beten kamen, war auch ein Mann aus Satsuma, der sich vor dem Grab Oischi Kuranosukés niederwarf und sagte: »Als ich dich damals auf der Straße von Jamaschina in Kioto betrunken liegen sah, wußte ich nichts davon, daß du einen rechtmäßigen Racheplan zu Gunsten deines Herrn im Kopf hattest, und weil ich mir einbildete, daß du ein sittenloser Mensch seist, trat ich dich mit Füßen und spie dir ins Gesicht. Jetzt aber bin ich gekommen, dich um Verzeihung zu bitten und dir für jene Beleidigung Genugtuung zu geben. – Empfange sie!« – Mit diesen Worten warf er sich abermals vor dem Grab nieder, zog seinen Dolch aus dem Gürtel, stieß ihn sich in den Leib und gab seinen Geist auf. Und der Hauptpriester des Tempels, Mitleid mit dem Mann empfindend, begrub ihn ebenfalls an der Seite der Ronin. Sein Grab ist noch heute neben denen der siebenundvierzig Kameraden zu sehen.

Das ist das Ende der Geschichte der siebenundvierzig Ronin.

*

Dies ist ein furchtbares Gemälde von wildem Heroismus, den man nicht umhinkann zu bewundern. In den Gemütern der Japaner ist dies Gefühl der Bewunderung sehr tief und entschieden, und »die siebenundvierzig Ronin« empfangen daher bei ihnen fast göttliche Ehren. Fromme Hände bedecken noch heute ihre Gräber mit grünen Zweigen und verbrennen auf ihnen Weihrauch. Die Kleider und Waffen, die die Siebenundvierzig trugen, werden sorgfältig in einem feuerfesten Magazin neben dem Tempel aufbewahrt und daselbst jährlich dem bewundernden Volk ausgestellt, das sie mit einer Verehrung anschaut, die wohl nicht viel geringer ist, als die, die in Europa den Reliquien von Aachen und Trier gewidmet wird. Einmal in sechzig Jahren heimsen die Mönche von Sengakuji eine ganz bedeutende Ernte für ihren Tempel ein, indem sie eine Kirmes oder ein Erinnerungsfest abhalten, zu dem die Leute beinahe zwei Monate lang herbeiströmen.

Die Gräber der Ronin

Ein silberner Schlüssel verschaffte einmal auch mir und einem Freund die Erlaubnis zu einer Privatinspektion der Reliquien. Wir wurden in einen hinteren Raum des weitläufigen Tempels eingelassen und blickten von da aus in einen der kleinen Miniaturgärten hinein, der mit Felsenpartien und zwerghaften Bäumen nach japanischer Weise zierlich geschmückt war. Dahin wurden die sorgfältig etikettierten und mit Inhaltsanzeigen versehenen Kästen, die die kostbaren Gegenstände enthielten, hinausgebracht und von dem Hauptpriester für uns geöffnet. Es war ein ganz kurioser Mischmasch von alten Kleiderresten und Stücken von Metall und Holz. Selbstgemachte Kettenrüstungen aus Lederlappen und mit darauf befestigten Eisenstücken versehen, bezeugten die Vorsicht, mit der die Ronin sich für den Kampf bereitet hatten. Ein öffentlicher Ankauf von Waffen würde Aufsehen erregt haben. Sie verfertigten ihre Rüstung daher eigenhändig. Alte, von Motten zerfressene Überröcke, Brocken von Helmen, drei Pfeifen, ein Schreibzeug, das schon zur Zeit der Tragödie antik gewesen sein muß und nun ganz in Stücke zerfällt, Beinkleider, einst von schönen reichen Seidenbrokatstoffen, jetzt zerfetzt; ein Stück von einem alten Panzerhandschuh, Helmbüsche, Ordenszeichen, Schwertgriffe, Lanzenspitzen und Dolche, die letzteren alle verrostet und mit gewissen besonders dunkel gefärbten Flecken, als ob die unheilvollen Blutstropfen nie verwischt werden sollten. Das alles wurde uns mit großer Ehrerbietung gezeigt. Unter dem ganzen konfusen Plunder befanden sich auch mehrere Dokumente, gelb von Alter und ziemlich zerrieben und durchlöchert bei den Falten. Eins derselben war ein Plan von Kotsuké no Sukés Haus, den einer der Ronin vom Architekten des Hauses, mit dessen Tochter er vermählt gewesen war, erhalten hatte. Drei der Manuskripte schienen mir so merkwürdig, daß ich Erlaubnis erbat, sie zu kopieren.

Das erste war eine Bescheinigung, die die Vasallen von Kotsuké no Sukés Sohn ausgestellt hatten für den richtigen Empfang des Kopfes des Vaters ihres Herrn, den die Priester auf ihre Bitte der Familie zurückgaben. Dieselbe lautete so:

Memorandum
Item ein Kopf.
Item ein Paket Papiere.
Daß die obigen Artikel richtig empfangen sind, wird hiermit bescheinigt.
Gezeichnet: Sajada Magobei. *(Loc. sigill.)*
Saito Kunai. *(Loc. sigill.)*
An die für das Geschäft deputierten Priester des Tempels Sengakuji.
Seiner Ehrwürden Sekischi.
Seiner Ehrwürden Itschidon.

Die zweite Schrift war ein Dokument, in dem die siebenundvierzig Männer ihr Betragen und ihr Verfahren offen darlegten und rechtfertigten. Eine Kopie dieses Schriftstücks wurde bei jedem Körper der Siebenundvierzig vorgefunden. Es lautet wie folgt:

»Im vorigen Jahr, im dritten Monat, wurde Takumi no Kami bei Gelegenheit seiner Dienste, die er auf Befehl dem kaiserlichen Gesandten leistete, durch Umstände veranlaßt und gezwungen, den Herrn Kotsuké no Suké im Schloß anzugreifen und zu verwunden, in der Absicht, eine ihm zugefügte Ehrenkränkung zu rächen. Nachdem er dies ohne die Würde und Heiligkeit des Platzes zu berücksichtigen und unter Mißachtung aller Regeln des Anstands ausgeführt hatte, wurde er zum Harakiri verurteilt. Sein Vermögen und sein Schloß Ako fielen an den Staat und wurden von seinen Vasallen an die vom Schogun zur Annahme verordneten Deputierten abgeliefert. Danach verstreuten sich seine Dienstleute in alle Welt. Zur Zeit des Streites hinderten die anwesenden hohen Beamten den Takumi no Kami an der Ausführung der Absicht, seinen Feind, den Herrn Kotsuké no Suké, zu töten. Und so starb Takumi no Kami, ohne sich gerächt zu haben. Diesen Gedanken konnten seine Dienstleute nicht ertragen. Es ist Männern unmöglich, mit dem Feind ihres Vaters oder Lehnsherrn unter demselben Himmel zu bleiben. Aus diesem Grund haben wir uns vermessen, einer Person von so hohem Rang den Krieg zu erklären. Heute wollen wir Kotsuké no Suké angreifen und den Racheakt, der von unserem toten Herrn angefangen wurde, vollenden. Wenn irgendeine achtbare Person nach unserem Tod unsere Leiber finden sollte, so wird sie achtungsvoll ersucht, dies Dokument zu öffnen und zu lesen.

Im fünfzehnten Jahr von Genroku, im zwölften Monat.
Gezeichnet Oischi Kuranosuké, Vasall des Takumi no Kami, und sechsundvierzig andere.«*

Das dritte Manuskript war eine Denkschrift, die die siebenundvierzig Ronin auf dem Grab ihres Lehnsherrn zugleich mit dem Kopf des Kotsuké no Suké deponierten. Es lautete:

»Im fünfzehnten Jahr von Genroku, im zwölften Monat und am fünfzehnten Tag sind wir hierhergekommen, um Huldigung zu tun, insgesamt siebenundvierzig Männer von Oischi

* Es ist üblich, daß ein Japaner, wenn er einen Gewaltstreich im Schilde führt, dessen Ziel nach seiner Meinung die Mittel und Wege rechtfertigt, ein Dokument bei sich führt, in dem er, wie es in dem oben übersetzten geschehen ist, die Motive zu seiner Tat darlegt, damit sein Charakter nach seinem Tod unbefleckt dastehe.

Kuranosuké herab bis zum gemeinen Fußsoldaten Terasaka Kitschijémon, sämtlich freudig entschlossen, unser Leben in dieser Sache hinzugeben. Wir kündigen dies achtungsvollst dem hochgeehrten Geist unseres toten Herrn und Meisters an. Am vierten Tag des dritten Monats des letzten Jahres gefiel es unserem ehrenwerten Meister, den Herrn Kotsuké no Suké anzugreifen, aus welchen Gründen und Motiven wissen wir nicht. Unser geehrter Herr nahm sich selbst das Leben, aber Kotsuké no Suké lebte. Obwohl wir fürchten, daß nach dem vom Gouvernement erlassenen Dekret diese unsere Verschwörung dem Geist unseres geehrten Herrn mißfällig sein wird, so konnten wir, die wir dein Brod gegessen haben, doch nicht ohne zu erröten den Vers rezitieren: »Du sollst nicht leben unter demselben Himmel und nicht betreten dieselbe Erde mit dem Feind deines Vaters oder deines Herrn.«* Auch konnten wir nicht daran denken, die Hölle zu verlassen und uns dir im Paradies zu präsentieren, bevor wir nicht die Rache, die du angefangen hast, durchgeführt hätten. Jeder Tag, den wir zögernd verlebten, erschien uns wie drei Herbste. In der Tat haben wir den Schnee wohl einen oder zwei Tage lang getreten und dabei nur einmal etwas genossen. Die Alten und Schwachen, die Kranken und die von Schmerz Geplagten, alle sind munter herbeigekommen, um ihr Leben für dich in die Schanze zu schlagen. Die Leute mochten über uns lachen wie über Grashüpfer, die der Stärke ihrer Waffen vertrauen, und auch unseren ehrenwerten Herrn bespötteln; aber wir vermochten unseren Rachegefühlen keinen Halt zu gebieten. Nachdem wir in der letz-

* Dies ist ein Zitat aus den Werken des Konfuzius. James Legge hat in seinem Buch »The Life and Teachings of Confucius« einen interessanten Paragraphen, in dem er die Ansichten und Vorschriften dieses Weisen über Racheübung aufsummiert.

ten Nacht unseren Entschluß gefaßt und ausgeführt haben, eskortierten wir den Kopf des Herrn Kotsuké no Suké hierher zu deinem Grab. Diesen Dolch, auf den unser verehrter Herr im vergangenen Jahr so großen Wert legte* und den er unserer Sorgfalt anvertraute, bringen wir nun zurück. Wenn dein edler Geist jetzt über diesem Grab anwesend ist, so bitten wir dich, als ein Zeichen diesen Dolch zu ergreifen, und mit ihm zum zweiten Mal das Haupt deines Feindes zu treffen, damit aller Haß für immer aus dem Herzen ausgerottet werde. Dies ist die ehrerbietige Erklärung von siebenundvierzig Männern.«

Schließlich möchte ich noch eine Anekdote erzählen, um die große Verehrung, die die Japaner den Gräbern der siebenundvierzig Ronin widmen, in helles Licht zu stellen:

Im Monat September des Jahres 1868 kam ein Mann herbei, um vor dem Grab des Oischi Tschikara zu beten. Nachdem er seine Gebete beendet hatte, vollführte er mit ruhiger Fassung Harakiri. Da aber die Bauchwunde, die er sich beigebracht hatte, nicht tödlich war, machte er durch einen raschen Kehlschnitt seinem Leben ein Ende. In seinen Kleidern wurde ein Papier gefunden, auf dem geschrieben stand, daß der Tote, da er Ronin geworden sei und keinen Lebensunterhalt habe finden können, eine Bittschrift eingereicht habe, um in den Clan des Fürsten von Tschoschiu eintreten zu dürfen, den er für den nobelsten Clan im Reich hielt. Da ihm seine Bitte abgeschlagen wurde, sei ihm nichts anderes übriggeblieben, als zu sterben. Denn ein vagabundierender Ronin zu bleiben, wäre ihm zuwider, und er wollte keinem anderen Herrn dienen, als dem Fürsten von Tschoschiu. Welchen passenderen Platz konnte er für

* Der Dolch, mit dem Takumi no Kami sich selbst tötete und mit dem Oischi Kuranosuké später Kotsuké no Suké den Kopf abschnitt.

die Beendigung seines Lebens finden, als den Gräbergarten dieser Siebenundvierzig? – Dies ereignete sich ungefähr zweihundert Schritte von meinem Haus entfernt, und als ich den Fleck eine oder zwei Stunden sah, war der Boden noch ganz mit Blut bespritzt und zeigte frische Spuren vom Todeskampf und den letzten Zuckungen des Mannes.

KAPITEL II

Die Liebesgeschichte des Gompatschi und der Komurasaki

Zwei Meilen weit von Jedo, etwas mehr oder weniger, und ziemlich abseits von dem Getümmel und Lärm der großen Stadt liegt das Dorf Meguro. Wenn man ganz aus der Stadt hinaus ist, so ist der Weg, der dahin führt, auf beiden Seiten von Gehölzen umgeben, die an äußerst mannigfaltigem Wechsel der Belaubung ungemein reich sind und zuweilen von freundlichen Dörfern und Weilern unterbrochen werden.

Wenn man sich dem genannten Dorf Meguro nähert, wird es rund umher immer ländlicher, und die Reize der Landschaft mehren sich. Schattige Feldwege, eingefaßt von frischen Hekken, die so üppig sind, wie die besten in England, führen hinab zu einem Tal voll von Reisfeldern, die vom Smaragdgrün der jungen Pflanzen schimmern. Zur Rechten und zur Linken erheben sich kleine Anhöhen von phantastischen Umrissen, mit einer Fülle von Kryptomerien, Fichten und anderen Koniferen gekrönt und eingerahmt von einem Dickicht gefiederter Bambusse, deren schlanke und dünne Stämme graziös in der leichten Sommerbrise schaukeln.

Überall, wo ein Fleckchen noch hübscher und schattiger ist als die anderen, erblickt man das Portal einer Kapelle, die die fromme Einfalt des Landvolks dem Inari Sama, dem Patron des Ackerbaus, oder einer anderen Schutzgottheit der Gegend errichtet hat. Am östlichen Ausgang des Tales begrenzt die dunkle See den Horizont, während im Westen entfernte Berge bleuen. Im Vordergrund, vor dem Haus eines Pächters, das mit seinem samtweichen, braunen Strohdach ganz gemütlich aussieht, purzelt in wilden Sprüngen ein Haufen derber, halbnackter und von der Sonne gegerbter kleiner Jungen und Mädchen umher, alle taub sind gegen die scheltende Stimme der alten Großmutter, die spinnend und das Haus überwachend dasitzt, während ihr Sohn und sein Weib abwesend und mit irgendeiner Feldarbeit beschäftigt sind. Dicht vor unseren Füßen murmelt ein klarer Bach, in dem eine Gruppe von Landleuten ihr Gemüse wäscht, das sie alsbald auf die Schultern nehmen und abführen wollen, um es in einer der Vorstädte Jedos zu meistbietend zu verkaufen.

Einen ganz besonderen Reiz gewährt dieser Szene die wundervolle Klarheit der Atmosphäre, die so transparent ist, daß sogar die Umrisse der entferntesten Gegenstände kaum etwas von ihrer Deutlichkeit verlieren, während die geringsten Details des nahen Vordergrundes sich mit einem ganz scharfen und kühnen Relief präsentieren, jetzt hell beleuchtet von den Strahlen einer vertikalen Sonne, dann wieder verdunkelt unter dem fliegenden Schatten, den die unter dem Himmelsgewölbe dahinsegelnden, lockeren Wolken auf sie werfen. Vergebens würden die geschicktesten Maler sich abmühen, unter einem solchen Himmel die Lichter und Schatten nachzuahmen, die über die hohen Wälder flimmernd und wechselvoll dahinziehen, sei es im Herbst, wo die gelben und braunroten Tinten der Laubbäume mit dem Hochrot des Ahorn sich mischen, sei es im Frühling, wenn Pflaumen- und Kirschbäume und wilde Cameliariesen*, fünfzig Fuß hoch, ganz mit Blüten bedeckt sind.

Alles, was das Auge erblickt, ist bezaubernd, aber es herrscht ein befremdliches Stillschweigen in diesen japanischen Hainen, das nur selten von dem Gesang eines Vogels unterbrochen wird. In der Tat kenne ich nur einen Sänger, dessen Weise etwas Mu-

* Gemeint ist die prachtvolle Camelia japonica.

sik in sich hat, den Vogel »Uguisu«, der von einigen Enthusiasten die Nachtigall Japans genannt wird, nichts Besseres aber als ein König im Königreich der Blinden ist. Die Seltenheit der wilden Geschöpfe aller Art ist für die in Japan Reisenden ein stehendes Wunder. Der Jagdliebhaber muß viele saure Meilen durchmachen, um zu einem Schuß auf ein wildes Schwein oder ein Reh oder einen Fasan zu gelangen, und der Pflug des Bauern und die Falle des Wilddiebs, die innerhalb und außerhalb der gesetzlichen Saison am Werk ist, drohen jede wilde Kreatur ganz auszurotten, es sei denn, daß die Regierung, wie sie einmal im Frühling des Jahres 1869 zu tun dachte, die europäischen Jagdgesetze annimmt und in Kraft setzt. Aber die japanischen Behörden sind sehr lau und lässig in dieser Angelegenheit. Ein bißchen Falkenjagd auf einem kleinen Ententeich genügt der Leidenschaft eines modernen japanischen Sportsmanns, der sich überzeugt hält, daß das wilde Geflügel, mögen Jagdgesetze dasein oder nicht, im Winter doch immer wiederkommen wird. Die Zeiten sind längst vorbei, wo Seine Hoheit der Schogun mit einem mächtigen Gefolge auszureiten pflegte zu den wilden Partien des Berges Fusi, um in ihnen sein Feldlager aufzuschlagen und auf Eber, Rehe und Wölfe Jagd zu machen in dem Glauben, daß er dadurch einen männlichen und kriegerischen Geist unter seinem Volk wach halte und fördere.

Es gibt nur eine sehr ernstliche und sehr häßliche Beeinträchtigung des Genusses der Schönheit der Landschaft Japans, wenigstens in der Nähe der Städte, und das sind die fast unerträglichen Beleidigungen, die dort beständig dem Geruchssinne zuteil werden. Alles, was die Abzugskanäle der Stadt beschäftigen sollte, wird auf dem Rücken der Menschen und Pferde hinausgetragen, um auf den Feldern ausgebreitet zu werden. Da muß man stets, das Taschentuch in der Hand, wandern, um das Übel, das beständig von allen Seiten auf einen eindringt, abzuwehren. Doch davon könnte man noch manches sagen. Ich spare dies und auch das, was ich über die japanischen Bauern, ihre Lebensweise und ihr Verhältnis zu ihrem Grundherrn zu bemerken habe, für ein anderes Kapitel auf. Jetzt wollen wir uns nur mit dem schon genannten hübschen Dorf Meguro beschäftigen.

Im Hintergrund einer kleinen Gasse, ganz nahe beim Eingang zum Dorf, steht eine alte Schintokapelle (»Schinto« heißt bekanntlich die Religionsform, der Japan vor der Einführung des Buddhismus und der Lehre des Konfuzius huldigte), von hochstämmigen Kryptomerien umgeben. Die Bäume bei einer Schintokapelle stehen immer unter dem besonderen Schutz der Gottheit, der der Altar geweiht ist, und mit diesen heiligen Bäumen steht eine Art von Aberglauben in Verbindung, der an jene Wachspuppen erinnert, durch deren Vermittlung die Zauberer des Mittelalters in Europa und auch die des alten Griechenlands, wie Theokrit uns erzählt, die Feinde ihrer Schützlinge töten zu können vermeinten. Die Japaner nennen das »Uschi no toki mairi« oder »zur Stunde des Ochsen beten gehen«,* und die Sache wird von eifersüchtigen Frauen geübt, die sich an ihren treulosen Liebhabern rächen wollen.

Wenn alle Welt schläft, um zwei Uhr morgens, zu derjenigen Stunde, für die der Ochse das Symbol ist, erhebt sich das rach-

* Die Chinesen und die sie nachahmenden Japaner teilen die 24 Stunden des Tages in 12 Perioden, die alle ihre Zeichen haben, wie die Abteilungen des Tierkreises: Die Stunden von Mitternacht bis zwei Uhr morgens haben das Zeichen der Katze, von zwei bis vier Uhr morgens herrscht der Ochse, von vier bis sechs Uhr der Tiger, von sechs bis acht Uhr der Hase, von acht bis zehn Uhr der Drache, von zehn bis zwölf Uhr die Schlange, von zwölf bis zwei Uhr nachmittags das Pferd, von zwei bis vier Uhr der Widder, von vier bis sechs Uhr der Affe, von sechs bis acht Uhr der Hahn, von acht bis zehn das Schwein, von zehn Uhr abends bis Mitternacht der Fuchs.

lustige Weib. Sie legt ein weißes Kleid und hohe Sandalen oder Holzschuhe an. Sie setzt sich einen metallenen Dreifuß mit drei angezündeten Lichtern auf den Kopf. Um ihren Hals hängt sie einen Spiegel, der auf ihren Busen herabfällt. In ihrer linken Hand trägt sie eine kleine Strohfigur, das Bildnis des Liebhabers, der sie betrog, und in der Rechten hält sie einen Hammer und einige Nägel. Mit diesen befestigt sie die Strohfigur an einem der heiligen Bäume, die die Kapelle umgeben. Da betet sie zu den Göttern um den Tod des Verräters, indem sie zugleich gelobt, daß wenn ihr Gebet erhört wird, sie die Nägel, die den heiligen Bäumen und der in ihnen hausenden Gottheit weh tun, wieder herausziehen will. Mehrere Nächte hintereinander kommt sie zu der Kapelle, und in jeder Nacht schlägt sie einige neue Nägel hinein in der Überzeugung, daß jeder Nagel das Leben ihres Liebhabers verkürzen wird, denn der Gott wird ihn sicherlich, um seinen Baum zu retten, sterben lassen.

Meguro ist einer der vielen Orte bei Jedo, zu dem die guten Einwohner der Stadt sowohl solcher religiöser oder abergläubischer Bräuche wegen als auch zu geselligen Zwecken und zu Vergnügungspartien herauskommen. Daher findest man mitten zwischen den alten Tempeln und Kapellen auch viele hübsche Teehäuser und vor der Tür eines jeden derselben eine »Demoiselle Zucker«, »Blume«, »Seepferd«, »Welle« oder »Chrysantheme«, die einen freundlich bittet, einzutreten und auszuruhen. Auffallend schön nach unseren Begriffen sind diese Teedamen nicht. Aber sie haben doch ihre Reize, und diese liegen in ihrer gefälligen und artigen Weise und ihren zierlichen Manieren. Das Teehausmädchen, die der Wirtschaft als Lockvogel dient, ist perfekt in den Künsten der Koketterie. In allen Ehren sei dies von ihr gesagt, denn sie darf nicht verwechselt werden mit jener hinfälligen Schönheit der Joschiwara von Jedo und mit der ausgelassenen Schwesternschaft in den den Europäern und ihren verderblichen Einflüssen geöffneten Häfen. Denn so betrübt es ist, so wahr ist es doch auch, daß wir Europäer im ganzen weiten Osten auf die Sitten der Einheimischen sehr nachteilig einwirken.

In einem der Teehäuser wird ein ganz lebhafter Handel mit dem Verkauf hölzerner Täfelchen getrieben, die sechs Zoll im Quadrat haben und die mit dem Bild eines blaßroten Tintenfisches auf blauem Grund geschmückt sind. Es sind Votivtafeln, bestimmt, im gegenüberliegenden Tempel des Jakuschi Niurai, des Äskulaps der Buddhisten, aufgehängt zu werden, von dem folgende Legende erzählt wird:

In alter Zeit lebte ein Priester namens Jikaku, der im Alter von vierzig Jahren, im Herbst des zehnten Jahres der Periode »Tentschi« (833 n. Chr.), an einer sehr schmerzhaften Augenkrankheit litt, die ihn schon seit drei Jahren zunehmend geplagt hatte. Um von diesem bösen Übel befreit zu werden, schnitzte er ein Bildnis des Jakuschi Niurai, an den er seine Gebete zu richten pflegte. Fünf Jahre danach kam er nach China und nahm diese Figur, seinen Schutzgeist, mit, und an einem einsamen Ort, »Kairetsu« genannt, beschützte ihn sein Heiligenbild vor Räubern, wilden Tieren und anderen Kalamitäten. Daselbst verbrachte er seine Zeit mit dem Studium der heiligen Gesetze, sowohl der geoffenbarten als auch der verborgenen, und nach neun Jahren schiffte er sich wieder ein, um nach Japan zurückzukehren. Als er auf hoher See war, erhob sich ein Sturm, und ein Meerungeheuer erschien und versuchte, das Schiff zum Sinken zu bringen, zerbrach das Steuerruder und den Mast. Da nun das nächste Ufer zu Land gehörte, das bloß von Teufeln bewohnt war, schien es ebenso gefährlich, weiter zu segeln, wie an Land zu gehen. In dieser Not betete der fromme Mann zu seinem Schutzheiligen, dessen Bildnis er mit sich führte, und siehe da, während seines Gebetes erschien Jakuschi Niurai selbst in der Mitte des Schiffs und sprach zu ihm:

»Wahrlich! Du bist weit gereist, damit die heiligen Gesetze zur Errettung vieler Seelen kund und offenbar werden möchten. Nimm daher mein Bildnis, das du im Busen bei dir führst, und wirf es ins Meer, auf daß der Wind sich lege und daß du behütet werdest vor den Wogen und vor jenem Land der bösen Geister.«

Die Befehle der Heiligen müssen pünktlich befolgt werden; und so nahm der Priester mit Tränen in den Augen sein heiliges Bildnis hervor und warf es ins Meer. Darauf ließ der Wind nach, und die Wogen wurden gestillt, und das Schiff fuhr glatt dahin, als wenn es von unsichtbaren Händen gezogen würde, bis es in einem sicheren Hafen anlegte.

Im zehnten Monat desselben Jahres ging der Priester, im Vertrauen auf seinen heiligen Patron, wiederum unter Segel und erreichte einen kleinen Hafen der Insel Tsukuschi* ohne Unfall. Drei Jahre lang betete er, daß das Bildnis, das er ins Meer geworfen hatte, ihm zurückgegeben werden möchte, bis ihm endlich in einer Nacht im Traum angedeutet wurde, daß Jakuschi Niurai selbst ihm erscheinen werde. Infolge dieses Traumes ging er zu der Provinz von Hisen und landete an der Küste von Hirato, wo ihm inmitten eines strahlenden Lichtes das Bildnis, das er geschnitzt hatte, auf einem Tintenfische reitend zwei Mal erschien. Auf diese Weise wurde das heilige Bild der Welt wiedergegeben.

Zum Gedächtnis seiner Heilung von dem Augenübel und seiner Errettung aus den Gefahren der See, und damit diese

* »Tsukuschi« ist der alte Name der großen japanischen Insel, die jetzt »Kiuschiu« heißt.

Dinge allen Nachkommen bekannt werden und bleiben möchten, stiftete der Priester den Gottesdienst des Taku Jakuschi Niurai (»Jakuschi Niurai vom Tintenfisch«) und kam nach Meguro, wo er den Tempel des Fudo Sama*, einer anderen buddhistischen Gottheit, baute. Zur selben Zeit wütete eine Blatternepidemie in dem Dorf so arg, daß die Menschen zuweilen auf der Straße plötzlich niederfielen und starben, und der heilige Mann flehte zu Fudo Sama, daß er der Pest Einhalt tun möge. Darauf erschien ihm der Gott und sprach:

»Der heilige Jakuschi Niurai vom Tintenfisch, dessen Bildnis du führst, verlangt in diesem Dorf seinen Platz zu haben und will dann der Pest entgegentreten. Du sollst ihm daher hier einen Tempel errichten, damit nicht nur diese Blatternkrankheit, sondern auch andere Epidemien für zukünftige Geschlechter durch seine Kraft geheilt werden mögen.«

Als der Priester dies hörte, vergoß er Tränen der Dankbarkeit und schnitzte dann aus einem Stück des feinsten Holzes eine große Figur seines Schutzheiligen Jakuschi Niurai vom Tintenfisch, und in das Innere dieser großen Figur legte er ein kleines Bildnis und stellte beide zusammen in dem Tempel auf, zu dem die Leute noch heute in Scharen herbeikommen, um von ihren Krankheiten geheilt zu werden.

Das ist die Geschichte von dem Mirakel, die ich einem kleinen, schlecht gedruckten Pamphlet, das die Priester des Tempels verkaufen, entnommen und hier übersetzt habe. Ich bemerke noch, daß sämtliche Dekorationen dieses Tempels, sogar die bronzene Laterne, die in der Mitte des Tempelhofes hängt, die Form eines Tintenfisches, des heiligen Emblems des Platzes, haben.

* Fudo heißt wörtlich »der Bewegungslose«, d. h. Buddha im Zustand des Nirwana.

Dem Priester Dschikaku erscheint der göttliche Jakuschi Niurai, auf einem Tintenfisch reitend

Einen hübscheren Ruheplatz, um einen heißen Tag still und angenehm hinzubringen, könnte niemand sich wünschen, als diese schattige Baumgrotte, die der kleine Hügel mit dem Tempel des Fudo Sama trägt. Zwei Fontänen klarsten Wassers springen aus dem Felsen hervor und fallen in ein von einem Gitter umrahmtes Bassin, in das, wie daran geschrieben steht, »keine Frau eintreten darf«. – Wenn du Glück hast, magst du dich hier abkühlen bei der Beobachtung irgendeines nackten Frommen, der die Zeremonie, die »Suigijo« genannt wird, vollführt. Es heißt soviel wie »unter dem Wasserfall beten, damit durch den gereinigten Leib auch die Seele gereinigt werden möge«. Im Winter diese Zeremonie durchzumachen, erfordert nicht wenig Entschlossenheit. Doch ich habe es mit angesehen, wie ein frommer Büßer an einem bitterlich kalten Januartag sich eine Viertelstunde lang diesem Martyrium unterwarf.

Eine nicht geringe Geduldsprobe ist auch im Sommer der religiöse Gebrauch, der »Hijakudo«, d.h. »hundert Mal« genannt wird. Derselbe besteht darin, daß der Büßer zwischen zwei Stellen des heiligen Bezirks hundert Mal vorwärts und rückwärts schreitet, indem er zugleich ein gewisses Gebet repetiert. Die Rechnung wird dabei entweder an den Fingern geführt oder mit Strohhalmen, von denen jedesmal einer am Ziel niedergelegt wird. Der für diese Zeremonie bestimmte Platz des Tempels befindet sich zwischen einer grotesken Bronzefigur des »Tengu Sama« (»Himmelshundes«) – des Popanzes der Kinder, eines gräßlichen Ungetüms mit einer kolossalen Nase, die zu reiben Segen bringt, wenn man den Finger danach an die eigene Nase legt – und einer braunen Kiste, die am Deckel in großen Hautreliefbuchstaben die Worte »Hijaku Do« trägt und gewöhnlich ganz mit Strohhalmen angefüllt ist. Ein guter Buddhist zu sein, ist in der Tat keine Sinekure, denn man macht sich die Götter nicht für nichts und wieder nichts geneigt. Gebet und Fasten, Kasteiung des Fleisches, Verzichtleistung auf Wein, auf Lieblingsspeisen und Frauen sind die einzigen Empfehlungen zum Weiterkommen und Glück, zur Förderung in der Beamtenlaufbahn, zum Gewinn im Handel, zur Heilung und Rettung aus Krankheit oder zu einem glücklichen Ehebündnis mit einem geliebten Mädchen. Der bloße Glaube ohne Werke ist dazu nicht hinreichend. Eine Votivtafel, deren Wert dem Wert der erbetenen Gunst einigermaßen entspricht, oder eine Geldsumme zur Ausbesserung des Altars oder Tempels ist durchaus nötig, um die Gunst der Götter zu gewinnen.

Mittellose Personen pflegen ihre langen Haare abzuschneiden und den Schopf als Opfer darzubringen. In einem »Horinuschi« genannten, sehr berühmten Tempel etwa acht oder neun Meilen von Jedo befindet sich ein Strick von circa zweieinhalb Zoll im Durchmesser und sechs Faden lang, der ganz aus solchen den Göttern geopferten Haarschöpfen gefertigt ist. Er liegt da aufgerollt, schmutzig, von Motten zerfressen und vernachlässigt am Ende eines langen Schuppens, der mit Votivtafeln und Bildern angefüllt ist, neben einer plumpen japanischen Feuerspritze.

Da alles Töten lebendiger Kreaturen dem Buddha mißfällig ist, gewinnen in der Umgebung seiner Tempel die alten Weiber und Kinder ihren Lebensunterhalt durch den Verkauf von Sperlingen, kleinen Aalen, Karpfen, Schildkröten und anderen Tierchen, die die frommen Käufer zu Ehren der Gottheit in Freiheit setzen. Daher fliegt, kriecht und läuft in der einer solchen Gottheit gewidmeten Gegend allerlei Getier herum. Hühner, Tauben und andere Vögel, ganz zahm, herrenlos und ungestört, hocken auf allen vorspringenden Gebälken, Erkern, Friesen, Pfeilern und Ecksteinen.

Aber von allen religiösen Gebräuchen der Japaner, von denen ich Kunde bekam, scheint mir keiner so sonderbar wie der des Anspeiens der Götterbilder, insbesondere der beiden großen grün- und rotgefärbten Statuen des »Ni – o«, die, gleich Gog und Magog Embleme der Stärke, als Wächter vor den vornehmsten Buddha-Tempeln stehen. Die Figuren sind durch ein eisernes Netzwerk geschützt, und durch dieses speien die Frommen, immer betend, kleine Papierfetzen, die sie zuvor zusammengekaut haben. Wenn das ausgespieene Papierkügelchen an den Statuen kleben bleibt, ist das ein günstiges Omen; fällt es ab, so ist es ein Zeichen, daß das Gebet nicht erhört wurde. Beinahe jede Statue im ganzen Land, auch das Innere der großen Glocke auf dem Begräbnisgrund der Taikuns, sind mit diesen Papierkügelchen, die vom Mund der Frommen ausgespieen wurden, bedeckt.*

Und so komme ich mit allen diesen Diskursen über japanische Zeremonien, Tempel und Teehäuser endlich beim eigentlichen Ziel unserer Pilgerfahrt an: nämlich bei zwei alten Steinen, die in ganz zerfallenem Zustand auf einem sehr alten verwilderten Begräbnisplatz stehen, von allen vergessen, außer von denen, die es lieben, alte Geschichten wieder ans Licht zu ziehen. Der Schlüssel zu diesem Platz wird von einer alten gespensterhaften Dame verwahrt, die selbst vom Zahn der Zeit beinahe ebenso zerfressen und vermodert aussieht, wie das Grab, das sie bewacht. – Gehorsam meinem Ruf und einer Belohnung entgegensehend, die zehnmal größer ausfallen wird, als die, die sie von ihren Landsleuten zu erwarten hat, humpelt sie hervor, öffnet das Tor und zeigt auf den Stein, der die Inschrift

* Es versteht sich, daß die obenerwähnten Gebräuche und Zeremonien nur ein Ausfluß des groben Aberglaubens sind, mit dem Unwissenheit den reinen und vielfach so schönen Buddhismus verhüllt und entstellt hat.

比翼塚

Das Grab der Schijoku

trägt: »Dies ist das Grab der Schijokus.« – Schijokus sind fabelhafte Vögel, die in ein und demselben Leib einen mysteriösen Dualismus darstellen. Denn man sagt, daß sie einer in dem anderen leben. Sie sind das Emblem ehelicher Liebe und Treue.

Über diesem Stein steht noch ein anderer, auf dem eine längere Legende zu lesen ist, die so lautet:

»In den alten Tagen des Genroku schmachtete sie, sich abhärmend, um die Schönheit ihres Geliebten, der so anmutig anzuschauen war, wie die Blumen; und jetzt ist unter dem Moos dieses Grabsteins alles von ihr vergangen außer ihrem Namen. Mitten in den Wechseln der unbeständigen Welt vergeht dieses Grab unter Tau und Regen; nach und nach zerfällt es unter seinem eigenen Staub, nur seine Umrisse sind geblieben. Fremdling! Gewähre ein Almosen zur Aufrechthaltung dieses Monuments, und wir wollen nicht Mühe und Arbeit scheuen, um dir dabei von ganzem Herzen beizustehen. Indem wir es aus seinem Verfall für nachkommende Generationen von neuem aufrichten, laß uns den folgenden Vers darauf schreiben: ›Diese beiden Vögel, die schön waren wie Kirschblüten, starben vor ihrer Zeit gleich Blumen, die der Wind abriß, bevor sie Frucht ansetzen konnten.‹«

Unter dem ersten Stein liegt der Staub Gompatschis, eines Räubers und Bravos, vermischt mit der Asche seiner treuen Geliebten Komurasaki, die mit ihm zusammen hier ins Grab gelegt wurde. Ihre Bekümmernisse und ihre Standhaftigkeit haben den Platz geheiligt, und fromme Leute kommen noch jetzt, um Weihrauch zu verbrennen und Blumen auf das Grab zu streuen. Wie sehr sie ihn liebte, selbst bis in den Tod, mag der Leser aus folgender alten Erzählung entnehmen:

Ungefähr vor zweihundertunddreißig Jahren lebte im Dienst des Daimios der Provinz Inaba ein junger Mann namens

Schirai Gompatschi, der schon im Alter von kaum sechzehn Jahren sowohl wegen der Anmut seiner Person, als auch wegen seiner Tapferkeit und seiner Geschicklichkeit im Gebrauch der Waffen sich einen Namen gemacht hatte. Nun trug es sich eines Tages zu, daß sein Hund mit einem anderen Hund, der einem seiner Geschlechtsgenossen gehörte, sich biß und daß die Herren der Hunde, beide sehr leidenschaftliche und ehrgeizige Jünglinge, darüber in Streit gerieten, wessen Hund bei der Beißerei die Oberhand behalten habe. Von Worten kamen sie dabei zu Taten und Schlägen, und Gompatschi erschlug seinen Rivalen. Daraufhin war er genötigt, seine Provinz zu verlassen. Er flüchtete sich nach Jedo. –

Und dies war der Anfang der Wanderungen und Abenteuer Gompatschis.

Eines Abends trat er ganz abgemattet und fußlahm in ein Haus am Weg, das er für einen Gasthof hielt, verlangte einige Erfrischungen und ein Bett und legte sich schlafen, ganz unbekannt mit der Gefahr, die ihn hier bedrohte. Denn zufälligerweise war dieser »Gasthof« nichts anderes als das Versammlungshaus einer Bande von Räubern, denen er ganz unvermutet in die Klauen gefallen war. Allerdings war Gompatschis Börse nur spärlich gefüllt. Aber sein Schwert und sein Dolch waren wohl dreihundert Silberunzen wert, und auf diese hatten die Räuber, zehn an der Zahl, bereits ihre begierigen Blicke geworfen und beschlossen, ihren Besitzer umzubringen und der kostbaren Gegenstände zu berauben. Er, müde wie er war, schlief in eingebildeter Sicherheit, ohne etwas Böses zu ahnen, ganz ruhig ein.

Mitten in der Nacht wurde er aus seinem tiefen Schlaf durch ein Geräusch geweckt, das von einer durch die Tür des Gemachs hereinschlüpfenden Person herrührte. Er raffte sich rasch empor und erblickte ein reizendes junges Mädchen im Alter von fünfzehn Jahren, die sich, indem sie ihm abwehrende Zeichen machte und bedeutete, er solle sich nicht bewegen, zur Seite seines Bettes niederließ und leise flüsternd zu ihm sprach:

»Mein junger Herr, der Besitzer dieses Hauses ist der Hauptmann einer gefährlichen Bande von Räubern, die sich verschworen haben, Euch diese Nacht Eurer schönen Kleider und Eures kostbaren Schwertes wegen zu ermorden. Was mich selbst betrifft, so bin ich die Tochter eines reichen Kaufmanns in Mikawa. Im vorigen Jahr kamen die Räuber zu unserem Haus, brachen ein, entführten die Schätze meines Vaters und auch mich. Ich bitte Euch, Herr, nehmt mich mit Euch und laßt uns zusammen fliehen von diesem entsetzlichen Ort.«

Sie vergoß Tränen, indem sie dies sprach, und Gompatschi war anfänglich zu sehr erstaunt, um gleich antworten zu können. Da er aber ein Jüngling von hohem Sinn und mutigem Geist war und dazu ein äußerst gewandter und wohlgeübter Fechter, gewann er sehr bald seine Fassung wieder und war entschlossen, die Räuber aus dem Weg zu räumen und das Mädchen aus ihren Händen zu befreien. Also antwortete er:

»Da Ihr so sprecht, will ich diese Schurken töten und Euch noch diese Nacht retten. Nur müßt Ihr sogleich, wenn ich den Kampf beginne, aus dem Haus eilen, damit Ihr selber keine Gefahr lauft. Verbergt Euch, bis ich wieder bei Euch bin.«

Nachdem dies verabredet war, verließ ihn das Mädchen und ging ihres Weges. Er aber blieb liegen, hielt seinen Atem an und wachte. Und als die Räuber einer nach dem anderen sachte ins Zimmer schlüpften, in dem sie ihn in tiefem Schlaf glaubten, machte er gleich den ersten, der hereinkroch, nieder und streckte ihn tot zu seinen Füßen hin. Als die anderen dies sahen, fingen sie in der Dunkelheit an, mit ihren Schwertern um sich zu hauen. Aber Gompatschi in seiner Verzweiflung bemeisterte

Gompatschi wird von Komurasaki in der Räuberhöhle aufgeweckt

sie zuletzt alle und erschlug sie. Nachdem er sich auf diese Weise von seinen Feinden befreit hatte, ging er hinaus und rief das Mädchen. Diese kam schnell an seine Seite und reiste nun hocherfreut mit ihm nach Mikawa, wo ihr Vater wohnte. In Mikawa führte er sie zum Haus der Eltern und erzählte diesen, wie ihre Tochter, da er unter die Räuber geraten, in der Stunde der Gefahr zu ihm gekommen sei und ihn mitleidsvoll gerettet und wie er sie zur Erwiderung aus ihrer Sklaverei befreit habe.

Als die alten Leute ihre verlorene Tochter sich zurückgegeben sahen, erfüllte sie das mit großer Freude, und sie vergossen Tränen in der Mitte ihres Glücks, und in ihrer Dankbarkeit drängten sie Gompatschi, bei ihnen zu bleiben, unterhielten ihn gastfreundlich und bereiteten ihm Festlichkeiten. Ihre Tochter, die wegen seiner Schönheit und ritterlichen Tapferkeit ihr Herz an ihn verloren hatte, verbrachte ihre Tage mit Gedanken an ihn – und an ihn allein. Der junge Mann aber war, trotz aller Güte des alten Kaufmanns, der ihn zum Sohn annehmen wollte und alles tat, um ihn zur Einwilligung zu überreden, darauf versessen, nach Jedo zu gehen und als Offizier im Haushalt eines noblen Lords Dienste zu nehmen. Er widerstand den Bitten des Vaters und dem sanften Zureden der Tochter und rüstete sich zur Abfahrt. Als der alte Kaufmann sah, daß er von seinem Vorsatz nicht abzubringen sei, gab er ihm ein Abschiedsgeschenk von zweihundert Silberunzen und sagte ihm ganz traurig Lebewohl.

Aber ach, wie groß erst war der Kummer des Mädchens, das dasaß, die Abreise ihres Geliebten beklagend und ihr Herz ausseufzend! Er, der die ganze Zeit weniger an Liebe als an Ehrgeiz dachte, kam zu ihr, tröstete sie und sprach: »Trockne deine Tränen, liebes Herz, und weine nicht mehr. Denn ich werde bald zurückkehren. Bleibe du unterdessen mir nur getreu und ergeben und pflege deine Eltern in kindlicher Liebe!«

Sie wischte ihre Tränen ab und lächelte wieder, da sie ihn versprechen hörte, daß er bald zu ihr zurückkehren wolle. Und Gompatschi ging seines Weges und kam rasch in die Nähe von Jedo.

Doch seine Gefahren waren noch lange nicht am Ende. Denn als er spät abends bei einem Ort namens Suzugamori in der Nachbarschaft von Jedo ankam, traf er auf sechs Straßenräuber, die ihn angriffen, in der Erwartung, kurzen Prozeß mit ihm zu machen und ihn zu plündern. Durchaus nicht erschreckt, zog Gompatschi sein Schwert und machte zweien von den sechsen den Garaus. Da er aber von seiner langen Reise etwas ermattet war, wurde es ihm doch nicht leicht, und der Kampf wurde gefährlich für ihn, als ein Tschonin, ein bürgerlicher Quartiermeister,* der in seiner Sänfte vorbeipassierte, die Rauferei erblickte, von seinem Sessel herabsprang und mit gezogenem Dolch zu seiner Rettung herbeieilte. Vereint schlugen beide die Räuber in die Flucht.

Nun zeigte sich, daß der Mann, der so zu rechter Zeit Gompatschi beigestanden hatte, niemand anders war, als Tschobei von Bandsuin, der Hauptmann der »Otokodatés«, der freundlichen Gesellschaft der Bürgersleute von Jedo, ein in den Annalen der Stadt berühmter Mann, dessen Leben, Taten und Abenteuer bis zum heutigen Tag besprochen werden.

Als die Straßenräuber verschwunden waren, sagte Gompatschi, indem er sich zu seinem Befreier wandte:

»Ich weiß nicht, wer Ihr seid, mein Herr, aber ich bin Euch für die Rettung meines Lebens großen Dank schuldig.«

* Die japanischen Städte sind in Bezirke abgeteilt, und jeder Handwerker und Krämer steht unter der Autorität des Hauptmanns des Quartiers, in dem er wohnt. Das Wort »Tschonin« oder »bürgerlicher Quartiermeister« wird gewöhnlich im Gegensatz zum Wort »Samurai« gebraucht, das einen Mann beschreibt, der zur adligen Kriegerklasse gehört.

Und wie er fortfuhr, seine Dankbarkeit zu erkennen zu geben, erwiderte Tschobei:

»Ich bin nur ein einfacher bürgerlicher Quartiermeister, ein geringer Mann in meiner Weise, mein Herr, und wenn die Räuber sich aus dem Staub machten, so geschah dies mehr durch die Gunst des Schicksals als durch irgendein Verdienst von meiner Seite. Aber ich bin über die Art und Weise, wie Ihr den Kampf aufnahmt, ganz mit Bewunderung erfüllt. Ihr, mein Herr, habt einen Mut und eine Geschicklichkeit entwickelt, die weit über Euer Alter hinausgeht.«

»In der Tat«, sagte der junge Mann, lächelnd vor Freude darüber, daß er sich so gelobt hörte, »ich bin noch jung und unerfahren und ganz beschämt über meine stümperhafte Art und Weise zu fechten.«

»Mag ich Euch nun fragen, wohin Eure Reise geht?«

»Ja, das ist beinahe mehr als ich selbst weiß, denn ich bin ein Ronin und habe kein bestimmtes Ziel in Sicht.«

»Das ist schlimm«, sagte Tschobei, der Mitleid mit dem jungen Mann empfand. »Aber wenn Ihr meine Kühnheit, Euch einen solchen Vorschlag zu tun, entschuldigen wollt, so möchte ich, obwohl nur ein Bürgersmann, Euch mein Haus zur Disposition stellen, bis Ihr ein Amt gefunden habt, das Euch würdig ist.«

Gompatschi nahm das Anerbieten dieses neuen, aber aufrichtigen Freundes mit großem Dank an, und so führte ihn Tschobei in sein Haus, wo er ihn für mehrere Monate einquartierte und gastfreundlich bewirtete. Aber nun geriet Gompatschi, da er müßig war und für nichts zu sorgen hatte, in seiner Ausgelassenheit auf böse Wege und fing an, ein unordentliches Leben zu führen, da er nur darauf dachte, seine Einfälle und Leidenschaften zu befriedigen. Er besuchte das Joschiwara, dasjenige Quartier der Stadt, in dem die Teehäuser und die anderen Rendezvous der wilden Jugend beisammen sind und wo sein hübsches Angesicht und seine anmutige Gestalt Aufsehen erregten und ihn bald zum großen Liebling aller Schönen der Nachbarschaft machten.

Zur selben Zeit fing auch alle Welt an, die Reize der »Komurasaki«, der »kleinen Purpurblüte« laut zu preisen. Sie war ein junges Mädchen, das erst vor kurzem im Joschiwara erschienen war und das an Schönheit und sonstigen Vorzügen alle ihre Nebenbuhlerinnen überstrahlte. Auch Gompatschi hörte soviel vom Ruhm dieser gepriesenen Dame, daß er beschloß, zum Haus mit dem Zeichen »die drei Meeresküsten«, in dem sie wohnte, zu gehen und sich selbst davon zu überzeugen, ob sie denn alles Gute, was die Leute von ihr sagten, verdiene. Mit diesem Vorsatz machte er sich eines Tages auf den Weg, und als er bei »den drei Meeresküsten« angelangt war, erkundigte er sich nach Komurasaki, und nachdem man ihm das Zimmer gewiesen hatte, in dem sie saß, ging er auf sie zu. Doch als seine Blicke den ihrigen begegneten, fuhren beide mit einem Aufschrei des Entsetzens und des Erstaunens zurück. Denn diese Komurasaki, die berühmte Schönheit des Joschiwara, erwies sich als dasselbe liebliche Mädchen, das Gompatschi mehrere Monate zuvor aus der Räuberhöhle gerettet und zu ihren Eltern in Mikawa zurückgeführt hatte. Damals hatte er sie inmitten von Glück und Fülle verlassen, das Lieblingskind reicher Eltern, mit der er Eide der Liebe und Treue gewechselt hatte, und nun begegneten sie sich an diesem verrufenen Ort von Jedo. – Welcher Wechsel! Welcher Kontrast! Wie waren das Glück und die Reichtümer so schnell verflogen und die Gelübde so ganz zu Lügen geworden!

»Was ist das?« schrie Gompatschi, nachdem er sich von seiner Bestürzung ein wenig erholt hatte. »Wie kann es sein, daß ich dich hier im Joschiwara finde? Ich bitte dich, erkläre mir das schnell. Denn hier liegt ein Geheimnis zugrunde, das ich nicht verstehe!«

Komurasaki, die so ganz unerwartet mit ihrem Geliebten zusammengetroffen war, für den ihr Herz geschmachtet hatte, war zwischen Entzücken, Betrübnis und Scham geteilt und antwortete, in Tränen gebadet:

»Ach! Meine Geschichte ist eine sehr traurige, und ich könnte viel darüber sagen. Als du uns im vergangenen Jahr verließest, kamen bald Unglücksfälle und Jammer über unser Haus. Und als meine alten Eltern in tiefste Armut gerieten, da wußte ich nicht, wie ich ihnen beistehen und sie ernähren sollte. Und so verkaufte ich meinen elenden Leib an den Eigentümer dieses Hauses und übersandte das Geld meinem Vater und meiner Mutter. Aber nichtsdestoweniger sind sie in Kummer und Elend verstorben. – Ach! Lebt denn in der weiten Welt ein Geschöpf, das so unglückselig ist, wie ich es bin? – Da ich dich nun wiedergefunden habe, dich, der du so stark bist, oh, so hilf mir, die ich so schwach bin. Du hast mich schon einmal gerettet. Verlaß mich, ich flehe dich an, nun auch diesmal nicht!« – Und indem sie diesen kläglichen Bericht abstattete, strömten Tränen aus ihren Augen.

»Ja wahrlich! Das ist ein trauriges Geschick!« antwortete Gompatschi, der von der Erzählung tief ergriffen war. »Das muß ein wunderbarer Strom von bösen Ereignissen gewesen sein, der auf dein Haus, das ich vor einiger Zeit noch so blühend sah, so niederschlagendes Unglück brachte. Allerdings bin ich nicht reich genug, um dich aus deiner Sklaverei loszukaufen. Aber jedenfalls will ich dafür sorgen, daß du ferner nicht gequält wirst. Fahre fort, mich zu lieben und mir zu vertrauen!« – Als sie ihn so freundlich sprechen hörte, fühlte sie sich getröstet und weinte nicht mehr, sondern schüttete ihm ihr ganzes Herz aus und vergaß ihre Sorgen in der seligen Freude, ihn wieder zu besitzen.

Als es für sie Zeit war, sich zu trennen, umarmte er sie noch einmal zärtlich und kehrte zu Tschobeis Haus zurück. Er konnte das Bild Komurasakis nicht aus seiner Seele verbannen, und den ganzen Tag über dachte er nur an sie allein. Und so ging er täglich ins Joschiwara, um sie zu sehen und zu sprechen, und wenn einmal irgend etwas ihn abhielt, wurde sie, den gewohnten Besuch schmerzlich vermissend, gleich ängstlich und schrieb an ihn, die Ursache seines Ausbleibens zu erkunden. Während er diese Lebensweise eine Zeitlang fortführte, schmolz seine Barschaft dahin, und da er ein Ronin war und ohne feste Anstellung, besaß er keine Mittel, seine Börse wieder zu füllen. Er scheute sich, ohne Geld in »den drei Meeresküsten« zu erscheinen, und da ergriff ihn ein böser Geist. Er ging bei Nacht hinaus, ermordete einen Mann, beraubte ihn seines Geldes und brachte dies zum Joschiwara.

Vom Bösen zum Schlimmeren ist es ein leichter Schritt, und der Tiger, der einmal Blut gekostet hat, ist gefährlich. – Ganz betört und verblendet von seiner leidenschaftlichen Liebe, fuhr Gompatschi fort zu morden und zu rauben, so daß, während sein Äußeres stets schön anzuschauen war, sein Herz in ihm doch wie ein häßlicher Teufel wurde. Zuletzt konnte sein Freund Tschobei seinen Anblick nicht länger ertragen und wies ihn aus seinem Haus, und da sowohl Tugend als auch Laster am Ende immer ihren Lohn erhalten, kamen Gompatschis nachts verübte Verbrechen an den Tag. Die Behörden sandten Späher aus, und er wurde auf der Tat ertappt und festgenommen. Seine Verbrechen wurden ihm vollständig bewiesen. Man führte ihn zum Richtplatz von Suzugamori, der sogenannten »Glockengrotte«, und enthauptete ihn dort wie einen gemeinen Verbrecher.

Nach dem Tod Gompatschis wachte Tschobeis alte Freundschaft für ihn wieder auf, und der fromme und wohlwollende Mann kam und verschaffte sich seinen Körper und seinen Kopf und beerdigte beide in Meguro, auf dem Grund und Boden des Tempels, der »Boronji« heißt.

Als Komurasaki die Leute im Joschiwara vom Ende ihres Geliebten sprechen hörte, kannte ihr Schmerz keine Grenzen. Sie entfloh insgeheim von »den drei Meeresküsten«, ging nach Meguro und warf sich auf das frische Grab. Lange betete sie und weinte bitterlich über dem Grab desjenigen, den sie bei allen seinen Fehlern so sehr geliebt hatte, und dann, einen Dolch aus ihrem Gürtel ziehend, stieß sie sich denselben in die Brust und starb. – Die Priester des Tempels, die bald erfuhren, was geschehen war, verwunderten sich sehr über die bis zum Tod treue Liebe des schönen Mädchen, und mitleidsvoll legten sie sie an der Seite Gompatschis in dasselbe Grab. Und über dem Grab errichteten sie einen Stein mit der Inschrift »Das Grabmal der Schijokus«, die ich oben schon erklärte. Und noch heute besuchen die Menschen von Jedo diesen Platz und preisen die Schönheit Gompatschis und die kindliche Frömmigkeit und Treue der Komurasaki.

*

Nun bitte ich die Leser, mit mir noch einen Augenblick auf dem alten Begräbnisplatz zu verweilen. Das japanische Wort, das ich soeben mit »treue Liebe« übersetzt habe, bedeutet wörtlich eigentlich »Keuschheit«. Als Komurasaki sich selbst hingab und verkaufte, um ihre ruinierten Eltern unterstützen zu können, verletzte sie nach ihren Begriffen die Vorschriften der Tugend nicht. Sie glaubte im Gegenteil, keinen größeren Beweis kindlicher Liebe geben zu können, und weit entfernt, Vorwürfe auf sich zu ziehen, war ihre Selbstaufopferung in den Augen der Japaner vielmehr großen Lobes wert. Diese Denkweise hat bei den Europäern zu Mißverständnissen Anlaß gegeben, und keine Phase des japanischen Lebens ist so falsch ausgelegt worden, wie diese. Man hat es ausgesprochen und in Büchern gedruckt, daß ein achtungswerter Vater in Japan es für keine Schande zu halten pflege, seine Tochter zu verkaufen, daß Männer von hoher Stellung und Herkunft sich oft in Häusern wie »die drei Meeresküsten« Frauen zur Ehe wählen und daß das Betragen eines jungen Mädchens bis zur Zeit ihrer Verheiratung eine ganz indifferente Sache sei.

Nichts kann ungerechter und unwahrer sein. Nur die allerniedrigsten und ärmsten Leute verkaufen wohl ihre Kinder, um sie Aufwärterinnen, Bänkelsängerinnen, Teemädchen etc. werden zu lassen. Es ereignet sich allerdings zuweilen auch, daß sogar die Tochter eines Samurai oder Edelmannes in einem berüchtigten Haus gefunden wird. Aber ein solcher Fall kann sich nur beim Tod oder bei gänzlicher Verarmung der Eltern ereignen, und offizielle Nachforschungen, die man über diesen Punkt anstellte, haben bewiesen, daß so etwas immer eine große Ausnahme ist, daß die Anwesenheit einer jungen Dame in einem solchen Haus jedesmal ein allgemeines Aufsehen erregt und daß die feine Erziehung und die Talente derselben dann einen großen Glanz über das Haus verbreiten. Haben denn nicht auch bei uns in Europa Herren von Erziehung leichtsinnige Mädchen zur Frau genommen? Machen nicht auch dort Damen aus der Demimonde ganz gute Partien? – Ich behaupte sogar, daß solche Mesalliancen in Japan viel seltener sind als bei uns. Unter den niedrigsten Ständen mögen dergleichen Heiraten mitunter vorkommen; denn nicht selten kann eine Frau aus ihrem schimpflichen Gewerbe eine ansehnliche und verlockende Mitgift beilegen. Aber unter dem Landadel Japans sind diese Verbindungen unbekannt.

Dennoch aber wird ein Mädchen nicht für ehrlos gehalten, wenn sie sich zum Vorteil ihrer alten Eltern einem Leben hingibt, das auch in Japan für so elend und schmachvoll gehalten wird, daß es für einen Edelmann zum Gesetz geworden ist, wenn er ein Haus von üblem Ruf betritt, Schwert und Dolch vor der Tür zu lassen, und zwar aus zwei Gründen, erstens um blutige Streitigkeiten zu vermeiden, und zweitens, weil es bekannt ist, daß die armen Frauen im Haus die Schmach ihrer Existenz so tief empfinden, daß sie derselben ein Ende machen würden, wenn sie eine Waffe in die Hand bekämen.

Es ist bemerkenswert, daß in allen Residenzstädten der Daimios mit Ausnahme einiger, die zugleich Seehäfen sind, öffentliche Prostitution streng verboten ist, obwohl man behauptet, daß die Sittlichkeit durch ein solches Verbot mehr leidet als gewinnt.

Das Mißverständnis, das in bezug auf diesen Gegenstand existiert, mag damit erklärt werden, daß ausländische Berichterstatter, indem sie ihr Urteil auf die Verderbtheit der offenen Handelshäfen gründen, nicht zögerten, japanische Frauen grundsätzlich für unkeusch zu erklären. Mit demselben Recht könnte ein Japaner, der über England schriebe, von den Strichmädchen in Portsmouth oder Plymouth auf die Frauen, Schwestern und Töchter eben jener Autoren schließen. – In mancher Hinsicht ist die Kluft zwischen Tugend und Laster in Japan noch größer als in England. Die Kurtisane des Ostens ist auf einen bestimmten Bezirk der Stadt angewiesen und an einem besonderen prunkhaften Kostüm erkennbar, sowie an einem gewissen Kopfschmuck, der aus einem Wald von Haarnadeln aus Schildpatt besteht, die wie eine strahlende Glorie oder ein Heiligenschein rund um ihren Kopf ins Haar gesteckt sind – eine Glorie der

Schande, die eine ehrliche Frau für ihr Leben nicht tragen würde. Daß das Laster auf öffentlicher Straße die Tugend antastet, daß Tugendhafte die Moden nachahmen, die von den Sittenlosen erfunden wurden und daß jene die Schmucksachen und Möbel, die aus dem Nachlaß dieser herrührten, an sich kaufen, das sind Dinge, die der Osten gar nicht kennt. –

Auch die unter den niedrigen Ständen Japans bestehende Gewohnheit, in öffentlichen Badehäusern sich ohne Unterschied der Geschlechter zu baden, hat zur Verbreitung sehr falscher Ansichten über die Keuschheit der japanischen Frauen Anlaß gegeben. Jeder europäische Reisende hat diese Sitte als überaus anstößig gefunden, und jeder Schriftsteller über Japan hat daraus ein Thema für einige pikante Schilderungen und beißende Kritiken gemacht. Aber nur die Japaner, die so arm sind, daß sie bei sich zu Hause keine Bäder einrichten können, gehen am Schluß ihres Tagewerks zu den öffentlichen Badehäusern, um sich, bevor sie zu ihrer Abendmahlzeit niedersitzen, ein wenig zu erfrischen. Da sie von Kindheit an die dort sich darbietenden Szenen gewöhnt sind, finden sie in ihnen nichts Anstößiges. Sie denken dabei höchstens: »Honni soit qui mal y pense.«* Ich bin überzeugt, daß dieses öffentliche Baden weit weniger Immoralität erzeugt, als das gemeinschaftliche Hausen und Schlafen aller Alter und Geschlechter in den sogenannten »lodging houses« unserer großen englischen Städte und in den schmutzigen Höhlen, in denen manche unserer Arbeiter ihr Leben hinbringen müssen.

Als ich einmal mit einem japanischen Edelmann über diesen Gegenstand sprach und bemerkte, daß wir ein gemeinsames Baden von Männern und Frauen für äußerst unschicklich hiel-

* Wörtlich »Schande über den, der schlecht darüber denkt.«

ten, zuckte er die Achseln und antwortete: »Ja, die Leute im Westen haben eine äußerst kitzlige Empfindsamkeit.« Vor einiger Zeit untersagten die japanischen Behörden mit Rücksicht auf die Vorurteile der Fremden im offenen Hafen von Yokohama das gemeinsame Baden der Männer und Frauen, und dies war vielleicht der erste Schritt zur völligen Abschaffung des anstößigen Gebrauchs. Daß Frauen sich in Jedo auf öffentlicher Straße in ihren Badewannen zeigen, habe ich wohl in von Europäern geschriebenen Büchern gelesen, aber während eines Aufenthalts von dreieinhalb Jahren in dieser Stadt, die ich häufig in allen ihren Quartieren durchstreifte, habe ich selbst nie so etwas gesehen. Ich glaube, daß man es nur in ganz abgelegenen Gegenden des Landes bei gewissen heißen Gesundbrunnen erleben kann.

Die beste Antwort, die man auf einen allgemeinen Vorwurf der Unsittlichkeit der japanischen Frauen während der Zeit ihrer Ehelosigkeit geben kann, liegt im Hinweis auf die Tatsache, daß jeder Hausherr, wenn er es irgend vermag, die Mädchen seiner Familie in strenger Absonderung hält und scharf überwacht. Die Tochter der Armut allerdings muß aus dem Haus hinaus und Arbeit suchen. Aber keinem Mann wird es gestattet, sich der Tochter eines Edelmannes zu nähern. Und sie wird belehrt, daß der kleine Dolch den sie in ihrem Gürtel führt, nicht bloß ein Zeichen ihres Ranges, sondern daß er auch zum Gebrauch bestimmt ist, für den Fall, daß ihr eine Beleidigung widerfahren sollte. Vor nicht langer Zeit wurde im Haus eines der vornehmsten Edelleute von Jedo eine sehr lehrreiche Tragödie aufgeführt. Eine von Myladys Kammerzofen, die selbst ein Fräulein von adliger Herkunft war, hatte die Aufmerksamkeit eines der Dienstleute des Palastes auf sich gezogen und eine leidenschaftliche Liebe in ihm erweckt. Für längere Zeit hinderten ihn die strengen Regeln des Dekorums, denen beide im Haus unterworfen waren, ihr seine Gefühle zu offenbaren. Aber zuletzt wußte er doch zu ihr zu kommen und vergaß sich in ihrer Gegenwart so weit, daß sie ihren Dolch zog und sich verteidigte. Die Waffe flog ihm tief ins Auge. Er wurde ohnmächtig abgeführt und starb bald darauf. Die Erklärung des Mädchens, daß der gestorbene junge Mann einen Versuch gemacht hätte, sie zu beleidigen, wurde als eine hinreichende Rechtfertigung ihrer Tat angenommen, und anstatt getadelt zu werden, wurde sie vielmehr allgemein gelobt und hoch erhoben wegen ihres keuschen und mutigen Sinns. Da diese Begebenheit innerhalb der vier Mauern des Palastes eines der mächtigsten Edelleute stattgefunden hatte, wurde keine öffentliche Untersuchung des Falles angestellt, über die die Autoritäten des Palastes selbst hinreichend kompetent waren. Für die Wahrheit dieser Geschichte verbürgten sich mir zwei oder drei Personen, deren Aufrichtigkeit ich nicht bezweifeln darf und die selbst an der Sache beteiligt gewesen waren. Jedenfalls steht sie ganz im Einklang mit der Anschauungsweise der Japaner, und sicherlich ist es auch richtiger, daß Lucretia den Tarquin tötet, als sich selbst.

Je besser man das japanische Volk beurteilen und verstehen lernen wird, desto mehr wird man feststellen, daß man ihm mit den heftigen und absprechenden Angriffen, die man auf den Charakter ihrer Frauen gemacht hat, großes Unrecht tat. Die meisten Autoren stimmen übrigens darin überein, daß ihre Matronen in der Regel vorwurfsfrei sind. Wenn nun auch die Sitten ihrer Mädchen rein sind, was sie ja infolge der erwähnten häuslichen Einrichtungen und Verhältnisse fast notgedrungen sein müssen, was wird dann aus all den Lastern und Ausschweifungen, derer man sie anklagt? Sprechen diese Vorwürfe nicht vielmehr gegen die Anschwärzer, die japanische Frauen offenbar nur unter den in Yokohama sich herumtreibenden Mädchen studiert haben?

Da ich soviel gesagt habe, will ich nun vom berühmten Joschiwara* von Jedo, der in dieser Erzählung mehrere Male Erwähnung fand, einige Nachricht geben.

Ende des 16. Jahrhunderts wohnten die Kurtisanen von Jedo in drei besonderen Quartieren. Diese waren: die Straße Kojimatschi, in der diejenigen Frauen wohnten, die von Kioto kamen, die Kamakurastraße und ein Ort gegenüber der großen Brücke, an welchen beiden letzteren Plätzen die Mädchen wohnten, die von Suruga gebracht wurden. Außer den genannten kamen noch Frauen aus Fuschimi und aus Nara, die hier und da zerstreut in der Stadt wohnten. Dies scheint bei einem gewissen Reformator der Sitten namens Schoji Injémon Anstoß erregt zu haben. Derselbe richtete im Jahr 1612 an die Regierung eine Petitionsschrift, in der er darum bat, daß die in verschiedenen Teilen der Stadt lebenden Personen alle im »Blumenquartier« vereinigt werden möchten. Seine Bitte wurde im Jahr 1617 bewilligt, und er wählte einen Platz, genannt »Fukijatscho«, der wegen der dort wachsenden großen Menge Schilf »Joschiwara« oder »das Schilfmoor« genannt wurde, ein Name, der jetzt vermittels eines Wortspiels auf »Jaschi« verkürzt und mit zwei chinesischen Charakteren geschrieben wird, die soviel bedeuten wie »das glückliche« oder »das gute Moor«. Der Ort wurde in vier Straßen untergeteilt: die Jedostraße, die zweite Jedostraße, die Kiotostraße und die zweite Kiotostraße.

* Den Namen »Joschiwara«, der jetzt allgemein für die ehemaligen »Blumendistrikte« gebraucht wird, leiten einige von der Stadt Joschiwara her, weil aus ihr die Mehrzahl der Schönheiten des Joschiwara in Jedo stammen soll. Ich werde gleich eine Ableitung erwähnen, die mir wahrscheinlicher zu sein scheint.

Im achten Monat des Jahres 1655, als Jedo anfing, an Umfang und Bedeutung zuzunehmen, wurde das »Joschiwara« an den Fleck versetzt, den es nun am nördlichen Ende der Stadt einnimmt. Und die Straßen in diesem Quartier wurden nach den Ortschaften benannt, aus denen ursprünglich die Mehrzahl der Bewohnerinnen gekommen war: die Sakaistraße, die Fuschimistraße etc.

Der offizielle »Führer zum Joschiwara für das Jahr 1869« zählt 153 Häuser auf, die 3289 Kurtisanen aller Klassen enthalten, von der »Oiran« oder »stolzen Schönheit« an, die in strahlenden Gold- und Silberbrokat gekleidet, mit geschminktem Gesicht und vergoldeten Lippen und nach der Mode geschwärzten Zähnen die ganze jeunesse dorée von Jedo zu ihren Füßen hat, herab bis zu der niedrigen »Schinso«, der »Frau mit weißen Zähnen«, die ihr Leben in den gemeinen Badestuben fristet. Diese Zahlen repräsentieren jedoch nicht die gesamte Prostitution von Jedo; das Joschiwara ist der hauptsächlichste, aber nicht der einzige Aufenthaltsort dieser Frauen. In Fukagawa ist noch ein anderer »Blumendistrikt« nach denselben Prinzipien wie Joschiwara eingerichtet, während es in den Hotels von Schinagawa, Schinjiku, Itabaschi, Senji und Kadsukappara Frauen gibt, die »Aufwärterinnen« heißen, tatsächlich aber Kurtisanen sind. Es gibt in der Stadt auch Frauen, »Dschigoku-Onna« oder »Höllenweiber« genannt, die, ohne in den Listen der Kurtisanen eingetragen zu sein, in ihren eigenen Häusern leben und ihr Gewerbe in der Stille treiben. Im Ganzen, glaube ich aber, ist die Summe der Prostituierten in Jedo im Verhältnis zur Größe der Stadt auffallend klein.

Es gibt im Joschiwara 394 Teehäuser, die häufig zu Rendezvous benutzt und bei solchen Gelegenheiten nicht von den Besuchern, sondern von den Eigentümern der Bordells bezahlt werden. Man pflegt in diesen Teehäusern auch Diners und Trinkgelage zu geben, für die die Dienste der »Taikomotschis« oder Possenreißer, unter denen es 39 Hauptzelebritäten gibt, und die der Sängerinnen und Tänzerinnen in Anspruch genommen werden. Der »Führer zum Joschiwara« gibt eine Liste von 55 berühmten Sängerinnen, neben einer Menge geringerer Sterne. Diese Mädchen dürfen aber nicht mit den Kurtisanen verwechselt werden. Ihr Betragen wird von ihren Meistern sehr streng überwacht, und da sie immer paarweise oder in größeren Trupps ausgehen, kontrollieren sie sich untereinander. Ohne Zweifel jedoch findet der goldene Regen trotz aller Vorsichtsmaßregeln zuweilen seinen Weg zum Schoß einer Danaë, und der begünstigte Liebhaber einer faschionablen Sängerin oder Tänzerin zu sein wird wohl als schmückende Feder an der Mütze eines jungen japanischen Roués betrachtet. Der Lohn, den man Sängerinnen für eine Unterhaltung von zwei Stunden bezahlt, beträgt einen Schilling und vier Pence; für sechs Stunden wird die Belohnung vervierfacht, und es ist Brauch, den Mädchen noch ein »Hana«, ein Geschenk über den regulären Lohn hinaus, der an den Herrn ihrer Truppe geht, zu geben. –

Kurtisanen, Tänzerinnen und Sängerinnen werden von den Kontrahenten gekauft, entweder als Kinder, wo sie dann für ihren Beruf erst erzogen werden, oder als Erwachsene, wenn ihre Talente und Reize sie als begehrenswert erscheinen lassen. Das Engagement wird nie für das ganze Leben gemacht; denn wenn ihre Jugendblüte dahin wäre, würden die armen Kreaturen ihren Meistern nur zur Last fallen. Eine Kurtisane wird gewöhnlich nur gekauft, bis sie ihr siebenundzwanzigstes Lebensjahr erreicht hat, wonach sie dann wieder sich selber angehört. Die Sängerinnen bleiben länger angeschirrt. Aber auch sie arbeiten selten über das dreißigste Lebensjahr hinaus. Denn die japanischen Frauen altern wie die Italienerinnen schnell und haben nicht die Zwischenstation zwischen Jugend und hohem Alter, die sich nur in den Ländern zu finden scheint, die auch ein Zwielicht haben.

Die Kinder, die zu Sängerinnen erzogen werden sollen, kauft man gewöhnlich schon, wenn sie fünf oder sechs Jahre alt sind, und für das Kind, das etwas Gutes verheißt, werden fünfunddreißig bis fünfzig Schilling bezahlt. Der Käufer übernimmt die Erziehung auf seine Kosten und hält das kleine Wesen wie sein eigenes Kind. Die Eltern unterzeichnen ein Dokument, in dem sie ihn in Fällen von Krankheit oder sonstigem Unglück von aller Verantwortung freisprechen; aber sie wissen, daß ihr Kind gut behandelt und wohl versorgt werden wird, wofür ihnen das eigene Interesse des Käufers garantiert. Mädchen von fünfzehn oder mehr Jahren, deren Talente hinreichend ausgebildet sind, um sie zur Mitgliedschaft einer Sängergesellschaft geeignet erscheinen zu lassen, bekommen einen zehnmal höheren Preis; denn bei ihnen ist kein Risiko, und die Kosten der Erziehung fallen weg.

Die kleinen Kinder, die im Alter von fünf oder sechs Jahren für die Prostitution gekauft werden, erhalten ungefähr denselben Preis wie die, die zu Sängerinnen bestimmt sind. Während ihres Noviziats verwendet man sie zur Bedienung der »Oiran« oder faschionablen Kurtisanen, als »Kamuras« oder »weibliche Pagen«. Es sind meistens Töchter herabgekommener Personen oder verlassene Waisenkinder, die kein anderes Mittel zum Lebensunterhalt besitzen. Manche verkaufen ihre Reize aus kindlicher Frömmigkeit, um ihre notleidenden Eltern zu unterstützen, andere sind verheiratete Frauen, die in das Joschiwara eintraten, um die Bedürfnisse ihrer Ehemänner zu befriedigen. Einen kleinen Teil bilden die Mädchen, die von ihren treulosen

Liebhabern verführt, verlassen und wohl auch verkauft wurden.

Die rechte Tageszeit, um das Joschiwara in seiner Glorie zu sehen, ist gleich nach Sonnenuntergang, wenn die Lampen angezündet werden. Das ist die Stunde, in der die Frauen, die während der letzten Stunden damit beschäftigt waren, ihre Lippen zu vergolden, ihre Augenbrauen schwarz und ihren Nacken und Busen schneeweiß zu färben, indem sie dabei in Übereinstimmung mit einer der strengsten Regeln der kosmetischen Wissenschaft der Japaner sorgfältig da, wo der Kopf sich mit dem Nacken verbindet, drei braune Halskragenstreifen anbringen, aus ihren Hinterzimmern nach vorn kommen und ihre Sitze nebeneinander einnehmen, in einer Art von länglichem Käfig, dessen hölzerne Barriere sich zur Straße hin öffnet. Da sitzen sie stundenlang, prachtvoll aufgeputzt in ihren Kleidern von Seide und Gold und Silberstickerei, ganz stumm und bewegungslos wie Wachsfiguren, bis sie die Aufmerksamkeit eines der Vorübergehenden, die sich nun auf dem Platz zu drängen anfangen, auf sich gezogen haben. In Yokohama sind die Frauen des Joschiwara allerdings laut und lärmend mit ihren an die Besucher gerichteten Einladungen, wobei sie häufig die Monotonie ihrer eigenen Sprache durch irgendeinen Kraftausdruck der Liebe, den sie von britischen oder amerikanischen Seeleuten aufgeschnappt haben, zu würzen suchen. Aber im Blumenbezirk von Jedo und überall dort, wo die alten japanischen Sitten herrschend geblieben sind, waltet das strengste Dekorum. Obwohl die Erscheinung des Lasters immer häßlich genug ist, hat es dort doch das Verdienst, daß es sich niemandem aufdrängt. Die Reinen werden dort nie durch Berührung mit den Unreinen befleckt.

Wer ins Joschiwara geht, weiß sehr gut, was er dort finden wird, aber der tugendhafte Mann mag lange leben, ohne daß das Laster ihm gegen seinen Willen zu nahetritt. Auch hierin kontrastieren wiederum die offenen Häfen unvorteilhaft mit den Orten des Innern. Yokohama ist am Abend ein ebenso widerwärtiger Ort wie der Haymarket in London.*

Eine Kurtisane oder Sängerin nimmt beim Antritt ihrer Profession einen »nom de guerre« an, unter dem sie so lange bekannt ist, bis ihr Engagement zu Ende geht. Einige dieser Namen sind so hübsch und eigentümlich, daß ich aus dem »Joschiwara Saiken« (dem Nachweisbuch des Joschiwara), dem ich alle obigen Notizen entnommen habe, einige Beispiele hersetzen will: »kleine Tanne«, »kleiner Schmetterling«, »Pracht der Blumen«, »der Juwelenstrom«, »der goldene Berg«, »die Perlharfe«, »der Storch, der tausend Jahre lebt«, »Blumendorf«, »das Meeresufer«, »der kleine Drache«, »der kleine Purpur«, »Silberchrysantheme«, »Wasserfall«, »Kirschenwald« – diese und eine zahllose Menge anderer phantastischer Erfindungen sind das einzige, was man an diesem widerwärtigen Platz etwa noch hübsch und poetisch nennen mag.

* Wer sich für diesen Zweig der sozialen Wissenschaft interessiert, findet viele gute Belehrungen über Prostitution in Japan in dem Buch, das von Dr. Newton, einem Philanthropen, der in den letzten zwei Jahren mit der Begründung eines Hospitals eifrig beschäftigt war, in Yokohama publiziert worden ist. Trotz aller Opposition, die Vorurteil und Unwissenheit ihm machten, sind Dr. Newtons Bemühungen doch schließlich mit Erfolg gekrönt worden.

KAPITEL III

Kasumas Rache

Das Sprichwort sagt, daß wer vom Schwert lebt, auch durch das Schwert umkommen soll. In Japan, wo eine zahlreiche Klasse von Bewaffneten existiert, über die die Behörden wenig oder keine Kontrolle haben, sind Parteiwirren und Clantumulte, die mit Blutvergießen und Mord enden, tägliche Vorkommnisse, und man hat bemerkt, daß das moderne Jedo oder Kioto am besten mit Edinburgh in alten Zeiten, wo die Clanleute in der Nacht durch die Straßen tobten und untereinander von beleidigenden Worten rasch zu tödlichen Schlägen kamen, verglichen werden könne.

Hieraus erklärt es sich, warum der »Samurai« oder japanische Edelmann von allem, was er sein nennt, am meisten das Schwert schätzt, das sein beständiger Begleiter, Genosse und Freund bei Angriff und Verteidigung ist. Der Preis eines von einem berühmten Künstler angefertigten Schwertes steht in Japan häufig hoch. Ein japanischer Edelmann gürtet zuweilen ein Schwert um, dessen noch rohe Klinge ohne den Schmuck sechshundert bis tausend Rijos, d. h. zweihundert bis dreihundert Pfund Sterling wert ist und dessen Montierung und Ausschmückung, reich an zierlicher Metallarbeit, noch einmal genausoviel kostet. Diese Schwerter gehen als Erbstücke von Hand zu Hand, vom Vater auf den Sohn, und werden sozusagen ein Teil und Glied der Person dessen, der sie trägt. Ijéjasu, der Stammvater der letzten Dynastie der Schogune, publizierte in seinem Buch, das den Titel »Das Vermächtnis«* führt, einen Ko-

* »The Legacy of Jyéyasu«, translated by F. Loudon. Yokohama 1868.

dex von Regeln, den er als Richtschnur für seine Nachfolger in der Regierung und für ihre Ratgeber abgefaßt hatte. Er sagt darin: »Das Schwert, das der Samurai anlegt, ist seine lebendige Seele. Im Fall er es vergißt, soll er gestraft werden, wie es festgesetzt ist. Das darf man nicht übersehen!«

Das Geschäft eines Schwertfegers ist ein sehr ehrenvolles Gewerbe, dessen Mitglieder Männer von edler Abkunft sind. Es ist bemerkenswert, daß in einem Land, in dem das Handwerk im allgemeinen als eines Edelmannes unwürdig betrachtet wird, dies die einzige Ausnahme von der Regel ist. Die Traditionen und Vorschriften der Schwertfegerkunst sind mannigfaltig und sehr interessant. Es ist ein Brauch, den die an den alten Sitten festhaltenden Schwertfeger noch jetzt beobachten, daß sie im entscheidendsten Moment des Schmiedens der Waffe, nämlich wenn die Stahlschneide an den Körper der eisernen Klinge angeschweißt werden soll, ein Gewand und eine Kopfbedeckung anlegen, wie sie die »Kugés« oder Hofleute des Mikados tragen, dabei auch die Türen ihres Ateliers verschlossen halten und in geheimer und ungestörter Ruhe arbeiten, wobei das im Raum herrschende Halbdunkel das Mysteriöse der Operation erhöht. Zuweilen wird die Feierlichkeit der Verrichtung noch auf andere Weise vermehrt. Ein mit Quasten behangener Strick aus Stroh, eben so wie man ihn vor den Altären der Kamis oder einheimischen Götter hängen sieht, wird zwischen den Bambuspfeilern der Schmiede befestigt, die auf diese Weise für die Gelegenheit in eine heilige Kapelle verwandelt zu sein scheint.

Ich wohnte einmal in Osaka einem gewissen Kusano Joschiaka, einem Schwertfeger, gegenüber, einem sehr intelligenten und liebenswürdigen Herrn, der in der ganzen Nachbarschaft wegen seiner Gutherzigkeit und seines wohltätigen Sinnes beliebt war. Seine Ansicht war, daß ihm, da er zu einem Beruf herangebildet

Japanische Schwertfeger

sei, der mit Tod und Leben zu tun habe, auch die Pflicht obliege, ein so unheilbringendes Geschäft dadurch wieder zu sühnen, daß er andere Leiden der Menschheit zu mindern trachte, und er führte diesen Grundsatz so eifrig durch, daß er selbst dabei ganz arm blieb. Kein Bettler oder alter Invalide wurde vor seiner Tür abgewiesen, ohne irgendeinen handgreiflichen Beweis seiner Mildtätigkeit zu erhalten, sei es ein Stück Geld oder etwas Genießbares. Seine skrupulöse Ehrlichkeit war nicht geringer als seine Großmut. Während andere Schmiedemeister die böse Gewohnheit haben, durch Nachahmung der Marken und Stempel alter berühmter Künstler bedeutende Geldsummen zu ernten, konnte er sich rühmen, daß er nie eine Waffe auf den Markt gebracht habe, die nicht seinen eigenen Stempel getragen hätte. Von seinem Vater und seinen Vorfahren hatte er sein Gewerbe ererbt, das er wiederum auf seinen Sohn zu übertragen wünschte. Derselbe war ein ehrlicher, kräftiger, emsig arbeitender junger Mann, dessen Hammer und Ambos man von Tagesanbruch bis zum Sonnenuntergang lärmen hören konnte.

Die scharfe Schneide der japanischen Schwerter wird allgemein gerühmt. Man sagt, daß die besten Klingen in der Hand eines geschickten Fechters durch die toten Leiber von drei Männern, die man übereinanderlegt, mit einem Schlag hindurchfahren. Die Schwerter der Schogune pflegte man so an den Körpern hingerichteter Verbrecher zu prüfen. Es gehörte zu den Pflichten des öffentlichen Scharfrichters, diese Prüfung vorzunehmen, und dabei vertauschte er wohl mitunter für ein »Nasenpülverchen«, d. h. ein Geschenk von zwei »Bus« (etwa drei Schilling), die Waffen eines Privatindividuums mit denen seines Herrn. Hunde und Bettler, die hilflos am Weg liegen, dienen zuweilen dazu, die Schärfe der Schwerter eines unbarmherzigen Bösewichts zu erproben, und die Scharfrichter verdienen manches Zubrot von denen, die es anzusehen wünschen, wie rasch ihre eigenen Klingen einen Kopf herunterbringen.

Staatsmänner, die ein Gesetz zustande bringen könnten, das den Leuten das Tragen dieser tödlichen Waffen verböte, würden sich um ihr Land hoch verdient machen. Aber dies zu versuchen, möchte ein schwieriges und noch dazu gefährliches Unternehmen sein. Ich würde für das Leben eines Gesetzgebers, der dies versuchen sollte, nicht viel geben. Die Hand jedes Raufbolds im Reich würde sich gegen ihn erheben.

Eines Tages, als wir hierüber und über andere verwandte Themen sprachen, schrieb ein Mann von fortgeschrittenen und liberalen Ansichten seine Meinung *more japonico* in einem Vers nieder, der ungefähr so lautete: »Ich wollte, daß alle Schwerter und Dolche des Landes auf einem Platz gesammelt und von dem so erlangten Metall *ein* großes Schwert gemacht würde, das, die einzige noch gebliebene Klinge, das einzige Schwert im Gürtel von Großjapan sein sollte.«

Die Geschichte, die wir nun hier mitteilen wollen, ist in mehr als einer Hinsicht die Geschichte eines japanischen Schwertes.

*

Vor etwa zweihundertfünfzig Jahren war Ikéda Kunaischoju Beherrscher der Provinz Inaba. Unter seinen Vasallen waren zwei Edelleute namens Watanabé Jukijé und Kawai Matasajémon, die untereinander durch die starken Bande treuer Freundschaft verbunden waren und sich einander häufig in ihren Häusern besuchten. Eines Tages saß Jukijé im Haus Matasajémons, freundschaftlich mit ihm sich unterhaltend, als zufällig seine Blicke auf ein Schwert fielen, das auf einem Wandregal des Zimmers lag. Bei diesem Anblick fuhr er zusammen und sprach zu seinem Freund:

»Bitte sag mir, wie kamst du zu diesem Schwert?«

»Das will ich dir erzählen. Du erinnerst dich, daß Mylord Ikéda den Tokugawa Ijéjasu in das Gefecht bei Nagakudé begleitete. Nun, es war eben in diesem Kampf bei Nagakudé, wo ich das Schwert fand und zu mir nahm.«

»Mein Vater«, sagte Jukijé, »war auch dabei und wurde in der Schlacht getötet. Und dieses Schwert, das viele Generationen hindurch ein Erbstück in unserer Familie gewesen ist, ging damals verloren. Da es in meinen Augen einen unschätzbaren Wert hat, möchte ich wünschen, daß du, wenn es für dich nicht so wichtig ist, die große Güte hättest, es mir zurückzugeben.«

»Das ist etwas ganz Leichtes, und nichts mehr, als was ein Freund für den anderen tun sollte. – Bitte nimm es!«

Hierauf nahm Jukijé das Schwert dankbar zu sich, und nachdem er es nach Hause gebracht hatte, legte er es sorgfältig beiseite.

Zu Beginn des folgenden Jahres erkrankte Matasajémon und starb, und Jukijé, der über den Tod seines teuren Freundes bitterlich trauerte und zugleich die Gunst, die er von ihm in der Angelegenheit des Schwertes seines Vaters erlangt hatte, gern erwidern wollte, überschüttete den Sohn des Verstorbenen, einen jungen Mann von zweiundzwanzig Jahren namens Matagoro, mit Wohltaten.

Nun war aber dieser Matagoro, ganz anders als sein edler Vater, ein Bursche von sehr niedriger und gemeiner Gesinnung, der schon oft über das von seinem Vater dem Jukijé abgetretene kostbare Schwert gemurrt und sogar öffentlich sich darüber beklagt hatte, daß Jukijé doch nie ein entsprechendes Gegengeschenk gemacht habe. Auf diese Weise kam Jukijé bei den Leuten des Palastes seines Herrn in den Ruf eines knickrigen und unfreigebigen Menschen.

Jukijé aber hatte auch seinerseits einen Sohn, genannt Kasuma, einen Jüngling von sechzehn Jahren, der beim Fürsten als Ehrenpage in Diensten stand. Als der sich eines Abends mit einem seiner Mitpagen unterhielt, bemerkte dieser:

»Matagoro klagt aller Welt, daß dein Vater ein kostbares Schwert von ihm empfangen habe, ohne je ein gleich wertvolles Gegengeschenk zu machen. Und die Leute reden jetzt darüber allerlei.«

»Es ist wahr«, erwiderte der andere, »mein Vater empfing das Schwert von Matagoros Vater als ein Zeichen feiner Freundschaft und Geneigtheit, und da er meinte, daß es verletzend sein würde, ein Geldgeschenk dafür zu überreichen, trachtete er diesen Freundschaftsdienst durch allerlei Freundlichkeiten gegen seinen Sohn Matagoro zu vergelten. Aber Matagoro, denke ich, will wohl Geld haben.«

Als Kasumas Hofdienst zu Ende war, kehrte er heim, trat in das Zimmer seines Vaters und erzählte ihm von dem im Palast verbreiteten Gerücht, indem er ihn zugleich bat, Matagoro eine beachtliche Geldsumme zu übersenden. Jukijé überdachte die Sache einen Augenblick und sprach dann:

»Du, mein Sohn, bist noch zu jung, um zu verstehen, was in einem solchen Fall das Angemessene ist. Matagoros Vater und ich waren sehr intime Freunde, und da ich stets daran dachte, wie er mir ohne Widerstreben das Schwert meiner Vorfahren zurückgegeben hatte, und da ich bei seinem Tod wünschte, seine Güte zu erwidern, leistete ich seinem Sohn Matagoro nicht unwichtige Dienste. Es würde leicht sein, durch Übersendung eines Geldgeschenks der ganzen Sache ein Ende zu machen. Aber ich will jetzt lieber völlig auf das Schwert verzichten und es zurückgeben, als diesem gemeinen Burschen noch länger verpflichtet zu bleiben, der die Gesetze nicht kennt, die den

Umgang und die Handlungsweise von ehrenwerten Edelleuten regulieren.« –

So brachte Jukijé in seinem Ärger das Schwert zu Matagoros Haus und sprach zu ihm:

»Ich komme diesen Abend zu dir in keiner anderen Absicht als der, dir das Schwert, das dein Vater mir gab, zurückzubringen«, und damit legte er das Schwert vor Matagoro hin.

»Unter Männern von edler Herkunft«, setzte Jukijé spöttisch lächelnd hinzu, »ist es üblich, daß sie die ihnen dargebrachten Geschenke zunächst durch gütige Gesinnung und danach durch passende, aus freiem Herzen kommende Gegengeschenke erwidern. Aber es ist wohl überflüssig, Leuten wie dir, der du die Grundsätze des guten Benehmens gar nicht zu kennen scheinst, von solchen Dingen zu reden, und so gebe ich dir das Schwert zurück! Hier hast du es!«

Als Jukijé dem Matagoro solche Bitterkeiten sagte, geriet dieser in heftigen Zorn, und er würde, ein Bösewicht wie er war, seinen Gast auf der Stelle niedergemacht haben. Aber er hatte Furcht vor ihm, denn, obwohl Jukijé schon ein alter Mann war, besaß er doch noch immer große Kraft und Gewandtheit in der Handhabung der Waffen, und daher hielt der schüchterne Matagoro an sich und beschloß, etwas zu warten und ihm unversehens beizukommen.

Jukijé, der von diesem Verrat nichts ahnte, brach auf, um nach Hause zu gehen, und Matagoro schritt unter dem Vorwand, ihn zur Tür begleiten zu wollen, hinter ihm her, zog sein Schwert und versetzte ihm von hinten einen Hieb in die Schulter. Der alte Herr zog nun auch sein Schwert und wandte sich zur Verteidigung um. Aber da er bereits schwer verwundet war, fiel er bei dem starken Blutverlust in Ohnmacht, und Matagoro tötete ihn.

Matagoro tötet Jukijé

Matagoros Mutter kam bei dem Schwertergeklirr erschreckt heraus, und als sie sah, was geschehen war, sprach sie ganz entsetzt zu ihrem Sohn:

»Du leidenschaftlicher Mensch! Was hast du getan? Du bist ein Mörder! Und nun ist auch dein Leben verfallen! Welche Untat ist dies!«

»Ich habe ihn nun einmal getötet. Es läßt sich nichts mehr daran ändern. Komm, Mutter, laß uns zusammen aus diesem Haus fliehen, bevor die Tat ruchbar wird.«

»Ich will dir folgen. Du aber geh hin und suche den Abé Schirogoro auf, den Chef der Hatamotos*, der mein Pflegekind gewesen ist. Es ist für dich am besten, zu ihm zu flüchten und unter seinem Schutz verborgen zu bleiben.«

Mit diesen Worten überredete die alte Frau ihren Sohn, sei-

* Das Wort Hatamoto bedeutet wörtlich »unter der Fahne«. Die Hatamotos waren Männer, die sich, wie ihr Name andeutet, in Kriegszeiten unter den Fahnen des Schoguns oder Taikuns scharten. Ihre Anzahl belief sich auf 80 000. Als Ijéjasu die Provinz Mikawa verließ und zum Taikun erhoben wurde, geschah es zum ersten Mal, daß die Vasallen, die er in den Adelsstand erhob und denen er Lehnsgüter mit einem jährlichen Einkommen von 1000 bis 10 000 Kokus Reis erteilte, zuerst »Hatamotos« genannt wurden. Für diese Landbewilligungen hatte jeder Hatamoto in Kriegszeiten ein seiner Revenue entsprechendes Kontingent von Soldaten zu stellen. Für jedes Tausend Kokus von Reis wurden fünf Mann gefordert. Diejenigen Hatamotos, deren Einkünfte unter tausend Kokus blieben, substituierten eine Geldquote. In Friedenszeiten wurden die geringeren Ämter mit Hatamotos besetzt, während die höheren Stellen von den »Fudais«, den Feudaldaimios, eingenommen wurden. Vor sieben Jahren führte man, die Gewohnheit der fremden Nationen nachahmend, eine stehende Armee ein, zu der die Hatamotos in Friedens- und in Kriegszeiten ihre Quoten von Geld oder Rekruten zu liefern hatten. Als im Jahr 1868 der Schogun auf den Rang eines einfachen Daimio herabgesetzt wurde, fiel seine Revenue von acht Millionen Kokus mit Ausnahme von 700 000 Kokus an den Staat. Der Titel »Hatamoto« existiert jetzt nicht mehr, und die, die noch vor kurzem diesen Rang innehatten, sind nun ruiniert und verstreut. Sie, die vielleicht die stolzeste und übermütigste Klasse der japanischen Bevölkerung waren, sind heutzutage den Drangsalen der äußersten Armut

ne Rettung zu bewerkstelligen und entließ ihn zum Palast von Schirogoro.

Nun traf es sich, daß gerade zu dieser Zeit die Hatamotos unter sich einen Bund geschlossen hatten gegen die mächtigen Daimios, und Abé Schirogoro war mit zwei anderen Edelleuten namens Kondo Noborinosuké und Midsuno Dschurosajémon an die Spitze dieser Verschwörung getreten. Es ist selbstverständlich, daß seine Truppen sich häufig aus sehr verwilderten Leuten rekrutierten, die keine Mittel hatten, ihren Lebensunterhalt zu verdienen und die er aufnahm und gütig behandelte, ohne sie über ihre Antezedenzien zu befragen. Noch viel weniger tat er dies, als er von dem Sohn seiner eigenen Pflegemutter um ein Asyl angegangen wurde. Ganz willig nahm er ihn daher unter seinen Schutz und gewährte ihm Sicherheit gegen alle Gefahr.

ausgesetzt. Einige sind Handwerter geworden, mit dem winzigen Erbgut ihrer Familie als Grundkapital. Andere ziehen als Ronin durchs Land, indes es einer kleinen Minderheit gestattet war, der Familie ihres gesunkenen Herrn und Meisters zu folgen, deren gegenwärtiger Chef als »der Fürst von Tokugawa« bekannt ist. Das ist das Schicksal jener 80 000.

Der »Reiskoku«, nach dem alle Revenuen berechnet werden, hat einen wechselnden Wert. Er ist mindestens ein Pfund Sterling wert, zuweilen beinahe dreimal soviel. Da die Gehälter der Beamten in Reis bezahlt werden, folgt, daß es eine große und zahlreiche Klasse im Land gibt, die ein Interesse daran haben, daß dieses Hauptnahrungsmittel in gutem Preis bleibt. Daher kommt es, daß der vorgeschlagene Freihandel mit Reis so großen Widerstand fand, sogar in Zeiten der Teuerung. Und eben daher auch die vielen »Reiskrawalle« in Japan.

Die Beträge, auf die die früher von den Hauptdaimios gehaltenen Ländereien veranschlagt wurden und die nun von ihnen in patriotischer Weise dem Mikado übergeben sind, klingen ganz fabelhaft. Der Fürst von Kaga hatte allein eine Einnahme von einer Million zweihunderttausend Kokus. Und doch befanden sich diese großen Grundbesitzer, wenigstens in der letzten Zeit, in verwickelten Vermögensverhältnissen. Sie hatten viele tausend Leute zu füttern und wurden zur Linken und Rechten mit Geldstrafen belegt. Dazu hat sie ihre Manie, fremdländische Schiffe und Kriegsmunition anzukaufen – und das oft zu enormen Preisen – in schwere Schulden gestürzt.

Er berief eine Versammlung der vornehmsten Hatamotos und stellte ihnen Matagoro vor, indem er sprach:

»Dieser Mann ist ein Vasall von Ikéda Kunaischoju, der Veranlassung gefunden hat zum Haß gegen einen Mann namens Watanabé Jukijé und der sich dann, nachdem er ihn erschlagen, unter meinen Schutz geflüchtet hat. Die Mutter dieses Mannes nährte mich an ihrer Brust, als ich ein Kind war, und – sei es mit Recht oder Unrecht! – ich will sein Freund und Beschützer sein und bleiben. Wenn daher Ikéda Kunaischoju zu mir senden und seine Auslieferung verlangen sollte, so hoffe ich, daß Ihr alle zusammen mir beistehen werdet, ihn zu verteidigen.«

»Ja! Das wollen wir mit Freuden!« antwortete Kondo Noborinosuké. »Wir haben lange genug Ursache gehabt, uns über den Hochmut zu beklagen, mit dem die Daimios uns behandelt haben. Laß den Ikéda Kunaischojo seine Leute nur hersenden! Wir wollen ihm die Macht der Hatamotos zeigen!«

Alle anderen Hatamotos pflichteten einstimmig dieser Erklärung bei und rüsteten sich zum bewaffneten Widerstand für den Fall, daß Lord Kunaischoju die Herausgabe Matagoros verlangen sollte. Letzterer blieb als ein willkommener Gast in dem Haus des Abé Schirogoro. –

Doch kehren wir nun zu Watanabé Kasuma zurück! Als er sah, daß, wie die Nacht herankam, sein Vater nicht heimkehrte, wurde er besorgt und ging endlich zum Haus Matagoros, um ihn zu suchen. Als er zu seinem Entsetzen fand, daß er ermordet worden war, fiel er nieder auf seinen Körper und umarmte ihn weinend und schluchzend. Plötzlich ging ihm der Gedanke durch den Kopf, daß dies sicherlich das Werk keines anderen Menschen sein könne als das des Matagoro, und damit brach er wütend in das Haus ein, um den Mörder seines Vaters auf der Stelle zu strafen. Aber Matagoro war bereits entflohen, und Kasuma fand nur die alte Mutter, die sich vorbereitete, ihrem Sohn zum Haus des Abé Schirogoro zu folgen. Er legte die alte Frau in Fesseln und durchsuchte das ganze Haus nach ihrem Sohn. Als er sah, daß seine Nachsuchungen fruchtlos sein würden, nahm die Mutter mit sich, übergab sie einem der Ältesten des Clans und brachte zugleich Matagoro als Mörder seines Vaters zur Anzeige.

Als die Sache vor den Fürsten kam, wurde dieser sehr zornig und befahl, daß die alte Frau gebunden bleiben und ins Gefängnis geworfen werden sollte, bis der Aufenthalt ihres Sohnes entdeckt worden sei. Dann beerdigte Kasuma die Leiche seines Vaters mit großer Pracht, und die Witwe und der verwaiste Sohn legten tiefe Trauer an über seinen Verlust.

Es wurde nun unter den Leuten des Abé Schirogoro bald bekannt, daß die Mutter Matagoros für das Verbrechen ihres Sohnes gefangen gehalten werde, und sie entwarfen sofort einen Plan zu ihrer Befreiung. Sie sandten einen Boten zum Palast des Lords Kunaischoju, der, als er dem Rat des Fürsten vorgestellt wurde, sagte:

»Wir haben gehört, daß es infolge des Mordes von Jukijé Eurer Herrlichkeit gefallen hat, die Mutter Matagoros ins Gefängnis zu werfen. Unser Herr Schirogoro hat den Verbrecher arretiert und will ihn Euch ausliefern. Aber die Mutter hat nichts Böses getan, daher bitten wir, daß sie aus einer grausamen Gefangenschaft entlassen werden möge. Sie war die Pflegemutter unseres Herrn, und er möchte sich für ihr Leben verwenden. Solltet Ihr einwilligen, so wollen wir unsererseits den Mörder aufgeben und ihn vor dem Tor des Schlosses unseres Herrn Euch überliefern.«

Der Rat wiederholte dem Fürsten die Botschaft, und dieser, ungemein froh, daß er schon morgen imstande sein sollte, dem

Kasuma Genugtuung zu verschaffen, gab sogleich seine Einwilligung, und der Bote kehrte, über das Gelingen seines Projekts triumphierend, zurück. Am folgenden Tag befahl der Fürst, daß die Mutter Matagoros in eine Sänfte gesetzt und unter der Aufsicht eines Offiziers namens Sasawo Danjémon zu Hatamotos Wohnung geführt werden sollte. Als dieser Offizier vor der Tür des Hauses Abé Schirogoros ankam, sagte er:

»Ich bin beauftragt, Euch die Mutter Matagoros zu übergeben, und zugleich autorisiert, zum Austausch ihren Sohn aus Euren Händen zu empfangen.«

»Den wollen wir Euch sogleich herausgeben. Da aber Mutter und Sohn sich jetzt auf ewig Lebewohl sagen sollen, so bitten wir Euch, uns und ihnen nur ein wenig Zeit zu lassen.«

Hiermit führten die Vasallen Schirogoros die alte Frau in das Haus ihres Herrn, und Sasawo Danjémon wartete vor dem Tor – sehr lange! –, bis er zuletzt ungeduldig wurde und die Leute drinnen zur Eile aufforderte.

»Wir sind Euch sehr verpflichtet«, antworteten diese, »für die Güte, uns die Mutter gebracht zu haben. Da aber der Sohn eben jetzt verhindert ist, mit Euch zu gehen, so tätet Ihr am besten, so schnell wie möglich nach Hause zu eilen. Wir fürchten, wir haben Euch schon allzulange aufgehalten.« Und so verspotteten sie den, den sie überlistet hatten.

Als der Offizier Danjémon gewahrte, daß er nicht nur um die alte Frau betrogen worden sei, sondern noch dazu zur Zielscheibe des Spotts gemacht wurde, ergriff ihn ein wütender Zorn. Er wäre gern sofort in das Haus eingebrochen, um Matagoro und seine Mutter mit Gewalt herauszuholen. Als er jedoch einen Blick in den Hof tat, bemerkte er, daß derselbe ganz mit Hatamotos, die entblößte Schwerter und andere Waffen führten, angefüllt war. Da er keine Lust hatte, einen aussichtslosen Kampf

Danjémons Tod

zu unternehmen, und doch zugleich wohl einsah, daß, nachdem er sich so hatte betrügen lassen, er vor seinem Herrn nicht mit Ehren bestehen könne, eilte Sasawo Danjémon, von dem Gefühl seiner Schande überwältigt, zu dem Begräbnisplatz seiner Vorfahren und entleibte sich vor ihren Grabsteinen.

Als der Fürst vernahm, wie man seinen Boten behandelt hatte, wurde er sehr erbittert, und seine Räte um sich versammelnd, beschloß er, obwohl er krank und leidend war, alle seine Vasallen zusammenzurufen und Abé Schirogoro anzugreifen. Auch die anderen Hauptdaimios ergriffen, als die Sache ruchbar wurde, seine Partei und beschlossen, die Hatamotos für ihre Frechheit zu züchtigen. Aber diese taten auch ihrerseits alles Mögliche, um den Daimios Widerstand zu leisten. So füllte sich Jedo ganz mit Tumult und kriegerischem Lärm, und der aufrührerische und gefährliche Zustand der Stadt erweckte dem Gouvernement große Besorgnis. Man dachte auf energische Maßregeln zur Wiederherstellung des Friedens. Die Hatamotos niederzuhalten, war nicht so schwierig, da sie direkt den Befehlen des Schoguns unterstanden, aber wie die großen Daimios im Zaum gehalten werden könnten, das war eine schwer zu lösende Frage. Ein Mitglied des »Gorodschu«* namens Matsudaira Idsu no Kami indes, ein sehr intelligenter Mann, kam auf eine Idee, durch die der Zweck erreicht werden zu können schien.

Es befand sich zu jener Zeit im Dienst des Schoguns ein Arzt namens Nakarai Tsusen, der den Palast des Lords Kunaischoju häufig zu besuchen pflegte und der diesen seit längerer Zeit bei den Krankheiten, die ihn plagten, behandelt hatte. Diesen Arzt ließ Idsu no Kami insgeheim auf sein Zimmer kommen, fing

* »Gorodschu« heißt wörtlich »Versammlung der kaiserlichen Ältesten«. Es ist der oberste Rat der Minister des Schoguns.

mit ihm ein Gespräch an, ließ plötzlich mitten in der Unterhaltung seine Stimme sinken und sagte ihm flüsternd:

»Höre, Tsusen. Du hast von den Händen des Schoguns schon viel und große Gunst empfangen. Das Gouvernement befindet sich jetzt in einer heiklen Lage. Bist du willens, um es zu retten, dein Leben zu wagen?«

»Ja, mein Herr, meine Vorfahren haben ganze Generationen hindurch ihr Eigentum durch die Gnade des Schoguns besessen. Ich bin bereit, noch diese Nacht für meinen Fürsten das Leben hinzugeben, wie ein treuer Vasall es immer sein sollte.«

»Gut, dann laß dir folgendes sagen: Die großen Daimios und die Hatamotos sind über diese Angelegenheit des Matagoro aneinandergeraten, und jetzt scheint es, daß es zum Blutvergießen kommen soll. Das ganze Land ist in Aufregung, und wenn wir den Tumult nicht stillen können, wird sowohl über die Landleute als auch über die Städter viel Elend kommen. Die Hatamotos können wir wahrscheinlich leicht bändigen, aber es wird schwierig sein, die großen Daimios zu beruhigen. Wenn du willens bist, bei der Ausführung einer Kriegslist, die ich im Sinn habe, dein Leben in die Schanze zu schlagen, so wird dem Land Frieden zurückgegeben werden. Aber deine Loyalität wird dein Tod sein!«

»Ich bin entschlossen, in diesem Dienst mein Leben zu opfern.«

»Nun denn, folgendes ist mein Plan. Du hast den Lord Kunaischoju in seiner Krankheit behandelt. Morgen mußt du zu ihm gehen und Gift in seine Medizin mischen. Wenn wir den aus dem Weg schaffen können, wird die Aufregung enden. – Das ist der Dienst, den ich von dir verlange.«

Tsusen gelobte, die Tat zu vollbringen, und als er am folgenden Tag hinging, um Kunaischoju zu besuchen, nahm er vergiftete Medizin mit sich. Die Hälfte des Tranks nahm er selbst* und ließ den Fürsten dadurch sicher gehen, daß er die andere Hälfte schlucken könne. Nachdem Tsusen dies mit angesehen hatte, eilte er davon, und als er nach Hause getragen wurde, ergriff ihn schon in seiner Sänfte der Todeskampf, und er gab blutspeiend seinen Geist auf.

Lord Kunaischoju starb in derselben Weise unter großen Schmerzen, und in der allgemeinen Bestürzung und Konfusion, die seinen Tod und die großartige Begräbnisfeierlichkeit begleitete, die ihm folgte und an der sich alle beteiligten, wurden die Streitigkeiten mit den Hatamotos einstweilen eingestellt und der Kampf verschoben.

Unterdessen berief der Vorsitzende des Gorodschu, Idsu no Kami, die drei Anführer der Hatamotos zu sich und redete sie so an:

»Die geheimen Zettelungen und das hochverräterische und aufrührerische Betragen von Euch dreien, das Eurer Stellung als Hatamotos so schlecht ansteht, haben den Unwillen meines Herrn, des Schoguns, dergestalt erregt, daß es ihm gefallen hat, anzuordnen, daß Ihr in einem Tempel gefangen gesetzt werdet und daß Euer Vermögen Euren nächsten Erben übergeben werde.«

Demgemäß wurden die drei Hatamotos, nachdem man ihnen noch eine strenge Ermahnung gegeben hatte, im Tempel Kanjedschi eingesperrt, und die übrigen Hatamotos, durch dieses Exempel erschreckt, zerstreuten sich. – Und was die großen Daimios betrifft, so war für sie jetzt, nach dem Tod des Lords Kunaischoju und nach der Beruhigung der Hatamotos kein Feind zur Bekämpfung mehr vorhanden, und auf diese

* Ein japanischer Arzt, der eine Person von hohem Rang behandelt, muß in der Regel die Hälfte der von ihm vorgeschriebenen Arznei selbst zu sich nehmen.

Weise wurde der Aufruhr gedämpft und der Frieden wiederhergestellt.

Nur noch ein Funke glimmte unter der Asche. Nämlich die Privatrache, die Kasuma an Matagoro, dem Mörder seines Vaters, zu nehmen gedachte.

Da Matagoro seinen Patron und Beschützer verloren hatte, nahm er seine Mutter zu sich und stellte sich unter den Schutz eines alten Herrn namens Sakurai Dschiusajémon. Dieser war ein berühmter Lehrer der Fechtkunst und genoß sowohl einen großen Ruf als auch ein bedeutendes Vermögen. Er nahm den Matagoro zu sich, und nachdem er auch dreißig Ronin, lauter entschlossene Burschen und alle in der Fechtkunst erfahren, um sich versammelt und sie als Leibwache engagiert hatte, flohen diese allesamt zu einem entlegenen Ort, Sagara genannt.

Während dies alles vor sich ging, brütete Watanabé Kasuma beständig über den Tod seines Vaters und wie er sich an dessen Mörder rächen könne. Als nun, wie gesagt, Lord Kunaischoju plötzlich aus der Welt gegangen war, begab er sich zu demjenigen Fürsten, der jenem nachfolgte, bat ihn um Urlaub und machte sich auf den Weg, den Feind seines Vaters aufzusuchen. Nun war Kasumas ältere Schwester verheiratet mit einem Mann namens Araki Matajémon, der damals in Japan als einer der besten Fechter galt. Da Kasuma erst sechsundvierzig Jahre alt war, entschloß sich Matajémon, indem er als Schwiegersohn seine nahe Verwandtschaft mit dem ermordeten Mann in Betracht zog, den Jüngling als Beschützer zu begleiten und ihm bei der Aufsuchung des Matagoro beizustehen. Auch zwei von Matajémons Anhängern, nämlich Ischidomé Busuké und Ikesojé Magohatschi, entschlossen sich, auf alle Fälle ihrem Herrn zu folgen. Als letzterer von ihrer Absicht hörte, dankte er ihnen, wies jedoch das Anerbieten zurück, indem er ihnen deutlich machte, daß, da er im Begriff sei, sich bei einer Vendetta zu beteiligen, in der sein Leben beständig in Gefahr schweben würde, es ein ewiger Kummer für ihn sein würde, wenn einer von ihnen in dieser Sache eine Wunde empfangen sollte. Er müßte sie daher bitten, ihr Vorhaben aufzugeben. Aber sie antworteten:

»Meister, das ist hart und grausam gesprochen. Beständig haben wir bisher nur Güte und Gunst von dir genossen, aber jetzt, da du auf die Verfolgung dieses Mörders ausgehst und wir dabei bereit sind, unser Leben dankbar für deine Dienste zu wagen, willst du uns abweisen? Wir haben gehört, daß Matagoro nicht weniger als sechsunddreißig Freunde um sich hat. So tapfer du auch streiten magst, wirst du bei der überlegenen Anzahl deiner Feinde doch in Gefahr schweben. Wenn es dir aber dennoch gefällt, auf deiner Weigerung zu bestehen und uns diese Schmach anzutun, so bleibt uns nichts anderes übrig, als auf der Stelle Harakiri an uns vorzunehmen, und wir sind dazu entschlossen.«

Als Matajémon und Kasuma solches vernahmen, wunderten sie sich über diese treuen, tapferen Männer und wurden zu Tränen gerührt. Matajémon sprach darauf:

»Die Hingabe und Güte von Euch beiden braven Burschen ist ohne Gleichen. Gut denn! Ich will Euren Beistand dankbar annehmen!«

Danach folgten die beiden Männer, die ihren Wunsch erreicht hatten, ganz munter ihrem Meister, und alle vier machten sich zusammen auf den Weg zur Aufsuchung Matagoros, dessen Versteck sie noch gar nicht kannten.

Unterdessen hatte Matagoro mit dem alten Herrn Sakurai Dschiusajémon und seinen dreißig Ronin den Weg nach Osaka eingeschlagen. Obwohl ihr Haufen groß und stark war, reisten sie doch ganz vorsichtig und insgeheim. Sie hielten dies für nötig, weil der jüngere Bruder des alten Mannes, Sakurai Dschinsuké, von Profession ein Fechtmeister, ein Preisgefecht mit Matajémon, Kasumas Schwager, gehabt hatte und in demselben schimpflich unterlegen war. Sie hatten daher große Furcht vor Matajémon und fühlten, da er nun Kasumas Partei ergriffen und sich zu seinem Patron erklärt hatte, daß es ihnen trotz ihrer Mehrzahl übel ergehen könne. Deshalb setzten sie ihren Weg, wie gesagt, mit großer Vorsicht fort und schlugen, in Osaka angekommen, ihr Quartier in einem Stadtteil namens Ikutama auf, wo sie sich vor Kasuma und Matajémon verborgen hielten.

Letzterer traf bei seiner Verfolgung auch sehr bald in Osaka ein und sparte keine Mühe, den Matagoro auszuspüren. Eines Abends in der Dämmerung, als er in dem Stadtviertel, in dem sich sein Feind befand, umherwanderte, bemerkte er einen Mann, der, gekleidet wie der Diener eines Edelmanns, in eine Garküche eintrat und ein Abendessen von Buchweizengrütze für sechsunddreißig Personen bestellte. Er faßte ihn scharf ins Auge, und als er in ihm den Diener des Sakurai Dschiusajémon erkannte, verbarg er sich in einer dunklen Ecke, lauschte und hörte den Burschen folgendes sagen:

»Mein Meister, Sakurai Dschiusajémon, ist im Begriff, morgen nach Sagara aufzubrechen, um den Göttern für seine Wiedergenesung von einer Krankheit, an der er lange gelitten hat, zu danken, und deshalb haben wir große Eile.«

Mit diesen Worten ging der Diener rasch davon. Matajémon aber trat in den Laden, verlangte eine Portion Grütze, und zog, indem er sie verspeiste, einige Erkundigungen über den Mann ein, der eben eine so große Portion Buchweizengrütze bestellt hatte. Der Küchenmeister erwiderte ihm, daß derselbe Mitglied einer Gesellschaft von sechsunddreißig Herren sei, die sich in dem und dem Gasthof einquartiert hätten.

Als Matajémon auf diese Weise alles, was er zu wissen wünschte, ausfindig gemacht hatte, ging er nach Hause und erzählte es Kasuma, der bei der Aussicht, am nächsten Morgen seinen Racheplan ausführen zu können, hocherfreut war. Noch am selben Abend sandte Matajémon einen seiner beiden Getreuen als Späher zu dem bezeichneten Gasthof, um auszuspüren, zu welcher Stunde Matagoro am nächsten Tag aussetzen wolle, und dieser erfuhr vom Diener des Gasthofs, daß die Gesellschaft mit Tagesanbruch nach Sagara gehen und daß sie in Isé Halt machen wollte, um am Altar der Terscho Daidschin, der Sonnengöttin und der Ahnfrau der Mikados, zu beten.

Matajémon traf danach seine Anstalten und brach noch vor Tagesanbruch mit Kasuma und seinen beiden Freunden auf. Jenseits von Ujéno in der Provinz von Iga, der Residenzstadt des Daimios Todo Idsumi no Kami findet sich ein weiter und einsamer Sumpf, und dies war der Ort, den sie sich zum Angriff auf den Feind ausersahen. Auf dem Fleck angekommen, trat Matajémon in ein am Weg liegendes Teehaus und setzte eine Bittschrift an den Kommandanten des Schlosses auf, in der er um Erlaubnis bat, seine Vendetta innerhalb des Bezirks ausführen zu dürfen.* Darauf wandte er sich an Kasuma und sagte:

* Im oben zitierten Buch »Das Vermächtnis des Ijéjasu« heißt es wie folgt: »In Beziehung auf die Rache, die jemand wegen eines seinem Herrn oder seinem Vater angetanen Unrechts üben will, wird es von dem Weisen und Tugendhaften (Konfuzius) zugestanden und erlaubt, daß du und der Beleidiger unter demselben Gewölbe des Himmels nicht zusammen leben könnt.«
»Eine Person, die auf solche Rache sinnt, soll ihren Plan schriftlich beim Kriminalgericht eingeben; und obwohl der Ausführung ihres Planes innerhalb des hierfür festgesetzten Zeitraums kein Hindernis in den Weg gelegt werden soll, so ist es doch verboten, daß die Bestrafung eines Feindes von Lärm und Auflauf begleitet sei.«
»Personen, die es versäumen, von ihrem Racheplan Anzeige zu machen, sind gleich Wölfen, und ihre Bestrafung oder Begnadigung soll von den Umständen des Falles abhängen.«

»Wenn wir mit Matagoro zusammentreffen und den Kampf beginnen, dann falle du den Mörder deines Vaters und ihn allein an und erschlage ihn. Ich will indessen seine Ronin beschäftigten.« – Dann sagte er zu seinen beiden Leuten gewandt: »Was Euch betrifft, so haltet Euch fest an Kasuma, und sollten die Ronin versuchen, dem Matagoro zu helfen, so wird es Eure Pflicht sein, sie daran zu hindern und Kasuma Beistand zu leisten.«

Nachdem so jedem sein Posten zugewiesen und seine Pflichten im Detail vorgeschrieben waren, warteten sie im Verborgenen auf die Ankunft des Feindes. Während sie sich im Teehaus ausruhten, kam der Kommandant des Schlosses, fragte nach Matajémon und sagte:

»Ich habe die Ehre, der Kommandant der Residenzstadt Todo Idsumi no Kami zu sein. Mein Herr, der von Eurer Absicht, Euren Feind innerhalb des Bezirks seiner Zitadelle infolge einer berechtigten Rache zu töten, gehört hat, gibt seine Einwilligung; und als Beweis seiner Bewunderung für Eure Treue und Tapferkeit hat er Euch ein Detachement Infanterie, hundert Mann stark, gesandt, den Bezirk zu bewachen, so daß, falls einige von den sechsunddreißig Mann den Versuch machen sollten zu entkommen, Ihr ganz unbesorgt sein könnt. Denn Flucht wird unmöglich sein.«

Nachdem Matajémon und Kasuma seiner Lordschaft für das huldvolle Anerbieten ihren Dank ausgesprochen hatten, verabschiedete sich der Kommandant und ging heim. Darauf erspähten sie den Zug in der Ferne.

An der Spitze marschierte Sakurai Dschiusajémon und sein jüngerer Bruder Dschinsuké; ihnen folgten Kawai Matagoro und Takénutschi Gentan. Diese vier Männer, die die vordersten und bravsten der Bande der Ronin waren, ritten auf Packpferden, während die übrigen in geschlossenen Gliedern zu Fuß marschierten.

Als sie näher kamen, schritt Kasuma, der sehr ungeduldig war, seinen Vater zu rächen, ihnen entgegen und rief mit lauter Stimme aus:

»Hier stehe ich Kasuma, der Sohn Jukijés, den du, Matagoro, verräterischerweise erdolcht hast, und bin entschlossen, den Tod meines Vaters an dir zu rächen. Komm heraus, kämpfe mit mir und laß uns sehen, wer von uns beiden der bessere Mann ist.«

Und ehe die Ronin sich von ihrem Staunen erholt hatten, sagte Matajémon:

»Ich, Araki Matajémon, der Schwiegersohn Jukijés bin hierhergekommen, um Kasuma bei der Verrichtung seiner Rache beizustehen. Leben oder Tod! Ihr müßt stehen und fechten!«

Als die sechsunddreißig Männer den Namen Matajémons vernahmen, erschraken sie nicht wenig. Sakurai Dschiusajémon ermahnte sie, stehen zu bleiben, und sprang vom Pferd. Matajémon aber war mit einem Satz und mit gezogenem Schwert zur Stelle, hieb auf ihn ein und spaltete ihn von der Schulter bis auf die Warze seiner Brust, so daß er tot zur Seite herabfiel. Sakurai Dschinsuké, der seinen Bruder vor seinen Augen getötet sah, entbrannte vor Wut und schoß einen Pfeil auf Matajémon ab. Dieser aber schnitt mit seinem Dolch den Schaft des Pfeils, als er heranflog, in zwei Stücke, und Dschinsuké, darüber erstaunt, warf seinen Bogen weg und griff Matajémon an, der nun, sein Schwert in der Rechten und seinen Dolch in der Linken, mit Verzweiflung focht. Die anderen Ronin versuchten, dem Dschinsuké Hilfe zu bringen, und im Gewirr des Kampfes wurde Kasuma, der dem Matagoro auf den Leib gerückt war, von Matajémon getrennt, indes des Letzteren beide Gesellen, Busuké und Magohatschi, eingedenk der Befehle ihres

Meisters, fünf Ronin töteten, die den Kasuma angegriffen, dabei aber schon einige böse Wunden empfangen hatten. Unterdessen hieb Matajémon, der bereits sieben von den Ronin niedergemacht halte und der, je mehr er bedrängt wurde, desto wütender um sich schlug, noch drei von ihnen zusammen, und die anderen wagten nicht, ihm nahezukommen.

In diesem Augenblick kam ein gewisser Kano Tosajémon herbei, ein Vasall des Lords der Residenzstadt und ein alter Freund Matajémons, der, als er hörte, daß Matajémon an diesem Tag daran sei, seinen Schwiegervater zu rächen, seinen Speer ergriffen und sich auf den Weg gemacht hatte, um ihm wegen des alten Wohlwollens zwischen ihnen beizustehen und als sein Sekundant zu agieren. Er sprach:

»Herr Matajémon, da ich von dem gefahrvollen Abenteuer hörte, das Ihr zu bestehen habt, bin ich herausgekommen, als Euer Sekundant.«

Als Matajémon dies vernahm, war er sehr erfreut und focht mit erneuter Anstrengung seiner Kraft. Darauf trat einer der Ronin, Takénutschi Gentan, ein sehr tapferer Mann, indem er sich von dem Haufen seiner Genossen trennte, heran, um Matajémon einen Zweikampf anzubieten und dadurch Matagoro, der von Kasuma hart bedrängt wurde, Luft zu verschaffen. Busuké machte einen Versuch, dies zu verhindern, fiel aber mit vielen Wunden bedeckt zusammen. Seinen Freund Magohatschi, der ihn fallen sah, ergriff große Furcht. Denn sollte dem Kasuma etwas geschehen, wie groß wäre dann seine Verantwortung gegen seinen Herrn Matajémon gewesen? So griff er denn trotz seiner vielen Wunden auch den Takénutschi Gentan an und geriet dabei, von den klaffenden Wunden, die er empfangen hatte, gelähmt, in Todesgefahr. Da rief der Mann, der zum Schluß herbeigekommen war, um Matajémon zu sekundieren, laut aus:

»Seht da, Herr Matajémon, Euer Gesell, der mit Gentan ficht, ist in großer Gefahr. Geht hin zu seiner Rettung und sekundiert dem Herrn Kasuma. Ich will die anderen besorgen!«

»Vielen Dank Euch, mein Herr. Ich eile dem Kasuma zu sekundieren.«

So kam Matajémon, um Kasuma zu helfen, während sein Sekundant und die Infanteriesoldaten die noch lebenden Ronin zurückhielten, die schon abgemattet durch ihren Kampf mit Matajémon zu weiterer Anstrengung unfähig waren.

Kasuma setzte unterdessen den Kampf mit Matagoro fort, und der Ausgang des Konflikts war noch immer zweifelhaft. Takénutschi Gentan wurde bei seinem Versuch, Matagoro zu retten, vom Magohatschi beschäftigt und im Zaum gehalten, der, von seinen Wunden geschwächt und durch das Blut geblendet, das ihm von einem Schnitt vor dem Kopf in die Augen strömte, sich schon verloren glaubte, als Matajémon herbeikam und rief:

»Mut! Mut! Magohatschi! Ich bin es, Matajémon, der dir zu Hilfe kommt, du bist arg zugerichtet! Geh beiseite und erhol dich!«

Darauf gab Magohatschi, den bis dahin seine Besorgnis für Kasumas Heil aufrechterhalten hatte, nach und fiel infolge des Blutverlustes in Ohnmacht. Matajémon aber überwältigte und erstach den Gentan; und selbst dann, obwohl er aus zwei Wunden blutete, war er nicht erschöpft, sondern näherte sich dem Kasuma und sagte:

»Mut! Kasuma, die Ronin sind sämtlich aus dem Feld geschlagen, und es ist bloß noch Matagoro, der Mörder deines Vaters, übrig. Kämpfe und siege!«

Der Jüngling, auf diese Weise ermuntert, verdoppelte seine Anstrengungen; Matagoro hingegen erschlaffte, vor Furcht zitternd, und sank sterbend hin. So wurde Kasumas Rache ausgeführt und das Verlangen seines Herzens gestillt.

Die beiden treuen Vasallen, die in ihrer Loyalität das Leben verloren hatten, wurden mit großen Ehrenbezeugungen beerdigt. Kasuma nahm den Kopf Matagoros mit sich und legte ihn unter frommen Gebeten auf dem Grab seines Vaters nieder.

Hiermit endet die Geschichte von Kasumas Rache.

*

Ich fürchte, daß Geschichten, in denen Blutvergießen und Mord die vornehmsten und häufig wiederkehrenden Gegenstände bilden, in unseren Tagen kaum viel Sympathie zu erwecken imstande sind. Nichtsdestoweniger müssen sie, wenn solche Erzählungen auf Volkstraditionen und wirklichen Geschichte gegründet sind, den Erforscher sozialer Phänomene höchlich interessieren. Die Geschichte von Kasumas Rache behandelt zum Teil Begebenheiten, die gerade heutzutage, bei den zwischen den großen Daimios und den Hatamotos ausgebrochenen Fehden, wieder besondere Bedeutung haben. Wer der Entwicklung der neuesten Geschichte Japans gefolgt ist, wird erkannt haben, daß die letzte Bewegung, die mit dem Ruin der Gewalt des Taikuns und der Abschaffung seiner Würde abschloß, nur der Ausbruch eines verborgenen Feuers gewesen ist, das jahrhundertelang geglimmt hatte. Das drückende Gewicht dieser Gewalt war allmählich geschwächt, und die Berührung mit den Völkern des Westens hatte das Feudalregiment noch gehässiger gemacht. Man fühlte, daß es nicht mehr zeitgemäß sei. Die Revolution, die mit dem Triumph der Daimios über den Taikun in unseren Tagen geendet hat, wurde zugleich ein Sieg der Vasallen über ihren Feudalherrn und ist der Vorbote eines neuen politischen Lebens des ganzen Volks. Schon in der Zeit von Ijéjasu mochte die Bürde lästig gewesen sein, aber sie mußte damals getragen werden, und so würde es auch heute noch sein, wenn nicht Ereignisse und Umstände von außen her den Zauber gebrochen hätten. Der japanische Daimio, der sich zum Advokaten der Isolierung seines Vaterlandes machte, nahm selbst das Joch auf sich, das er verabscheute. Wunderlich genug ist es, daß es noch Leute gibt, die, indem sie das neue politische Glaubensbekenntnis adoptierten, doch die Vergangenheit preisen und mit Bedauern auf die Tage zurückblicken, in denen Japan vereinsamt dastand, ohne Beteiligung an der großen Völkerfamilie der Welt.

KAPITEL IV

Die Geschichte der Otokodaté von Jedo

Der Name »Otokodaté« kommt häufig in diesen »Erzählungen« vor, und da ich durch eine einfache Übersetzung keinen deutlichen Begriff von dem Wort geben kann, muß ich es im Text beibehalten und durch folgende Auseinandersetzung, die ich der japanischen Schrift eines einheimischen Gelehrten entnehme, erklären:

Die Otokodaté waren Verbrüderungen tapferer Männer, die sich durch ein Gelübde verpflichteten, mit Hintansetzung ihres eigenen Lebens und ohne Untersuchung ihrer Antezedenzien, in Wohl und Wehe zueinanderzustehen. Ein schlechter Mann jedoch mußte, wenn er sich den Otokodaté anschloß, seinen bösen Lebenswandel aufgeben, denn ihre Tendenz ging dahin, den Unterdrücker als einen Feind zu behandeln und dem Schwachen beizustehen, wie ein Vater seinem Kind. Wenn sie Geld hatten, gaben sie es denen, die nichts besaßen, und ihre barmherzigen Handlungen gewannen ihnen die Hochachtung aller Welt. Das Haupt der Gesellschaft wurde »Vater« genannt. Wenn einige der anderen, die als seine »Zöglinge« betrachtet wurden, kein Haus besaßen, wohnten sie beim Vater und leisteten ihm Dienste, indem sie zugleich einen kleinen Beitrag einzahlten, für den er, wenn Krankheit oder anderes Unglück sie traf, ihnen Beistand leistete und Pflege verschaffte.

Der Vater der Otokodaté betrieb das Geschäft, den Daimios und anderen großen Herren für ihre Reisen nach und von Jedo Kulis zu verschaffen, und empfing daher von ihnen gewisse bedungene Reisportionen. Er hatte bei den Arbeiterklassen mehr Einfluß als die Regierungsbeamten selbst, und wenn die

Kulis einmal »gestrickt« und sich geweigert hatten, einen Daimio auf seiner Fahrt zu begleiten, so reichte ein Wort des Otokodaté-Vaters hin, um sogleich wieder so viele andere zur Stelle zu schaffen, wie nötig waren. Als einmal der Fürst Tokugawa Ijémotschi, der vorletzte Schogun, Jedo verließ, um nach Kioto zu gehen, übernahm Schimmon Tatsugoro, der damalige Chef der Otokodaté, die Anordnung und Ausrüstung der Reise und wurde dann für diese und andere treue Dienste in die Würde eines Hatamoto erhoben. Nach der Schlacht von Fuschimi und nach der Abschaffung des Schogunats begleitete er den letzten der Schogune in die Verbannung.

In alten Tagen gab es Otokodaté auch unter den Hatamotos. Dies war nach dem Bürgerkrieg zur Zeit Ijéjasus, als die Gemüter, obwohl schon Frieden im Land hergestellt war, sich doch noch in großer Aufregung befanden und die an Krieg gewöhnten Männer sich noch nicht sogleich mit der Langeweile des Stillsitzens ausgesöhnt hatten. Da gab es beständig Krawalle und kleine Parteifehden unter den jungen Leuten der Samuraiklasse, und diejenigen, die sich durch persönliche Stärke und Mut auszeichneten, erhoben sich zu Anführern von Banden. In verschiedenen Quartieren der großen Stadt Jedo entstanden unter verschiedenen Namen Verbindungen, ähnlich denen der deutschen Studenten, und die Mitglieder derselben duellierten sich untereinander bloß für die Ehre des Sieges. Nachdem sich das Land allmählich gründlicher beruhigt hatte, kam diese Art von Verbindungen unter Edelleuten wieder außer Gebrauch.

Ich spreche hier von den Otokodaté, selbst von denen der niederen Klasse, immer in der Vergangenheit. Denn obwohl sie dem Namen nach noch jetzt vorhanden sind, genießen sie doch nicht mehr das Ansehen und die Macht, die sie zu der Zeit genossen, der diese Erzählungen angehören. Sie spielten damals, wie die Gesellen und Lehrburschen des alten London, eine große Rolle in der Bevölkerung der großen Städte, und der Mann, der den »Vater der Otokodaté« seinen Freund nennen konnte, war glücklich, mochte er ein edler Samurai oder ein einfacher Bürger sein. Übrigens bedeutet das Wort »Otokodaté« wörtlich soviel wie »männlicher, rüstiger Geselle«.

*

Tschobei von Bandsuin war einst der Chef der Otokodaté von Jedo. Er hieß ursprünglich Itaro und war der Sohn eines gewissen Ronin, der außerhalb der Stadt auf dem Land lebte. Eines Tages, als er erst zehn Jahre alt war, ging er hinaus, um sich mit einem seiner Spielgenossen im Fluß zu baden. Sie gerieten beim Spiel in Streit, und Itaro, der sehr aufgebracht war, packte den anderen Knaben, warf ihn ins Wasser und ertränkte ihn.

Darauf ging er nach Hause und erzählte seinem Vater:

»Ich ging heute zum Fluß, um mit einem Freund zu spielen. Weil er sehr grob gegen mich wurde und mich beleidigte, warf ich ihn ins Wasser und tötete ihn.«

Als der Vater ihn dies ganz ruhig erzählen hörte, als wäre nichts Besonderes geschehen, war er wie vom Donner gerührt und sagte:

»Das ist ja ganz entsetzlich! Obwohl du noch ein Kind bist, wirst du dafür zur Strafe gezogen werden. Du mußt gleich noch diesen Abend fliehen, in den Dienst eines edlen Samurai einzutreten suchen, und dann magst du mit der Zeit wohl noch selbst ein Krieger werden.«

Mit diesen Worten gab er ihm zwanzig Silberunzen und ein schönes Schwert, das der berühmte Schwertfeger Rai Kunitoschi angefertigt hatte, und schickte ihn mit möglichster Eile aus der Provinz.

Am folgenden Morgen kamen die Eltern des getöteten Knaben und verlangten die Auslieferung Itaros, um an ihm Vergeltung zu üben. Aber es war zu spät, und sie konnten nichts anderes tun, als ihr Kind zu begraben und über seinen Verlust zu trauern.

Itaro machte sich in eiligster Flucht auf den Weg nach Jedo und fand dort Beschäftigung als Ladenbursche bei einem Kaufmann. Da er dieser Lebensweise aber bald überdrüssig wurde und vor Verlangen brannte, ein Krieger zu werden, fand er am Ende Mittel und Wege, um in den Dienst eines gewissen Hatamoto, genannt Sakurai Schosajémon, zu kommen, und bei dieser Gelegenheit änderte er seinen Namen zu Tsunéhei.

Sakurai Schosajémon hatte einen Sohn, Schonosuké, einen Jüngling von siebzehn Jahren, der Tsunéhei so lieb gewann, daß er ihn überall, wo er stand und ging, mit sich nahm und ihn ganz als seinesgleichen behandelte.

Wenn Schonosuké zur Fechtschule ging, pflegte Tsunéhei ihn zu begleiten und wurde auf diese Weise, da er von Natur stark und behend war, ein tüchtiger Kämpe.

Eines Tages, als Schosajémon nicht zu Hause war, sagte sein Sohn Schonosuké zu Tsunéhei:

»Du weißt, wie sehr mein Vater das Fußballspiel liebt. Es muß wohl ein großes Vergnügen sein. Da er heute ausgegangen ist, könnten wir beide ja ein Spielchen versuchen?«

»Das wird ein prächtiger Spaß sein«, antwortete Tsunéhei. »Laß uns schnell anfangen, bevor der Herr nach Hause kommt.«

So machten sich die beiden Knaben auf in den Garten und begannen den Fußball zu schleudern. Da sie aber die Kunst nicht recht verstanden, konnten sie den Ball trotz aller Anstrengungen nicht recht vom Boden bringen. Endlich gelang es dem

Schonosuké, ihn mit einem kräftigen Stoß in die Höhe zu treiben. Doch er verfehlte das Ziel, und der Ball flog über die Mauer in den Nachbargarten, der einem gewissen Hikosaka Sempatschi gehörte, einem Lehrer in der Kunst des Lanzenwerfens, der als ein sehr verdrießlicher und übelgelaunter Murrkopf bekannt war.

»Oh, weh! Was sollen wir nun tun?« sagte Schonosuké. »Wir haben den Fußball meines Vaters in seiner Abwesenheit verloren, und wenn wir hingehen und ihn von diesem grämlichen Nachbarn zurückverlangen, werden wir für unsere Mühe nur Scheltworte und Verwünschungen empfangen!«

»Oh, laß gut sein!« antwortete Tsunéhei, »ich will hingehen und für unsere Unvorsichtigkeit um Entschuldigung bitten. Ich werde den Ball schon zurückkriegen!«

»Gut! Aber du wirst ausgezankt werden, und ich liebe das nicht.«

»Tut nichts! Ich werde mich um seine groben Worte nicht kümmern!« Damit ging Tsunéhei ins Nachbarhaus, um den Ball zurückzufordern.

Nun hatte leider ein böser Zufall es gewollt, daß Sempatschi, der übel gelaunte Nachbar, gerade während des Spiels der beiden Knaben in seinem Garten spazierenging und daß, wie er sich eben über eine seiner Lieblingschrysanthemen bückte, um ihre Schönheit zu bewundern, der Ball über die Mauer herangesaust kam und ihm gerade ins Gesicht flog. Sempatschi, der in seinem Haus nur an süße Reden und Schmeicheleien gewöhnt war, ergrimmte in höchsten Grade, und während er darüber nachsann, welche Rache er an demjenigen nehmen wolle, der etwa wegen Zurückerstattung des Fußballs gesandt werden möchte, da trat Tsunéhei ein und sagte zu einem der Diener Sempatschis:

»Leider muß ich mich schuldig bekennen. Ich nahm in Abwesenheit meines Herrn seinen Fußball, und beim Versuch, mit ihm zu spielen, schleuderte ich ihn plumperweise über Eure Mauer. Ich bitte, meine Ungeschicklichkeit entschuldigen zu wollen und mir den Ball gütigst zurückzugeben.«

Der Diener kam herein und wiederholte die Botschaft dem Sempatschi, der sich nun aber dem wütendsten Ausbruch von Erbitterung überließ und befahl, daß Tsunéhei ihm sogleich vorgeführt werde.

»Hierher, Bursche!« schrie er, »ist dein Name Tsunéhei?«

»Zu Diensten, mein Herr, ja! Fast fürchte ich mich, Euch wegen meiner Ungeschicklichkeit um Entschuldigung zu bitten. Aber wenn es Euch gefällt, so bitte, verzeiht mir und gebt mir den Ball zurück.«

»Ich glaubte, daß dein Herr Schosajémon selbst schuld daran sei, aber es scheint, daß du es warst, der den Fußball warf.«

»Ja, mein Herr, glaubt mir, ich bedaure das Geschehene sehr. Darf ich Euch nicht um den Ball bitten?« sprach Tsunéhei, indem er sich demütigst verbeugte.

Einen Augenblick sagte Sempatschi nichts, aber dann tat er den Mund auf:

»Weißt du, Bösewicht, daß dein schmutziger Fußball mir ins Gesicht gefahren ist? Ich könnte dich von Rechts wegen auf der Stelle dafür umbringen; aber ich will dir diesmal das Leben schenken. Nimm deinen Ball und pack dich!« – Und damit ging er zu Tsunéhei heran, ohrfeigte ihn, schlug ihn auf den Kopf und spie ihm ins Gesicht.

Bis dahin hatte sich Tsunéhei in seinem Eifer, den Fußball zurückzubekommen, sehr bescheiden und demütig benommen. Aber jetzt brach ihm die Geduld. Er sprang wütend auf und sagte:

»Ich habe für meine Unvorsichtigkeit hinreichende Entschuldigungen vorgebracht, und dennoch beleidigst du mich nun auf die empörendste Weise und schlägst mich? Du schlecht erzogener alter Wüterich! Nimm den Ball zurück! Ich mag ihn nicht mehr!« – und zog seinen Dolch, zerschnitt den Fußball, warf die Stücke Sempatschi vor die Füße und eilte davon.

Aber Sempatschi, der nun noch heftiger wurde, rief einen seiner Diener und befahl ihm:

»Der Bursche Tsunéhei hat sich höchst impertinent gegen mich aufgeführt. Geh zum Nachbarhaus, suche Schosajémon auf und sage ihm, daß ich dir aufgetragen habe, den Tsunéhei zu mir zu schaffen, damit ich ihn umbringe.«

Der Diener ging ab, um die Botschaft zu überbringen.

Mittlerweile war Tsunéhei zum Haus seines Herrn zurückgekehrt, und als der junge Schonosuké ihn sah, sagte er:

»Sicherlich bist du nicht besonders höflich behandelt worden, aber bringst du den Fußball wieder?«

»Als ich zu unserem Nachbarn kam, brachte ich eine Menge Entschuldigungen vor. Aber er schlug mich, stieß mich an den Kopf und behandelte mich auf die unwürdigste Weise. Ich würde den erbärmlichen Menschen Sempatschi sogleich getötet haben, hätte ich nicht überlegt, daß wenn ich dies täte, während ich ein Mitglied Eures Haushalts bin, ich Eurer Familie Ungelegenheiten zugezogen haben würde. Euretwegen ertrug ich die Mißhandlung geduldig. Aber nun bitte ich dich, laß mich Abschied von Euch nehmen und Ronin werden, damit ich mich an diesem Mann frei und unbehindert rächen kann.«

»Bedenke wohl, oh Freund, was du tust«, antwortete Schonosuké. »Im Grunde haben wir doch nur einen Fußball verloren, und mein Vater wird sich nicht viel daraus machen und uns nicht groß schelten.«

Tsunéhei aber wollte nichts davon hören. Er war darauf versessen, den Schimpf, der ihm angetan war, auszulöschen. Während sie noch darüber sprachen, kam jener Bote von Sempatschi an, der die Auslieferung Tsunéheis auf den Grund hin, daß er ihn beleidigt habe, verlangte. Schonosuké erwiderte darauf, daß sein Vater nicht zu Hause sei und daß er bei dessen Abwesenheit selber in der Sache nichts tun könne.

Endlich kam Schosajémon nach Hanse, und als er von dem Vorfall hörte, war er sehr bekümmert und wußte nicht, was er tun und raten sollte, als ein zweiter Bote von Sempatschi ankam und verlangte, daß Tsunéhei ihm auf der Stelle ausgeliefert werde. Darauf rief Schosajémon, der nun sah, daß die Sache sehr ernst werde, den Jüngling zu sich und sprach zu ihm:

»Dieser Sempatschi ist hartherzig und grausam, und er wird dir, wenn du in sein Haus gehst, gewiß ein Leid antun. Nimm daher diese fünfzig Rijos und flüchte nach Osaka oder Kioto, wo du in Sicherheit irgendein Geschäft betreiben kannst.«

»Mein Herr«, antwortete Tsunéhei mit Tränen der Dankbarkeit in den Augen, »von ganzem Herzen danke ich Euch für Eure große Güte; aber ich bin insultiert und höchst unwürdig behandelt worden, und ich muß, sollte ich auch mein Leben dabei verlieren, dem Sempatschi für das, was er mir angetan hat, zurückzahlen.«

»Nun gut, wenn denn Rache durchaus nötig ist, so gehe hin und kämpfe, und möge Glück dich begleiten! Aber sehr viel hängt dabei von der Klinge ab, die du führst, und ich fürchte, die deinige ist eine armselige Waffe. Ich will dir ein tüchtiges Schwert geben«, und hiermit bot er Tsunéhei sein eigenes Schwert an.

»Oh, nein, lieber Herr!« antwortete Tsunéhei, »ich besitze ein sehr gutes und berühmtes, von Rai Kunitoschi geschmiedetes Schwert, das mein Vater mir gab. Ich habe es Euch bisher noch nicht gezeigt, aber ich habe es in meinem Zimmer sicher versteckt.«

Als Schosajémon das Schwert sah und examinierte, bewunderte er es sehr und sagte: »In der Tat, das ist eine schöne Klinge und eine, auf die du dich verlassen kannst. Nimm sie denn und führe sie brav im Gefecht. Aber vergiß nicht, daß Sempatschi selbst ein ebenso geschickter wie listiger Lanzenfechter ist, und sei ja recht vorsichtig!«

So nahm Tsunéhei, nachdem er seinem Herrn für all seine mannigfache Güte gedankt hatte, einen sehr zärtlichen Abschied, ging zu Sempatschis Haus und sagte dem Diener:

»Ich glaube, dein Herr wünscht mich zu sprechen. Sei so gut und bringe mich zu ihm!«

Der Diener führte ihn in den Garten, wo Sempatschi, einen Speer in der Hand, ihn erwartete. Als er den jungen Mann eintreten sah, schrie er:

»Ha! Da bist du wieder! Und jetzt gedenke ich dich für deine Unverschämtheit mit meiner eigenen Hand zu züchtigen!«

»Unverschämt bist du selbst!« erwiderte Tsunéhei, »ein brutaler Mensch und nichts weniger als ein Samurai! Komm her und laß uns sehen, wer von uns beiden der bessere ist!«

Ganz außer sich vor Wut, warf Sempatschi seinen Speer nach Tsunéhei; aber dieser, auf sein gutes Schwert vertrauend, rückte ihm nahe auf den Leib, und Sempatschi, ein so gewandter Kriegsmann er auch war, kam ins Gedränge. Da Tsunéhei ihm mit einem kräftigen Streich den Schaft seines Speers zerhieb, eilten zwei seiner Leute herbei, um ihm beizustehen. Einen von diesen schlug Tsunéhei nieder und versetzte Sempatschi einen Hieb über den Kopf. Darauf nahm der zweite Mann, von der Tapferkeit des Jünglings erschreckt, Reißaus, und Sempatschi wurde von dem Blut, das aus seiner Stirnwunde herabfloß, geblendet. Da sagte Tsunéhei:

»Einen blinden Mann zu töten, wäre eines Kriegers unwürdig. Wisch das Blut aus deinem Augen, Sempatschi, und laß es uns ehrlich ausfechten!«

Sempatschi wischte sich darauf das Blut aus den Augen, band sich ein Tuch um den Kopf und focht verzweifelt weiter. Aber endlich übermannten ihn der Schmerz in der Wunde und der Blutverlust, und Tsunéhei schlug ihn durch einen Hieb in die Schulter nieder und machte ihm den Garaus.

Darauf ging Tsunéhei hin und berichtete den ganzen Vorfall dem Gouverneur von Jedo, worauf er ins Gefängnis geworfen wurde, bis eine Untersuchung angestellt werden könne, aber der Oberpriester von Bandsuin, der von der Sache gehört hatte, besuchte den Gouverneur und machte ihm alle Missetaten Sempatschis bekannt, verschaffte dem jungen Tsunéhei Begnadigung, nahm ihn zu sich und stellte ihn als Wächter in seinem Tempel an.

Nun änderte Tsunéhei seinen Namen in Tschobei und erwarb sich großes Ansehen in der ganzen Nachbarschaft, sowohl durch seine ehrenwerten Eigenschaften als durch zahlreiche gute Werke.

Wenn irgendwo ein Mensch in Not war, half er ihm ganz ohne Rücksicht auf seinen eigenen Vorteil oder Gefahr, so daß die Leute am Ende auf ihn wie auf ihren Vater blickten und viele Jünglinge sich an ihn anschlossen, um seine Schüler und Zöglinge zu werden. Er baute sich ein Haus in Hanakawado in Asakusa und lebte dort mit seinen Zöglingen, die er als Lanzenknechte und Läufer an die großen Daimios und Hatamotos zu verdingen pflegte, indem er dabei den Zehnten ihrer Besoldungen für sich nahm. Wenn aber einer von ihnen krank wurde oder sonst in Verlegenheit geriet, verschaffte er ihm Unterhalt und sorgte für Ärzte und Medizin. Der Ruf seiner guten Werke verbreitete sich weit und breit, bis die Zahl seiner Anhänger sich auf mehr als zweitausend belief, die in jedem Quartier der Stadt beschäftigt waren. Je mehr Tschobei prosperierte, desto mildtätiger zeigte er sich, und alle Welt spendete seinem guten und großmütigen Herzen lautes Lob.

Dies war die Zeit, in der sich auch die Hatamotos zu Banden von Otokodaté vereinigt hatten, an deren Spitze Midsuno Dschurosajémon, Kondo Noborinosuké und Abé Schirogoro als Anführer standen. Und die Vereine der Adligen verachteten die Brüderschaften der Bürgerlichen und behandelten sie mit Hochmut und versuchten den Tschobei und seine braven Leute in Mißkredit zu bringen. Aber die Pfeile der Adligen fielen auf sie selbst zurück, und jedesmal, wenn sie einen Anlauf nahmen, dem Tschobei etwas anzuhängen, ernteten sie selbst dabei nur Spott. Auf beiden Seiten entbrannte ein bitterer Haß.

Als Tschobei eines Tages in ein Teehaus im Stadtquartier Joschiwara ging, um sich zu vergnügen, bemerkte er, daß in einem oberen Zimmer ein Teppich ausgebreitet und das Gemach wie zu einer besonderen Gelegenheit ausgeschmückt war. Der Eigentümer des Hauses, den er fragte, welche hohen Gäste er denn erwarte, erwiderte, daß Mylord Dschurosajémon, das Haupt der adligen Otokodaté, am Nachmittag erscheinen wolle. Als Tschobei dies hörte, sagte er, er wünsche sehr, diesen hohen Herrn zu sprechen, und er wolle sich daher hier niederlegen, bis er käme. Der Wirt wurde darüber etwas bedenklich und wußte nicht, was er sagen sollte. Doch durfte er den Tschobei, den einflußreichen Chef der bürgerlichen Otokodaté, nicht vor den Kopf stoßen. So nahm denn Tschobei sein Obergewand ab und legte sich auf den Teppich nieder. Nach einiger

Zeit kam Dschurosajémon und fand einen unbekleideten Mann von großer Gestalt oben auf dem für ihn ausgebreiteten Teppich liegen.

»Was für ein gemeiner Mensch ist das?« fragte er ärgerlich den Hauswirt.

»Mylord! Es ist Tschobei, das Haupt der bürgerlichen Otokodaté«, antwortete der Wirt mit zitternder Stimme.

Dschurosajémon argwöhnte sogleich, daß Tschobei dies getan habe, um ihn zu necken. Er setzte sich an die Seite des schlafenden Mannes, und indem er sich eine Pfeife anzündete, begann er zu rauchen. Nachdem er die Pfeife ausgeraucht hatte,* schüttete er die glühende Asche Tschobei auf den Leib. Aber Tschobei ertrug den Schmerz geduldig und stellte sich weiter schlafend, bewegte sich nicht und sprach nicht. Darauf ergriff ihn Dschurosajémon, ganz erstaunt über seine Standhaftigkeit, beim Arm, schüttelte ihn, hieß ihn aufstehen und schrie: »Tschobei! Tschobei! Mann! Erwache!«

»Was ist gefällig?« sagte Tschobei, indem er sich die Augen rieb, als ob er aus tiefem Schlaf erwache. Dann, Dschurosajémon erblickend, stellte er sich ganz verwundert und sagte: »Oh! Mylord! Ich weiß nicht, wer Ihr seid; aber ich war sehr grob gegen Eure Herrlichkeit. Ich hatte ein wenig Wein getrunken und war eingeschlafen. Ich bitte Eure Herrlichkeit um Verzeihung!«

»Ist dein Name Tschobei?«

»Ja, Mylord, Euch zu dienen. Ich heiße Tschobei, bin ein geringer Bürgersmann und unbekannt mit feinen Manieren. Ich war in der Tat sehr plump, aber ich bitte Eure Herrlichkeit noch

* Die winzige kleine japanische Pfeife gewährt dem Raucher nur zwei oder drei Züge, und da der Tabak vor dem Stopfen zwischen den Fingern fest zusammengerollt wird, bildet die Asche beim Ausschütten einen kleinen glühenden Feuerball, mit dem man eine zweite Pfeife anzünden kann.

einmal um Entschuldigung für meine unpassende Aufführung!«

»Oh, nein! Nein! Laß das gut sein! Wir haben alle von Tschobei von Bandsuins Ruhm gehört, und ich schätze mich glücklich, dir heute begegnet zu sein. Laß uns Freunde sein!«

»Es ist eine große Ehre für einen gemeinen Bürger, einem hohen Edelmann von Angesicht zu Angesicht zu begegnen.«

Da sie so sprachen, brachte die Aufwärterin Fisch und Wein herein, und Dschurosajémon lud Tschobei ein, mit ihm zu speisen, und bot ihm, in der Absicht ihn zu necken, einen großen und übervollen Becher Wein an,* den dieser jedoch, ohne zu zögern, austrank und dann seinem Wirt zurückgab, der keineswegs die berauschenden Dünste des Weins so gut vertragen konnte. Danach sann Dschurosajémon darauf, Tschobei durch einen anderen Streich zum Besten zu halten, und in der Hoffnung, ihn in Verlegenheit zu bringen, sagte er:

»Tschobei, laß mich dir etwas Fisch geben«, und mit diesen Worten zog er sein Schwert, durchstach damit ein Stück gebakkenen Fisch und hielt es ihm auf der Spitze der scharfen Waffe vor den Mund. Jeder gewöhnliche Mensch würde sich wohl gescheut haben, einen auf diese Weise gebotenen Bissen anzunehmen; aber Tschobei öffnete einfach seine Lippen, und indem er das Gebackene von der Spitze des Schwertes behutsam abnahm, aß er es ganz gemütlich auf. Während Dschurosajémon über das Benehmen dieses Mannes, den nichts in Verlegenheit bringen konnte, in seinem Herzen erstaunte, sagte Tschobei zu ihm:

* Jemandem einen großen, übervollen Becher Wein anzubieten, ist eine Grobheit. Da jedoch derselbe Becher dem, der ihn kredenzte, in derselben Weise zurückgegeben wird, führt das Übel sein Gegenmittel mit sich. Bei einem japanischen Fest geht derselbe Weinbecher von Hand zu Hand, indem jeder Trinker ihn nach dem Gebrauch in einer Schüssel mit Wasser ausspült, bevor er ihn dem Nachbarn anbietet.

»Diese Begegnung mit Eurer Herrlichkeit ist mir ein wertvoller und heilverkündender Anlaß gewesen, und ich möchte um Erlaubnis bitten, Euch eine kleine Gegengabe zum Andenken daran anbieten zu dürfen.* Gibt es hier irgend etwas, das Euch besonders lieb sein könnte?«

»Ja! Kalte Makkaroni sind eins meiner Lieblingsgerichte!«

»Dann werde ich sogleich die Ehre haben, einige für Sie kommen zu lassen«, und damit ging Tschobei die Treppe hinab, und indem er einen seiner Leute, Token Gombei**, der unten auf ihn wartete, herbeirief, gab er ihm einhundert Rijos und befahl ihm, alle kalten Makkaroni, die in den benachbarten Garküchen zu haben seien, aufzukaufen und sie vor dem Teehaus aufhäufen zu lassen. Gombei rief rasch alle Leute und Zöglinge Tschobeis zusammen und sandte sie in alle Richtungen ans, Makkaroni zu kaufen. Dschurosajémon beschäftigte sich unterdessen mit dem Gedanken an den Spaß, den er haben würde, wenn er Tschobei auslachen könnte bei der Überreichung eines so armseligen Geschenks, wie es eine Schüssel mit Makkaroni ist. Als aber die Fülle von Teigwaren um das Teehaus immer größer wurde und bald wie ein Berg aufwuchs, da sah er, daß es ihm nicht möglich sein würde, aus Tschobei einen Narren zu machen. Er gab das Spiel auf und ging in ärgerlicher Stimmung nach Hause.

*

Es ist schon in der Erzählung von der Liebschaft Gompatschis und Komurasakis gesagt worden, daß und wie Schirai Gompatschi mit Tschobei befreundet war und wie Tschobei ihm bei-

* Daß geringere Personen Höheren Geschenke überreichen, ist ein allgemeiner Gebrauch in Japan.

** »Token« ist ein Spitzname, der Gombei nach einem tollen Hund, den er getötet hatte, gegeben wurde.

stand. Gompatschis Name wird auch in dieser Geschichte wieder erscheinen.

*

Zu dieser Zeit lebte in der Provinz Jamato ein Daimio namens Honda Danaiki, der eines Tages, von mehreren seiner Vasallen umgeben, ein Schwert hervorzog und seine Leute aufforderte, zu sagen, aus welcher Werkstatt die Klinge stamme.

»Ich glaube, es muß eine Masamuné-Klinge sein«, sagte ein gewisser Fuwa Bansajémon.

»Nein!« sagte Nagoja Sansa, nachdem er die Klinge aufmerksam untersucht hatte, »dies ist sicherlich eine Arbeit von Muramasa.«*

* Die Schwerter von Muramasa sind so gehärtet, daß sie, wie man sagt, Eisen durchschneiden, als ob es eine Melone wäre. Dabei haben sie aber den Ruf, unheilbringend zu sein. Die abergläubigen Leute bilden sich ein, daß die Muramasa-Schwerter danach hungern und dürsten, einem Menschen das Leben zu nehmen, und daß es ihnen unmöglich sei, ruhig in ihrer Scheide stecken zu bleiben. Die vornehmste Pflicht eines Schwertes nach Ansicht der Japaner ist es, Ruhe in der Welt zu erhalten, die Bösen zu strafen und die Guten zu schützen. Aber die blutdürstigen Schwerter Muramasas haben die Wirkung, daß sie ihren Besitzern derart den Kopf verwirren, daß dieselben entweder andere ohne Unterschied töten oder Selbstmord begehen *müssen*. Gegen Ende des 16. Jahrhunderts führte der Fürst Tokugawa Ijéjasu gewöhnlich ein von Muramasa angefertigtes Schwert, mit dem er sich oft aus Versehen verwundete oder schnitt. Daher vermeiden es namentlich die Mitglieder der Tokugawa-Familie Muramasa-Klingen anzulegen, die ganz besonders ihrem Geschlecht unheilbringend sein sollen. Die Mörder Gompatschis, die sich eines Schwertes dieses Künstlers bedienten, trugen ebenfalls dazu bei, diesen Waffen einen schlimmen Ruf zu verschaffen.
Die Schwerter von einem Künstler namens Toschiro Joschimitsu sind auf der anderen Seite der Familie Tokugawa ganz besonders günstig, und zwar aus folgenden Gründen: Nachdem Ijéjasu von Takéta Katsujori in der Schlacht am Fluß Tenrin besiegt worden war, flüchtete er sich in das Haus eines Dorfarztes in der Absicht, dort durch Harakiri seinem Leben ein Ende zu machen, und versuchte sich seinen Dolch, der von Joschimitsu angefertigt war, in den Leib zu stoßen, als sich die Klinge zu seinem Erstaunen in seiner Hand umwendete. Im Glauben, daß der Dolch schlecht sei, nahm er einen metallenen Mörser zum Zerstoßen der

Ein dritter Samurai, Takagi Umanojo, erklärte es für ein Werk des Schidsu Kanendschi; und da sie darüber nicht einig werden konnten, jeder vielmehr seine Ansicht eifrig verteidigte, ließ ihr Herr einen berühmten Kenner kommen, um den streitigen Punkt zu entscheiden. Das geprüfte Schwert erwies sich am Ende als ein echter Muramasa. Sansa war entzückt über dieses ihm günstige Endurteil, die anderen beiden aber gingen ein wenig niedergeschlagen davon.

Umanojo, obwohl er mit seinen Argumenten durchgefallen war, empfand keinen Ärger und trug es niemandem nach.

Aber Bansajémon, der ein prahlerischer und dabei leicht entzündlicher Charakter war, ganz aufgeblasen von der Idee seiner eigenen Wichtigkeit, faßte eine Abneigung gegen Sansa und lauerte auf eine Gelegenheit, wo er ihn einmal wieder beschämen könne. Eines Tages endlich kam er voller Rachegelüste gegen Sansa zum Fürsten und sagte: »Ew. Herrlichkeit sollten den Sansa einmal fechten sehen; seine Art, das Schwert zu führen, ist über alles Lob erhaben. Ich weiß, daß ich ihm nicht gewachsen bin. Dennoch aber, wenn es Eurer Herrlichkeit gefällt, möchte ich wohl einmal einen Gang mit ihm versuchen.« – Der Fürst, der noch ein sehr junger Herr war und dachte, daß das ein herr-

Medikamente und probierte ihn daran. Und die Spitze des Dolches ging ganz leicht hinein und fuhr durch den metallnen Mörser glatt hindurch. Nun wollte er sich damit zum zweiten Mal durchbohren, als in dem Augenblick seine Begleiter, die ihn vermißt und überall gesucht hatten, herbeikamen und, da sie ihn über diesem Versuch ertappten, ihm in den Arm fielen und den Dolch mit Gewalt entrissen. Darauf setzten sie ihn aufs Pferd und zwangen ihn, in seine eigene Provinz von Mikawa zu fliehen, während sie ihm den Rücken deckten und seine Versorger beschäftigten. Später, als Ijéjasu durch die Gunst des Himmels wieder zu Glück gekommen und Schogun geworden war, da nahmen die Leute an, daß in jener Klinge, die sich geweigert hatte, sein Blut zu trinken, sicherlich ein guter Geist gesteckt haben müsse. seitdem sind die Klingen von Joschimitsu stets als der Familie Tokugawa heilbringend angesehen worden.

licher Spaß sein müßte, ließ den Sansa sogleich kommen und bat ihn, sich mit Bansajémon im Zweikampf zu versuchen. Die beiden gingen hinaus in den Garten und traten sich, mit hölzernen Schwertern bewaffnet, von Angesicht zu Angesicht entgegen. Nun war Bansajémon sehr stolz auf seine Geschicklichkeit und meinte, er hätte nicht seinesgleichen im Fechten. Er bildete sich ein, er könne einen ganz leichten Sieg über Sansa erringen, und schwelgte in dem schmeichelhaften Gedanken, daß er seinem Gegner eine Niederlage beibringen würde, die ihn hinreichend schadlos halten könnte für den Verdruß, den er in der Angelegenheit des Disputs über das Schwert gehabt hatte. Aber es zeigte sich bald, daß er die Geschicklichkeit des Sansa unterschätzt hatte, der, als er bemerkte, daß sein Gegner ihn ganz leidenschaftlich und in vollem Ernst angriff, den Bansajémon durch einen gut angebrachten Schlag so scharf auf das Handgelenk traf, daß er sein Schwert fallen ließ, und bevor er es wieder aufnehmen konnte, ihm einen zweiten Hieb auf die Schulter versetzte, der ihn in den Staub streckte. Alle anwesenden Offiziere, die dies ansahen, priesen Sansas Geschicklichkeit, und Bansajémon, ganz mit Scham erfüllt, lief davon und verbarg sich.

Nach diesem Vorfall stieg Sansa hoch in der Gunst seines Herrn, und Bansajémon, der nun neidischer auf ihn war, als je zuvor, stellte sich krank und blieb zu Hause, über Sansas Verderben brütend.

Nun traf es sich, daß der Fürst, der Muramasas Klinge zu schmücken und mit Gold und Silber auslegen zu lassen wünschte, Sansa kommen ließ und ihm die Besorgung übergab, indem er ihm befahl, die in der Anfertigung von schönen Degenscheiden und Schwertschmuck geschicktesten Künstler zu engagieren. Sansa nahm die ihm überreichte Klinge nach Hause und legte sie sorgfältig beiseite.

Als Bansajémon davon hörte, war er voll Freude, denn er glaubte, daß nun eine Gelegenheit zur Rache gekommen sei. Er beschloß, Sansa womöglich zu töten, jedenfalls aber ihm das Schwert, das sein Fürst ihm anvertraut hatte, zu nehmen, in der Überzeugung, daß Sansa, wenn ihm dies Schwert abhanden käme, mitsamt seiner ganzen Familie ins Unglück stürzen würde. Da er allein in der Welt stand, ohne Frau und Kinder, verkaufte er seine Mobilien, verwandelte all sein Hab und Gut in Geld und machte sich bereit zur Flucht aus dem Land.

Nachdem er auf diese Weise alle Vorbereitungen getroffen hatte, ging er mitten in der Nacht zu Sansas Haus und versuchte, sich in dasselbe einzuschleichen. Aber alle Türen und Fensterläden waren sorgfältig von Innen verriegelt und verrammelt, und er konnte nirgends ein Loch zum Eindringen finden. Alles war jedoch ganz still, und die Leute des Hauses lagen offenbar in tiefem Schlaf. Da kletterte er zum zweiten Stockwerk hinauf, schaffte es dort, ein Fenster zu öffnen, schlüpfte er hinein. Mit leisen Fußtritten wie eine Katze schlich er die Treppe hinab, und als er in eins der Zimmer hineinsah, erblickte er dort Sansa und sein Weib auf der Matte schlafen mit ihrem kleinen Sohn Kosansa zwischen ihnen, einem Knaben von dreizehn Jahren, eingewickelt in seine Bettdecke. Das Licht der Nachtlampe flackerte in seinen letzten Zügen, aber durch die Dämmerung spähend konnte er in der höheren Partie des Zimmers noch eben das berühmte Muramasa-Schwert des Fürsten auf dem Schwerterbrett liegen sehen. Ganz verstohlen und geräuschlos kroch er an der Wand entlang, bis er es packen konnte, ergriff es und steckte es in seinen Gürtel. Sich Sansa nähernd, beugte er sich über den schlafenden Leib und stach ihm nach der Gurgel. Doch in seiner großen Erregung zitterte ihm die Hand, und er verfehlte das Ziel. Er schrammte ihn nur, und

Sansa erwachte, fuhr zusammen und fühlte sich, da er aufspringen wollte, von einem über ihm stehenden Mann niedergehalten. Er streckte seine Hände aus, um ihn zu packen und mit ihm zu ringen, aber Bansajémon, rückwärts springend, stieß die Nachtlampe um, riß die Fensterläden auf und war mit einem Satz im Garten.

Sansa hatte sein Schwert ergriffen und sprang ihm nach, und sein Weib, die schnell eine Laterne angezündet hatte, lief ihm mit ihrer Hellebarde* bewaffnet nach, desgleichen ihr junger Sohn, der einen blanken Dolch in der Hand hatte, um dem Vater beizustehen. Als Bansajémon, der sich im Schatten einer großen Fichte versteckt hatte, die Laterne erblickte und eine Entdeckung fürchtete, griff er einen Stein auf, warf ihn nach dem Licht, und da er es zufällig traf, löschte er es aus. Ungesehen schwang er sich über den Gartenzaun und entschlüpfte in der Dunkelheit.

Nachdem Sansa den ganzen Garten vergebens durchsucht hatte, kehrte er in sein Zimmer zurück und besah seine Wunde, die sich als unbedeutend erwies. Er spähte darauf im Haus umher, um zu sehen, ob der Dieb irgend etwas mit sich genommen habe. Als dabei sein Auge auf den Platz fiel, wo er das Muramasa-Schwert niedergelegt hatte, entdeckte er, daß es nicht mehr da war. Er forschte überall nach, aber es war nicht zu finden. Die kostbare Klinge, die sein Fürst ihm anvertraut hatte, war ihm entwendet worden, und dafür mußte ihn schwerer Tadel treffen. Von Kummer und Scham über den Verlust erfüllt,

* Die Hellebarde ist die Waffe der japanischen Frauen von edlem Blut. Die Hellebarde, die Kasa Gosen, eine der Damen Joschitsunés, des großen Helden des 12. Jahrhunderts, benutzte, wird noch jetzt in Asakusa aufbewahrt. In den alten Familien werden die jungen Damen regelmäßig in der Handhabung der Hellebarden unterrichtet.

wachten Sansa und sein Weib und Kind in großer Angst, bis der Morgen anbrach. Da berichtete er die Sache den Räten des Fürsten und wartete still in seinem Haus ab, bis er die Befehle seines Herrn empfangen würde.

Es wurde bald bekannt, daß Bansajémon, der aus dem Land geflohen war, der Dieb gewesen sei, und danach faßten die Räte ihren Bericht an den Fürsten ab. Dieser, obwohl er seinen Abscheu über die gemeine Tat Bansajémons kundgab, konnte aber auch Sansa nicht ganz freisprechen, da er keine besseren Maßregeln zur völligen Sicherstellung des ihm anvertrauten Schwertes getroffen hatte. Es erging daher ein Gericht über Sansa, und es wurde entschieden, daß er seines Dienstes entlassen und seine Güter konfisziert werden sollten, jedoch mit dem Vorbehalt, daß, wenn er imstande wäre, Bansajémon zu finden und die Muramasa-Klinge wieder herbeizuschaffen, er in seinen Stand zurückversetzt werden solle. Sansa, der sich von vornherein darauf gefaßt gemacht hatte, daß eine harte Strafe über ihn ergehen würde, nahm das Urteil ohne Murren an, und nachdem er Weib und Sohn der Sorge seiner Verwandten übergeben hatte, machte er sich bereit, das Land als Ronin zu verlassen und den Bansajémon aufzuspüren.

Allerdings beschloß er, vor seiner Abreise noch zu seinem Kollegen Takagi Umanojo zu gehen, um ihn über die für die Erreichung seines Zweckes zu nehmenden Maßregeln zu Rate zu ziehen. Doch Umanojo, der von Natur aus ein Murrkopf war, antwortete ihm unfreundlich und sagte:

»Allerdings läßt es sich nicht leugnen, daß Bansajémon ein gemeiner Dieb ist. Aber dennoch ist deine Unachtsamkeit schuld daran, daß das Schwert verlorenging. Zu mir um Beistand zu kommen, nutzt dir nichts. Du mußt das Schwert eben wieder beschaffen, so gut du kannst.«

»Ha!« antwortete Sansa. »Ich sehe, daß du mir noch grollst, weil ich dich im Urteil über das Schwert aus dem Feld schlug. Du bist nicht besser als Bansajémon selbst.«

Und sein Herz schwoll von Bitterkeit gegen seinen Kameraden, und er verließ das Haus mit dem Entschluß, erst Umanojo zu töten und dann Bansajémon nachzujagen. Er tat daher als wolle er abreisen, verbarg sich aber in einem Gasthof und wartete auf Gelegenheit zu einem Angriff auf Umanojo.

Eines Tages war Umanojo, der ein großer Freund des Angelns war, mit seinem Sohn Umanosuké, einem Jüngling von sechzehn Jahren, zum Meeresufer hinabgegangen. Und wie die beiden sich dort am Wasser vergnügten, sahen sie plötzlich einen Samurai auf sich zurennen, und als derselbe herankam, erkannten sie Sansa in ihm. Umanojo, der meinte, daß Sansa zurückgekommen sei, um noch irgend etwas Wichtiges mit ihm zu besprechen, legte sein Fischgerät beiseite und ging ihm entgegen. Da schrie Sansa aus:

»Jetzt, Umanojo! Zieht vom Leder und verteidigt Euch! Wie? Hattet Ihr Euch etwa mit dem Bansajémon verschworen, um Eure Tücke auf mich loszulassen? Zieht, Herr, zieht! Ihr habt Euren Mitschuldigen verschwinden lassen. Aber immerhin seid Ihr selbst noch da und müßt für Eure Tat nun einstehen. Es nützt Euch jetzt nichts, den Unschuldigen spielen zu wollen. Euer verwundertes Gesicht kann Euch nicht retten. Verteidige dich, du feiger Verräter!« – und mit diesen Worten zog Sansa sein Schwert.

»Nein, nein, nein! Herr Sansa«, antwortete der andere, der durch eine sanftmütige Erwiderung seinen Zorn mildern wollte. »Ich bin ganz unschuldig in der Sache. Verschwendet Euren Mut nicht mit einer so geringfügigen Angelegenheit.«

»Du bübischer Lügner«, schrie Sansa, »glaube nicht, daß du mir etwas weismachen kannst. Ich kenne dein falsches Herz!« –

Und indem er auf Umanojo losfuhr, gab er ihm einen Schwerthieb auf den Kopf, so daß er mit dem Tod ringend auf den Sand fiel.

Umanosuké, der in einiger Entfernung von seinem Vater geangelt hatte, stürzte, als er ihn in einer so gefährlichen Lage sah, herbei und warf einen Stein auf Sansa in der Hoffnung, ihn dadurch beschäftigen und abhalten zu können. Aber ehe er noch zur Stelle war, hatte Sansa dem Vater schon den Todesstoß gegeben, und Umanojo lag als Leiche am Ufer.

»Halt, Sansa! Du Mörder meines Vaters«, rief Umanosuké und zog sein Schwert. »Steh! Und kämpfe mit mir, auf daß ich seinen Tod räche!«

»Daß du den Feind deines Vaters zu erschlagen wünschst«, antwortete Sansa, »ist nur recht und billig. Ich hatte eine gerechte Ursache zum Streit mit deinem Vater und tötete ihn, wie ein Samurai es tun sollte. Auch gegen dich würde ich mein Leben gern einsetzen, wenn ich es nicht für einen wichtigeren Zweck noch nötig hätte. Ich muß Bansajémon strafen und das gestohlene Schwert wieder herbeischaffen. Wenn ich das erlangt und meinem Lehnsherrn zurückgegeben habe, dann will ich dir deine Rache und mein Leben geben. Das Wort eines Kriegers ist Wahrheit. Aber zum Pfand, daß ich mein Versprechen erfüllen werde, will ich dir als Geißeln mein Weib und meinen Knaben übergeben. Ich bitte dich, hemme deinen rächenden Arm, bis ich meinen Zweck erreicht habe.«

Umanosuké, der ein braver und ehrlicher junger Mann war, in seinem Clan ebenso bekannt für die Güte seines Herzens wie für sein Geschick im Gebrauch der Waffen, beruhigte sich, als er Sansas demütige Bitte hörte, und sagte:

»So sei es denn, ich will warten und dein Weib und deinen Sohn als Geißeln für deine Rückkehr nehmen.«

»Ich bin dir sehr dankbar«, sagte Sansa. »Wenn ich Bansajémon bestraft habe, komme ich zurück, und du sollst dein Recht haben.«

Danach machte sich Sansa auf den Weg nach Jedo, um Bansajémon zu suchen, und Umanosuké überließ sich der Trauer über dem Grab seines Vaters. –

Bansajémon hatte sich bei seiner Ankunft in Jedo daselbst ohne Freunde gefunden, sowie ohne Mittel zur Sicherung seines Lebensunterhalts, als er zufällig vom Ruhm des Tschobei von Bandsuin, des Chefs der Otokodaté, hörte, bei dem er um Unterstützung bat; und nachdem er in die Brüderschaft aufgenommen war, nährte er sich durch Unterricht in der Fechtkunst. Dies hatte er eine Zeitlang getrieben und dabei einigen Ruhm geerntet, als Sansa in der Stadt anlangte und seine Nachsuchungen nach ihm begann. Aber die Tage und Monate vergingen, und nach einem ganzen Jahr fruchtlosen Forschens kam Sansa, der all sein Geld verausgabt hatte, ohne etwas von seinem Feind in Erfahrung gebracht zu haben, in große Verlegenheit und sah sich genötigt, von seinem Mutterwitz als Wahrsager zu leben. Wie er sich auch anstrengen mochte, es war ein hartes Ding für ihn, sein tägliches Brot zu gewinnen, und trotz aller Mühe, die er sich gab, schien der Tag der Rache für ihn so fern wie je. Da fiel es ihm ein, daß der Joschiwara eines der betuchtesten Quartiere der Stadt sei und daß, wenn er dort Wache hielte, Bansajémon ihm gewiß früher oder später in die Hände fallen müsse. Er kaufte sich einen Hut aus geflochtenem Bambus, der sein ganzes Gesicht bedeckte, und legte sich im Joschiwara auf die Lauer.

Eines Tages saßen Bansajémon und zwei von Tschobeis Gesellen, Token Gombei und Schirobei, der wegen seines wilden und unzähmbaren Temperaments den Zunamen »das Füllen« erhalten hatte, im oberen Zimmer eines Teehauses zum Trinken beisammen, als Token Gombei, zufällig auf die Straße hinabblikkend, einen Samurai vorübergehen sah, der zwar nur in einen alten abgetragenen Rock gehüllt war, dessen edle und stolze Haltung aber sehr mit seinem ärmlichen Äußern kontrastierte.

»Schaut doch!« sagte Gombei, indem er die anderen aufmerksam machte, »seht jenen Samurai dort. Er ist in Lumpen gehüllt, und doch, wie leicht ist es, den Edelmann in ihm zu erkennen! Wir Bürgerlichen mögen noch so feine Gewänder anlegen, wir werden doch nie aussehen wie er.«

»Ich wollte«, sagte Schirobei, »wir könnten seine Bekanntschaft machen und ihn heraufbitten, eine Tasse Wein mit uns zu trinken. Aber es würde uns Bürgerlichen wohl nicht geziemen, eine Person von edler Geburt zu uns einzuladen.«

»Über diese Schwierigkeit«, sagte Bansajémon, »können wir leicht hinwegkommen. Da ich selbst ein Samurai bin, ist es für mich nicht unschicklich sein, wenn ich hinabgehe, ein paar höfliche Worte an ihn richte und ihn heraufbitte.«

Die beiden anderen nahmen dies Anerbieten freudig an, und Bansajémon lief hinunter, trat zu dem fremden Samurai heran und sagte, indem er ihn begrüßte:

»Ich bitte, Samurai, wartet einen Augenblick. Mein Name ist Fuwa Bansajémon, Euch zu Diensten. Ich bin ein Ronin, und allem Anschein nach seid Ihr das auch. Ich hoffe, Ihr werdet mich nicht für grob halten, wenn ich es wage, Euch zu bitten, daß Ihr mich mit Eurer Freundschaft beehren und in dieses Teehaus kommen möchtet, mit mir und zweien meiner Freunde eine Tasse Wein zu trinken.«

Der fremde Samurai, der niemand anders war als Sansa selbst, blickte durch das Flechtwerk seines tief über die Augen herabgezogenen Bambushutes und fuhr zusammen, als er seinen Feind Bansajémon erkannte. Indem er seinen Hut lüftete, sagte er mit dumpfer Stimme:

»Hast du mein Angesicht vergessen, Bansajémon?«

Für einen Augenblick war Bansajémon bestürzt, doch er faßte sich schnell und erwiderte: »Ach, Sansa! Ihr mögt mir wohl mit Recht zürnen. Aber seitdem ich das Muramasa-Schwert raubte und nach Jedo floh, habe ich keinen Frieden mehr gekannt. Ich bin von Reue und Gewissensbissen für mein Verbrechen gepeinigt worden. Eurer Rache werde ich keinen Widerstand leisten. Verfahrt mit mir, wie es Euch am besten dünkt. Oder vielmehr nehmt gleich mein Leben hin und macht damit dem Streit ein Ende.«

»Nein«, antwortete Sansa, »einen seine Sünden bereuenden Menschen zu töten, ist eine unedle und gemeine Tat. Als Ihr die Muramasa-Klinge, die mir von meinem Lehnsherrn zur Bewahrung anvertraut war, aus meinem Haus raubtet, fiel ich in Ungnade und Unglück. Gebt mir das Schwert zurück, daß ich es meinem Herrn und Gebieter zurückbringen kann, und ich will Euch das Leben lassen. Ich trachte niemandem ohne Ursache nach dem Leben.«

»Sansa, ich danke Euch für Eure Gnade. Doch habe ich in diesem Augenblick das Schwert nicht bei mir. Aber wenn Ihr dort in jenes Teehaus eintreten und etwas warten wollt, will ich es holen und Euch aushändigen.«

Sansa willigte ein, und die beiden Männer gingen ins Teehaus, wo die zwei Kameraden Bansajémons sie erwarteten. Aber Bansajémon, voller Scham über seinen Frevel, offenbarte ihnen nicht, daß Sansa ihm bekannt sei, sondern stellte ihn als einen Fremden vor, indem er sprach: »Kommt, Samurai, da wir die Ehre Eurer Gesellschaft haben, so laßt mich Euch eine Tasse Wein anbieten.«

Bansajémon und die beiden Männer überredeten und drängten Sansa so oft zum Wein, daß die Dünste endlich seinen Kopf ganz einnahmen und er in Schlaf fiel. Als die beiden jungen Gesellen dies bemerkten, begaben sie sich hinaus, um sich ein wenig zu vertreten. Bansajémon blieb allein mit dem schlafenden Mann und fing jetzt an, auf neue Anschläge gegen ihn zu sinnen. Plötzlich verfiel er auf einen Gedanken. Ganz geräuschlos ergriff er Sansas Schwert, das dieser beim Eintritt ins Zimmer beiseite gelegt hatte, und schlich mit ihm die Treppe hinunter. Er brachte es in einen Hinterhof und schlug und hämmerte mit einem Stein auf die Schneide. Nachdem er das Schwert als Waffe unbrauchbar gemacht hatte, steckte er es wieder in das Futteral und legte es, schnell hinauflaufend, an seinen Platz zurück, ohne Sansa zu stören, der, keine Verrat ahnend, die Wirkung des Weines wegschlief. Zuletzt erwachte er doch, und ganz voll Scham über seinen Zustand sagte er zu Bansajémon:

»Komm, Bansajémon, wir haben nun lange genug gezaudert, jetzt gib mir das Muramasa-Schwert und laß mich ziehen.«

»Tatsächlich«, antwortete der andere höhnisch, »verlangt es mich sehr, es dir wiederzugeben, aber in meiner Armut war ich unglücklicherweise gezwungen, es für fünfzig Silberunzen zu versetzen. Wenn du soviel Geld bei dir hast, dann gib es mir, und ich werde dir das Schwert holen.«

»Du Schuft«, schrie Sansa, der nun merkte, daß Bansajémon ihn zum besten haben wollte, »habe ich von deinen Schelmenstreichen noch nicht genug gelitten? Auf alle Fälle soll, wenn ich das Schwert nicht wiederhaben kann, meinem Herrn statt seiner dein Kopf vorgelegt werden. Komm hervor!« fügte er, ungeduldig mit dem Fuß stampfend, hinzu, »verteidige dich!«

»Ich stehe zu Diensten. Aber nicht hier in diesem Teehaus. Laß uns auf den Damm gehen und es da ausfechten.« –

»So sei es! Es ist unnötig, daß wir den Hauswirt mit der Obrigkeit in Kollision bringen. Komm hinaus auf den Damm des Joschiwara.«

Sie gingen hinaus auf den Damm, zogen ihre Schwerter und fingen an, wütend miteinander zu fechten. Schnell verbreitete sich die Kunde, daß ein Duell auf dem Damm im Gange sei, und eine Menge Leute liefen herbei, es anzusehen. Unter ihnen kamen auch die Kameraden Bansajémons, Token Gombei und Schirobei, die, als sie sahen, daß die beiden Kombattanten ihr eigener Freund und der fremde Samurai waren, sich ins Mittel zu schlagen und den Kampf zu unterbrechen versuchten, jedoch bloße Zuschauer bleiben mußten, da sie durch den dichten Haufen der Umstehenden nicht durchzudringen vermochten.

Die beiden Männer fochten ganz rasend, jeder von wilder Wut gegen den anderen entzündet. Aber Sansa, der bei weitem der Geschicktere von beiden war, teilte einmal, zweimal und noch einmal Hiebe aus, die so gut angebracht waren, daß Bansajémon anscheinend hätte fallen müssen, und doch blutete er nicht einmal. Sansa, darüber verwundert, nahm all seine Kräfte zusammen und focht mit so großer Kunst, daß alle Zuschauer ihm Beifall zujauchzten und daß Bansajémon, obwohl er wußte, daß das Schwert seines Gegners stumpf gemacht war, derart in Furcht und Schrecken gejagt wurde, daß er strauchelte und fiel. Sansa, der brave Kriegsmann, verschmähte es, nach einem gefallenen Gegner zu schlagen, hieß ihn aufstehen und weiterfechten. So gingen sie noch einmal aufeinander los. Nun aber glitt Sansa, der anfangs im Vorteil gewesen war, aus und stürzte seinerseits. Bansajémon, die Großmut, mit der er eben behandelt worden war, ganz vergessend, fiel mit blutdürstiger Freude in den Augen über Sansa her und versetzte ihm, wie er auf dem Boden lag, einen Stich in die Seite. Ohnmächtig, wie er war, konnte Sansa keine Hand zu seiner Rettung mehr rühren, und sein hinterlistiger Gegner holte eben zu einem zweiten Stoß gegen ihn aus, als die Umstehenden alle voller Empörung über diese Gemeinheit aufschrien. Vor allen erhoben Gombei und Schirobei ihre Stimme und riefen:

»Halt! Du Feigling! Hast du schon vergessen, wie dein eigenes Leben erst vor einem Augenblick geschont wurde? Du Unmensch von einem Samurai, wir waren bisher deine Freunde, aber jetzt erblicke in uns die Rächer dieses braven Mannes.«

Mit diesen Worten zogen die beiden ihre Dolche, und die Zuschauer wichen zurück, als jene auf Bansajémon eindrangen, der von ihren wilden Blicken und Worten entsetzt schnell flüchtete, ohne Sansa den letzten Stoß gegeben zu haben. Sie versuchten, ihn zu verfolgen. Aber er entzog sich, und sie kehrten auf den Platz zurück, um dem verwundeten Mann beizustehen. Als er unter ihrer gütigen Behandlung wieder zu sich kam, redeten sie ihm zu und trösteten ihn und fragten ihn, aus welcher Provinz er käme, damit sie an seine Freunde schreiben und ihnen melden könnten, was ihm zugestoßen war. Sansa nannte ihnen mit einer von Schmerz und Blutverlust ganz schwachen Stimme seinen Namen und erzählte die Geschichte des gestohlenen Schwertes und seiner Feindschaft mit Bansajémon. »Aber«, sagte er, »jetzt eben, als ich focht und Bansajémon mehr als einmal auf den Kopf traf, ohne daß es Eindruck machte, wie ging das zu?« – Hierüber besahen sie sein Schwert, das neben ihm niedergefallen war, und bemerkten, daß die Schneide ganz weggebrochen war. Nun waren sie über das gemeine Herz Bansajémons noch mehr empört und verdoppelten ihre Aufmerksamkeiten gegen Sansa. Aber trotz aller ihrer Bemühungen wurde er schwächer und schwächer, bis er zuletzt ganz aufhörte zu atmen. – Sie beerdigten seinen Leichnam ehrenvoll in einem benachbarten Tempel und schrieben an Sansas Weib und Sohn, denen sie die Art und Ursache seines Todes meldeten.

Als Sansas Weib, die schon lange die Heimkehr ihres Gatten ängstlich erwartet hatte, den Brief öffnete und von den grausamen Umständen seines Todes erfuhr, trauerten sie und ihr Sohn Kosansa bitterlich über seinen Verlust. Danach sagte Kosansa, der nun vierzehn Jahre alt war, zu seiner Mutter:

»Sei getrost, Mutter, ich will nach Jedo gehen und diesen Bansajémon, den Mörder meines Vaters, aufsuchen, und zuverlässig werde ich seinen Tod rächen. Darum richte alles zu, was ich für diese Reise brauche.«

Während sie noch über die Art der Ausführung ihrer Rache berieten, kam Umanosuké, der Sohn des Umanojo, den Sansa erschlagen hatte, zu ihnen, da er vom Tod des Feindes seines Vaters gehört hatte. In der Tat hatte Sansa seinen Vater getötet, aber die Witwe und der verwaiste Sohn waren daran ohne Schuld, und gegen sie empfand Umanosuké keinen Groll, im Gegenteil hielt er dafür, daß Bansajémon jetzt ihr gemeinsamer Feind sei. Dieser hatte ja durch all seine Übeltaten das Unglück erst herbeigeführt, und auch jetzt wieder hatte er durch den Mord an Sansa den Umanosuké seiner Rache beraubt. In diesem Sinne sprach nun derselbe zu Kosansa:

»Kosansa, ich höre, daß dein Vater auf höchst schmähliche Weise von Bansajémon in Jedo ermordet wurde. Ich weiß, daß du den Tod deines Vaters so rächen wirst, wie ein Kriegsmann es tun sollte. Wenn du dabei meinen geringen Beistand annehmen willst, so bin ich bereit, dein Sekundant zu sein und will dir nach besten Kräften helfen. Bansajémon soll mein Feind sein, wie er der deinige ist.«

»Nein, Umanosuké, obwohl ich dir für dein Anerbieten von Herzen danke, kann ich diese Gunst aus deiner Hand nicht annehmen. Mein Vater Sansa erschlug deinen edlen Vater. Daß du dies Unheil so vergelten willst, ist mehr als gütig von dir, aber ich kann den Gedanken nicht ertragen, daß du um meinetwillen dein Leben wagen sollst.«

»So höre mich doch!« antwortete Umanosuké lächelnd, »und du wirst es dann weniger wunderlich finden, wenn ich dir meine Hilfe anbiete. Im vorigen Jahr, als mein Vater als blutige Leiche am Meeresufer dalag, da gelobte mir der deinige, daß er zurückkehren und mir Rache geben würde, sobald er das ihm gestohlene Schwert seines Herrn zurückgewonnen hätte. Bansajémon hat dadurch, daß er ihn auf dem Damm des Joschiwara tötete, mich um diese Rache betrogen, und nun frage ich dich, an wem kann ich jetzt den Tod meines Vaters rächen, wenn nicht an dem, dessen Gemeinheit die Hauptursache seines Todes war? Kurz denn, ich bin entschlossen, mit dir nach Jedo zu gehen, und wir beide wollen nicht eher heimkehren, als bis der Mörder unserer beiden Väter die volle Buße dafür gezahlt haben wird.« –

Als Kosansa diese großherzigen Äußerungen vernahm, konnte er seine Bewunderung nicht verbergen, und auch die Witwe warf, Tränen der Dankbarkeit vergießend, sich Umanosuké zu Füßen.

Die beiden Jünglinge, nachdem sie sich gelobt hatten, einer zum anderen zu stehen, machten sich für die Reise fertig und erhielten von ihrem Fürsten Urlaub zur Aufsuchung des Verräters Bansajémon. Sie erreichten Jedo, ohne daß ihnen etwas Abenteuerliches begegnet wäre, nahmen dort in einem wohlfeilen Gasthof Quartier und begannen dann mit ihren Nachsuchungen. Doch obwohl sie weit und breit herumspürten, konnten sie nichts von ihrem Feind entdecken.

Nachdem auf diese Weise drei Monate verstrichen waren, wollte Kosansa fast den Mut verlieren über das beständige Mißlingen ihrer Bemühungen. Aber Umanosuké hielt ihn aufrecht und tröstete ihn, indem er ihn zu neuen Versuchen ermunterte. Bald jedoch kam ein großes Unglück über die beiden. Kosansa erkrankte an einer Augenentzündung, und weder die liebevolle Pflege seines Freundes noch die Heilmittel der Ärzte, für die Umanosuké all sein Geld hingab, brachten dem leidenden Knaben die geringste Linderung. Er erblindete fast völlig. Ohne Freunde, ohne Geld, der eine seiner Augen beraubt und dem anderen nur zur Bürde, gerieten die jungen Leute in die verzweifeltste Lage. Da sah sich Umanosuké gezwungen, seinen Freund Kosansa nach Asakusa hinauszuführen und ihn dort hinzusetzen, um am Weg die Vorübergehenden um Almosen anzusprechen, während er selber vor und neben ihm hin- und herging, um von der Barmherzigkeit derer, die das traurige Bild des blinden Jünglings ansahen, zu erhaschen, was er konnte.

Doch über all dem verlor er seine Rache nicht aus den Auge, und beinahe dankte er dem Schicksal, das ihn zu einem Bettler gemacht hatte, für die Gelegenheit, die es ihm so verschaffte, alle Verstecke und Winkel der großen Stadt auszuspüren, in die er unter glücklicheren Umständen gar nicht eingedrungen wäre. So zog er kreuz und quer durch die Straßen, sich auf einen dicken Stab stützend, in dem er sein Schwert verborgen hatte, und wartete geduldig darauf, daß irgendein Glücksfall ihn doch noch mit Bansajémon von Angesicht zu Angesicht zusammenbringen würde.

Bansajémon hatte es, nach der Ermordung Sansas auf dem Damm des Joschiwara, nicht mehr gewagt, sich im Haus Tschobeis, des Vaters der Otokodaté, sehen zu lassen. Denn er wußte wohl, daß die beiden Männer Token Gombei und Schirobei, »das lose Füllen«, nicht nur ungünstige Berichte über ihn machen, sondern daß sie ihn sogar töten würden, so groß war die Entrüstung über seine Feigheit und Hinterlist gewesen. Er schloß sich daher einer Gesellschaft von Gauklern an und verdiente seinen Unterhalt durch allerlei Kunststücke mit dem Schwert und durch Verkauf von Zahnpulver auf den Plätzen und Straßen von Asakusa.* Eines Tages, als er wieder nach Asakusa ging, um sein Geschäft zu betreiben, fiel sein Blick auf einen Bettler, in dem er trotz seines armseligen und veränderten Äußeren auf der Stelle den Sohn seines Feindes erkannte. Gleichzeitig dachte er, daß ungeachtet des anscheinend so hilflosen Zustandes des Knaben diese Entdeckung für ihn nichts Gutes bedeute. Er begab sich daher in ein benachbartes Teehaus und spähte vom oberen Stockwerk desselben auf die Straße hinaus, um den Kosansa zu beobachten und zu erkunden, wer wohl zum Beistand des jungen Blinden herbeikommen würde. Er hatte nicht lange gewartet, da sah er einen anderen Bettler kommen, der Worte der Ermutigung an den blinden Jüngling richtete und sich freundlich mit ihm unterhielt. Indem er genauer hinsah, erkannte er in dem Herbeigetretenen Umanosuké.

Als Bansajémon auf diese Weise erfahren hatte, wer ihm auf der Spur war, ging er nach Hause und sann auf Mittel, die beiden Bettler aus dem Weg zu räumen. Er lauerte ihnen auf und folgte ihrer Fährte bis zu der armseligen Hütte, in der sie wohnten, und eines Abends, als Umanosuké nicht zu Hause war, kroch er in diese hinein. Der blinde Kosansa, im Glauben, daß die Fußtritte die seines Freundes Umanosuké seien, sprang auf, um ihn willkommen zu heißen. Er aber schlug Kosansa nieder in seiner herzlosen Grausamkeit, die nicht einmal mit dem hilflosen Zustand des Knaben Erbarmen hatte, wie er die tastenden

* Über Asakusa siehe den Anhang zu dieser Erzählung.

Tausendkünstler von Asakusa

Hände nach seinem Freund ausstreckte. Die ruchlose Tat war noch unvollendet, als Umanosuké zurückkam, das Geräusch im Innern der Hütte vernahm und mit gezogenem Schwert hereinstürzte. Doch Bansajémon entzog sich ihm in der Finsternis und schlüpfte aus der Hütte. Umanosuké war schnell hinter ihm her, aber in dem Augenblick, wo er ihn packen wollte, versetzte ihm Bansajémon einen Hieb von hinten und verwundete ihn am Schenkel, so daß er strauchelte und fiel. Der schnellfüßige Mörder brachte sich in Sicherheit. Der verwundete Jüngling raffte sich auf und versuchte die Verfolgung noch einmal. Aber der Schmerz seiner Wunde war zu groß, er mußte umkehren und fand nun in der Hütte seinen blinden Freund entseelt in seinem Blut liegen. Sein Geschick beklagend, rief er die Bettler der Brüderschaft, zu der er gehörte, zusammen und beerdigte mit ihnen den Kosansa, er selbst aber, da er zu arm war, um sich den Beistand eines Wundarztes zu verschaffen oder Heilmittel für seine Wunde zu kaufen, wurde ein Invalide.

Gerade zu der Zeit war es, wo Schirai Gompatschi, der unter der Protektion von Tschobei, dem Vater der Otokodaté, lebte, von heftiger Liebe zu Komurasaki, der schönen Kurtisane »im Zeichen der drei Meeresküsten« im Joschiwara, entbrannt war. Er hatte längst sein kleines Besitztum erschöpft und sich dem Räuberleben hingegeben, um seine Börse zu füllen und sein ausschweifendes Leben fortsetzen zu können. Eines Abends, als er wieder zur Betreibung seiner Räubereien ausging, sandten seine Hausgenossen, die ihn schon lange im Verdacht hatten, einen aus ihrer Mitte, er hieß Seibei, aus, ihm zu folgen und sein Tun und Treiben zu beobachten. Gompatschi, der nichts davon ahnte, daß ihn jemand im Auge habe, schlich die Straße entlang, bis er einem Bürger begegnete, den er niederschlug und beraubte. Da sich die Ausbeute jedoch als geringfügig erwies, wartete er auf einen zweiten Fang, und als er in einiger Entfernung ein sich bewegendes Licht erblickte, verbarg er sich im Schatten eines großen Regenwasserfasses, bis der Laternenträger herbeikam. Gompatschi bemerkte, daß derselbe wie ein Reisender gekleidet war und einen langen Dolch trug. Er sprang aus seinem Versteck hervor und überfiel ihn. Der Reisende trat geschwind auf die Seite und erwies sich als ein nicht zu verachtender Gegner, denn er zog seinen Dolch und stritt tapfer für sein Leben. Doch war er einem so geübten und geschickten Fechter wie Gompatschi nicht gewachsen, der ihn nach einigen Minuten heftigen Fechtens niedermachte und seine Börse, die zweihundert Rijos enthielt, davontrug. Hocherfreut über eine so reiche Beute, war Gompatschi im Begriff, sich nach Joschiwara aufzumachen, als Seibei, der mit Entsetzen beide Morde angesehen hatte, herantrat und ihn über seine wilden Taten zur Rede stellte. Aber Gompatschi war so glattzüngig und dazu bei seinen Kameraden so beliebt, daß er Seibei leicht überredete, reinen Mund zu halten und ihn nach Joschiwara zu einer kleinen Belustigung zu begleiten. Unterwegs bemerkte Seibei zu Gompatschi:

»Ich habe mir kürzlich einen neuen Dolch gekauft, aber noch keine Gelegenheit gehabt, ihn zu prüfen. Du hast mit Schwertern soviel Erfahrung gehabt, daß du darüber ein gutes Urteil haben mußt. Bitte sieh dir diesen Dolch an und sage mir, ob du ihn für tauglich hältst.«

»Wir wollen bald sehen, von welchem Metall er gemacht ist«, antwortete Gompatschi. »Laß uns ihn am ersten Bettler, der uns in den Weg kommt, probieren.«

Seibei war über diesen grausamen Vorschlag zuerst entsetzt, aber allmählich gab er den Überredungen seines Kameraden nach, und so gingen sie weiter, bis Seibei einen gelähmten Bettler auf einer Bank in der Nähe des Joschiwara schlafend liegen sah. Der Schall ihrer Fußtritte weckte den Bettler, der einen Samurai und einen Bürgersmann, die mit dem Finger auf ihn wiesen und offenbar von ihm sprachen, auf sich zukommen sah. Da er von ihnen für sich nichts Gutes erwartete, tat er so, als ob er schliefe, hielt die beiden aber scharf im Auge. Als Seibei, seinen Dolch schwingend, zu ihm herantrat, packte ihn der Bettler, dem Stoß ausweichend, beim Arm und ihn umdrehend, schleuderte er ihn in den nächsten Graben hinab. Gompatschi griff nun seinerseits den Bettler an. Dieser aber fing, ein Schwert aus seinem Stab hervorziehend, derart an um sich zu schlagen, daß, obwohl er gelähmt war und sich mit den Beinen nicht frei bewegen konnte, Gompatschi nicht imstande war, ihn zu überwältigen. Sogar als Seibei aus seinem Graben wieder hervorkroch und ihm Beistand leistete, teilte der unerschrockene Bettler seine Hiebe so gut ans, daß Seibei an Arm und Kopf Wunden davontrug, worauf Gompatschi, dem es einfiel, daß er doch eigentlich mit diesem Bettler nichts auszufechten habe und daß es besser wäre, an Seibeis Wunden zu denken, als für nichts und wieder nichts zu fechten, Seibei beiseite zog und den wütenden Bettler in Ruhe ließ, der seinerseits zu lahm war, um ihnen zu folgen. Als Gompatschi die Wunden Seibeis untersuchte, fand er, daß sie schlimm genug waren und daß sie die beabsichtigte Belustigung im Joschiwara wohl aufgeben und nach Hause gehen müßten.

So gingen sie zum Haus Tschobeis, des Vaters der Otokodaté, zurück, und Seibei, der sich mit seinen Schwertwunden nicht zeigen mochte, schützte Krankheit vor und legte sich zu Bett. Am folgenden Morgen hatte Tschobei die Dienste seines Lehrlings Seibei nötig und schickte nach ihm, hörte aber, daß er krank sei. Er ging auf das Zimmer, wo er im Bett lag, und sah zu seinem Erstaunen den Schnitt auf seiner Schläfe. Zuerst verweigerte der Verwundete alle Auskunft auf die Frage über die Ursache und Art seiner Verwundung. Doch dann erzählte er, da Tschobei ihn drängte, die ganze Geschichte von den Begebenheiten der letzten Nacht.

Als Tschobei das alles hörte, vermutete er gleich, daß der tapfere Bettler irgendein edler Samurai in Verkleidung gewesen sein müsse, der ein Unrecht zu rächen habe und seinem Feind auf der Spur sei. Da er einem so braven Mann beizustehen wünschte, ging er am Abend mit seinen beiden getreuen Zöglingen Token Gombei und Schirobei, »dem losen Füllen«, zum Joschiwara und suchte dort den Bettler auf seiner Bank auf. Dieser, nicht im Geringsten aufgeregt durch das Abenteuer der vorigen Nacht, hatte ganz ruhig seinen gewohnten Platz eingenommen und lag ausgestreckt auf seiner Bank, als Tschobei zu ihm herantrat und sagte:

»Mein Herr, ich bin Tschobei, das Oberhaupt der Otokodaté, Euch zu Diensten. Ich habe zu meinem größten Bedauern gehört, daß zwei meiner Leute Euch in der letzten Nacht beunruhigt und angegriffen haben. Glücklicherweise hat sogar Gompatschi, obwohl ein berühmter Fechter, an Euch seinen Mann gefunden und hat Euch weichen müssen. Ich weiß daher, daß Ihr ein edler Samurai sein und infolge irgendeines Unfalls zum Invaliden und Bettler geworden sein müßt. Daher bitte ich Euch, mir Eure Lebensgeschichte zu erzählen, denn obwohl ich nur ein geringer Bürgersmann bin, so bin ich doch vielleicht imstande, Euch beizustehen, wenn Ihr Euch herablassen wollt, mir dies zu erlauben.«

Der Lahme versuchte zuerst den Fragen Tschobeis auszuweichen. Aber von seinen gütigen und aufrichtig gemeinten Äußerungen gerührt, antwortete er:

»Herr, mein Name ist Takagi Umanosuké. Ich bin aus Jamato gebürtig« – und dann fuhr er fort, all das Unheil und die Unglücksfälle zu schildern, die die Bosheit Bansajémons zuwege gebracht hatte.

»In der Tat, das ist eine außerordentliche Geschichte«, sagte Tschobei, der mit Entrüstung zugehört hatte. »Dieser Bansajémon war einst, bevor ich sein schwarzes Herz kannte, unter meiner Protektion. Aber nachdem er den Sansa hier in der Nachbarschaft ermordet hatte, wurde er durch diese meine beiden Zöglinge verfolgt und gehörte seitdem nicht mehr zu meinem Haus.«

Nachdem Tschobei seine beiden Zöglinge dem Umanosuké vorgestellt hatte, befahl er, einen neuen Anzug von Seide, wie er einem Edelmann zukommt, herbeizubringen, und als der lahme Jüngling seine Bettlerkleider beiseite gelegt hatte, ließ Tschobei ihn ein Bad nehmen und frisieren. Dann beauftragte er Token Gombei, ihm ein gutes Quartier zu verschaffen und ihn zu pflegen. Zugleich ließ er einen geschickten Chirurg kommen und von ihm Umanosukés Schenkelwunde einer regelmäßigen Kur unterwerfen.

Nach zwei Monaten war der Schmerz beinahe verschwunden, so daß er wieder leicht aufrecht stehen konnte. Und als er nach Verlauf eines dritten Monats ein wenig herumzugehen vermochte, nahm ihn Tschobei in seinem eigenen Haus auf, indem er seinem Weib und seinen Zöglingen sagte, es sei einer seiner Verwandten, der bei ihm auf Besuch weilen wolle.

Als Umanosuké nach einiger Zeit völlig wieder geheilt war, kam er eines Tages zum Beten in einen berühmten Tempel, und da wurde er auf seinem Weg nach Hause von einem Regenschauer überfallen und suchte Schutz unter dem vorspringenden Dach eines Hauses in einem Teil der Stadt, Janagiwara genannt, um da die Aufhellung des Himmels abzuwarten. Nun traf es sich, daß an eben diesem Abend Gompatschi wieder unterwegs war auf einer seiner räuberischen Expeditionen, zu denen ihn seine Armut und seine Liebe zu Komurasaki unwiderstehlich antrieben, und da er einen Samurai in der Dämmerung dastehen sah, ging er auf ihn los, ehe er ihn als Umanosuké, mit dem er als Freund seines Patrons Tschobei vertraut war, erkannt hatte. Umanosuké zog sein Schwert, verteidigte sich und gab dem Gompatschi einen Hieb über die Stirn, so daß dieser, sich überwältigt sehend, unter dem Deckmantel der Nacht entfloh. Umanosuké, besorgt, daß es seiner kürzlich geheilten Wunde schaden könne, verfolgte ihn nicht, sondern ging ruhig zu Tschobeis Haus. Als auch Gompatschi heimkehrte, erdichtete er eine Geschichte, um Tschobei über die Ursache seiner Stirnwunde zu täuschen.

Tschobei jedoch, der es zufällig mit anhörte, wie Umanosuké dem Gompatschi wegen seiner Gottlosigkeiten Vorwürfe machte, kam bald hinter die Wahrheit, und da er keine Lust hatte, ferner einen offenbaren Räuber und Mörder zu beherbergen, machte er dem Gompatschi eine Geldsumme zum Geschenk und ersuchte ihn, sein Haus nie wieder zu betreten.

Danach teilte Tschobei, als er sah, daß Umanosuké seine volle Kraft zurückgewonnen hatte, alle seine Zöglinge in kleine Trupps und schickte sie aus, auf Bansajémon Jagd zu machen, damit die Vendetta zur Ausführung komme. Es wurde ihm bald kund, daß Bansajémon sein Leben unter den Marktschreiern und Gauklern von Asakusa friste. Das teilte er Umanosuké mit, und dieser traf danach seine Anstalten. Beide gingen am folgenden Morgen nach Asakusa, wo eben Bansajémon einen Haufen Landleute mit seinen Schwertkunststücken in Verwunderung setzte.

Umanosuké brach mitten durch die gaffende Menge hindurch und schrie:

»Du falscher, mörderischer Feigling, jetzt ist deine Stunde gekommen! Ich, Umanosuké, Sohn des Umanojo, bin hier, um Rache zu fordern für den Tod von drei unschuldigen Männern, die durch deine Verräterei ums Leben gekommen sind! Wenn du ein Mann bist, so verteidige dich! Heute soll deine Seele zur Hölle fahren!«

Mit diesen Worten ging er wütend auf Bansajémon los, der, als er sah, daß Entkommen unmöglich sei, die Schläge zu parieren begann. Aber sein feiges Herz erbebte vor dem Rächer, und er lag bald blutend zu Füßen seines Gegners. –

Wer könnte nun aber schildern, wie Umanosuké Tschobei für seinen Beistand dankte, oder wie er, danach in seine eigene Heimat zurückgekehrt, Schätze von Dankbarkeit in seinem Herzen aufhäufte, indem er Tschobei stets als seinen zweiten Vater betrachtete?

Auf diese Weise benutzte Tschobei seine Macht und sein Ansehen, um die Bösen zu strafen und die Guten zu belohnen, gab den Armen von seinem Überfluß und bot den Unglücklichen seinen Beistand, so daß sein Name weit und breit geehrt wurde.

Jetzt bleibt uns nur noch, von der tragischen Art seines Todes zu berichten.

Wir haben oben schon erzählt, wie Midsuno Dschurosajémon, das Oberhaupt der verbündeten Edelleute, mit seinen Versuchen, Tschobei, den Vater der bürgerlichen Otokodaté, zum Besten zu halten, gescheitert war und wie dagegen dieser mit seinem schlagenden Witz nie verfehlte, die Pfeile des stolzen Edelmannes auf ihn selbst zurückprallen zu lassen. Das Mißlingen dieser Angriffe wurmte Dschurosajémon, der Tschobei glühend haßte und sich an ihm zu rächen lechzte.

Eines Tages sandte er einen seiner Dienstleute zu Tschobeis Haus mit der Botschaft, daß Dschurosajémon sich freuen würde, Tschobei am folgenden Tag in seinem Haus zu empfangen und ihm eine Tasse Wein zu offerieren zur Vergeltung für die kalten Makkaroni, mit welchen er vor einiger Zeit seine Herrlichkeit gespeist hätte. Tschobei argwöhnte sogleich, daß der hinterlistige Edelmann bei dieser freundlichen Einladung einen Dolch in seinem Lächeln verborgen halte. Doch wußte er, daß, wenn er aus Furcht wegbliebe, er als Memme gebrandmarkt dastehen und sich zur Zielscheibe des Spottes der Edelleute machen würde. Da er nicht wollte, daß es Dschurosajémon gelang, ihn in Schande zu bringen, ließ er seinen Lieblingszögling Token Gombei kommen und sprach zu ihm:

»Ich bin von Midsuno Dschurosajémon zu einem Trinkgelage eingeladen. Ich bin zwar überzeugt, daß dies nur eine Kriegslist ist, um an mir dafür Rache zu nehmen, daß ich ihn einmal zum Besten gehabt habe, und wer weiß, vielleicht will er in seinem Haß mir sogar ans Leben. Nichtsdestoweniger bin ich entschlossen, es darauf ankommen zu lassen und zu ihm zu gehen, und wenn ich zu rechter Zeit ein falsches Spiel bei ihm entdecke, so will ich versuchen, der Welt zu dienen, indem ich sie von einem Tyrannen befreie, der mit der Unterdrückung hilfsbedürftiger Bauern und Bürger sein Leben verbringt. Da aber auf jeden Fall, selbst wenn ich ihn in seinem eigenen Haus töte, mein eigenes Leben auf dem Spiel steht, so bitte ich dich, morgen abend mit einer Sargtonne* zu kommen und meinen Leichnam vom Haus dieses Dschurosajémon abzuholen.«

* Die Leute von der geringsten Klasse in Japan werden in hockender Stellung begraben, und ihr Sarg ist daher eine Art Tonne. Für eine Person von Tschobeis Stellung hätte man die Bestellung eines viereckigen Sargkastens erwarten sollen. Es ist eine irrige Ansicht, wenn man meint, daß das Verbrennen der Leichen in Ja-

Als Token Gombei den Vater so sprechen hörte, erschrak er und versuchte, ihm die Annahme der Einladung auszureden. Aber Tschobeis Entschluß stand fest, und ohne Gombeis Gegenvorstellungen zu beachten, gab er bezüglich der Verwendung seines Vermögens nach seinem Tod seine Instruktionen und ordnete alle seine irdischen Angelegenheiten.

Am folgenden Tag gegen Mittag machte er sich fertig, zu Dschurosajémons Haus zu gehen, wobei er einen seiner Zöglinge mit einem Huldigungsgeschenk** vorausgehen ließ. Dschurosajémon, der Tschobei mit Ungeduld erwartete, befahl seinen Dienstleuten, sobald sie von seiner Ankunft hörten, ihn vorzuführen, und Tschobei trat ins Haus, nachdem er seinem Zögling noch einmal befohlen hatte, ohne Fehl am Abend wiederzukommen, um ihn zu holen.

Kaum hatte er das Zimmer, das demjenigen, in dem Dschurosajémon saß, zunächst war, erreicht, sah er, daß sein Verdacht nur zu gut begründet gewesen war. Denn sogleich stürzten zwei Männer mit blanken Schwertern auf ihn los und versuchten ihn niederzumachen. Er wich ihren Streichen jedoch behende aus, stellte dem einen ein Bein, daß er hinfiel, und drückte den anderen so fest gegen die Wand, daß er den Atem verlor. Danach präsentierte er sich so ruhig, als wäre nichts geschehen,

pan gewöhnlich sei. Nur ungefähr dreißig Prozent der Toten von den niedrigen Klassen, die größtenteils zur buddhistischen Monto-Sekte gehören, werden verbrannt. Die Reichen und Edelleute beerdigt man in mehreren viereckigen Sargkästen, die einer in den anderen gesteckt werden, in sitzender Stellung. Die Leichname werden durch Ausfüllung der Ohren, des Mundes und der Nase mit Zinnober vor rascher Auflösung bewahrt. Bei den sehr Reichen wird der ganze Sarg mit Zinnober gefüllt. Die Familien der Fürsten von Mito und einiger anderer Edelleute begraben ihre Toten in liegender Stellung.

** Es ist Sitte, bei einer ersten Visite in einem Haus dem Eigentümer desselben ein Geschenk darzubringen, der dann bei der Gegenvisite ein Geschenk von gleichem Wert überbringt.

Dschurosajémon, der, durch einen Spalt der Schiebetür blikkend, die Niederlage seiner Leute mitangesehen hatte.

»Seid mir willkommen, Meister Tschobei«, sagte er. »Ich hatte immer gehört, daß Ihr ein herzhafter Mann wäret, und ich hatte Lust, einmal zu sehen, von welchem Stoff Ihr gemacht seid. Daher befahl ich meinen Leuten, Euren Mut heute ein wenig auf die Probe zu stellen. Wahrhaftig, das war ein Meisterstück, was Ihr da eben ausführtet. Nun bitte ich, entschuldigt diesen etwas rauhen Empfang und kommt, laßt Euch neben mir nieder.«

»Ich bitte, hoher Herr, laßt gut sein«, sagte Tschobei mit etwas ironischem Lächeln. »Ich weiß wohl, daß meine unbedeutende Geschicklichkeit sich nicht mit der eines edlen Samurai messen kann, und wenn diese beiden guten Herren soeben den Kürzeren zogen, so war das nur ein Zufall – weiter nichts.«

Nachdem nun auf diese Weise die hergebrachten Komplimente ausgetauscht waren, nahm Tschobei neben Dschurosajémon Platz, und die Diener brachten Weine und Eingemachtes herein. Ehe sie jedoch zu trinken anfingen, sagte Dschurosajémon:

»Ihr müßt ermüdet und ganz erschöpft sein, Meister Tschobei, nach Eurem langen Gang an diesem heißen Tag. Ich dachte, daß vielleicht ein Bad Euch erfrischen könnte, und befahl meinen Leuten, eines für Euch bereit zu halten. Möchtet Ihr Euch nicht baden und es Euch bequem machen?«

Tschobei argwöhnte, daß dies bloß ein Kniff sei, um ihn wehrlos zu machen und ihn, nachdem er im Bad seine Waffen abgelegt habe, unversehens überfallen zu können. Trotzdem antwortete er höflich:

»Eure Herrlichkeit sind sehr freundlich. Mit Freuden nehme ich Euer gütiges Anerbieten an. Entschuldigt mich für einige Augenblicke.«

Hiermit begab er sich ins Badezimmer und stieg, seine Kleider draußen lassend, ins Bad in der vollen Überzeugung, daß dies der Ort seines Todes sein würde. Dennoch zitterte und zagte er nicht, ganz entschlossen, daß, wenn er nun sterben müsse, doch niemand ihn feige schelten solle.

Darauf rief Dschurosajémon seine Leute herbei und befahl ihnen:

»Geschwind, verschließt die Tür des Badezimmers! Wir haben ihn nun in der Hand. Wenn er wieder herauskommt, wird mehr als einer von Euch es mit dem Verlust seines Lebens zu büßen haben. In offenem Kampf ist er sechsen von Euch überlegen. – Verrammelt die Tür, sage ich, und feuert unter dem Bad* nach. Wir wollen ihn zu Tode kochen und ihn so loswerden. Rasch! Ihr Kerle, rasch!«

Sie verschlossen die Tür und schürten das Feuer, bis das Wasser drinnen siedete und kochte. Tschobei versuchte in seinem Todeskampf die Tür aufzureißen; aber Dschurosajémon befahl seinen Leuten, ihre Speere durch die Fugen der Gitter zu stoßen und ihm den Garaus zu machen. Zwei der Speere packte Tschobei und zerbrach sie; aber zuletzt wurde er von einem tödlichen Stoß unter den Rippen getroffen und starb als ein braver Mann von den Händen von Feiglingen.

Am selben Abend kam Token Gombei, der zur Verwunderung von Tschobeis Frau ein Sargfaß gekauft hatte, mit sieben anderen Zöglingen, um den »Vater der Otokodaté« von Dschu-

* Die Art von Bad, bei dem das Wasser durch das Feuer eines von außen geheizten Ofens gewärmt wird, heißt »Gojémon-buro« (Gojémons Bad) nach einem berüchtigten Räuber namens Gojémon, der dem Taiko Sama, dem berühmten Feldherrn und Regenten des 16. Jahrhunderts, nach dem Leben trachtete und für sein Verbrechen dazu verurteilt wurde, in Öl zu Tode gekocht zu werden, eine Art der Hinrichtung, die jetzt abgeschafft ist.

Tod des Tschobei von Bandsuin

rosajémons Haus abzuholen, und als dessen Dienstleute sie erblickten, spotteten sie über sie und sagten:

»Wie! Kommt Ihr, um Euren Trunkenbold von Meister in einer Sänfte abzuholen?«

»Nein!« sagte Gombei, »wir haben einen Sarg für seinen toten Körper gebracht, wie er es uns auftrug.«

Als die Dienstleute das hörten, erstaunten sie über den Todesmut Tschobeis, der mit vollem Bewußtsein seinem Schicksal entgegengegangen war. Sie legten seinen Leib in das Sargfaß und übergaben dasselbe seinen Zöglingen, die seinen Tod zu rächen schworen. Nah und fern trauerten und klagten die Armen und Verlassenen über den Tod des guten Mannes. Sein Sohn Tschomatsu erbte sein Vermögen, und seine Frau blieb eine treue Witwe bis an ihren Sterbetag, stets den Himmel bittend, daß sie im Paradies mit ihm zusammen im Kelch derselben Lotusblume sitzen möchte.

Häufig kamen die Zöglinge Tschobeis zusammen, um darüber zu beraten, wie sie seinen Tod rächen sollten. Aber Dschurosajémon entschlüpfte allen ihren Anschlägen, denn da er von der Regierung in dem Tempel, der Kanjeiji genannt wird, zu Ujéno gefangen gesetzt wurde, wie in der Geschichte von »Kasumas Rache« erzählt wird, war er damit dem Bereich ihres Hasses gänzlich entzogen.

So lebte und starb Tschobei von Bandsuin, der Vater der Otokodaté von Jedo.

KAPITEL V

Asakusa und die japanischen Schau-, Lust- und Trauerspiele

Übersetzt aus einem japanischen Buch, betitelt »Jedo Hanjoki« oder »Ein Führer durch die glückliche Stadt Jedo«, und aus anderen einheimischen Quellen.

*

Asakusa ist der belebteste Platz in der Stadt Jedo. Derselbe ist besonders berühmt wegen des Tempels »Sensoji« auf dem Hügel des Kinriu, »des goldenen Drachen«, der vom Morgen bis zum Abend voll von Besuchern ist, von Reichen und Armen, von Jungen und Alten in dicht zusammengedrängten Haufen.

Der Ursprung dieses Tempels war folgender: In den Tagen des Kaisers Suiko, der im 13. Jahrhundert regierte, fiel ein Edelmann namens Haschi no Nakatomo in Ungnade, verließ den Hof und wurde Ronin, ein Herrenloser. Als solcher etablierte er sich auf jenem »Hügel des goldenen Drachen« mit zwei Gefährten, die Brüder waren und Hinokuma Hamanari und Hinokuma Takénari hießen. Diese drei Männer verfielen in große Dürftigkeit und machten sich, da sie sonst kein anderes Auskommen wußten, zu Fischern.

Nun begab es sich am sechsten Tag des dritten Monats des sechsunddreißigsten Jahres der Regierung des Kaisers Suiko (1241), daß sie früh morgens zum Asakusafluß hinabgingen, um zu fischen. Sie warfen ihre Netze aus, fingen aber keinen Fisch. Dagegen hatten sie bei jedem Wurf ein Bildnis des buddhistischen Gottes Kwannon in ihrem Netz. Sie warfen es wieder ins Wasser und schoben ihr Boot zu einer anderen Uferstelle. Aber dasselbe Geschick widerfuhr ihnen, und nichts kam in ihr Netz als das Bildnis des Gottes Kwannon. Darüber verwundert, brachten sie dies Bildnis in ihre Hütte und erbauten unter eifrigen Gebeten auf dem goldenen Drachenhügel einen Tempel, in dem sie es aufstellten. Der so begründete Tempel wurde bald durch Geschenke frommer und wohlhabender Personen derart bereichert, daß er mit seinen erweiterten Baulichkeiten sich allmählich zur Würde des vornehmsten Heiligtums von Jedo erhob. Eine Tradition sagt, daß das in dem Netz gefischte Bildnis des Kwannon eine Höhe von 1,8 Zoll gehabt habe.

Die Haupthalle des Tempels mißt sechzig Fuß im Quadrat und ist mit vielen vergoldeten und versilberten Kunstwerken geschmückt, so daß kein Tempel schöner sein kann. Er hat zwei Eingangstore. Das erste wird »das Tor des Wind- und des Donnergottes« genannt und ist mit den Bildnissen dieser beiden Götter geschmückt. Der Windgott hält einen Windsack in der Hand und der Donnergott eine Trommel und einen Trommelstock.* Der zweite Einlaß heißt »das Tor der Götter Nio«, der beiden Fürsten, deren kolossale und rot bemalte Statuen, schrecklich anzuschauen, an beiden Seiten stehen. Zu den genannten Toren führt ein vierhundert Ellen langer Gang, der mit Bettlern und Krambuden angefüllt ist, in dem Spielsachen und allerlei Kleinigkeiten für Kinder und Frauen feilgeboten werden. Wenn man durch »das Tor der Götter Nio« hindurchgeht, erblickt man die Haupthalle des Tempels. Zahllose Nischen und Altäre der Götter stehen in der Vorhalle, und eine alte Frau verdient ihren Lebensunterhalt bei einem mit Wasser gefüllten Becken, zu dem die Anbeter der beiden Götter kommen, um sich zu waschen, damit sie mit reinen Händen beten können. Im Inneren der Halle befinden sich Bildnisse der Götter, Laternen,

* Dieses Tor wurde vor einigen Jahren durch Feuer zerstört.

Leuchter, Weihrauchgefäße und eine große Geldkiste, in die die Frommen ihre Gaben werfen, auch viele Votivtafeln*, auf denen die berühmten Götter und Göttinnen sowie die Helden und Heldinnen des Altertums abgebildet sind. Hinter dem Hauptkörper des Gebäudes befindet sich ein freier Raum, »Okujama« genannt, in dem junge und hübsche Schenkmädchen, nett gekleidet und geschminkt, die müden Pilger und Festtagsleute einladen, sich an Tee und Süßigkeiten zu laben. Außerdem gibt es auf diesem Platz allerlei Schauspiele zu besichtigen: Automaten, Akrobaten, Possenreißer, Zauberer, wilde Tiere, abgerichtete Affen, Figuren aus Papier und Holz, die an die Stelle unserer europäischen Wachsfiguren treten. Alles dies zum Amüsement der Kinder und Weiber. Es ist eine äußerst lebendige und muntere Szene und hat nicht seinesgleichen in der Stadt.

Auf dem Platz Asakusa, wie allerdings fast überall in Jedo, finden sich auch viele Wahrsager, die den Aberglauben der einfältigen Leute ausbeuten. Mit einem kleinen Buch über Physiognomie, das sie auf ihrem Pult vor sich hingelegt haben, rufen sie dem einen zu, daß seine Stirn eine Gestalt und Bildung von übler Vorbedeutung habe, und dem andern, daß der Abstand seiner Nase von seinen Lippen unheilverkündend sei. Ihre

* Sir Rutherford Alcock behauptet in seinem bekannten Buch über Jedo, daß auch die Portraits der berühmtesten Kurtisanen der Stadt im Tempel von Asakusa aufgehängt zu werden pflegten. Heutzutage sind solche Bilder jedenfalls daselbst nicht zu finden, und keiner der Japaner, bei welchen ich nachfragte, hatte je von einer solchen Gewohnheit gehört. Die Priester des Tempels leugnen, daß ihr Heiligtum je so herabgewürdigt worden sei, und wahrscheinlich ist obige Behauptung nur eine von den vielen wunderlichen Irrtümern, in die die früheren Reisenden und Berichterstatter über Japan infolge von unvollkommener Kenntnis der Landessprache verfielen. Trotz allem, was von Personen gesagt worden ist, die keine Gelegenheit hatten, mit Japanern von guter Erziehung zu verkehren, behaupte ich, daß in keinem Land der Welt die öffentlichen Mädchen mehr verabscheut und tiefer herabgesetzt werden, als in Japan.

Zungen bewegen sich wie fließendes Wasser, bis sie die Vorübergehenden auf ihr Pult aufmerksam gemacht haben. Wenn der Prophet einen Kunden findet, schließt er seine Augen und murmelt, indem er seine zahlreichen Zauberstäbe ehrerbietig zur Stirn erhebt, allerlei Beschwörungsformeln zwischen den Zähnen. Dann verkündet er, plötzlich die Stäbe in zwei Bündel teilend, Böses oder Gutes, je nach der Anzahl, die er in jedem Bündel findet. Mit einem Vergrößerungsglas examiniert er das Gesicht des gläubigen Tropfes und die Linien seiner flachen Hand. Am Schnitt der Kleider des Burschen und aus seinem ganzen Benehmen erkennt der Prophet, ob sein Kunde vom Land oder aus der Stadt sei. »Ich fürchte, mein Herr«, sagt er, »daß Sie bisher in Ihrem Leben nicht immer glücklich gewesen sind. Aber ich erkenne jetzt deutlich, daß in zwei oder drei Monaten ein großes Heil Ihrer harrt«, oder auch, wenn er bemerkt, daß der Mann ernst und ängstlich dreinschaut, spricht er wie ein ungeschulter Arzt, der seine Diagnose nach den Vorstellungen seines Patienten macht: »Oh, weh! In sieben oder acht Monaten müßt Ihr Euch vor großem Unglück hüten. Doch darüber kann ich Euch für so geringen Lohn nicht alles sagen.« – Mit einem langen Seufzer legt er dann seine Zauberstäbe auf das Pult nieder, und der erschreckte Bauer fügt noch etwas Geld bei, um die ganze Summe des ihn bedrohenden Unheils zu erfahren, bis der schlaue Schelm von Prophet durch solche und andere Kniffe dem armen Narren am Ende seine ganze Börse geleert hat.

Die Klasse von Wahrsagern, die Itschiko heißen, geben Nachrichten von den Toten oder auch von solchen, die in entlegene Länder verreist sind. Der japanische Itschiko ist ganz dasselbe, was bei uns in Europa das spiritistische Medium vorstellt. Dieses Gewerbe betreiben Frauen im Alter von fünfzehn bis zwanzig

Jahren, die man mit einem Wahrsagerkasten von einem Fuß im Quadrat auf dem Rücken in den Straßen sieht. Sie haben keinen Laden oder festen Stand, sondern wandern umher und werden in die Häuser ihrer Kunden eingeladen. Der Hergang bei der Beschwörung ist sehr einfach. Eine mit Wasser gefüllte Schüssel aus Porzellan wird auf einen Präsentierteller gestellt. Der Anfragende schreibt den Namen der Person, mit der er in Verbindung zu treten wünscht, auf einen langen Papierstreifen, macht daraus eine Rolle, taucht diese ins Wasser und bespritzt damit dreimal die Itschiko oder die Frau, die die Rolle des Mediums übernimmt. Diese, mit dem Ellenbogen auf ihren Zauberkasten gestützt und den Kopf auf die Hand gelehnt, murmelt Gebete und Beschwörungsformeln, bis sie die Seele der toten oder abwesenden Person herbeigerufen hat, von der nun angenommen wird, daß sie das Medium beseelt und durch den Mund desselben die vorgelegten Fragen beantwortet. Die Prophezeiungen, die die Itschiko während ihrer Verzückung ausspricht, werden vom abergläubischen Volk in hoher Achtung gehalten.

Nahe bei Asakusa befindet sich die Theaterstraße. Die Schauspielhäuser heißen auf Japanisch »Schiba-i«, »Rasenplätze«*, weil die ersten Schauspiele im Freien auf dem Rasen aufgeführt wurden. Das Drama hatte in Japan wie auch in anderen Ländern einen religiösen Ursprung. Unter der Regierung des Kaisers Heijô (805 n. Chr.) erfolgte plötzlich eine vulkanische Depression des Bodens nahe dem kleinen See »Sarusawa«, »der Affenmorast«, bei Nara in der Provinz Jamato, und ein giftiger,

* In Dr. Hephurns Lexikon der japanischen Sprache werden für das Wort »Schiba-i« die chinesischen Schriftzeichen »tschi tschang« (oder nach Morrison: Keih tschang), »Theaterarena« gegeben. Die dafür überlieferten Schriftzeichen, die die korrektere Etymologie für sich haben, sind »chih chu« (che keu nach Morrison), »der Platz der Pflanzen« oder »Rasenplatz«.

aus der Höhlung aufsteigender Rauch ließ alle, die unter seinen verderblichen Einfluß gerieten, in Krankheit fallen. Die Leute brachten also große Mengen von Brennholz herbei, das sie anzündeten, um damit die giftigen Dünste zu vertreiben. Das Feuer, das als eine männliche Potenz betrachtet wird, würde, so glaubten die Leute, sich mit dem mephitischen Dunst, einer weiblichen Potenz, assimilieren und als Gegengift wirken.* – Außerdem wurde als weiteres Mittel zur Bannung des Übels der »Sambaso-Tanz« auf einem Rasenplatz in der Nähe des Tempels Kofukuji aufgeführt. Durch dieses Mittel wurden die giftigen Dünste beseitigt, und zugleich entstand so das Drama. Der Sambaso-Tanz wird noch heute bei theatralischen Vorstellungen als Vorspiel aufgeführt. Es tanzt ihn ein Schauspieler, der, um langes Leben und Glück anzudeuten, als ehrwürdiger alter Mann angetan auftritt.

Diese ganze erste Entstehungsgeschichte des japanischen Dramas findet sich in dem Buch »Joku Nihon ki« oder »Die Supplementar-Geschichte Japans«.

Drei Jahrhunderte später, während der Regierung des Kaisers Toba (1108 n. Chr.), lebte eine Frau namens Isso no Senji, die man als die Mutter des neueren japanischen Dramas betrachtet. Ihre Leistungen scheinen jedoch nur in Tänzen und mimischen Darstellungen, die sie im Kostüm der Edelleute des Hofes ausführte, bestanden zu haben. Ihre Tänze wurden daher »Otoko-mai« oder »Männertänze« genannt. Ihr Name ist nur deswegen der Erwähnung wert, weil er bei den Schauspielern noch immer hoch gefeiert wird. –

Erst im Jahr 1624 eröffnete ein Mann namens Sarukawa Kansaburo auf Befehl des Schoguns das erste Theater zu Jedo in

* Dies bezieht sich auf die chinesische Doktrin von Yin und Yang, den männlichen und weiblichen Potenzen, die durch die ganze Schöpfung gehen.

der Nakabaschi- oder mittleren Brückenstraße, wo es acht Jahre lang blieb, worauf es in die Ningijo- oder Puppenstraße verlegt wurde. Die Gesellschaft dieses Theaters wurde von zwei Familien namens Miaki und Itschimura gebildet, die aber ihre Privilegien nicht lange genossen, denn im Jahr 1644 finden wir eine dritte Familie, die der Jamamura, die ein Konkurrenz-Theater in der Kobiki- oder Holzstraße begründeten.

Im Jahr 1651 machte sich die asiatische Gewohnheit, Personen desselben Berufes in derselben Stadtgegend zusammenzuhalten, in Jedo auch dadurch wieder geltend, daß alle Schauspielhäuser auf den Platz, den sie jetzt innehaben, verlegt wurden. Derselbe erhielt den Namen Sarukawastraße nach jenem Sarukawa Kansaburo, dem Gründer des Dramas in Jedo.

Die Theater-Vorstellungen dauern von sechs Uhr morgens bis sechs Uhr abends. In dem Augenblick, wo im Osten der Tag anbricht, vernimmt man die den Anfang des Schauspiels verkündende Trommel und der Sambaso-Tanz wird getanzt als ein Vorspiel, dem die Tänze der berühmten Schauspieler der alten Zeit nachfolgen. Diese heißen »Waki Kijogen« oder »Extra-Aufführungen«.

Der Tanz von Nakamura stellt den Dämon Schudendoji dar, ein Ungetüm, das vom Helden Jorimitsu vernichtet wurde, wie in folgender Legende erzählt wird:

Der Held Jorimitsu lebte Anfang des 11. Jahrhunderts, als Itschijo der Zweite Kaiser war. In jenen Tagen wurden die Bewohner von Kioto von einem bösen Geist, der neben dem Rascho-Tor seinen Sitz hatte, gestört und geplagt. Eines Abends, da Jorimitsu sich mit seinen Gesellen lustig machte, sprach er: »Wer wagt es hineinzugehen und den Dämon des Rascho-Tores herauszufordern und am Tor ein Zeichen zu hinterlassen, daß er dort gewesen sei?« – »Das will ich tun«, antwortete Tsuna, der alsbald seine Rüstung anlegte, sein Roß bestieg und durch die dunkle Nacht zum Rascho-Tor hinausritt. Nachdem er seinen Namen auf das Tor geschrieben hatte und eben im Begriff war, zurückzukehren, fing sein Pferd an, vor Furcht zu zittern, und eine vom Tor herauslangende mächtige Hand ergriff den Helm des Reiters im Nacken. Tsuna, ganz unerschrocken, versuchte, sich zu befreien. Da dies vergebens war, zog er sein Schwert und hieb den Arm des Dämons ab. Der Geist verschwand mit Geheul und Ächzen in der Finsternis. Tsuna aber führte den Arm im Triumph nach Hause und verschloß ihn in einen Kasten. In einer folgenden Nacht erschien ihm der Dämon in der Gestalt einer Tante Tsunas und sprach: »Ich bitte dich, zeig mir den Arm des Unholds.« Tsuna antwortete: »Ich habe ihn noch niemandem gezeigt, aber du sollst ihn sehen!« – So brachte er den Kasten herbei und öffnete ihn, als plötzlich ein schwarzer Dunst die Tantengestalt umhüllte und der Dämon, der seinen Arm nun wiederhatte, verschwand. – Von diesem Augenblick an wurden die Leute mehr denn je von dem bösen Geist geplagt, der jetzt all die schönsten Jungfrauen von Kioto in die Wildnis entführte, so daß kaum ein hübsches Mädchen in der Stadt übrigblieb. Darüber wurde der Kaiser sehr traurig, und er befahl Jorimitsu das Ungeheuer gänzlich zu vernichten, und der Held machte sich fertig und ritt mit vier zuverlässigen Reitern und noch einem anderen großen Kapitän hinaus, um in den Verstecken der Gebirge nachzusuchen. Als diese Helden eines Tages durch ein weit entlegenes Tal ritten, trafen sie mit einem alten Mann zusammen, der sie bat, in seine Wohnung einzutreten, wo er sie freundlich aufnahm und ihnen Wein zum Trinken vorsetzte. Auch gab er ihnen, als sie wieder aufbrachen, beim Abschied noch mehr Wein für die Reise. Dieser alte Mann nun war ein Berggeist. Wie sie weiterritten, begegnete ihnen ein schönes Mädchen, die blutbefleckte Kleider im Bach des Tales wusch und bitterlich dazu weinte. Befragt, warum sie Tränen vergösse, antwortete sie: »Meine Herren, ich bin ein Mädchen von Kioto, das der Dämon entführt hat. Er läßt mich seine Kleider waschen, und wenn er meiner überdrüssig ist, dann wird er mich töten und verspeisen. Ich bitte Euch Herren, rettet mich!« – Darauf baten die sechs Helden das Mädchen, sie zur Höhle des Ungeheuers zu führen, in der hundert Teufel Wache hielten und ihm aufwarteten. Das Mädchen ging zuerst hinein und meldete dem Unhold die Ankunft der Helden. – In der Absicht sie zu erschlagen und zu verspeisen, rief er sie herein. Sie gingen in die Höhle, die vom Blut und Fleisch von Menschen sehr übel roch, und wurden des Schudendoji, dieses gewaltigen Ungeheuers mit dem Kopf eines kleinen Kindes, ansichtig. Die sechs Männer boten ihm den Wein an, den sie vom Berggeist bekommen hatten, und er, innerlich lachend, trank und wurde lustig, so daß allmählich der Wein ihm zu Kopf stieg und ihn in tiefen Schlaf fallen ließ. Die Helden, die auch so taten, als ob sie schliefen, warteten auf einen Augenblick, wo die dienenden Teufel nicht aufpaßten, dann zog Jorimitsu, der sah, daß alles ganz still war, sein Schwert und hieb dem Schudendoji das Haupt ab. Dieses sprang in die Höhe und schnappte nach Jorimitsu, der aber unverletzt blieb, weil er glücklicherweise zwei Helme übereinander angelegt hatte. Nachdem sie auch alle anderen Teufel erschlagen hatten, kehrten die Helden und das befreite Mädchen nach Kioto zurück, brachten den Kopf des Schudendoji mit und legten ihn vor dem Kaiser nieder. Der Ruhm ihrer Tat breitete sich weit unter dem Himmelsgewölbe aus.

Dieser Schudendoji ist nun der Popanz, der im Nakamura-Tanz vorgeführt wird.

Im Itschimura-Tanz treten die sieben Götter des Reichtums auf, und im Morita-Tanz spielt die Hauptrolle ein großer Affe, der das Weintrinken versinnbildlichen soll.

Sobald die Sonne am Himmel emporzusteigen beginnt, werden mit Gemälden und goldenen Schriftzügen bedeckte Schilder ausgehängt, und die schaulustige Menge strömt dem Theater zu. Die Landleute nehmen ihr Frühstück hastig ein, und Weiber und Kinder, die schon um Mitternacht aufgestanden sind, um sich zu schminken und zu schmücken, kommen aus allen Himmelsrichtungen herbei, um die Galerie zu füllen, die mit Vorhängen so bunt wie die Farben des Regenbogens verhangen ist. Wenn das Spiel einen tragischen Gegenstand behandelt, sind die Zuschauer bald so ergriffen und gerührt, daß sie weinen, bis sie ihre Hemdsärmel auswringen müssen, um sie wieder trocken zu machen. Wenn es ein komisches Stück ist, lachen sie, bis sie fast ihre Kinnbacken verrenkt haben. Die kleinen Kunstgriffe, Ränke und Kniffe in den japanischen Dramen spotten aller Beschreibung, und die Schauspieler entwickeln eine so behende und gewandte Grazie wie der Flug der Schwalben. Der Triumph verfolgter Tugend und die Bestrafung böser Taten bilden jedesmal die Krone der Intrige. Wenn ein sehr beliebter Schauspieler auftritt, wird er mit Jubel aufgenommen. Scherz und Zeitvertreib sind die Losung des Tages, und Arme und Reiche vergessen die Sorgen, die sie zu Hause hinter sich gelassen haben. Und doch ist nicht alles bloßer Spaß, denn in jedem Lustspiel steckt auch eine Moral und wird eine praktische Lehre gepredigt.

Die Themen der Stücke sind vornehmlich aus der Geschichte Japans genommen, wobei fingierte Namen der Heroen den historischen substituiert werden. Und in eben diesen populären japanischen Komödien und Tragödien muß man Nachrichten und Berichte über die politischen Ereignisse der letzten zweihundertundfünfzig Jahre suchen. Denn es ist nur eine einzige offenherzige und dreiste Geschichte dieser Zeit veröffentlicht worden, von der auch nur wenige Exemplare gedruckt wurden, da ihre weitere Verbreitung von der Regierung des Schoguns streng verboten wurde.* In jenen populären Dramen aber werden die Geschichten mit großer Genauigkeit und ganz im Detail wiedergegeben, so daß zuweilen eine Reihe von Vorstellungen nötig wird, um eine Begebenheit vollständig vorzuführen.

Die Japaner sind, was Szenerie und Dekoration der Bühne betrifft, den Chinesen weit voraus, und ihre Schauspiele sind zuweilen ganz musterhaft ausgestattet. Eine bewegliche und drehbare Bühne setzt sie in Stand, mit großer Schnelligkeit von einer Szene zu einer anderen überzugehen. Schauspieler ersten Ranges empfangen als jährliches Gehalt wohl eintausend Rijos (ungefähr dreihundert Pfund Sterling). Das wird indes als eine hohe Besoldung betrachtet, und manche andere müssen vor dem Publikum für nicht viel mehr als für ihre tägliche Reisportion einherparadieren. Für einen geschickten jungen Akteur ist es beinahe Belohnung genug, wenn ihm erlaubt wird, in eine Truppe einzutreten, in der sich irgendein berühmter Stern befindet. Der Sold eines Schauspielers hängt indes auch von dem Glück, das sein Theater macht, ab; denn dramatische Aufführungen werden oft als Spekulationen von wohlhabenden Leuten unternommen, die ihre Truppe nach dem Verhältnis ihres eigenen Gewinnes besolden. Außer seinem regelmäßigen Sold hat ein beliebter japanischer Akteur noch eine kleine Quelle des Gewinnes in seinen Gönnern, die ihre Börsen in liberaler

* Dies sind »Die Annalen des großen Friedens« (»Tai Hei Nem-pijo«) ein äußerst seltenes Werk, von dem nur zwei der drei Kopien ihren Weg in europäische Bibliotheken gefunden haben.

Weise für das Privileg, das Versammlungszimmer der Schauspieler während der Zwischenakte besuchen zu dürfen, offen halten. Die Frauenrollen werden immer von Männern besetzt, wie dies auch bei uns in allen Tagen der Fall war.

In bezug auf die große Popularität der Schauspiele erzählt man sich, daß im Jahr 1833, als zwei sehr geschätzte Schauspieler namens Bando Schuka und Segawa Roko, beide ausgezeichnete Darsteller von Frauenrollen, zur selben Zeit starben, das Volk von Jedo zu Himmel und Erde klagte und tief trauerte; und wenn eine Million Rijos diese beiden wieder hätte lebendig machen können, so würde das Geld zusammengekommen sein. Tausende strömten zu ihrer Leichenfeier, und der reiche Schmuck ihrer Särge und die auf ihnen niedergelegten prachtvollen Gewänder wurden allgemein bewundert.

»Als ich das hörte«, sagt Terakado Seiken, Autor des »Jedo Hanjoki«, »erhob ich meine Augen zum Himmel und seufzte tief. Ach, als mein Freund Saito Schimei, ein sehr gelehrter und guter Mann, starb, da fand sich kaum soviel Geld, wie nötig war, ihn zu beerdigen; seine armen Schüler und Freunde machten eine Subskription, um ihm einen anständigen Sarg zu verschaffen. Ach! Ach! Er war ein Lehrer, der von Jugend auf seine Eltern geehrt hatte und dessen Herz keine Verstellung kannte. Wenn seine Freunde in Verlegenheit waren, sorgte er für ihre Bedürfnisse; er scheute keine Mühe, um seinen Mitmenschen Belehrung zu verschaffen. Seine Gutmütigkeit und Mildtätigkeit waren über alles Lob erhaben; unter dem blauen Himmel und am hellen Tag tat er nie etwas Schimpfliches. Seine Verdienste waren gleich denen der Weisen der alten Zeit. Aber weil er nicht die Schlauheit des Fuchses oder des Dachses besaß, erwarb er sich keine reichen und hohen Gönnerschaften, blieb arm bis ans Ende seiner Tage und fand keine

Gelegenheit, den Leuten seinen Wert bekannt zu machen. Wehe! Wehe!« –

Das Drama ist in Japan ausschließlich ein Vergnügen der mittleren und niederen Stände. Die Etikette verbietet es den Japanern von hohem Rang, bei irgendeiner öffentlichen Schaustellung sich sehen zu lassen, nur die Ringspiele einzig und allein ausgenommen. Doch werden zuweilen Schauspieler eingeladen, privatim aufzutreten und Mylord und seine Ladies zu amüsieren; und es gibt eine Art klassischer Oper, »No« genannt, die auf Bühnen aufgeführt wird, die in den Palästen der vornehmsten Edelleute speziell für den Zweck gebaut sind. Diese »Nos« stellen die Belustigungen und Zeitvertreibe dar, durch welche die Sonnengöttin aus der Höhle, in der sie sich verborgen hatte, hervorgelockt wurde, ein Märchen, das sich auf eine Sonnenfinsternis beziehen soll. Unter der Regierung des Kaisers Jomei (586–593 n. Chr.) erhielt Hada Kawakatsu, ein in Japan geborener Mann, aber von chinesischer Herkunft, vom Kaiser den Befehl, ein Schauspiel abzufassen, um damit die Gunst und Gnade der Götter zu gewinnen und dem Land Heil und Glück zu verschaffen. Kawakatsu schrieb dreiunddreißig Schauspiele, denen er Bruchstücke der Dichter Japans mit der Begleitung musikalischer Instrumente beifügte. Zwei Schauspieler, Takéta und Hattori, die sich bei den Aufführungen ganz besonders ausgezeichnet hatten, erhielten den Auftrag, noch andere ähnliche Stücke zu schreiben, und alle diese Produktionen sind bis auf den heutigen Tag erhalten geblieben. Da die »Nos« die fromme Tendenz haben, das Heil des Vaterlandes zu fördern, werden sie von den Edelleuten des Hofes, den Daimios und vom ganzen Kriegerstand in hoher Achtung gehalten. In früheren Tagen durften nur Edelleute in diesen heiligen Schauspielen auftreten, doch ist dies jetzt auch gewöhnlichen Schauspielern gestattet.

Die »Nos« werden in bestimmten Reihen oder Abteilungen abgespielt. Die erste Reihe ist ganz besonders den Bitten um die Gunst der Götter gewidmet. Die zweite soll die bösen Geister schrecken und die Bestrafung von Verbrechen sichern; sie werden in voller Waffenrüstung aufgeführt. Die dritte Abteilung hat eine friedlichere Tendenz, und ihr besonderes Thema ist die Darstellung von allem, was schön und gefällig ist. Die Schauspieler tragen dabei häßliche Perücken und Masken, nicht unähnlich denen der alten Griechen, dazu prachtvolle Kleider von Brokat. Die Masken, die der Privatschauspielertruppe des Schoguns gehören, sind viele Jahrhunderte alt und sorgfältig wie Erbstücke von Geschlecht zu Geschlecht aufbewahrt worden. Sie sind aus dünnem, fein lackiertem Holz gemacht. Man bewahrte jede gesondert in einem seidenen Sack auf, und so hielten sie sich unversehrt durch den Lauf der Zeiten.

Neuerdings, während der Anwesenheit des Herzogs von Edinburgh in Jedo, wurde diese Truppe aufgefordert, im Jaschiki des Fürsten von Kischiu, das den Ruf hat, der schönste Palast in Jedo zu sein, eine Vorstellung zu geben. Soviel ich weiß, sind Ausländer früher nie bei einem Schauspiel dieser Art zugegen gewesen, und es mag den Lesern daher nicht uninteressant sein, hier einen Augenzeugenbericht zu erhalten:

*

Dem Hauptsalon, in dem Seine königliche Hoheit saß, gegenüber und von ihm durch einen schmalen Raum geschieden, befand sich eine bedeckte Bühne, die vom Versammlungszimmer der Schauspieler längs einer langen Galerie im Winkel von fünfundvierzig Grad erreicht wurde. Ein halbes Dutzend Musiker marschierten in Zeremoniekostüm langsam längs dieser Galerie heran, ließen sich auf der Bühne nieder und verbeugten sich mit feierlichem Ernst. Dann begannen die Vorstellungen. Szenerie und Dekorationen waren nicht vorhanden. Die Beschreibungen des Chors und der Schauspieler vertraten deren Stelle. Der Dialog und die Aussprüche des Chors wurden in einer Art Rezitativ gegeben und von einer Papagenopfeife, Flöte, Trommel und anderen klassischen Instrumenten begleitet. Sie waren völlig unverständlich. Die alte Poesie der Japaner ist voll von Wortspielen und spitzfindigen Rätseln, und es war für mich eine ziemlich schwierige Aufgabe, mit Hilfe japanischer Autoren die Inhaltsanzeige der verschiedenen Stücke im Voraus abzufassen.

*

Das erste Stück hatte den Titel »Hatschiman vom Bogen«. Hatschiman ist der Name, unter dem der Kaiser Otschin (270–312 n. Chr.) als Kriegsgott angebetet wird. Er wird hauptsächlich seiner wunderbaren Geburt wegen vergöttert. Seine Mutter, die Kaiserin Dschingo, trug ihn durch die Kraft eines magischen, in ihrem Gürtel befestigten Steins drei Jahre lang in ihrem Schoß und führte während der Zeit ihrer Schwangerschaft einen langen Krieg mit Korea, das sie eroberte. Die Zeit des Stücks ist unter die Regierung des Kaisers Uda des Zweiten verlegt (1270–1289 n. Chr.). Im zweiten Monat des Jahres pflegen Scharen von Pilgern zu Hatschimans Tempel auf dem Berg Otoko zwischen Osaka und Kioto zusammenzuströmen. – Dies alles setzt der Chor auseinander. Einer derselben tritt im Namen des Kaisers auf und hält eine Rede, in der er den Frieden und den blühenden Zustand des Landes beglückwünscht. Der Chor folgt ihm im selben Ton nach. Sie besingen das Lob Hatschimans und des regierenden Kaisers. Ein alter Mann tritt herein, der in einem brokatenen Kittel etwas trägt, was einem Bogen ähnlich sieht. Auf die an ihn gerichtete Frage, wer er sei, antwortet er, daß er ein hochbejahrter Tempeldiener sei und daß er dem Kaiser seinen Maulbeerholzbogen zu überbringen wünsche. Da er viel zu gering sei, um sich bei der Majestät zu melden, habe er dieses Fest abgewartet, in der Hoffnung daß sich ihm da eine Gelegenheit zur Annäherung bieten möchte. Er erklärt dann, daß die himmlischen Götter mit diesem Bogen und mit gewissen, aus Wermutholz gemachten Pfeilen den Weltfrieden hergestellt hätten. Aufgefordert, seinen Bogen zu zeigen, weigert er sich; derselbe sei ein mystischer Protektor des Landes, das in alten Tagen vom Maulbeerbaum überschattet wurde. Der im Land waltende Frieden wird einer Windstille auf dem Meer verglichen. Der Kaiser ist das Schiff, und seine Untertanen sind das Wasser. Der alte Mann verweilt dann in seiner Rede bei der Schilderung der uralten Verehrung Hatschimans und erzählt, wie seine Mutter, die Kaiserin Dschingo, vor ihrem Angriff auf Korea den Göttern geopfert habe und wie die gegenwärtige Blüte Japans der Annahme ihrer Opfer zugeschrieben werden müsse. – Darauf offenbart der alte Mann, daß er selbst der Gott Hatschiman in Verkleidung sei, und verschwindet. Der Bote des Kaisers, von Staunen und Ehrfurcht ergriffen, erklärt, daß er sogleich nach Kioto eilen müsse, um dem Kaiser über das Geschaute zu berichten. Der Chor verkündet, daß süße Musik und liebliche Düfte vom Berg ausströmen. Und dann endigt das Stück mit Beglückwünschungen zur sichtbaren Gunst der Götter und insbesondere Hatschimans. –

*

Das zweite Stück hieß »Tsunémasa«. Tsunémasa war ein Heroe aus dem 12. Jahrhundert, der in den Bürgerkriegen umkam. Er war berühmt wegen seiner Kunst im Spiel der Biwa, der viersaitigen japanischen Laute:

Ein Priester tritt auf und verkündet, daß sein Name Gijokei sei und daß er, bevor er sich aus der Welt zurückgezogen, eine hohe Stelle am Hof innegehabt habe. Er erzählt ferner, wie Tsunémasa während seiner Jugend der Liebling des Kaisers gewesen, später aber während der Bürgerkriege im westlichen Meer umgekommen sei. Zu Lebzeiten noch gab ihm der Kaiser eine Laute, genannt »Seisan, der Azurberg«. Diese Laute wurde bei seinem Tod in einem zu seinen Ehren errichteten Altar verborgen, und bei seinem Begräbnis wurden auf den besonderen Befehl des Kaisers sieben Tage lang Musikstücke und Schauspiele im Palast aufgeführt. Die Szene ist ganz nahe an den Altar verlegt. Der einsame und ehrfurchtgebietende Anblick des Orts wird beschrieben. Obwohl der Himmel klar ist, säuselt doch der Wind durch die Bäume, wie das Geräusch eines fallenden Regens, und obwohl es Sommer ist, blinkt doch der Mondschein auf dem Sand wie Rauchfrost. Die ganze Natur scheint traurig und niedergeschlagen. Der Geist tritt auf und singt, daß er Tsunémasas Geist sei und daß er gekommen sei, um denen, die seine Totenfeier so fromm begangen haben, zu danken. Niemand antwortet ihm. Die Stimme des Geistes wird immer schwächer und schwächer, und zuletzt schwebt nur noch eine wesenlose, undeutliche und illusorische Vision über dem Schauplatz, auf dem er einst seine Taten verrichtete. Der Priester sinnt über die Erscheinung nach. Ist es Traum oder Wirklichkeit? Wunderbar! Der Geist kehrt zurück und spricht noch einmal von früheren Tagen, wie er als Kind im kaiserlichen Palast lebte und wie er die Azurberglaute vom Kaiser empfing, jene Laute mit den vier Saiten, mit denen seine Hand einst so vertraut war. Der Chor beschreibt singend die Tugenden Tsunémasas, seine Gutherzigkeit, seine Gerechtigkeit, humane Gesinnung, Talente und Wahrheitsliebe; ferner seine Liebe zur Poesie und Musik; die Bäume, die Blumen, die Lüfte, der Mond – alles hatte Reize für ihn. Der Geist beginnt auf der

Azurberglaute zu spielen, und die aus dem magischen Instrumente hervorgelockten Töne sind so lieblich, daß jedermann glaubt, es sei ein vom Himmel herabrauschender Regenschauer. Der Priester erklärt aber, daß es nicht Regentropfen, sondern die Klänge der Zauberlaute seien. Die Töne der ersten und zweiten Saite sind gleich dem in den Pinien säuselnden Wind, und die Töne der dritten und vierten gleichen dem Gesang der Vögel und dem Ruf der Fasanen, wenn sie ihre Jungen locken. Dann folgt eine Rhapsodie zum Preis der Musik. Ach, könnten solche Weisen doch für immer dauern! Der Geist beklagt sein Geschick, daß er nicht bleiben darf, um noch weiterzuspielen, sondern daß er dahin zurückkehren muß, von wo er kam. Der Priester redet den Geist an und fragt, ob die Vision wirklich Tsunémasas Geist sei. Hierauf ergreift den Geist ein unbeschreiblicher Schreck und Schmerz darüber, daß sterbliche Augen ihn erblickt haben, und er befiehlt, die Lampen auszulöschen. Auf seinem Rückweg zur Heimat der Toten, sagt er, würde er dafür, daß er sich öffentlich gezeigt habe, leiden müssen, und er beschreibt die feurigen Qualen, die sein Los sein werden. Armer Tor! Er ist zu seiner Zerstörung ans Tageslicht gelockt worden wie ein Nachtschmetterling, der in die Flamme des Lichts fliegt. Indem er die Winde zur Hilfe ruft, löscht er die Lichter aus und verschwindet.

*

»Das Flügelpaar« ist der Titel einer sehr hübschen kleinen Komposition, die darauf folgte:

Ein Fischer tritt auf und beschreibt die Szenerie am Meeresufer von Miwo, in der Provinz Suruga am Fuße des Fudschijama, des unvergleichlichen Berges. Die Wellen sind unbewegt und weit und breit herrscht Ruhe; die Fischer sind alle hinaus auf den Fang. Der Name des Sprechers ist Hakurijo, ein Fischer, der im Fichtenhain von Miwo wohnt. Vorüber sind die Regen, und der Himmel ist klar; die Sonne erhebt sich strahlend und rötlich über den Fichten und über dem gekräuselten Meere, während der Mond der letzten Nacht noch mit schwachem Schein am Himmel schimmert. Sogar Hakurijo selbst, obwohl nur ein armer Fischer, wird ergriffen von der Schönheit der ihn umgebenden Natur. Ein Wind hebt sich. Will das Wetter sich ändern? Werden Wolken und stürmische Wogen dem Sonnenschein und der Ruhe folgen? Müssen die Fischerleute heimwärts flüchten? – Nein. Es ist nur der sanfte Frühlingswind, der die steifen Fichtenbäume bloß wenig bewegt, und man hört die Wellen kaum ans Ufer rauschen. Die Leute mögen in Sicherheit weiterfischen. Der Fischer erzählt dann, wie, während er den Anblick bewunderte, Blumen vom Himmel herabzuregnen begannen und wie süße Musik die Luft erfüllte und wie diese von zauberischen Wohlgerüchen durchduftet war. Als er aufwärts blickte, sah er an einem Fichtenbaum das Flügelpaar einer Fee hängen, das er herabnahm, nach Hause brachte und einem Freund zeigte in der Absicht, es als Reliquie in seinem Haus aufzubewahren. Eine himmlische Fee erscheint und fordert das Flügelpaar zurück. Aber der Fischer hält seinen gefundenen Schatz fest. Sie erklärt dies Verfahren für lieblos und ungerecht, ein Sterblicher habe nicht das Recht, das sich zu nehmen, was den Feen gehöre. Er erklärte, daß er das Flügelpaar den Nachkommen als einen kostbaren Schatz des Landes überliefern wolle. Die Fee beklagt ihr Los. Wie kann sie ohne ihre Federn und Flügel zum Himmel heimkehren? Sie ruft die ihr gewohnten himmlischen Freuden, die ihr nun nicht mehr zugänglich sind, ins Gedächtnis zurück. Sie sieht die wilden Gänse und die Möwen zum Himmel aufsteigen und sehnt sich nach ihrer Flügelkraft; das Meer hat seine Wogen, seine Ebbe und Flut, und die Seewinde blasen, wohin es sie gelüstet. Nur für sie, die arme Fee, gibt es keine bewegende Kraft.

Sie muß auf der Erde bleiben. Endlich, von ihren Klagen gerührt, willigt der Fischer ein, ihr das Flügelpaar zurückzugeben, jedoch unter der Bedingung, daß die Fee vor ihm tanzen und himmlische Musik spielen soll. Sie willigt ein, aber, sagt sie, sie könne ohne ihr Flügelpaar nicht tanzen und müsse dies daher erst wiederhaben. Der Fischer verweigert die Herausgabe, weil sie dann zum Himmel steigen würde, ohne das Pfand eingelöst zu haben. Die Fee wirft ihm seinen Mangel an Vertrauen vor. Wie sollte denn ein himmlisches Wesen einer Falschheit fähig sein? Er fühlt sich beschämt und gibt ihr das Flügelpaar. Sie legt es an und beginnt zu tanzen, zugleich die Freuden des Himmels besingend, wo sie eine der fünfzehn himmlischen Mägde ist, die den Mond bedienen. Der Fischer ist vor Freude so entzückt, daß er sich schon im Himmel selbst zu sein einbildet und daß ihn der Wunsch anwandelt, die Fee möchte ewig bei ihm bleiben. Diese aber, nachdem sie ihren Tanz beendet hat, schwebt, von der Meeresbrise gehoben, über den Fichtenhain dahin nach Ukischima und zum Berg Aschidaka, über den Berg Tudschi hinweg, bis sie dem zurückbleibenden Fischer nur noch wie ein kleines Wölkchen am entfernten Himmel erscheint und endlich in der Luft ganz verschwindet.

*

Die letzte der »Nos« hieß »Der kleine Schmied« und spielte in der Zeit der Regierung des Kaisers Itschijo (987–1011 n. Chr.). Ein Edelmann vom Hof tritt auf und erklärt, daß er Tatschibana Mitschinari sei. Ihm wurde vom Kaiser, der in der vorigen Nacht einen Traum von guter Vorbedeutung gehabt hat, befohlen, beim Schmied Munétschika von Sanjo ein Schwert zu bestellen. Er ruft nach Munétschika. Dieser kommt hervor, und nachdem er den Auftrag vernommen hat, erklärt er, er befinde sich in großer Verlegenheit, da er zur Zeit keine geeigneten Gehilfen in seiner Werkstatt habe, um ihm bei der Arbeit beizustehen; er könne die Klinge allein nicht zustande bringen. Die Entschuldigung wird aber nicht angenommen. Der Schmied verteidigt sich bestens, um sich vor der Schande eines Mißlingens zu bewahren. Da man ihn jedoch zu einer Einwilligung stark drängt, bleibt ihm nichts übrig, als die Götter um Beistand anzuflehen. Er betet zum Schutzgott seiner Familie, Inari Sama*. Auf der Stelle erscheint ein Mann und ruft den Schmied beim Namen. Es ist der Gott Inari Sama in Verkleidung. Der Schmied fragt seinen Gast, wer er sei und woher er seinen Namen wisse. Der Fremde antwortet: »Du hast vom Kaiser den Befehl erhalten, ihm eine Klinge zu machen.« – »Das ist ja ganz sonderbar!« sagt der Schmied, »erst diesen Augenblick ist mir der Auftrag erteilt worden; wie kannst du das schon wissen?« – »Der Himmel hat eine Stimme, die auf Erden gehört wird. Die Mauern haben Ohren, und die Steine erzählen Geschichten.** Es gibt keine Geheimnisse in der Welt. Das Aufblitzen der Klinge, die von dem, der über den Wolken ist (vom Kaiser), bestellt wurde, wird bald gewahrt. Durch die Gnade des Kaisers soll das Schwert schnell fertig werden.« – Hier folgt dann das Lob verschiedener berühmter Klingen und ein Bericht über die Rollen, die sie in der Landesgeschichte gespielt haben, mit besonderer Rücksicht auf das Schwert, das sich unter den kaiserlichen Kroninsignien befindet. Das Schwert, das der Kaiser zu machen befohlen hat, soll keinem der Regalien nachstehen; der Schmied möge darüber ganz ru-

* Die Anmerkung am Ende der Geschichte von den dankbaren Füchsen gibt einen Bericht von Inari Sama und erzählt, wie die Füchse ihm aufwarten.

** Dies ist die wörtliche Übersetzung eines japanischen Sprichworts.

hig sein. – Der von Ehrfurcht ergriffene Schmied drückt seine Verwunderung aus und fragt wieder, wer denn der sei, der zu ihm rede. Man befiehlt ihm, zu gehen und seinen Amboß in Bereitschaft zu setzen, eine unsichtbare Kraft werde ihm beistehen. Der Fremde verschwindet darauf in einer Wolke, und der Schmied richtet seinen Amboß zu, stellt auf die vier Ecken desselben Bildnisse der Götter, während er zugleich darüber das Strohseil ausspannt und mit solchen Papierstreifen daran, wie man sie in Tempeln, um Einflüsse von böser Vorbedeutung abzuwenden, aufzuhängen pflegt. Er betet zu den Göttern um Stärke und Geschick für die Anfertigung der Klinge, nicht zu seinem eigenen Ruhm, sondern zu Ehren des Kaisers. Ein junger Mann (ein Fuchs in Verkleidung) tritt auf und hilft Munétschika, den Stahl zu schmieden. Das donnernde Geräusch des Ambosses tönt über die Erde hin und hallt vom Himmel wieder. Der Chor kündigt endlich an, daß die Klinge fertig sei; auf der einen Seite befindet sich das Zeichen des Munétschika, auf der anderen sind in deutlichen Zügen die Worte »Der kleine Fuchs« eingraviert.

*

Die Themen der Nos sind alle aus alten Volkstraditionen genommen. Ein Altar zu Miwo am Meeresufer bezeichnet die Stelle, wo jenes oben erwähnte Flügelpaar gefunden wurde. Und das so wunderbar geschmiedete Schwert befindet sich, wie man sagt, noch heute in der Rüstkammer des Kaisers. Die innere Schönheit der Poesie in diesen Dramen – und sie ist in der Tat *sehr* schön – wird ein wenig abgeschwächt durch den Mangel aller Dekoration und durch die grotesken Kostüme und Ausstaffierungen der Heldenschauspieler. Im »Flügelpaar« z. B. trägt die Fee eine häßliche Maske und eine Perücke von scharlachroten wirren Locken. Das Flügelpaar selbst ist ganz der

Einbildungskraft der Zuschauer überlassen. Und der himmlische Tanz besteht aus einer Reihe von Sprüngen, Wirbeln und Fußstampfen, begleitet von unheimlichen Tönen und gellendem Geschrei, während das Verschwinden in der dünnen Luft durch Pirouetten dargestellt wird, die den Bewegungen der mohammedanischen Derwische bei ihren Tänzen ähnlich sehen. Die Rezitative sind unnatürlich und unverständlich, und zwar in so hohem Grade, daß selbst ein hochgebildeter Japaner kaum verstehen kann, was da vorgeht, wenn er nicht schon im Voraus mit dem Inhalt des Stücks vertraut war. Letzteres ist aber in der Tat fast immer der Fall. Denn die Nos sind in Japan so populär und so allgemein bekannt wie bei uns die Meisterstükke unserer eigenen großen Dramatiker. –

Die klassische und ernsthafte Strenge der Nos wird durch die zwischendurch eingefügten leichten Possenspiele, »Kijogen« genannt, gemildert. Da auch diese Kijogen eine religiöse Tendenz haben, stehen sie zu den Nos in demselben Verhältnis wie die kleinen Altäre und Kapellen zu den Haupttempeln. Auch sie werden aufgeführt, um die Gunst des Höchsten zu gewinnen und die Leidenschaften der Menschen zu zügeln. Diese Possen werden aber ohne Perücken und ohne Masken gespielt. Der Dialog ist in gewöhnlicher Alltagssprache gehalten, und da keine musikalische Begleitung dabei ist, kann man ihnen leicht folgen. Die Intrigen der beiden Possen, die vor dem Herzog von Edinburgh aufgeführt wurden, waren diese:

*

In der Posse »Tinte zum Schminken« ist der Held des Stücks ein junger Mann aus einer entlegenen Gegend des Landes, der in der Hauptstadt, zu der er, um der Behörde eine Petition zu überreichen, herabgekommen ist, lange Zeit aufgehalten wird. Als sein Prozeß endlich eine günstige Wendung genommen hat, teilt er diese frohe Botschaft seinem Diener Tarokaja* mit. Die beiden gratulieren sich gegenseitig. Um die müßigen Stunden während seines Aufenthalts in der Residenz auf angenehme Weise hinzubringen, hat der Herr mit einer jungen Schönen ein kleines Liebesverhältnis eingefädelt. Nach Beendigung ihrer ernsten Geschäfte halten nun Herr und Diener eine Beratung darüber, ob der Erstere bei seiner bevorstehenden Abreise nicht hingehen müsse, der Geliebten einen Abschiedsbesuch zu machen. Tarokaja ist der Meinung, daß, da das Mädchen sehr leidenschaftlich und sehr eifersüchtig sei, der Herr dies durchaus tun müsse, »um sie durch eine formelle Visite zufriedenzustellen«. Demgemäß machen die beiden sich auf den Weg, der Diener voran. Beim Haus der Geliebten angekommen, geht der Herr geradewegs hinein, während sie eben durch eine andere Tür hinausgegangen ist. Tarokaja begegnend, fragt sie, wo denn sein Herr sei. Er antwortet, er sei im Haus. Sie will ihm nicht glauben und fängt an, darüber zu klagen, daß seit einiger Zeit seine Besuche so selten gewesen. »Warum sollte er denn nun gerade jetzt gekommen sein? Gewiß Tarokaja hält mich zum Besten.« – Der Diener protestiert, daß er die Wahrheit spreche und daß sein Meister tatsächlich soeben ins Haus gegangen sei. Nur halb überredet geht sie auch hinein und findet nun wirklich den Herrn dort. Sie heißt ihn willkommen, macht ihm aber zugleich Vorwürfe. »Gewiß«, sagt sie, »hat eine andere Dame Gnade vor Euren Augen gefunden. Welcher günstige Wind hat Euch heute zu mir zurückgeführt?« – Er erwidert, daß ihn nur wichtige Geschäfte von ihr entfernt gehalten hätten, und er hofft, daß sie sich recht wohl befinde. – Sie, in der Tat, befindet sich so wohl wie früher, und bei ihr ist alles beim Alten, aber sie

* Tarokaja ist in diesen japanischen Possen der konventionelle Name des italienischen »Leporello«.

fürchtet, daß in seinem Herzen ein Wandel eingetreten sei. Ohne Zweifel habe er anderswo Freuden in Fülle gefunden; ja vermutlich habe er auch eben gerade jetzt, von einem Freudengelage kommend, wohl nur zufällig bei ihr vorgesprochen. »Oh, welche Freude könnte ich anderswo fern von dir finden!« antwortet er. »Wirklich! Meine Zeit gehörte nicht mir selbst, sonst wäre ich längst gekommen.« – »Warum sandtet Ihr denn nicht wenigstens Euren Diener, Euch entschuldigen zu lassen?« – Hier hilft Tarokaja nach und versichert, daß er vor lauter Aufträgen, Botschaften, Sorgen und Geschäften keinen Augenblick übriggehabt habe. »Jedenfalls«, sagt der Herr, »muß ich dich bitten, mir zu gratulieren; denn der Prozeß, der mich hier fesselte und mir so wichtig war, hat ein glückliches Ende erhalten.« – Die Dame erklärt ihre Freude darüber, und der Herr bittet dann seinen Diener, ihr die Absicht seines Besuchs mitzuteilen, nämlich, daß er gekommen sei, ihr Lebewohl zu sagen. Tarokaja, der fürchtet, daß der Ausbruch des Zorns der Dame sich zuerst über ihn entladen werde, protestiert dagegen. Der Herr solle seine eigene Sache lieber selbst vortragen. Während die beiden miteinander darüber disputieren, wer zuerst sprechen solle, wird die Schöne neugierig. Was ist denn das für eine schreckliche Geschichte, die keiner von Euch zu erzählen wagt? Ich bitte Euch, laßt einen von Euch sprechen.« Endlich erklärt der Herr, daß er gekommen sei, um von ihr Abschied zu nehmen. Er sehe sich leider gezwungen, sogleich in seine Provinz zurückzukehren. – Hierauf fängt das Mädchen an zu weinen, und da auch der Herr gerührt ist, vergießen sie gemeinsam Tränen. Sie wendet ihre ganze Kunst auf, ihm zu schmeicheln und ihn noch weicher zu stimmen, und insgeheim zieht sie aus ihrem Ärmel ein kleines Gefäß mit Wasser hervor, um ihre Augen damit anzufeuchten und mehr Tränen zu produzieren. Er wird dadurch getäuscht und gibt sich alle erdenkliche Mühe, sie zu trösten, und schwört, daß er, nachdem er in seinem Land angekommen sein und alles Nötige vorbereitet haben werde, gleich einen Boten senden wolle, sie nachzuholen. Aber sie stellt sich noch mehr gerührt und übergießt ihr ganzes Gesicht mit Wasser. Tarokaja hat indes ihren Kunstgriff entdeckt. Er ruft seinen Herrn auf die Seite und erzählt ihm, wie sie es mache. Dieser will ihm jedoch nicht glauben und sagt ihm rundheraus, das wären Lügen. Die Dame ruft den Herrn nun wieder zu sich und sucht ihn, noch heftiger weinend als zuvor, zum Bleiben zu überreden. In der Zwischenzeit geht Tarokaja beiseite, füllt ein Näpfchen mit Tinte und Wasser und tauscht es gegen das Näpfchen mit klarem Wasser. In aller Unschuld fährt sie fort, ihre Augen und ihr Gesicht anzufeuchten. Zuletzt enthüllt sie ihr Angesicht, und ihr Liebhaber, der es nun ganz angeschwärzt und schmutzig erblickt, schrickt zurück. Was ist denn mit dem Gesicht seiner Schönen geschehen? – Tarokaja erzählt ihm in einem »beiseite«, was er getan habe. – Nun beschließen beide, sie zu beschämen. Der Liebhaber produziert aus seinem Busen ein Kästchen mit einem Spiegel und überreicht es dem Mädchen. Sie in dem Glauben, daß es ein Abschiedsgeschenk sei, verweigert es anzunehmen. Da es ihr aber in die Hand gedrückt wird, öffnet sie es und erblickt in dem Spiegel das Abbild ihres schmutzigen Antlitzes. – Herr und Diener brechen in ein lautes Gelächter aus. Ganz wütend bemalt sie Tarokajas Gesicht mit dem Rest der Tinte. Er protestiert, daß er durchaus nicht der eigentliche Urheber des Streichs sei, worauf das Mädchen auf ihren Liebhaber losstürzt und ihm ebenfalls das Gesicht schminkt. – Alle drei, Herr und Diener und ihre Dame, laufen mit geschwärzten Gesichtern davon.

*

Die zweite Posse war kürzer als die erste und trug den Titel »Der Name des Schwertes«. – Ein gewisser Edelmann läßt seinen Diener Tarokaja kommen und sagt ihm, daß er ausgehen wolle, sich einen kleinen Spaß zu machen. Er befiehlt Tarokaja, ihm zu folgen, und geht davon. Unterwegs begegnen sie einem anderen Edelmann, der ein schönes Schwert hält und im Begriff ist, am Kitano-Altar in Kioto zu beten. Tarokaja macht seinen Herrn auf die Schönheit des Schwertes aufmerksam und bemerkt, daß es wundervoll wäre, wenn sie sich in Besitz desselben setzen könnten. Er borgt das Schwert seines Herrn und tritt damit zu dem Fremden heran, der eben aufmerksam die Waren anschaut, die in einem Laden zum Verkauf ausgestellt sind. Tarokaja legt seine Hand an den Griff des Schwertes des Fremden. Dieser dreht sich herum, zieht blank und droht den Dieb niederzuhauen. Tarokaja ergreift die Flucht, indem er laut schreit, daß man ihn doch nicht umbringen möge. Der Fremde nimmt ihm das Schwert ab, das Tarokaja von seinem Herrn geborgt hatte, und mit beiden Schwertern geht er seines Weges weiter zu der Kapelle. Tarokaja atmet tief auf, da er sieht, daß sein Leben nicht mehr bedroht ist. Doch was soll er vom Schwert seines Meisters berichten, das er nun verloren hat? Aber es hilft ihm nichts, er muß zurückgehen und alles offen eingestehen. Sein Herr wird sehr böse, indes beraten sich die beiden und erwarten dann die Rückkehr des Fremden von der Kapelle. Dieser tritt auf und verkündet dem Publikum, daß er im Begriff sei, nach Hause zu gehen. Tarokajas Herr fällt aber gleich von hinten über ihn her, packt ihn und befiehlt seinem Diener, einen Strick zu holen, um ihn zu binden. Der Bursche bringt den Strick, aber während er ihn zurechtmacht, versetzt ihm der Fremde einen Hieb mit dem Schwert. Sein Herr ruft ihm zu, schnell aufzustehen und den Mann nicht von vorn, sondern von hinten zu binden. Tarokaja läuft nun hinter das ringende Paar, wirft seine Schlinge aus, ist aber so ungeschickt, nicht den Fremden, sondern den Kopf seines eigenen Herrn mit derselben zu fangen und ihn niederzuziehen. Als der Fremdling dies sieht, rennt er lachend mit beiden Schwertern davon. Tarokaja, über sein Versehen ganz erschreckt, macht sich auf die Strümpfe, und sein Herr verfolgt ihn, ebenfalls die Bühne quittierend, womit die Posse endet. Es mag dabei bemerkt werden, daß ein allgemeines Weglaufen von der Bühne, ähnlich dem »spill and pelt«, der Schlußszene der englischen Pantomimen, den ganz legitimen und unwandelbaren Schluß aller japanischen Kijogen bildet.

*

Wie diese Possen, so ist auch das Fußballspiel bei den Japanern sehr beliebt, namentlich auch am kaiserlichen Hof. Die Tage, an denen es aufgeführt wird, sind im »Daijokwan Nischi«, der Regierungszeitung, sorgfältig verzeichnet. Am 25. Februar 1869 z. B. finden sich zwei Einzeichnungen: »Der Kaiser hat Worte von guter Vorbedeutung geschrieben, das Spiel des Fußballs wird im kaiserlichen Palast aufgeführt.« Dieses Spiel wurde im Jahr der Kaiserin Kokijoku Mitte des 7. Jahrhunderts aus China eingeführt. Der Kaiser Mommu, der am Ende dieses Jahrhunderts regierte, war der erste Kaiser, der sich an diesem Vergnügen beteiligte. Seine Majestät Toba der Zweite war sehr geschickt in dieser Kunst, wie gleichfalls auch der edle Asukai Tschiujo, und von ihrer Zeit an trat im Palast eine Art von Fußballclub zusammen. Während der Periode der großen Verarmung des Mikados und seines Hofes besserte die Familie der Asukai, trotz ihres hohen Ranges, durch Stundengeben in der Kunst des Fußballspiels ihr dürftiges Einkommen auf.

KAPITEL VI

Die wundervollen Abenteuer des Funakoschi Dschujémon

Die mannhaften Taten und wunderbaren Abenteuer des Funakoschi Dschujémon sind vielleicht ebenso wie die des britischen Robin Hood und seiner munteren Gesellen weniger historisch als sagenhaft. Aber selbst wenn die Verrichtungen, die der Volksglaube der Japaner dem Dschujémon zuschreibt, alle oder teilweise erdichtet sein sollten, so gewährt ihre Geschichte doch ein treues Bild japanischer Sitten und Gebräuche. Vor allem beweist die Art der Rache, die er an der Frau, die ihn entehrt hatte, und an ihrem Buhlen übte, die hohe Bedeutung, die die Japaner der Heiligkeit der ehelichen Bande beilegen.

Das fünfzigste und einundfünfzigste Kapitel des oben schon zitierten Buches »Das Vermächtnis des Ijéjasu« besagen dies:

»Wenn ein verheiratetes Weib aus den Klassen der Ackerbauer, Handwerker oder Kaufleute einen geheimen Umgang mit einem anderen Mann unterhält, so ist es nicht nötig, daß der beleidigte Ehemann gegen die Personen, die so die moralische Ordnung stören, eine gerichtliche Klage anstrenge. Er darf selbst beiden den Tod geben. Sollte er aber nur eine der beiden Personen töten und die andere leben lassen, so ist seine Tat verbrecherisch und strafbar.«

»In dem Fall aber, daß beide Parteien nicht getötet werden und daß der Beleidigte vor den Richter tritt, sollen die Wünsche des Klägers in bezug auf die Verurteilung zum Tod, ob er dieselbe verlange oder nicht, berücksichtigt werden.«

»Die Menschen, in deren Körper die männlichen und weiblichen Elemente ein natürliches Verlangen nach demselben Gegenstand erwecken, blicken im allgemeinen nicht mit Abscheu auf ein solches Verfahren, und die gerichtliche Beurteilung von Fällen dieser Art muß jedesmal der Gegenstand besonderer Beratung und Untersuchung sein.«

»Von den Männern und Frauen der Kriegerklasse setzt man voraus, daß sie über die Gesetze und moralischen Vorschriften gehörig unterrichtet sind, und ein Individuum aus dieser Klasse, das durch leichtsinnigen, unzüchtigen und unerlaubten Umgang die gute Ordnung der Gesellschaft verletzt und stört, soll sogleich bestraft werden, ohne alle Vorberatung und Untersuchung. In ihrem Fall ist es nicht dasselbe wie im Fall der Ackerbauer, Handwerker und Kaufleute.« –

Nach den alten Gesetzen Japans wurde Ehebruch mit Kreuzigung bestraft, an deren Stelle in neuerer Zeit Enthauptung und schimpfliche Ausstellung des Kopfes nach dem Tod getreten ist. Wenn aber der Ehebruch noch dazu von der Ermordung des beleidigten Gatten begleitet war, dann werden die Schuldigen auch heute noch gekreuzigt. Doch ist es gegenwärtig dem Ehemann nicht mehr erlaubt, sich selbst Genugtuung zu verschaffen. Er muß die Sache den Behörden anzeigen und vertrauen, daß der Staat seine Ehre rächen werde. –

Obwohl das Band der Ehe, so lange diese dauert, als heilig betrachtet wird, so ist doch das Gesetz, das dieses Band löst, nichts weniger als streng, oder es gilt vielmehr gar kein Gesetz darüber. Ein Mann mag seine Ehefrau ganz nach seinem Gefallen aus dem Haus weisen. (Ein Beispiel davon haben wir in der »Geschichte der siebenundvierzig Ronin« gegeben.) Der Ehemann muß seinen Willen nur seinem Lehnsherrn anzeigen, und die Ehescheidung besteht zu Recht. So berichtete in der Blütezeit der Macht der Schogune ein Ehemann, der sich von seinem Weib trennen wollte, darüber nur dem Schogun, und der Vasall eines Daimios zeigte die Sache seinem Fürsten an.

Von dieser Leichtigkeit der Ehescheidung wurde indes nur selten Gebrauch gemacht, was vermutlich der Gewohnheit, Konkubinen zu halten, zugeschrieben werden muß. Man hat oft gefragt, ob die Japaner polygam seien. Man kann darauf bejahend oder verneinend antworten. Sie heiraten nur eine »Ehefrau«. Aber jeder darf neben dieser noch eine oder mehrere Konkubinen halten – je nach seiner sozialen Stellung und nach seinen Mitteln. Der Kaiser hat deren zwölf, die »Kisaki« heißen. Ijéjasu, der das Konkubinenwesen als eine gehässige Quelle von Zwistigkeiten und Kriegsunruhen bezeichnete, bestimmte, daß Fürsten nicht mehr als acht, hohe Offiziere nicht mehr als fünf und gewöhnliche Samurais nur zwei »Handmädchen« haben sollten. »In alten Zeiten«, so schreibt er, »wurde die Zerstörung von Schlössern und der Sturz von Königreichen nur durch das Unwesen der Konkubinen herbeigeführt. Oh, warum hütet man sich nicht vor allzu großer Nachgiebigkeit gegen die Leidenschaften?«

Der Unterschied zwischen der Stellung der Ehefrau und der einer Konkubine ist scharf bezeichnet. Die legitime Frau verhält sich zum »Handmädchen« wie ein Lord zu seinem Vasallen. Da das Konkubinat eine vom Gesetz anerkannte Institution ist, gilt der Sohn eines »Handmädchens« nicht als Bastard, auch ist er in keiner Weise ehrlos. Dennoch gilt die Regel, daß der Sohn einer Sklavin nicht mit dem Sohn einer Freien erbt. Vielmehr geht bei Erbschaften der Sohn der Ehefrau immer dem der Konkubine voraus, selbst wenn dieser der Ältere sein sollte; und häufig kommt es vor, daß ein Edelmann, der von seinen Konkubinen Kinder hat, aber keine von seiner Ehefrau, dann einen seiner jüngeren Brüder oder auch den Sohn irgendeines Seitenverwandten zu seinem Nachfolger in das Erbe und in die Ehren der Familie erwählt. Der Geschlechtsstamm wird auf diese Weise als echt und rein erhalten betrachtet. Das Gesetz der Erbfolge ist jedoch außerordentlich mild. Ungewöhnlich große persönliche Verdienste können zuweilen dem Sohn von der linken Seite die Erbschaft der Vorfahren sichern, und mitunter ereignet es sich, daß der Sohn einer Konkubine, der von der Erbschaft seines eigenen Vaters ausgeschlossen wurde, von einem Verwandten oder Freund höheren Ranges angenommen wird. In dem Fall, daß die Frau eines Edelmanns eine Tochter, aber keinen Sohn hat, ist es üblich, einen Jüngling aus ebenbürtiger Familie und von passendem Alter zu adoptieren, der dann das Mädchen heiratet und als Sohn erbt.

Das Adoptieren ist bei allen Klassen vom Kaiser herab bis zum niedrigsten Untertanen gebräuchlich. Auch wird die Geschlechtslinie nicht als unterbrochen betrachtet, wenn nur ein adoptierter Sohn die Familiengüter geerbt hat. Sollte aber ein Edelmann bei seinem Tod weder einen adoptierten noch einen in der Ehe erzeugten Sohn hinterlassen, so fallen seine Besitztümer an den Staat. Sehr sorgfältig sieht man darauf, daß die adoptierte Person selbst einem Geschlecht entsprossen ist, das demjenigen, in das sie aufgenommen werden soll, an Rang ziemlich gleichsteht.

Da die Männer von ihrem fünfzehnten Lebensjahr an als heiratsfähig betrachtet werden, ist es nicht üblich, daß Personen unter diesem Alter einen Erben adoptieren; dennoch kann im Augenblick des Todes selbst ein Kind eine Person von höherem Alter adoptieren, damit das Aussterben des Geschlechts verhütet wird.

*

In alten Zeiten lebte auf der Insel Schikoku* ein gewisser Funakoschi Dschujémon, ein tapferer Samurai und ein sehr begabter Mann, der bei seinem Herrn, dem Fürsten, in hoher Gunst stand. Eines Tages bei einem Trinkgelage geriet er mit einem anderen Offizier in Streit, und es kam auf der Stelle zu einem Duell, in dem Dschujémon seinen Gegner tötete. Als er danach zu einer besonnenen Erwägung seiner blutigen Tat kam, wurde er von Reue ergriffen und dachte daran, sich selbst das Leben zu nehmen. Da er aber von seinem Herrn, dem Fürsten, privatim eine Vorladung erhielt, ging er aufs Schloß, wo dieser zu ihm sagte:

»Es scheint, daß du dich in trunkenem Mut mit einem deiner Freunde gezankt und ihn getötet hast, und jetzt willst du, wie ich höre, an dir selbst Harakiri vornehmen. Ich bedaure das sehr, und dem Gesetz gegenüber kann ich öffentlich nichts für dich tun. Wenn du aber dich verbergen und für einige Zeit diesen Teil des Landes fliehen willst, so wird die Sache wohl aus der Luft sein, und ich kann dir später die Heimkehr erlauben.«

Und mit diesen Worten überreichte ihm der Fürst ein Schwert, das Sukésada** gemacht hatte, und dazu ein Geschenk von hundert Silberunzen, und nachdem er ihm Lebewohl gesagt hatte, zog er sich in seine Privatgemächer zurück, und Dschujémon, sich niederwerfend, vergoß Tränen der Dankbarkeit. Dann nahm er Schwert und Geld, ging nach Hause und traf Anstalten

* Schikoku ist eine der südlichen Inseln, die vom Hauptland Japans durch die schöne »Mittelländische See« getrennt ist. Sie wird Schikoku oder »die Vierlande« genannt, weil sie in die vier Provinzen Awa, Sanuki, Ijo und Tosa eingeteilt ist.

** »Sukésada« ist der Name einer berühmten Familie von Schwertfegern, die dem Geschlecht der »Bisen« angehören. Die Bisenmänner sind alle als gute Waffenschmiede bekannt, und ihre Klingen stehen in hohem Preis. Das Schwert Dschujémons soll von einem der Sukésadas vor ungefähr zweihundertneunzig Jahren gemacht worden sein.

zur Flucht, indem er sich insgeheim seinen Verwandten empfahl, von denen jeder ihm ein Abschiedsgeschenk überreichte. Diese Gaben mit seinem eigenen Geld und mit dem, was der Fürst ihm überreicht hatte, machten zusammen zweihundertfünfzig Silberunzen. Mit dieser Summe und mit seinem Sukésada-Schwert machte er sich unter dem Deckmantel der Nacht auf den Weg und gelangte zu einem kleinen Seehafen namens Marugamé in der Provinz Sanuki, wo er eine Schiffsgelegenheit abzuwarten beschloß, um nach Osaka zu segeln. Das Unglück wollte, daß der Wind konträr war und er drei Tage warten mußte. Endlich änderte sich der Wind, und nun ging er zum Ufer in der Hoffnung, eine segelfertige Dschunke zu finden; und wie er sich danach umschaute, trat ein Seemann heran und sagte:

»Wenn Euer Gnaden etwa einen kleinen Ausflug nach Osaka machen wollen, so ist ein Schiff bereit. Ich fahre hin und würde mich freuen, Euch als Passagier mitzunehmen.«

»Gerade das ist mein Wunsch. Mit Vergnügen will ich Euer Gefährte werden!« sagte Dschujémon, der über den glücklichen Zufall entzückt war.

»Gut! Dann müssen wir aber gleich segeln. Kommt ohne Verzug an Bord!«

Dschujémon ging mit dem Mann mit und wurde eingeschifft. Und als sie den Hafen verließen und auf die hohe See kamen, ging eben der Mond über den östlichen Hügeln auf und erleuchtete die dunkle Nacht wie eine Mittagssonne, und Dschujémon, der im Bug des Schiffes seinen Platz nahm, stand dort ganz versunken in die Betrachtung der Schönheit der Szene. –

Nun traf es sich aber, daß der Kapitän des Schiffes, Akagoschi Kurojémon, ein wilder Pirat war, der, angezogen von Dschujémons vornehmem Äußeren, beschlossen hatte, ihn an Bord zu locken, um ihn ums Leben zu bringen und auszurauben. Und

Funakoschi Dschujémon an Bord des Piratenschiffs

während Dschujémon vorne am Bug stand und den Mond bewunderte, versammelten sich der Pirat und seine Gesellen auf dem Hinterdeck des Schiffes und berieten flüsternd miteinander darüber, wie sie ihn fassen möchten. Er selbst, dem ihr Betragen bereits etwas sonderbar vorgekommen war, hielt es nicht für klug, sein gutes Schwert nicht zur Hand zu haben, und ging zu dem Platz, wo er vorher gesessen und dasselbe zurückgelassen hatte, um es zu holen, als er plötzlich von drei Kerlen, die ihm den Weg versperrten, aufgehalten wurde. »Halt!« riefen sie, »Samurai! Es ist sehr unglücklich für Euch, daß dieses Schiff, in dem Ihr Eure Passage genommen habt, dem Piraten Akagoschi Kurojémon gehört. Kommen Sie, Herr, alles Geld, was Sie bei sich haben mögen, ist gute Beute für uns!«

Als Dschujémon dies hörte, stutzte er zuerst, faßte sich aber bald wieder, und da er ein erfahrener Kämpe war, schlug er zwei der Piraten nieder und ging weiter, um sein Schwert zu holen. Dieses aber hatte unterdessen Schitschirohei, der jüngere Bruder des Piratenkapitäns, ergriffen, brachte es herbei und sagte zu ihm:

»Wenn Sie Ihr Schwert zu haben wünschen, Samurai, da haben Sie's!« und damit schlug er nach ihm. Aber Dschujémon wich dem Schlag aus, ging dem Mörder auf den Leib und entwand ihm die Waffe. Dann deckte er sich den Rücken durch den Bug des Schiffs, an den er sich lehnte, und hieb so tapfer um sich, daß er drei der Angreifer tötete. Die übrigen wichen zurück und wagten es nicht, sich zu nähern. Als der Hauptmann der Piraten, Akagoschi, der vom Schiffsspiegel aus das Gefecht überwacht hatte, bemerkte, daß seine Leute gegen Dschujémons Gewandtheit nicht aufkommen konnten und daß er sie nur umsonst verliere, griff er zu seiner Luntenflinte, um ihn aus der Ferne zu erlegen. Nun verlor seinerseits auch Dschujémon den Mut, als er die Mündung der Flinte auf sich gerichtet sah, und versuchte, über Bord zu springen. Aber einer der Piraten schlug nach ihm mit einem Bootshaken und fing ihn beim Ärmel, worauf Dschujémon in seiner Verzweiflung das schöne Sukésada-Schwert, das ihm sein Fürst geschenkt hatte, nahm und es nach dem Menschen warf, dem es dermaßen tief durch die Brust ging, daß er gleich tot umfiel, während er selbst in die See sprang. Der Piratenhauptmann schoß nach ihm, verfehlte ihn aber, und die übrige Mannschaft tat ihr Möglichstes, ihn mit ausgeworfenen Bootshaken zu fangen, was aber auch nicht glückte. Dschujémon streifte, um besser schwimmen zu können, seine Oberkleider ab und entkam. So blieb den Piraten nichts übrig, als die Körper ihrer toten Kameraden ins Meer zu werfen, und ihr Hauptmann fühlte sich für ihren Verlust durch den Besitz des Sukésada-Schwerts, das einem seiner Leute durch die Brust gefahren war, etwas entschädigt. –

Dschujémon war ein tüchtiger Schwimmer, und sobald er über Bord gesprungen war, tauchte er gleich tief unter, brachte sich so aus der drohendsten Gefahr und griff nun mächtig aus. Mit kräftigen Armen teilte er die Wogen und kam so rasch von der Stelle. Bald erspähte er in einiger Entfernung ein Licht, dem er sich zu nähern versuchte. Er fand, daß es ein Schiff war, das Laternen mit dem Zeichen des Gouverneurs von Osaka führte. Er rief die Leute an und sagte:

»Ich bin unter Piraten in große Gefahr gekommen. Ich bitte Euch, helft mir!«

»Was und wer seid Ihr?« rief ein Offizier von etwa vierzig Jahren zurück.

»Mein Name ist Funakoschi Dschujémon, und unversehens bin ich vorige Nacht unter Seeräuber geraten. Ich bin ihnen jetzt soweit entkommen. Ich bitte, rettet mich, damit ich nicht untergehe!«

»Faß dies und schwing dich herauf!« erwiderte der andere, indem er ihm das Griffende eines Speeres hinabreichte, das Dschujémon rasch faßte und an dem er aufs Schiff kletterte. Als der Offizier nun einen hübschen Herrn vor sich sah, der nichts anhatte als seine Beinkleider und mit ganz unordentlichem Haarputz, befahl er seinen Dienern von seinen eigenen Kleidern herbeizubringen, und nachdem er ihn herausgeputzt hatte, sagte er:

»Zu welchem Clan gehört Ihr, Herr?«

»Mein Herr, ich bin ein Ronin und war auf dem Weg nach Osaka. Aber die Matrosen des Schiffs, an dessen Bord ich ging, waren Banditen.« Und so erzählte er ihm die ganze Geschichte des Gefechts und seiner Flucht.

»Das war brav!« erwiderte der andere, der seine Kühnheit bewunderte. »Mein Name ist Kajiki Tosajémon, ein Offizier des Gouverneurs von Osaka. Ganz zu Euren Diensten. Bitte, habt Ihr Freunde in jener Stadt?«

»Nein, mein Herr, ich kenne dort niemanden. Aber da ich nach zwei Jahren imstande sein werde, in mein eigenes Land zurückzukehren und in den Dienst meines Herrn wieder einzutreten, so denke ich in der Zwischenzeit Handel und Gewerbe zu treiben und mich als Bürgersmann durchzuschlagen.«

»Nun, in der Tat! Das ist ein kümmerlicher Behelf! Aber wenn Sie es mir erlauben wollen, so will ich Ihnen nach Kräften beistehen. Ich bitte, entschuldigen Sie die Freiheit, die ich mir nehme, Ihnen diesen Vorschlag zu machen.«

Dschujémon sprach Kajiki Tosajémon für das gütige Anerbieten seinen wärmsten Dank aus, und so gelangten sie ohne fernere Abenteuer nach Osaka.

Dschujémon, der in seinem Gürtel noch immer die zweihundertfünfzig Silberunzen, die er von zu Hause mitgebracht hatte, verborgen hielt, kaufte sich ein kleines Haus und etablierte sich als Verkäufer von Parfümerien, Zahnpulver, Kämmen und anderen Toilettenartikeln, und Kajiki Tosajémon, der ihn stets mit großer Güte behandelte und ihm mancherlei Dienste leistete, forderte ihn nun auch auf, da es nicht gut sei, allein zu bleiben, sich ein Weib zuzulegen. Diesem Rat folgend heiratete er eine Sängerin namens O Hijaku*.

Diese Sängerin erwies sich anfänglich zwar als eine gute Frau und war Dschujémon eine Zeitlang sehr ergeben. Nun befand sich aber zu dieser Zeit in Osaka ein gewisser Wettkämpfer namens Takaségawa Kurobei, ein sehr schöner junger Mann, in den O Hijaku sich unsterblich verliebte, so daß sie, die von Natur eine sehr leidenschaftliche Frau war, Dschujémon untreu wurde. Dieser, der nicht ahnte, daß irgend etwas Unrechtes vor sich gehe, pflegte im Haus seines Gönners Kajiki Tosajémon, dessen Sohn, ein Jüngling von achtzehn Jahren, eine große Zuneigung zu ihm gefaßt hatte, seine Abende zu verbringen und mit dem jungen Mann eine Partie Schach zu spielen. Und solche Gelegenheiten der Abwesenheit ihres Eheherrn nahm dann O Hijaku wahr, um ihre Zusammenkünfte mit dem Ringer Takaségawa zu haben.

Eines Abends, da Dschujémon seiner Gewohnheit nach zu seiner Schachpartie gegangen war, ging O Hijaku wieder hin, ihrem Liebhaber Nachricht zu geben und ihn zu einem kleinen Schmaus einzuladen, und während sie sich beim Wein ergötzten, sprach sie zu ihm:

»Ach, Meister Takaségawa, wie prächtig begünstigt uns der Zufall! Wie vergnüglich sind diese unsere geheimen Rendezvous! Wieviel angenehmer würde es noch sein, wenn wir heiraten könnten. Aber so lange uns Dschujémon im Weg steht, ist

* Das »O« vor dem Namen einer Frau bedeutet »kaiserlich« und ist nur ein Ehrentitel.

es unmöglich, und das ist für mich eine Quelle von Kummer und Trübsal!«

»Solche große Eile ist nicht nötig«, erwiderte er. »Wenn du nur etwas Geduld hast, werden wir wohl noch imstande sein, zu heiraten. Für jetzt mußt du nur aufpassen, daß Dschujémon unser Treiben nicht entdeckt. Ich hoffe doch, daß er heute abend nicht nach Hause kommt? Bist du sicher?«

»Oh! Du brauchst dich nicht zu fürchten! Er ist zu Kajiki gegangen zum Schachspiel, und es ist ausgemacht, daß er dort den ganzen Abend verbringt!«

Und auf diese Weise schwatzten die beiden Schuldigen miteinander in völliger Gemütsruhe, bis sie zuletzt in Schlaf fielen.

Unterdessen wurde Dschujémon mitten im Schachspiel von plötzlichem Magenschmerz ergriffen und sagte zu Kajiki Tonoschin: »Mein junger Freund, ich fühle mich unwohl und glaube, daß es besser für mich ist, nach Hause zu gehen, bevor es schlimmer wird.«

»Das ist ja ärgerlich! Warte ein wenig, ich will dir eine Medizin holen. Jedenfalls wäre es besser, du bliebest bei mir!«

»Vielen Dank für deine Güte«, antwortete Dschujémon. »Ich will doch lieber nach Hause gehen.«

Damit empfahl er sich und eilte nach Hause, den Schmerz, so gut er konnte, ertragend. Vor dem Eingang seiner Wohnung angekommen, versuchte er die Tür zu öffnen. Aber sie war verschlossen. Er rüttelte heftig an den Fensterläden, um sein Weib zu wecken. Diese, als sie den Lärm hörte, erwachte, fuhr erschreckt auf, weckte auch den Ringer und flüsterte ihm zu:

»Steh auf! Steh auf! Dschujémon ist vor der Tür. Verstecke dich so schnell wie möglich.«

»Weh! Weh!« rief dieser in großer Verwirrung. »Das ist eine schlimme Geschichte! Wo auf Erden soll ich mich verbergen?«

und er tappte in alle Richtungen umher, um ein Versteck zu suchen, konnte aber keins finden.

Dschujémon wurde, als er sah, daß sein Weib ihm die Haustür nicht öffnete, endlich ungeduldig, brach mit Gewalt ein und fand sich dann plötzlich seinem Weib und ihrem Liebhaber gegenüber, die in ihrer Konfusion beide nicht wußten, was sie tun sollten. Dschujémon würdigte sie keiner Beachtung, stopfte seine Pfeife und fing an zu rauchen. Endlich brach der Ringer Takaségawa das Stillschweigen, indem er sagte:

»Ich hoffte, mein Herr, heute Abend sicher das Vergnügen zu haben, Sie zu Hause zu finden, und kam daher, Ihnen einen Besuch zu machen. Ihre Gemahlin O Hijaku war so gütig, mir Wein anzubieten, und ich trank etwas mehr, als mir gut war, so daß es mir zu Kopf stieg und ich in Schlaf verfiel. Ich muß sehr um Entschuldigung bitten, daß ich in Ihrer Abwesenheit mir diese Freiheit nahm. Aber glauben Sie mir, obgleich der Anschein gegen uns ist, so ist doch durchaus nichts Unrechtes vorgefallen!«

»Ja, ganz gewiß!« sagte O Hijaku, die ihrem Liebsten zu Hilfe kommen wollte, »Meister Takaségawa ist durchaus nicht zu tadeln. Ich war es, die ihm Wein reichte, und so hoffe ich, du wirst ihn entschuldigen!«

Dschujémon saß, die Sache überdenkend, eine Weile da, und wandte sich dann an den Ringer: »Du sagst, daß du ganz unschuldig bist. Aber das ist natürlich eine Lüge! Es nutzt zu nichts, deine Schuld zu verbergen. Im nächsten Jahr jedoch werde ich aller Wahrscheinlichkeit nach in meine Heimat zurückkehren, und dann magst du O Hijaku nehmen und mit ihr tun, was dir gefällt. Ich bin weit davon entfernt, mir Sorge darüber zu machen, was mit einem Weib geschieht, die ein so falsches Herz hat.«

Als der Ringer und O Hijaku Dschujémon das ganz ruhig äußern hörten, wußten sie nichts zu erwidern, sondern blieben in ihrer Beschämung ganz still und stumm.

»Höre, Takaségawa«, fuhr er fort, »du magst hier die Nacht über bleiben, wenn es dir gefällt, und morgen früh nach Hause ziehen.«

»Ich danke Ihnen, mein Herr«, erwiderte der Ringer. »Ich bin Ihnen sehr verbunden. Aber ich muß Ihnen gestehen, ich habe in einem anderen Teil der Stadt ein dringliches Geschäft, und daher bitte ich um Erlaubnis, mich empfehlen zu dürfen«, und hiermit eilte er ganz in Verwirrung hinaus.

Was die treulose Frau O Hijaku betrifft, so war sie in größter Aufregung und erwartete zum wenigsten eine scharfe Strafpredigt. Aber Dschujémon würdigte sie keiner Beachtung und zeigte keinerlei Erbitterung. Nur das tat er, daß er sich, obwohl er sie nicht aus dem Haus jagte, in allen Dingen von ihr gänzlich getrennt hielt.

So ging es eine Zeitlang fort, bis zuletzt eines schönen Tages O Hijaku, zur Tür hinausschauend, ihren Ringer Takaségawa vorbeigehen sah. Sogleich rief sie ihm zu:

»Lieber Meister Takaségawa, ist es möglich? Seid Ihr es? Oh, wie lange habe ich Euch nicht gesehen. Bitte kommt herein und laßt uns ein wenig plaudern!«

»Ich danke Dir! Ich bin dir sehr verbunden. Aber weil ich jene Art von Auftritt, den wir neulich hatten, nicht liebe, scheint es mir besser, daß ich deine Einladung nicht annehme.«

»Oh, ich bitte dich, sprich doch nicht in dieser schüchternen Weise. Im nächsten Jahr, wenn Dschujémon in seine Heimat zurückkehrt, wird er ohne Zweifel mir sein Haus geben, und dann können wir, du und ich, heiraten und so glücklich wie möglich leben.«

»Ich liebe es nicht, lockende Anerbietungen allzu eilig anzunehmen.«*

»Oh, Unsinn! Es ist durchaus nicht nötig, so delikat in der Annahme dessen zu sein, was man dir von Herzen bietet.«

Und so sprechend, faßte sie den Ringer bei der Hand und führte ihn ins Haus. Nachdem sie noch ein wenig zusammen gesprochen hatten, sagte sie:

»Höre, Meister Takaségawa. Ich habe mir schon seit einiger Zeit alles gehörig überlegt, und ich sehe, daß, um der ganzen Sache baldigst ein Ende zu machen, es am besten sein wird, daß wir Dschujémon ganz aus dem Weg räumen.«

»Was hast du vor?«

»So lange er lebt, können wir nicht heiraten. Was ich vorschlage, ist dies, daß du eine Portion Gift kaufst, die ich ihm heimlich in seine Speise tun will. Wenn er erst tot ist, können wir beide sogleich nach Herzenslust leben.«

Anfänglich war Takaségawa ganz bestürzt und stutzig über die Kühnheit ihres Anschlags, aber am Ende erwiderte er doch, indem er die Dankbarkeit vergaß, die er Dschujémon dafür, daß er ihm bei der früheren Veranlassung das Leben gelassen hatte, schuldig war:

»Es sei! Ich glaube, es kann so geschehen. Ich habe einen Freund, der Mediziner ist. Ich will ihn veranlassen, mir ein Gift zu bereiten, das ich dir dann senden werde. Du mußt einen Augenblick abpassen, wo dein Mann nichts Arges vermutet, und ihn dazu bringen, es zu schlucken.«

Nach dieser Verabredung ging Takaségawa davon, und nachdem er einen Apotheker veranlaßt hatte, das Gift zu bereiten,

* Das japanische Original hat hier eine sprichwörtliche Phrase, die ungefähr soviel besagt wie das lateinische »Timeo Danaos et dona ferente« (»Ich fürchte die Danaer (Griechen), auch dann, wenn sie Geschenke bringen.« Vergil, »Aeneis« 2, 49).

sandte er dasselbe O Hijaku in einem Brief, in dem er empfahl, das Gift mit einer gewissen Sorte Makkaroni zu vermischen, die ein Lieblingsgericht Dschujémons waren. Nachdem sie den Brief gelesen hatte, legte sie ihn sorgfältig in ein Fach in ihrem Schrank und wartete, bis Dschujémon den Wunsch äußern würde, Makkaroni zu essen.

Eines Tages gegen Neujahr, als O Hijaku mit einigen ihrer Freundinnen zu einer Partie ausgegangen war, traf es sich, daß Dschujémon, der ganz allein zu Hause geblieben war, eine Nähnadel nötig hatte. Da er sie nirgends finden konnte, verfiel er endlich darauf, in O Hijakus Schrank danach zu suchen, und indem er zwischen all den kleinen Siebensachen, die derselbe enthielt, herumwühlte, fiel ihm der fatale Brief in die Hände. Als er darin von dem Anschlag, ihm Gift unter seine Makkaroni zu mischen, las, geriet er in große Aufregung und sprach zu sich selbst: »Als ich diese beiden Unmenschen mitten in ihrem verräterischen Beginnen überraschte, schonte ich ihr Leben, weil ihr Blut mein gutes Schwert entweiht haben würde, und nun sind sie nicht einmal dankbar für meine Gnade. Ihre Boshaftigkeit übersteigt alle Grenzen, und ich will sie jetzt beide zusammen aus der Welt schaffen!«

Er legte den Brief wieder an seinen Platz und erwartete die Heimkehr seiner Frau. Als sie erschien, sprach er zu ihr:

»Du bist heute ja frühzeitig nach Hause gekommen, O Hijaku. Ich fühle mich diesen Abend sehr einsam und bin verstimmt. Laß etwas Wein auftischen!«

Da er dies anscheinend ganz ohne Bitterkeit sprach, kam es der Frau gar nicht in den Sinn, daß er den Brief gelesen haben könne. Sie verrichtete daher ihre Haushaltspflichten ganz ruhig und geduldig.

Als Dschujémon am folgenden Abend in seinem Laden saß und mit dem Rechenbrett in der Hand seinen Gewinn und

Verlust zusammenwarf,* ging Takaségawa vorüber, und Dschujémon rief ihn an und sagte:

»Das trifft sich gut, Takaségawa! Ich dachte eben daran, heute Abend einen Becher Wein zu trinken. Es ist langweilig, allein zu trinken, und doch habe ich niemanden, der mir Gesellschaft leisten könnte. Ich bitte, komm und trink ein Gläschen mit mir!«

»Vielen Dank, mein Herr! Ich stehe zu Diensten!« antwortete der Ringer, der nichts davon ahnte, was der andere eigentlich im Sinn hatte. Er trat herein, und sie begannen zu zechen.

»Es ist heute Abend sehr kalt«, bemerkte Dschujémon nach einiger Zeit. »Sollten wir uns nicht eine Schüssel Makkaroni warm machen lassen und sie hübsch heiß verzehren? Aber vielleicht liebt Ihr dieses Gericht nicht?«

»Oh, im Gegenteil, tatsächlich mag ich Makkaroni sehr gern!«

»Ei, das ist schön! O Hijaku, ich bitte dich, kauf uns einige Makkaroni!«

»Sofort«, antwortete das Weib und eilte davon, um das Backwerk zu holen, im Stillen ganz entzückt über die schöne Gelegenheit, die sich ihr jetzt darbot, ihre mörderischen Absichten gegen ihren Ehemann auszuführen. Sobald sie das Gericht zubereitet hatte, schüttete sie es in Schüsseln, die sie vor die beiden Männer hinsetzte. Aber nur in die Schüssel ihres Mannes goß sie das Gift. Dschujémon, der genau wußte, was sie getan hatte, beeilte sich nicht über das Gericht herzufallen, sondern fuhr fort, über dies und das und noch über andere Dinge zu reden, und der Ringer war daher der Höflichkeit gemäß gezwungen, auch seinerseits noch mit dem Essen zu warten. Plötzlich rief Dschujémon aus:

»Oh, wie schade! Während wir geschwatzt haben, sind unsere Makkaroni ganz kalt geworden. Laßt sie uns alle wieder in

* Der »Abakus« oder das Rechenbrett ist das durch den ganzen Kontinent von St. Petersburg bis Peking, Korea und Japan gebräuchliche Kalkulationsmittel.

den Topf tun und noch einmal aufs Feuer setzen. Da noch keiner seine Schüssel mit den Lippen berührt hat, sind die Portionen ganz rein, und wir können alles gebrauchen!« Und mit diesen Worten leerte er die drei Schüsseln, schüttete alles zusammen in den eisernen Kochtopf, rührte es um und wärmte es wieder auf. Darauf übernahm Dschujémon selbst die Verteilung der Speise, und indem er seinem Weib und dem Ringer ihre Schüsseln vorsetzte, sagte er:

»So recht! Nun beeilt Euch und eßt rasch auf, ehe es wieder kalt wird.«

Dschujémon selbst aß begreiflicherweise nichts von seinem Teil; und die zu seiner Ermordung Verschworenen, die genau wußten, daß ursprünglich in Dschujémons Schüssel schon ausreichend Gift getan war, um sie alle drei zu töten, und daß das Makkaronigericht, das gehörig gemischt war, nun durch und durch vergiftet war, wurden starr und blaß vor Schrecken und wußten nicht, was sie tun sollten.

»Kommt, kommt! Ich sage, beeilt Euch! Sonst wird alles wieder ganz kalt. Ihr sagtet ja, Ihr möchtet Makkaroni, nur für Euch ließ ich sie holen. O Hijaku! Komm, greif herzhaft zu! Ich werde nachher essen.« –

Dazu machte das Paar ein ganz dummes Gesicht, und sie wußten nicht, was sie antworten sollten. Endlich stand der Ringer auf und sagte:

»Ich fühle mich nicht recht wohl. Ich habe den Appetit verloren. Ich bitte, mich empfehlen zu dürfen. Und wenn Ihr es erlauben wollt, so will ich morgen wiederkommen und statt heute Eure Gastfreundschaft in Anspruch nehmen.«

»Oh, das tut mir leid zu hören, daß Euch unwohl ist. Nun, O Hijaku, dann werden desto mehr Makkaroni für dich übrig sein!«

Die Frau aber blieb unbewegt, schaute ganz dumm und erwiderte, daß sie schon zu Abend gegessen habe und auf nichts mehr Appetit verspüre.

Darauf sprach Dschujémon, beide mit einem verächtlichen Lächeln anblickend:

»Es scheint, daß es keinen von Euch danach verlangt, diese Makkaroni zu genießen. Aber da dir unwohl ist, Takaségawa, so will ich dir eine ganz geeignete Medizin geben«, und mit diesen Worten wendete er sich zu dem Schrank, zog den Brief hervor und legte ihn vor den Kämpen hin. Als er und O Hijaku nun klar genug merkten, daß ihre bösen Anschläge ans Licht gekommen seien, waren sie vor Scham und Angst mit Stummheit geschlagen.

Takaségawa, als er sah, daß alles Leugnen vergeblich sei, zog seinen Dolch und stach nach Dschujémon; aber dieser, der rasch und gewandt war, bückte sich unter dem Arm des Ringers hindurch, und indem er seine rechte Hand von hinten faßte, drückte er sie so stramm und fest zusammen, bis sie matt und starr wurde und der Dolch auf den Boden fiel. Denn obwohl der Ringer ein kräftiger Mann war, war er doch Dschujémon nicht überlegen, und dieser hielt ihn so fest gepackt, daß er sich nicht regen konnte. Dann nahm Dschujémon den Dolch vom Boden auf und sagte:

»Ei! Ich glaubte, daß du als Ringer wenigstens ein solider Mann sein würdest und daß mit dir zu kämpfen doch einigermaßen vergnüglich sein möchte. Aber jetzt sehe ich, daß du am Ende nur eine armselige schwächliche Kreatur bist. Ich würde mein gutes Schwert nur besudelt haben, wenn ich mit ihm einen solchen undankbaren Nichtswürdigen getötet hätte. Aber zum Glück ist hier dein eigener Dolch. Den sollst du haben!«

Takaségawa wand sich wie ein Wurm, um sich zu befreien, und O Hijaku faßte nach einem großen Küchenmesser, mit dem sie Dschujémon angriff. Dieser aber, ganz wütend, stieß sie mit dem Fuß heftig in die Seite, so daß sie entkräftet umfiel, dann schwang er den Dolch empor, spaltete den Ringer von der Schulter herunter bis zur Brustwarze, und der dicke Mensch brach im Todeskampf zusammen. O Hijaku, als sie dies sah, wollte fliehen; aber Dschujémon ergriff sie bei den Haaren, erdolchte sie und gab ihr den Todesstoß, worauf er sie an der Seite ihres Liebhabers niederlegte.

Am folgenden Tag sandte er dem Gouverneur von Osaka einen Bericht über das, was er getan hatte, und beerdigte die beiden Toten. Und von dieser Zeit an lebte er als Junggeselle und setzte sein Gewerbe als Krämer mit Parfümerien und ähnlichen Waren wieder fort. Seine Mußestunden aber verbrachte er wie früher im Haus seines Gönners Kajiki Tosajémon.

Eines Tages, als Dschujémon seiner Gewohnheit nach Kajiki Tosajémon besuchen kam, sagte ihm die Hausmagd, die er vor der Tür fand, daß der Meister ausgegangen, der junge Herr Tonoschin aber zu Hause sei. Dann wolle er dem jungen Herrn seine Aufwartung machen, sagte er und ging hinein. Und als er plötzlich und etwas heftig die Schiebetür des Zimmers, in dem Tonoschin saß, aufgestoßen hatte, fuhr dieser zusammen und wurde totenbleich.

»Ei, ei! Junger Mann«, sagte Dschujémon lächelnd, »Ihr seid doch sicherlich nicht so zaghaft, daß Ihr erschreckt, wenn die Zimmertür geöffnet wird? So benimmt sich ja kein braver Samurai.«

»Ja! Ich schäme mich über mich selbst«, erwiderte der andere, indem er über diesen Vorwurf errötete, »aber die Sache ist, daß ich in der Tat einige Ursache zum Erschrecken hatte. Hört

Dschujémon straft sein Weib und ihren Buhlen

nur, Dschujémon, und ich will Euch alles erzählen. Heute morgen, als ich zur Akademie ging, um zu studieren, fand ich dort eine Menge meiner Mitstudenten versammelt, und in ihrer Mitte einen, der erzählte, daß zweieinhalb Meile ostwärts von der Akademie eine alte zerfallene Kapelle stünde, die das nächtliche Rendezvous von Poltergeistern und Kobolden sei, die schon seit einiger Zeit den Leuten allerlei Spuk und Streiche spielten, und er schlug vor, daß wir alle losen sollten und daß der, auf den das Los fiel, diesen Abend hingehen und die bösen Geister beschwören und daß derselbe ferner zum Beweis, daß er zur Stelle gewesen, seinen Namen an einen der Pfeiler der Kapelle schreiben solle. Sie waren alle der Meinung, daß dies ein hübscher Spaß sein würde, und ich, weil ich keine Lust hatte, mich als Feigling zu zeigen, stimmte auch bei, griff in den Topf, und mein böses Glück wollte, daß ich das schwarze Los zog. Eben nun, als Ihr ins Haus tratet, dachte ich an den Spuk, und so kam es, daß ich nicht umhinkonnte zusammenzufahren, als Ihr die Tür plötzlich aufrißt.«

»Wenn du nur ein wenig nachdenkst«, sagte Dschujémon, »wirst du finden, daß bei dieser Sache nichts zu fürchten ist. Wie können Tiere* und Kobolde einen Einfluß auf Menschen haben? Aber kümmere du dich gar nicht darum, überlaß mir dies Abenteuer! Ich will diese Nacht statt deiner hingehen und sehen, ob ich diesen Spukgeistern, wenn sie denn da sind, nicht Mores lehren kann, und danach will ich deinen Namen an den Pfeiler schreiben, so daß jeder glauben soll, du wärest dagewesen.«

»Oh! Ich danke Euch. Das wird mir ein großer Freundschaftsdienst sein. Ihr könnt meine Kleider nehmen, und niemand wird es bemerken. Ich bin Euch wirklich sehr verbunden!«

* Man vergleiche zu dem an Füchse, Katzen und Dachse sich knüpfenden Aberglauben die weiter unten mitzuteilenden Geschichten ihrer spukhaften Streiche.

Nachdem Dschujémon die ganze Sache mit Freuden auf sich genommen hatte und nun die Nacht herankam, traf er seine Vorbereitungen und ging zu dem bezeichneten Ort. Es war eine einsam liegende, verfallene alte Kapelle von unheimlichem Aussehen, ganz überwachsen mit Unkraut und Gestrüpp. Dschujémon, vor nichts erschreckt, kümmerte sich wenig um die Beschaffenheit des Ortes, setzte sich unter dem eingesunkenen Dach auf dem Boden und machte es sich in dem Unkraut so gemütlich, wie die Umstände es erlaubten, zündete seine Pfeife an und spähte aufmerksam nach den Gespenstern aus. Nachdem er so einige Zeit gewartet hatte, vernahm er eine Bewegung und ein Rascheln in den Gebüschen, und es dauerte nicht lange, da war er rund umher umgeben von geisterhaft aussehenden Kreaturen von allerlei Gestalt und Art, die ihm gräßliche Gesichter schnitten.

Dschujémon schlug ganz ruhig die Asche aus seiner Pfeife und dann aufspringend gab er erst dem einen, dann dem anderen der Gespenster einen tüchtigen Fußtritt, bis mehrere von ihnen zappelnd im Gras lagen und die übrigen, ganz verdutzt über diesen unerwarteten Empfang, sich davonmachten. Als Dschujémon nun seine Laterne zur Hand nahm und die gefallenen Geister aufmerksam examinierte, sah er, daß es lauter Kommilitonen Tonoschins waren, die ihre Gesichter bemalt und sich schreckhaft herausgeputzt hatten, um ihren Genossen, von dem sie wußten, daß er nicht allzu keck war, in Angst zu setzen. Dschujémon teilte unter ihnen noch ein Paar tüchtige Püffe aus und ging, indem er sie stöhnend im Gras liegen ließ, nach Hause, sich über den Ausgang seines Abenteuers ins Fäustchen lachend. –

Die ganze Begebenheit wurde in Osaka bald ruchbar, und alle Welt lobte den Mut Dschujémons. Gleich darauf wurde er zum Hauptmann der Otokodaté, des freundlichen Bürgervereins, erwählt, und danach beschäftigte er sich nicht weiter mit seinem Handelskram, sondern lebte von den Beiträgen der zahlreichen Mitglieder und Lehrlinge jenes Vereins.

Kajiki Tonoschin unterhielt eine Liebschaft mit einer Sängerin, Kaschiku mit Namen, und verwandte eine Menge Geld auf diese seine Herzliebste. Sie jedoch machte sich nicht viel aus ihm. Denn sie hatte einen anderen Liebhaber namens Hitschirobei, mit dem sie geheime Zusammenkünfte veranstaltete, obwohl sie an Tonoschin wegen des vielen Geldes, das sie zur Unterstützung ihrer armen Eltern nötig hatte, gebunden war. Eines Abends, als Tonoschin im Büro seines Chefs, des Gouverneurs von Osaka, Dienst hatte, sandte Kaschiku zu ihrem Hitschirobei, ließ ihn wissen, daß die Luft rein sei, und entbot ihn zu ihrem Haus.

Während die beiden sich bei einem kleinen Mahl gütlich taten, klopfte Tonoschin, der, dringende Geschäfte vorgebend, einen Freund überredet hatte, seine Stelle beim Gouverneur zu vertreten, an die Tür, und die erschreckte Kaschiku verbarg ihren Liebhaber in einem langen Kleiderkasten und ließ Tonoschin herein. Als dieser, ins Zimmer tretend, die Sporen und Überreste eines Abendmahls sah, schaute er genauer hin und gewahrte die Sandalen eines Mannes, auf denen er beim Schein eines Lichts die Zahl 7 bemerkte.* Tonoschin waren schon einige ungünstige Berichte über Kaschikus Verhältnis zu Hitschirobei zugekommen, und als er nun diesen handgreiflichen Beweis vor sich hatte, wurde er sehr verstimmt. Doch unterdrückte er seine Gefühle, und auf die Weinflaschen und Schüsseln deutend sagte er:

* »Hitschi«, die erste Hälfte des Namens Hitschirobei, bedeutet »sieben«.

Funakoschi Dschujémon und die Gespenster

»Mit wem hast du denn heute Abend gespeist, Kaschiku?«

»Oh!« erwiderte sie, die trotz ihrer Verlegenheit genötigt war, eine Antwort zu finden, »ich fühlte mich in meiner Einsamkeit so traurig, daß ich eine gute alte Frau aus der Nachbarschaft bat, zu mir zu kommen und mit mir eine Schale Wein zu trinken und zu plaudern.«

Tonoschin spähte indes immer nach dem verborgenen Liebhaber aus; da er ihn aber nicht entdecken konnte, hielt er sich überzeugt, daß Kaschiku ihn aus der Hintertür entlassen haben müsse. Er steckte eine der beiden Sandalen als ein Beweisstück in seinen Ärmel, und, ohne einen Verdacht zu äußern, sagte er:

»Gut das! Ich habe heute Abend noch Geschäfte und muß nach Hause gehen.«

»Ach! Willst du nicht noch eine Weile bleiben? Es ist mir hier so melancholisch, wenn ich allein bin ohne dich. Bitte, bleib und leiste mir Gesellschaft!«

Aber Tonoschin gab keine Antwort und ging davon. Darauf bemerkte Kaschiku, daß eine der beiden Sandalen fehlte, und war sicher, daß Tonoschin sie zum Beweis mit sich genommen haben müsse. In großer Aufregung öffnete sie den Kleiderkasten und ließ Hitschirobei heraus. Gemeinsam besprachen die beiden Liebenden nun den Vorfall, und da sie einander ernstlich liebten, kamen sie überein, daß Tonoschin, wenn er wolle, sie beide töten möge; sie wollten mit Freuden zusammen sterben, einstweilen noch die kurze Gegenwart genießen und die Zukunft dem Himmel anheimstellen.

Am folgenden Morgen sandte Kaschiku Tonoschin eine Botschaft, und ließ ihn um Verzeihung anflehen. Er vergab ihr wirklich; denn er war von den Reizen des Mädchens ganz bezaubert. Ja, schwach wie er war, sandte er ihrem Liebhaber Hitschirobei dreißig Silberunzen zum Geschenk, mit der Bedingung jedoch, daß er sie nie wieder besuchen solle. Trotzdem setzten Kaschiku und Hitschirobei ihre geheimen Zusammenkünfte fort.

Hitschirobei, der ein großer Spieler war, hatte einen älteren Bruder namens Tschobei, der in der Ajiwakastraße in Osaka einen Weinladen hielt. Tonoschin glaubte daher nichts Besseres tun zu können, als Dschujémon zu Tschobei zu schicken und diesen dazu zu bewegen, daß er seinen jüngeren Bruder überrede, seine Verbindung mit Kaschiku aufzugeben. Diesem Entschluß gemäß besuchte er Dschujémon und sprach zu ihm:

»Herr Dschujémon, ich habe Sie in Beziehung auf das Mädchen Kaschiku, die Sie kennen, um eine Gunst zu bitten. Sie wissen, daß ich dem Liebhaber derselben, Hitschirobei, dreißig Silberunzen gegeben habe, um ihn zur Aufgabe des Umgangs mit ihr zu bewegen. Aber ich habe Ursache zu glauben, daß sie nichtsdestoweniger noch zusammenkommen. Dieser Hitschirobei hat nun einen älteren Bruder, einen gewissen Tschobei. Wenn Sie zu diesem gehen und ihn bitten wollten, seinen Bruder wegen seines Betragens zu tadeln, so würden Sie mir einen großen Dienst erweisen. Sie haben sich so oft als mein Freund gezeigt, daß ich es wage, Sie zu bitten, mir auch hierin zu helfen, obwohl ich fühle, daß ich Ihnen damit sehr zur Last falle.«

Dschujémon, eingedenk der Güte, die er Kajiki Tosajémon, Tonoschins Vater, schuldete, war stets bereit, diesem zu dienen. Er machte sich daher gleich auf, diesen Tschobei zu besuchen, und sagte zu ihm:

»Mein Name, mein Herr, ist Dschujémon, zu Diensten; und ich bin gekommen, um Euch in einer etwas delikaten Angelegenheit um Beistand zu bitten.«

»Worin kann ich Ihnen gefällig sein, mein Herr?« erwiderte Tschobei, der sich zu mehr als gewöhnlicher Höflichkeit verpflichtet glaubte, da sein Gast der Chef der einflußreichen Brüderschaft der Otokodaté war.

»Es ist eine Kleinigkeit, mein Herr«, sagte Dschujémon, »Euer jüngerer Bruder unterhält intimen Umgang mit einer Frau namens Kaschiku, die er im Geheimen besucht. Nun ist diese Kaschiku die erklärte Geliebte vom Sohn eines Edelmanns, dem ich tief verpflichtet bin. Er kaufte sie von ihren Eltern für eine große Geldsumme los, und außerdem zahlte er Eurem Bruder vor einiger Zeit dreißig Silberunzen unter der Bedingung, daß er sich von dem Mädchen scheide. Nichtsdestoweniger fährt Euer Bruder fort, sie zu besuchen, und ich komme nun, Euch zu bitten, daß Ihr mit ihm sprechen und gegen sein Betragen remonstrieren möchtet.«

»Oh, gewiß! Das will ich! Seien Sie ganz ruhig darüber! Ich werde bald Mittel und Weg finden, seinem unpassenden Betragen ein Ende zu machen.«

Und weiter sprachen sie dann noch über dieses und jenes, bis Dschujémon, der seine Blicke im Zimmer hatte umherschweifen lassen, einen sehr langen Dolch gewahrte, der auf einem Brett lag. Und indem er den Dolch schärfer ins Auge faßte, erkannte er plötzlich, daß es dasselbe Schwert war, das ihm von seinem Fürsten als Abschiedsgeschenk überreicht worden war. Das Heft, die Beschläge, die Scheide und ihre Ausschmückung, alles war genau dasselbe. Nur die Klinge war etwas gekürzt und dolchähnlich gemacht. Dann sah er auch Tschobeis Gesichtszüge aufmerksam an und erkannte, daß er niemanden anders vor sich habe, als Akagoschi Kurojémon, jenen wilden Piratenanführer, der ihn einmal hatte umbringen und ausrauben wollen. Es waren freilich seitdem zwei Jahre vergangen, aber er hatte sein Gesicht nie vergessen.

Dschujémon hätte ihn gern auf der Stelle selbst arretiert. Da er aber dachte, daß es bedauerlich wäre, wenn ein so gefährlicher Räuber möglicherweise dabei doch noch entkäme, bezwang er sich, nahm Abschied und ging geradewegs zum Gouverneur von Osaka, dem er die Sache anzeigte. Als die Justizbeamten von der Beute, die sie erwartete, hörten, trafen sie sogleich alle nötigen Maßregeln. Drei Männer der geheimen Polizei kamen zu Tschobeis Weinhaus und taten, nachdem sie dort Wein getrunken hatten, als ob sie im Rausch miteinander in Streit gerieten. Als Tschobei herzutrat und sie zur Ruhe zu bringen suchte, packte ihn einer der Polizisten, und ein anderer versuchte ihm die Hände auf den Rücken zu binden. Sogleich blitzte in Tschobeis Seele der Gedanke auf, daß seine alten Missetaten ans Licht gekommen sein müßten. Er fühlte sich wieder als Piratenchef, schüttelte mit einer verzweifelten Anstrengung die beiden Polizisten ab, und indem er in das Zimmer sprang, ergriff er das berühmte Sukésada-Schwert und stürzte die Treppe hinauf. Die drei Polizisten, denen es nicht einfiel, daß er entschlüpfen könne, eilten stracks hinter ihm her. Tschobei aber spaltete mit einem mächtigen Hieb den Kopf des Vordermanns, und die beiden anderen, vom Anblick des Schicksals ihres Kameraden entsetzt, blieben zurück. Darauf kletterte Tschobei aufs Dach, und von da um sich blickend sah er, daß das ganze Haus auf allen Seiten von Bewaffneten umgeben war. Da machte er sich darauf gefaßt, daß sein letzter Augenblick gekommen sei. Aber er war entschlossen, sein Leben teuer zu verkaufen und fechtend zu sterben. So stand er, den Angriff erwartend, da. Einer der Offiziere näherte sich vom Dach des benachbarten Hauses und griff ihn mit einem Speer an, während mehrere Soldaten am Haus hinaufkletterten. Als Tschobei sah, daß er übermannt sei, sprang er vom Dach herunter, und ehe sich die Soldaten unten von ihrem Erstauen erholen konnten, hatte er ihre Reihe durchbrochen, hieb zur Rechten und Linken um sich und streckte drei Männer zu Boden. Mit Sturmeseile floh er, seine Verfolger ihm auf den Hakken. Als er den breiten Fluß vor sich sah, sprang er in ein kleines, am Ufer befestigtes Boot, das die vor seiner wilden Erscheinung und dem blutigen Schwert fliehenden Bootsleute ihm nicht streitig machten. Tschobei stieß ab und arbeitete sich hastig in die Mitte des Flusses hinein. Die verfolgenden Beamten waren, da sie nicht gleich ein anderes Boot zur Hand hatten, für einen Augenblick aufgehalten. Einer von ihnen lief längs des Flusses hinab und verbarg sich, mit einem Speer bewaffnet, unter einer Brücke. Als Tschobei aber in seinem Boot auf dem Fluß herabgetrieben kam und der Polizist mit seinem Speer nach ihm stach, traf er ihn am Ellbogen. Tschobei ergriff den Speer, zog den Mann damit ins Wasser und hieb ihn zusammen. Dann wieder mächtig zum Ruder greifend, näherte er sich der Mündung des Flusses und dem Meer. Die anderen Offiziere hatten unterdessen zehn Boote zusammengebracht, flogen herbei und umgaben Tschobei.

Er aber, der früher ein so berühmter Seefahrer und Pirat gewesen war, zeigte sich viel gewandter in der Handhabung eines Schiffs als seine Verfolger, entzog sich ihnen ohne Schwierigkeit und arbeitete sich endlich ganz ins Meer hinaus zum großen Ärger der Polizisten, die schließlich von ihm abließen. Danach sagte Dschujémon, der inzwischen herbeigekommen war, zu einem von ihnen, der am Ufer stand: »Habt Ihr ihn jetzt?«

»Nein, der Mann ist so gewandt wie ein Aal und dazu so wild, daß unsere Leute nichts mit ihm anfangen können.«

»Ja, das ist wahr, er ist ein wütender Raufbold. Er hat aber mein Schwert, und das muß ich zurückhaben auf gute oder böse Manier. Wollt Ihr mir erlauben, daß ich seine Arretierung unternehme?«

»Wohl! Ihr mögt das versuchen, und Ihr sollt Mannschaft dazu haben, um Euch in der Gefahr beizuspringen.«

Dschujémon warf, nachdem er diese Erlaubnis erhalten hatte, seine Kleider weg und sprang zur großen Verwunderung aller Umstehenden in die See, einen Polizeioffiziersstab in der Hand. Als er dem Boot Tschobeis nähergekommen war, tauchte er unter, packte das Schiff von unten und schwenkte sich, ohne daß der Pirat es gleich wahrnehmen konnte, hinein. Tschobei hatte das gute Sukésada-Schwert in Händen, und Dschujémon war nur mit seinem Polizeistab bewaffnet. Dagegen war Tschobei nach seinen übermenschlichen Anstrengungen jetzt ermattet, und ohnedies wurde er, während er nur nach seinen entfernten Verfolgern ausspähte, durch den Angriff von unten überrascht. So dauerte es nicht lange, daß Dschujémon ihn überwältigt und in Sicherheit gebracht hatte.

Für diese Heldentat empfing Dschujémon außer seinem Sukésada-Schwert viele Belohnungen und großes Lob vom Gouverneur von Osaka. Der Pirat Tschobei aber wurde ins Gefängnis geworfen.

Hitschirobei war, als er von der Gefangennahme seines Bruders hörte, nicht zu Hause. Da er indes wohl einsah, daß man auch nach ihm suchen würde, beschloß er, sogleich nach Jedo zu flüchten, und machte sich längs des Tokaido, der großen Heerstraße Japans, auf den Weg und kam bis Kuana. Aber die geheime Polizei hatte von seinen Bewegungen Wind bekommen, und einer der Polizisten war ihm auf den Hacken, als Bettler verkleidet und eine Gelegenheit zu seiner Ergreifung erspähend.

Hitschirobei fühlte sich ganz beruhigt und glücklich über sein Entkommen, und ohne zu ahnen, daß er in so großer Entfernung von Osaka in Gefahr sein könne, ging er zu einem Weinhaus in der Absicht, sich nach seinem Gefallen zu vergnügen. Der Polizist, der dies ausspürte, ging zum Herrn des Hauses und sagte:

»Der Gast, der eben bei Euch eintrat, ist ein berüchtigter Dieb, und ich bin ihm auf den Fersen, um ihn zu arretieren. Ich beauftrage Euch, ihn zu bewachen und mich wissen zu lassen, wann er eingeschlafen ist. Sollte er entkommen, so seid Ihr in der Verantwortung.«

Der Herr des Hauses stimmte natürlich zu, beauftragte eine Dienerin, Hitschirobeis Dolch beiseite zu schaffen, und sobald dieser, von seiner Reise ermattet, in Schlaf gefallen war, benachrichtigte er den Polizisten, der hinaufging, Hitschirobei, so wie er in seinen Reisekleidern dalag, fesselte und nach Osaka zurücktransportierte, wo er zu seinem Bruder ins Gefängnis gesteckt wurde.

Als Kaschiku von der Gefangennahme ihres Liebhabers hörte, war sie überzeugt, daß dies Dschujémons Werk gewesen sei, und sie entschloß sich, ihn auf der Stelle zu töten, damit sie mit ihrem Hitschirobei zusammen sterben konnte. Mit einem großen Küchenmesser unter ihren Kleidern ging sie um Mitternacht zu Dschujémons Haus und sah sich um, ob sie nicht ein Loch oder eine Spalte finden könne, um unbemerkt hineinzuschlüpfen. Aber alles war fest verrammelt. Sie war daher genötigt, an die Tür zu klopfen und auf einen Vorwand zu denken.

»Laßt mich herein! Laßt mich herein!« schrie sie, »ich bin die Magd im Haus Kajiki Tosajémons und bin beauftragt, dem Herrn Dschujémon einen Brief mit einem sehr dringenden Auftrag zu übergeben!«

Einer von Dschujémons Dienern, der dies hörte und ihre Aussagen für wahr hielt, öffnete die Tür, und Kaschiku drang ein, indem sie ihn mit dem Dolch ins Gesicht stieß. Drinnen begegnete ihr ein anderer Lehrbursche, der von dem Geräusch aufgeweckt worden war. Auch diesem versetzte sie einen Dolchstich in den Leib. Er aber, niederfallend, rief nach Dschujémon und schrie:

»Vater! Vater!* Nimm dich in acht. Ein mörderischer Bösewicht ist in dein Haus eingedrungen!« und Kaschiku, um ihn zum Schweigen zu bringen, schnitt ihm die Kehle durch.

Dschujémon, der den Ausruf seines Zöglings vernahm, sprang auf, und nachdem er rasch seine Nachtlampe angezündet hatte, spähte er im Halbdunkel umher und erblickte Kaschiku mit ihrem blutigen Messer auf ihn zueilend. Er kam ihr aber zuvor, sprang mit einem Satz auf sie zu, packte sie bei der rechten Hand, brachte sie zu Boden und band sie so, daß sie sich nicht regen konnte. Als er sich ein wenig von seinem Erstaunen erholt hatte, durchsuchte er sein Haus, wo er zu seinem Entsetzen einen seiner Zöglinge tot fand und den anderen mit einem gräßlichen Schnitt im Gesicht daliegen sah. Bei Tagesanbruch berichtete er den Vorfall den betreffenden Autoritäten und überlieferte Kaschiku ins Gefängnis. Nach gehöriger Untersuchung des Falles wurden die beiden Piratenbrüder mitsamt dem Mädchen Kaschiku hingerichtet, und ihre Köpfe wurden miteinander ausgestellt.**

Als nun der Ruf von Dschujémons tapferen Taten sich weit verbreitet hatte und auch bis in seine eigene Heimat gedrungen war, befahl sein Fürst, daß er für sein früheres Versehen, jenes zu

* Die Lehrlinge und Zöglinge reden ihren Meister mit »Vater« an.

** Die Ausstellung des Kopfes, auf Japanisch »Gokumon« genannt, ist eine entehrende Nebenstrafe zur Hinrichtung. Eine Inschrift, die neben den ausgestellten Köpfen befestigt wird, macht die Art des Verbrechens bekannt, durch das die Bestrafung veranlaßt wurde.

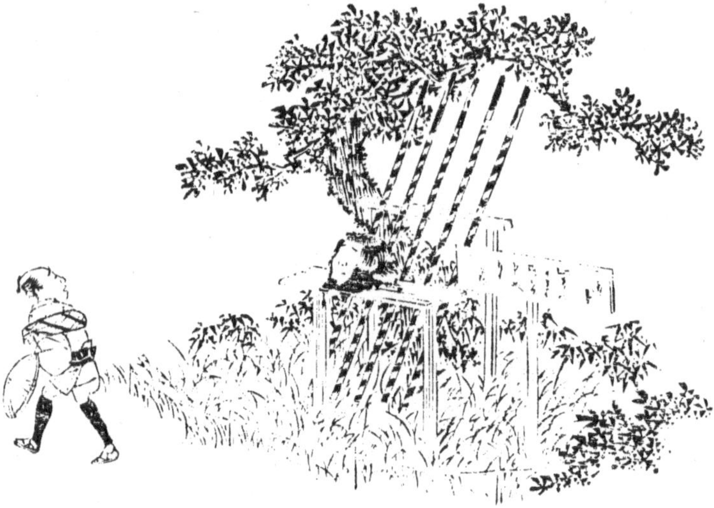

Gokumon

Anfang erwähnte unglückliche Duell, entschuldigt und wieder in seine Dienste genommen werden sollte. Als Dschujémon dies gemeldet war, machte er dem Kajiki Tosajémon, seinem Gönner in Osaka, einen Abschiedsbesuch, dankte ihm für die vielen Gunstbezeugungen, die er aus seiner Hand empfangen hatte, reiste nach Hause und wurde nach all den erzählten und anderen Abenteuern wieder ein Samurai, ein treuer Diener seines Fürsten, wie er es zuvor gewesen war.

Exkurs über die japanischen Preisfechter

Die wohlgenährten Ringer oder Preisfechter Japans, deren schwerfällige Wanste und plumpe und schwülstige Gliedmaßen – so sehr sie von ihren eigenen Landsleuten bewundert werden mögen – einen sehr wunderlichen Kontrast bilden zu den Vorstellungen, die wir Westmenschen von der Ausbildung eines guten Athleten haben, sind schon vielen Besuchern Japans aufgefallen, und ich will über sie hier einige Belehrungen einfließen lassen.

Die erste historische Nachricht über Ring- und Fechtkunst in Japan datiert aus dem sechsten Jahr des Kaisers Suinin (24 v. Chr.), als ein gewisser Taima no Kéhaja, ein Edelmann von mächtiger Statur und großer Leibesstärke, den Kaiser bat, seine Kraft auf die Probe stellen zu dürfen, indem er dazu prahlte, daß es nicht seinesgleichen unter dem Himmel gebe. Der Kaiser ließ demgemäß eine Herausforderung proklamieren, die ein gewisser Nomi no Schikuné annahm.

Derselbe rang mit jenem Kéhaja, warf ihn und zerbrach ihm mehrere Glieder, so daß er starb. Nach diesem Sieg wurde der siegreiche Schikuné zu hohen Stellungen befördert, und er hat weiter in der Geschichte Japans Berühmtheit erlangt durch die Einführung der sehr humanen Maßregel, irdene Figuren statt lebende Menschen, wie es vor seiner Zeit gebräuchlich gewesen war, mit dem Sarg des Mikados zu beerdigen.

Im Jahr 858 n. Chr. wurde um den Thron von Japan gerungen. Der Kaiser Buntoku hatte zwei Söhne, Koréschito und Korétaka, die beide nach dem Thron strebten. Ihre Ansprüche wurden in einem Wettkampf entschieden, in dem ein gewisser Joschiro der Kämpfer Koréschitos und Natora der Kämpfer Korétakas war. Da Natora unterlag, bestieg Koréschito den Thron seines Vaters unter dem Namen »Seiwa«.

Im 8. Jahrhundert, als Nara die Hauptstadt Japans war, setzte der Kaiser Schomu den Ringkampf als Teil der Zeremonien des »Herbstfestes der fünf Körner« (des Erntefestes) an, und da das Jahr, im dem dies geschah, sich als ein sehr fruchtbares erwies, wurde der Brauch als den Göttern wohlgefällig betrachtet und demgemäß fortgesetzt. – Die stärksten Männer aus den verschiedenen Provinzen wurden zusammengerufen und ein gewisser Kijobajaschi zum Vorkämpfer von ganz Japan proklamiert. Viele brave und tüchtige Leute versuchten einen Strauß mit ihm, aber keiner konnte ihn bezwingen.

Nun wurden auch Kunstregeln und Gesetze für die Arena entworfen, und um Zwistigkeiten zu vermeiden, wurde Kijobajaschi vom Kaiser zum Richter bei den Wettkämpfen angestellt. Der Kaiser schenkte ihm einen Fächer, auf dem die Worte »Der Fürst der Löwen« geschrieben standen. Die Ringer wurden in Kämpfer der östlichen und Kämpfer der westlichen Provinzen eingeteilt, wobei man Omi als die Zentralprovinz annahm. Die »Ringer des Ostens« trugen in ihrem Haar als Wahrzeichen die Rosenmalve. Die des Westens dagegen adoptierten als Kennzeichen die Blüte des Kürbisbaumes. Daher

Japanisches Preisringen

wurde auch die Passage, die zur Ringerbühne hinaufführte, »der Blumenpfad« genannt. Achtundvierzig verschiedene Griffe wurden als erlaubt und ehrlich festgesetzt, zwölf »einfache Würfe«, zwölf »Hebungen«, zwölf »Drehungen« und zwölf »Würfe über den Rücken«. Alle anderen Griffe und Würfe, die nicht unter diesen aufgeführt waren, wurden als gesetzwidrig und schimpflich betrachtet, und es war die Pflicht des Schiedsrichters, darauf zu sehen, daß die Kämpfer zu keinen unerlaubten Kniffen und Kunstgriffen Zuflucht nähmen. Es wurde vorgeschrieben, daß die bedeckte Bühne aus sechzehn Reisballen gebildet sein soll, in der Gestalt eines einzigen mächtigen Reisballens, unterstützt durch vier Pfeiler nach den vier Weltgegenden. Jeder Pfeiler sollte seine eigene Farbe haben, so daß sie zusammen mit gewissen ebenfalls gefärbten Papierwimpeln fünf Farben ausmachten, als Symbol der »Fünf Körner«.

Die Bürgerkriege, die das Land für längere Zeit in Unruhe und Aufregung versetzten, störten die Ausübung der Ringkämpfe. Als der Frieden jedoch wieder hergestellt war, schlug man vor, die athletischen Spiele von neuem einzuführen, und der alte Schiedsrichter und Kenner Kijobajaschi, »der Fürst der Löwen«, sollte wieder hervorgesucht werden. Aber er war unterdessen gestorben oder verschwunden. Man konnte ihn nicht finden und kein anderer tüchtiger Obmann zeigte sich. Da suchte man in allen Provinzen nach einem Mann, der seinen Platz einnehmen könnte, und ein gewisser Joschida Ijétsugu, ein Ronin aus der Provinz Etschisen, der den Ruf hatte, in allen edlen Fechtkünsten sehr bewandert zu sein, wurde in die Hauptstadt berufen und erwies sich als ein Schüler Kijobajaschis. Der Kaiser bestätigte ihn in dem Posten und befahl, daß ihm »der Fächer des Fürsten der Löwen« übermacht werden solle, und er gab ihm den Titel »Bungo no Kami« und befahl auch, daß sein Name auf der Kampfbühne »Oi-Kasé« (»der treibende Wind«) sein solle. Ferner wurde ihm zum Zeichen, daß es keine zwei verschiedenen Stile und Schulen der Ringkunst geben sollte, ein zweiter Fächer gegeben, der die Inschrift trug: »Ein einziger Wahlspruch ist etwas Schönes.« Das Recht, bei den Ringkämpfen als Schiedsrichter aufzutreten, wurde in der Familie Joschidas erblich gemacht, damit »der treibende Wind« auch unter allen kommenden Generationen bei den athletischen Spielen präsidieren möge. In alten Zeiten bestanden die Preise für die drei siegenden Hauptringer in einem Bogen, einer Bogensehne und einem Pfeil. Diese werden noch jetzt in die Arena gebracht, und am Ende des Wettkampfes führen die glücklichen Nebenbuhler verschiedene Übungen und Kunststücke mit ihnen aus. Den Siegern – aber nur zweien oder dreien in einer Generation – erteilt »die Familie des treibenden Windes« das Privileg, einen Strickgürtel zu tragen. Zur Zeit des Schogunats pflegten die Kämpfer vor dem Schogun zu ringen.

Zu Beginn des 17. Jahrhunderts (1606 n. Chr.) hörte man auf, die Ringkämpfe als einen regelmüßigen Teil der religiösen Zeremonien zu betrachten. Doch werden sie noch jetzt in den Tempeln zu Kamo, zu Kioto, Kasusa und Jomato abgehalten. Desgleichen werden sie jährlich zu Kamakura aufgeführt und bei den Altären der Schutzheiligen der verschiedenen Provinzen zur Heilighaltung und Nachahmung der alten Gebräuche.

Im Jahr 1623 erhielt ein gewisser Akaschi Schiganosuké von der Regierung die Erlaubnis, in den Straßen von Jedo öffentliche Ringkämpfe abzuhalten. Im Jahr 1644 wurde das erste große Ringen zum Zweck einer Sammlung für Tempelbauten anberaumt. Dies geschah auf Wunsch der Priester von Kofukuji in Jamaschiro. Im Jahr 1660 wurde dasselbe auch in Jedo versucht, und die Gewohnheit, Wettringen zum Vorteil der Tempelschätze anzustellen, besteht noch heute.

Folgende lebhafte Schilderung eines japanischen Ringkampfes ist aus dem »Jedo Hanjoki« (»Führer von Jedo«) übersetzt:

Von Tagesanbruch bis acht Uhr vormittags wird die Trommel gerührt, um zu verkünden, daß ein Ringen stattfinden soll. Und die Zuschauer erheben sich für das Schauspiel zeitig von ihrem Lager. Wenn die Gegner, die miteinander kämpfen sollen, ausgewählt sind, treten sie von Osten und von Westen auf die Bühne. Es sind derbe, feste Männer mit Muskeln und Knochen aus Eisen. Wie die Götter Nio* stehen sie da mit übergeschlagenen Armen und scheinen sich in ihrer Stärke und in ihren dicken Muskeln recht wohl zu fühlen. Der Schiedsrichter beobachtet sie, bis sie beide gleichzeitig einen tiefen Atemzug tun, und gibt dann mit seinem Fächer das Zeichen zum Anfang. Sie springen auf und rücken mit einem wuchtigen Satz dicht aneinander, wie Tiger, die sich auf ihre Beute stürzen. Es ist nicht etwa bloß eine Prüfung brutaler Kraft, es gilt Kunst gegen Kunst. Alle jene achtundvierzig oben bezeichneten »Griffe und Würfe« werden der Reihe nach versucht. Der immer scharf aufpassende Schiedsrichter dreht sich beständig von der Rechten zur Linken und von der Linken zur Rechten herum, um zu sehen, ob und wo der Sieg sich erklärt haben möge. Eine Partie der Zuschauer wettet »für den Osten«, eine andere Partie hält es »mit dem Westen«. Die Gönner der Arena werden dabei von Aufregung derart ergriffen, daß sie fast einer Ohnmacht nahekommen. Sie ballen die Fäuste und haben, ohne zu blinzeln, die Kämpfer stets scharf im Auge. Endlich hat ein Mann, »ein Östlicher« oder »ein Westlicher«, einen Vorteil errungen,

* Die japanischen Gog und Magog.

Japanischer Ringer

und sofort hebt der Schiedsrichter seinen Fächer zum Zeichen des Sieges. Die rauschenden Bravos der Zuschauer erschüttern die ganze Nachbarschaft, und sie werfen Schmuckgegenstände oder auch ihre Gewänder auf die Bühne, die nachher wieder mit Geld eingelöst werden sollen. Ja, zuweilen reißt wohl auch einer in leidenschaftlicher Aufregung seinem Nachbarn die Jacke ab und wirft sie hinauf.

Vor Beginn des Kampfes schrauben und arbeiten die Kämpfer ihren Mut und ihre Kraft durch ungeduldiges Stampfen mit den Füßen und mit klatschenden Schlägen an ihre dicken Lenden in die Höhe. Dieser Brauch wird durch folgende Sage aus dem heroischen oder mythischen Zeitalter begründet:

Nach den sieben Zeitaltern der himmlischen Mächte kam die Regierung an Tenscho Daijin, die Sonnengöttin und erste Kaiserin von Japan. Ihr jüngerer Bruder Sosanoo no Mikoto war ein gewaltiger und tapferer Held, aber ungestüm und erpicht auf die Jagd der Hirsche und wilden Schweine. Wenn er solche Tiere erlegt hatte, pflegte er ihre Körper in die heiligen Hallen seiner Schwester, der Sonne, zu schleppen und ihre Wohnstatt auch noch auf andere Weise zu entweihen. Nachdem er dies mehrere Male getan hatte, wurde seine Schwester sehr böse und verbarg sich in der Höhle, die »das Felsentor des Himmels« genannt wird, und weil nun ihr strahlendes Angesicht nicht mehr zu sehen war, gab es keinen Unterschied mehr zwischen Tag und Nacht. Die ihr dienenden und nun über ihr Verschwinden trauernden Heroen gingen aus, um sie zu suchen. Sie aber setzte einen großen Felsblock vor ihre Höhle und weigerte sich herauszukommen. Als die Helden dies gewahrten, berieten sie sich miteinander und tanzten und führten allerlei Scherze und Pantomimen vor der Höhle auf, um sie herauszulocken. Von Neugierde getrieben, öffnete sie das Tor ein wenig und lugte hinaus, worauf der Held Tajikarao (»große Kraft«) in die Hände klatschte, mit den Füßen stampfte und mit einem mächtigen Griff in die entstandene Lücke das Felsentor niederriß. Die anderen Helden führten dann die Sonnengöttin im Triumph zurück.* Da Tajikarao der Gott der Stärke ist, feiern die Ringer, wenn sie auf die Bühne treten, das Andenken an ihn und seine Tat noch jetzt durch das oben beschriebene Händeklatschen und Fußstampfen als eine Vorbereitung zur Entwicklung ihrer Kraft.

Die großen Daimios haben die Gewohnheit, Ringkämpfer in ihren persönlichen Dienst zu nehmen und ihnen eine jährliche Menge Reis zu bestimmen. Diese Athleten beteiligen sich auch an Hochzeits- und Begräbnisprozessionen und eskortieren ihre Fürsten auf ihren Reisen. Die reichen Bürger oder Kaufleute geben ihren Lieblingsringern Geld und laden sie in ihre Häuser zu Weingelagen und Festen ein. Obwohl diese Künstler geringe und rohe Leute sind, genießen sie doch etwas von derselben Vertraulichkeit, die Preisfechtern, Jockeys u. s. w. von ihren Gönnern in England zugestanden wird.

Die japanischen Ringer scheinen kein geregeltes Erziehungs- und Vorbereitungssystem zu befolgen. Sie härten ihre von Natur aus mächtigen Gliedmaßen durch vieles Schlagen und dadurch ab, daß sie ihre Schultern häufig gegen schwere hölzerne Pfosten stoßen. Ihre Diät ist kräftiger als gewöhnlich die der Japaner, die selten Fleisch genießen.

* Der Verfasser der Geschichte, genannt »Kokuschi Rijaku«, erklärt dieses Märchen als Schilderung der ersten Sonnenfinsternis.

KAPITEL VII

Das Etamädchen und der Hatamoto

Vor etwa zweihundert Jahren lebte in dem Ort Honjo in Jedo ein Hatamoto namens Takoji Gensaburo. Er war ungefähr vier- oder fünfundzwanzig Jahre alt und von außerordentlich großer persönlicher Schönheit. Die Pflichten seines Amtes zwangen ihn, auf dem Weg zum Schloß des Taikuns häufig die Adsumabrücke zu passieren, und an eben dieser erlebte er einmal ein interessantes Abenteuer. Ein armer Mann, ein Eta*, pflegte, um seinen Unterhalt zu verdienen, jeden Tag zur Adsumabrücke zu gehen und dort die Sandalen der Vorübergehenden zu flicken Jedesmal, wenn Gensaburo über die Brücke ging, verbeugte dieser Eta sich tief vor ihm. Dies fiel dem Gensaburo endlich auf, und eines Tages, da er ganz allein aus dem Haus ging ohne die Begleitung irgendeines seiner Diener und die Adsumabrükke passierte, da brach plötzlich der lederne Riemen an einer seiner Sandalen. Das war ihm verdrießlich, doch erinnerte er

* Die Eta sind die Parias von Japan, deren Anwesenheit das Haus selbst des ärmsten und niedrigsten Japaners befleckt. Ihre Beschäftigung besteht im Abschlachten der Tiere und in der Verarbeitung des Leders. Auch müssen sie die Verbrecher bewachen und andere erniedrigende Dienste verrichten. Es gibt sehr abweichende Berichte über die Entstehung und Geschichte dieser Menschenklasse. Das Wahrscheinlichste ist, daß zur Zeit, als der Buddhismus, dessen Grundsätze verbieten, irgend etwas Lebendiges zu töten, in Japan eingeführt wurde, diejenigen, die durch Tötung lebten und deren blutiges Gewerbe in ihren Familien, wie in einigen Ländern Europas das Amt des Henkers, erblich geworden war, im ganzen Land mit Fluch beladen wurden. Eine andere Überlieferung versichert, daß sie die Nachkommen der tatarischen Eroberer seien, die Kublai Khan bei seinen Einfällen in Japan hinterlassen habe. Eine Schilderung der geselligen Verhältnisse Japans würde unvollständig sein ohne eine Kunde der Etas, und die folgende Geschichte zeichnet wohl ein sehr deutliches Bild der Stellung, die sie einnehmen.

sich sogleich des Etaschuhflickers, der ihn immer so regelmäßig begrüßt hatte. Schnell ging er zu dem Ort, wo er ihn gewöhnlich hatte sitzen sehen, und befahl ihm, seine Sandalen zu bessern, indem er ihn zugleich fragte: »Sage mir doch, welchen Grund hast du, jedesmal, wenn ich auf der Brücke an dir vorübergehe, mich so respektvoll zu grüßen?«

Als der Eta dies hörte, verlor er ganz seine Fassung und schwieg eine Weile still. Endlich aber schöpfte er Mut und sagte zu Gensaburo: »Herr, ich fühle mich tief beschämt darüber, daß Ihr mich mit Euren Befehlen beehrt und nach meiner Vergangenheit fragt. Ich war ursprünglich ein Gärtner und pflegte damals zu Euer Gnaden Haus zu kommen und beim Aufräumen des Gartens meinen Beistand zu leihen. In jenen Tagen waren Euer Gnaden sehr jung und auch ich selbst nicht viel mehr als ein Knabe, und daher pflegte ich mit Ihro Gnaden zu spielen und empfing viel Güte und Freundlichkeit aus Euren Händen. Mein Name, Herr, ist Tschokitschi. Seit jener Zeit bin ich durch allerlei Unglück nach und nach ganz herabgekommen und dann endlich das elende Wesen geworden, das Ihr vor Euch seht.«

Als Gensaburo das hörte, wunderte er sich sehr. Doch war er, nachdem er sich der früheren Freundschaft mit seinem Spielkameraden wieder deutlich erinnert hatte, von Mitleid erfüllt und sagte: »Ja, wahrlich, du bist sehr weit herabgekommen, Tschokitschi! Aber du solltest nun dein Möglichstes tun, Mittel zu finden, um der Klasse zu entkommen, in die du gefallen bist, um wieder ein ehrlicher Bürgersmann zu werden. Hier! Nimm diese Summe. So klein sie ist, möge sie dir zur Grundlage für Größeres und Besseres dienen.« Und mit diesen Worten nahm er zehn Rijos aus seiner Tasche und reichte sie Tschokitschi, der sich anfänglich weigerte, das Geschenk anzunehmen, aber es doch am Ende, da sein Gönner es ihm aufdrang, mit Dank zu sich steckte.

Gensaburo war eben im Begriff, ihn zu verlassen, um nach Hause zu gehen, als zwei wandernde Sängerinnen herzutraten und mit Tschokitschi sprachen. Gensaburo blickte hin, um zu sehen, wie die Mädchen aussähen. Die eine von ihnen war eine Frau von zwanzig Jahren und die andere ein ganz unvergleichlich schönes Mädchen von sechzehn. Sie war weder zu korpulent noch zu dünn, weder zu lang noch zu klein. Ihr Gesicht war oval wie ein Melonenkern und ihr Teint hell und weiß. Ihre Augen waren eng und funkelnd, ihre Zähne klein und einer wie der andere. Ihre Nase war gebogen und ihr Mund äußerst zierlich geformt, mit lieblichen roten Lippen. Ihre Augenbrauen waren lang und dünn ausgezogen. Sie hatte eine Fülle von langem schwarzen Haar. Sie sprach bescheiden mit einer sanften süßen Stimme, und wenn sie lächelte, so erschienen zwei niedliche Grübchen in ihren Wangen. In allen ihren Bewegungen war sie graziös und voll edlen Anstands. Gleich beim ersten Blick verlor Gensaburo sein Herz an sie, und sie, als sie ihn ebenfalls ansah und erkannte, was für ein schöner junger Mann er war, verliebte sich auch sogleich in ihn, so daß die Frau, die sie begleitete und bemerkte, daß beide einander mit großen Augen anstaunten, ihre junge Freundin so schnell wie möglich wegführte.

Gensaburo war eine Weile in sich versunken und dann sagte er, zu Tschokitschi sich wendend: »Bist du mit diesen beiden Frauen, die soeben mit dir sprachen, näher bekannt?«

»Herr!« erwiderte Tschokitschi, »es sind zwei Mädchen aus unserem Volk. Die Ältere heißt O Kuma, und das junge Mädchen, die nur sechzehn Jahre alt ist, nennt sich O Kojo. Sie ist die Tochter eines gewissen Kihatschi, eines Häuptlings der Etas.

Sie ist ein sehr artiges und sanftes Geschöpf und dazu noch sehr hübsch, und unser ganzes Volk ist voll ihres Lobes.«

Als Gensaburo das hörte, stand er eine Zeitlang in Gedanken verloren und sprach dann zu Tschokitschi: »Ich möchte dich um einen Dienst bitten. Bist du gewillt, für mich zu tun, was immer ich von dir verlange?«

Tschokitschi antwortete, daß er bereit sei, alles zu tun, was in seiner Macht stände, Seine Gnaden zu verpflichten. Darauf lächelte Gensaburo und sagte: »Gut! Dann möchte ich dich in einer gewissen Angelegenheit beschäftigen. Aber da hier so viele Leute vorbeigehen, will ich dich im Teehaus von Hanakawado erwarten. Wenn du dein Geschäft hier beendet hast, kannst du mich dort treffen, und ich will dir das Nötige kundtun.« Mit diesen Worten verließ Gensaburo ihn und begab sich zu dem Teehaus.

Nachdem Tschokitschi seine Arbeit beendet hatte, wechselte er seine Kleider, und nach dem Teehaus eilend, fragte er nach Gensaburo, der in einem der oberen Zimmer auf ihn wartete. Tschokitschi ging zu ihm hinauf und fing wieder an, ihm für das Geld, das er ihm gegeben hatte, zu danken. Gensaburo lächelte und reichte ihm einen Becher Wein, lud ihn zum Trinken ein und sagte:

»Nun will ich dir den Dienst nennen, mit dem ich dich beauftragen möchte. Ich habe meinen Sinn auf das Mädchen O Kojo gesetzt, der ich heute auf der Adsumabrücke begegnete, und du mußt mir eine Zusammenkunft mit ihr verschaffen!«

Als Tschokitschi diese Worte hörte, war er erschrocken und erstaunt und gab für einige Zeit keine Antwort. Endlich sagte er:

»Herr, es ist nichts in der Welt, das ich nach all den Gunstbezeugungen, die ich früher von Euch empfangen habe, nicht für Euch tun möchte. Wenn dieses Mädchen die Tochter eines Edel-

Begegnung Gensaburos mit den beiden Etamädchen

mannes oder auch nur eines gewöhnlichen ordentlichen Bürgers wäre, würde ich Himmel und Erde in Bewegung setzen, um Euren Wünschen zu entsprechen. Aber für Euer Gnaden, einen so edlen schönen Hatamoto, würde es ein großer Mißgriff sein, die Tochter eines Eta zur Geliebten zu haben. Bei Eurem Reichtum könntet Ihr ja um die edelste und schönste Frau in der Stadt werben. Ich bitte Euch, Herr, gebt diesen Gedanken auf.«

Diese Äußerung verdroß Gensaburo, und er sagte:

»Es ist nicht deine Sache, mir hierin einen Rat zu geben. Ich habe dir befohlen, mir das Mädchen zu verschaffen, und deinem Gelübde gemäß mußt du gehorchen.«

Da Tschokitschi nun einsah, daß alle seine Einwendungen vergebens sein würden, überlegte er, wie er eine Begegnung Gensaburos mit O Kojo zustande bringen könne, und antwortete:

»Herr, verzeiht mir die Freiheit, die ich mir genommen habe. Ich will zu Kihatschis Haus gehen und mein Bestes tun, um Euren Wünschen zu entsprechen. Aber heute ist es schon zu spät, die Nacht ist im Anzuge. Morgen will ich zu ihrem Vater gehen und mit ihm reden.«

Gensaburo war darüber entzückt, daß er den Tschokitschi entschlossen sah, ihm zu dienen.

»Gut«, sagte er, übermorgen will ich dich im Teehaus von Odschi erwarten, und du kannst sie mitbringen. Nimm dies Geschenk, so klein es ist, und tue für mich, was du vermagst.«

Damit zog er drei Rijos aus der Tasche und reichte sie Tschokitschi, der aber das Geld mit Dank von sich wies, indem er sagte, er hätte schon zu viel erhalten und könne nicht noch mehr annehmen.

Aber Gensaburo drängte es ihm auf und fügte hinzu, daß er, wenn die Wünsche seines Herzens erfüllt würden, noch viel mehr für ihn tun wolle. So begann denn Tschokitschi, in großer Freude über das gute Glück, das ihm zuteil geworden, in seinem Kopf allerlei Pläne zu schmieden, und beide trennten sich dann.

Auch O Kojo, die beim ersten Anblick Gensaburos bei der Adsumabrücke für ihn in Liebe entbrannt war, konnte, als sie nach Hause kam, an nichts anderes mehr denken als an ihn. Betrübt und melancholisch saß sie da, und ihre Freundin O Kuma versuchte vergeblich, sie auf allerlei Weise zu trösten. Sie seufzte und schmachtete aus ganzer Seele für Gensaburo, und je mehr sie über ihre Lage nachdachte, desto deutlicher erkannte sie, daß sie als Tochter eines Eta keine passende Partie für einen edlen Hatamoto sein könne. Dennoch fuhr sie fort, sich für ihn zu quälen und ihren eigenen und niedrigen Stand zu bejammern. –

Nun traf es sich, daß ihre Freundin O Kuma Tschokitschi lange schon liebte und ihrerseits nichts anderes tat, als an diesen zu denken und von ihm zu sprechen. Eines Tages, als Tschokitschi im Haus Kihatschis, des Oberhaupts der Eta, einen Besuch machte, war O Kuma, als sie ihn kommen sah, sehr erfreut und empfing ihn mit den freundlichsten Worten, und Tschokitschi, sie unterbrechend, sagte:

»O Kuma, ich möchte dich bitten, mir eine Frage zu beantworten: Wohin ist O Kojo heute gegangen, um sich zu vergnügen?«

»Ach! Ihr erinnert Euch doch des vornehmen Herrn, der mit Euch neulich auf der Adsumabrücke sprach? Nun, O Kojo hat eine ganz leidenschaftliche Liebe zu ihm gefaßt, und sie sagt, sie sei zu niedergeschlagen und so ganz außer Rand und Band, daß sie noch nicht aus dem Bett kommen könne.«

Tschokitschi vernahm dies gern und sagte zu O Kuma:

»Oh, das ist wundervoll! O Kojo liebt also eben den Herrn, der von Liebe für sie ganz entbrannt ist und der mich aufgefordert hat, ihm in der Angelegenheit zu helfen. Da er aber ein Hatamoto ist, würden er und sein ganzes Geschlecht in große Gefahr kommen, wenn die Sache ruchbar würde. Wir müssen sie vor der Welt so geheim wie möglich halten.«

»Oh Wunder!« antwortete O Kuma, »wenn O Kojo dies hört, ach! Wie glücklich wird sie sein! Ich muß gleich gehen und ihr alles erzählen!«

»Noch nicht!« sagte Tschokitschi, sie zurückhaltend. »Wenn ihr Vater, Meister Kihatschi, einstimmt, dann wollen wir es ihr sagen. Warte du ein wenig hier, bis ich mich mit ihm besprochen habe.« – Damit begab er sich in ein inneres Zimmer, um Kihatschi aufzusuchen, und nachdem er die Neuigkeiten des Tages mit ihm besprochen hatte, stellte er ihm vor, wie heftig Gensaburo seine Tochter O Kojo liebe und wie er ihn als Zwischenträger angestellt habe. Dann beschrieb er ihm, wieviel Huld und Güte ihm aus den Händen Gensaburos zuteil geworden sei zu einer Zeit, da er noch in besseren Verhältnissen gewesen, verweilte bei der Schilderung der wunderbaren persönlichen Schönheit des edlen Herren und des glücklichen Zufalls, durch den er und O Kojo einander getroffen hätten.

Als Kihatschi diese Geschichte hörte, fühlte er sich nicht wenig geschmeichelt und sagte:

»Ich bin dir in der Tat sehr verpflichtet. Für eine unserer Töchter, die selbst vom gemeinsten Volk verachtet und wie die Pest gemieden werden, kann es wohl nur die größte Ehre sein, zur Geliebten eines edlen Hatamoto erkoren zu werden.«

Er setzte darauf Tschokitschi einen kleinen Imbiß vor und eilte hinaus, um O Kojo die Neuigkeit zu hinterbringen. Was das bis über die Ohren verliebte Mädchen betrifft, so war es nicht schwierig, ihre Einstimmung zu allem zu erlangen, was man von ihr verlangte.

Folglich machte sich Tschokitschi, nachdem er die Verabredung getroffen hatte, die beiden Liebenden am folgenden Tag in Odschi zusammenzubringen, bereit, zum Gensaburo zu gehen und ihm die fröhliche Botschaft zu überbringen. Aber O Kojo, die ganz genau wußte, daß ihre Freundin O Kuma Tschokitschi liebte, und die dachte, daß, wenn sie die beiden einander in die Arme führte, dieselbe ihrerseits nichts von Gensaburo und ihr verlauten lassen, sondern beide Geheimnisse treu genug bewahren würde, suchte dies auf der Stelle ins Werk zu setzen und brachte es zustande. Endlich entwand sich Tschokitschi den Liebkosungen O Kumas, kehrte zu seinem Gönner Gensaburo zurück und erzählte ihm, wie er alles so geordnet und verabredet habe, daß er am folgenden Tag ohne Fehl seine Geliebte in Odschi zu ihm führen würde. Gensaburo, außer sich vor Freude, erwartete den Morgen mit Ungeduld.

Am nächsten Tag ging Gensaburo, nachdem er alle Vorbereitungen getroffen hatte, mit Tschokitschi zum Teehaus in Odschi und ließ sich beim Wein nieder, sein Liebchen erwartend.

Was O Kojo betrifft, so war sie halb in Entzücken und halb schüchtern bei dem Gedanken, daß sie an diesem Tag dem Mann, nach dem ihr Herz verlangte, begegnen solle. Sie legte ihre Festtagskleider an und wanderte mit O Kuma nach Odschi. Und als die beiden aus dem Haus traten, strahlte ihre natürliche Schönheit, die noch von der gefälligen Toilette erhöht wurde, dermaßen, daß alle Vorübergehenden sich nach ihr umdrehten, um sie anzusehen und ihre reizende Erscheinung zu preisen. Auf diese Weise langten sie nach einiger Zeit in Odschi an und traten in das besprochene Teehaus.

Tschokitschi trat ihnen mit dem Ausruf entgegen:

»Oh, Himmel! Mein Fräulein O Kojo. Seine Herrlichkeiten wartet Eurer mit der höchsten Ungeduld. Ich bitte, beeilt Euch und kommt schnell herein!«

Aber trotz allem, was er sagte, zauderte O Kojo infolge ihrer jungfräulichen Bescheidenheit noch ein wenig. O Kuma dagegen, die nicht so ängstlich war, rief aus:

»Nun! Was soll das bedeuten? Da du schon so weit gekommen bist, O Kojo, so scheint es mir doch etwas spät, jetzt noch die Scheue zu spielen. Sei keine Närrin, sondern tritt sogleich mit mir ein!« Und mit diesen Worten ergriff sie ihre Freundin fest bei der Hand, zog sie mit Gewalt ins Zimmer und plazierte sie neben Gensaburo.

Als Gensaburo bemerkte, wie schüchtern und bescheiden das Mädchen war, sagte er:

»Komm, meine Liebe! Was ist hierzu fürchten? Tritt ein wenig näher, ich bitte dich!«

»Vielen Dank, lieber Herr. Wie könnte ich, die ich ein so niedriges Geschöpf bin, es wagen, mich an Eurer Seite zu setzen und Euren Adel zu beflecken?« Und indem sie so sprach, umhüllte eine tiefe Rote ihr Angesicht, und je länger Gensaburo sie anblickte, desto schöner erschien sie seinen Augen und desto mehr wurde er von ihren Reizen bezaubert. Er ließ Wein bringen und Fisch, und alle vier ergötzten sich an einem kleinen Schmaus. Als Tschokitschi und O Kuma sahen, was die Stunde geschlagen hatte, zogen sie sich rücksichtsvoll in ein anderes Zimmer zurück, und Gensaburo und O Kojo blieben allein, sich einander in die Augen blickend.

»Komm!« sagte Gensaburo lächelnd, »möchtest du denn nicht etwas näher bei mir sitzen?«

»Ich danke Ihnen, mein Herr. Ich fürchte mich ein wenig.«

Aber Gensaburo, mit einem Lächeln über ihre unnütze Furcht, sprach:

»Ei! Du benimmst dich ja fast, als ob du mich haßtest.«

»Oh, nein! Nein! Gewiß, lieber Herr, ich hasse Euch nicht! Das würde sehr häßlich von mir sein, und tatsächlich ist es auch nicht der Fall! Gleich als ich Euch zum ersten Mal bei der Adsumabrücke sah, liebte ich Euch und sehnte mich nach Euch von ganzer Seele. Aber ich wußte genau, welcher verachteten Rasse ich angehöre und daß ich für Euch durchaus keine passende Partie bin, und so ergab ich mich in Resignation. Aber ich bin noch so jung und unerfahren und konnte es daher doch nicht lassen, an Euch zu denken und an Euch allein. Und dann kam Tschokitschi zu mir, und als ich von ihm hörte, was Ihr über mich gesagt hattet, da dachte ich in meinem Herzen, daß alles ein seliger Traum sein müsse!«

Wie sie diese Worte sprach, schüchtern errötend, da war Gensaburo ganz hingerissen von ihrer Schönheit und sagte:

»Gut! Du bist ein kluges Kind. Gewiß besitzt du schon längst einen hübschen jungen Liebhaber, und das ist es sicherlich, weshalb du nicht mit mir trinken und an meiner Seite sitzen willst. Habe ich nicht Recht?«

»Ach! Mein Herr! Ein so hoher Edelmann, wie Ihr es seid, hat sicherlich ein schönes Weib in seinem Haus, und dann seid Ihr Selbst so schön, daß ohne Zweifel alle hübschen jungen Damen Euch lieben!«

»Ei, sieh doch, wie geschickt du bist im Schmeicheln und Komplimente machen! Eine so reizende Kreatur, wie du es bist, wäre ganz dazu gemacht, allen Männern den Kopf zu verdrehen – du kleine Zauberin!«

»Ach, das ist bitter zu hören für ein armes Mädchen! Wer möchte nur daran denken, mit einem so elenden Geschöpf einen Liebesbund zu schließen. Ich bitte, erzählt mir jetzt alles von Eurem Liebchen. Mich verlangt so sehr, von ihr zu hören!«

»Komisches Kind! Ich bin nicht der Mann, der jeder schönen Dame etwas in den Kopf setzt. Aber ja, allerdings! Wahr ist es, daß doch eine gewisse Person vorhanden ist, die ich liebe und heiraten möchte.«

Bei diesen Worten fing O Kojo an, eine aufrichtige Eifersucht zu empfinden.

»Oh«, sagte sie, »wie glücklich muß sie sein! Bitte erzählt mir alles von ihr!« Und ein Gefühl von eifersüchtigem Haß kam über sie und machte sie ganz unglücklich.

Gensaburo erwiderte lachend:

»Nun so höre denn! Die gewisse Person, die ich über die Maßen liebe, ist niemand anders als du selbst. – Da! Du!« und wie er so sprach, berührte er mit der Spitze seines Fingers leise das Grübchen in ihrer Wange, und O Kojos Herz schlug vor Freude so heftig, daß sie für einige Zeit ganz sprachlos war. Endlich schlug sie ihre Augen auf, wendete ihm ihr Antlitz zu und sagte:

»Ach, hoher Herr, Ihr scherzt wohl nur mit mir, da Ihr doch nun wißt, daß das, was Euch gefallen hat, mir vorzuschlagen, der innigste Lieblingswunsch meines Herzens ist. Ich wäre glücklich, wenn ich nur als Dienstmagd oder in einer noch so geringen Eigenschaft in Euer Haus kommen könnte, um täglich mich an Eurem Anblick zu laben!«

»Ah! Ich sehe, daß du sehr geschickt bist, Männer zum Besten zu haben, und da willst du mich denn auch ein wenig hänseln«, und dabei nahm er sie an der Hand und zog sie nahe zu sich heran. Und sie, wieder errötend, rief:

»Oh! Wartet noch einen Augenblick, bis ich die Schiebetür verschlossen habe.«

»Höre mich an, O Kojo! Ich werde nie das Versprechen vergessen, das ich dir machte, und du brauchst nicht zu fürchten, daß ich dir Kummer bereiten werde. Nimm aber auch du dich in acht, daß du mich nicht hintergehst!«

»Wohl eher ist es zu fürchten, Herr, daß es Euch gefallen würde, Euer Herz einer anderen zu schenken. Aber ich bitte Euch, obwohl ich keine vornehme Dame bin, habt Mitleid mit mir und liebt mich ehrlich und lange!«

»Das steht fest! Ich werde mich um kein anderes Weib kümmern, als um dich!«

»Oh! Diese Worte, das erflehe ich von Euch, diese Worte, die Ihr eben gesprochen habt, vergeßt nie!«

»Doch jetzt«, erwiderte Gensaburo, »rückt die Nacht heran, und für heute müssen wir uns scheiden. Wir wollen uns in diesem Teehaus wieder treffen. Aber weil die Leute Bemerkungen machen könnten, wenn wir beide zusammen das Haus verließen, so laß mich zuerst und allein hinausgehen!«

Und so trennten sie sich denn ganz gegen ihren Wunsch und Willen. Gensaburo ging zu seinem Palast. Und O Kojo kehrte heim zu ihrer Hütte, ihr Herz ganz erfüllt mit Freuden darüber, daß sie den Mann gefunden hatte, nach dem ihr Herz verlangte. Und von dem Tag an kamen sie insgeheim regelmäßig in dem hübschen Teehaus zusammen. Und Gensaburo vergaß in seiner Verblendung gänzlich, daß die Sache ohne Zweifel sehr bald stadtbekannt werden müßte. Er dachte nur an die Freuden des Augenblicks und ließ es außer acht, daß, wenn man von seiner Verbindung mit einem Etamädchen etwas erführe, er verbannt werden und seine Familie in Verruf und Elend kommen würde.

Tschokitschi, der die Begegnung Gensaburos mit seiner Geliebten veranlaßt hatte, ging, O Kojo mit sich nehmend, alle Tage zu dem hübschen Teehaus zu Odschi. Gensaburo aber vernachlässigte seinen Staatsdienst über das Vergnügen dieser geheimen Zusammenkünfte. Das gewahrte Tschokitschi zu seinem großen Kummer und Schrecken, und er überlegte für sich, daß, wenn Gensaburo sich auf diese Weise ganz dem Vergnügen und der leidenschaftlichen Liebe zu einem Etamädchen hingäbe und alle seine öffentlichen Pflichten vernachlässigte, das ganze Geheimnis bald an den Tag kommen und dann Gensaburo selbst und seine ganze Familie höchst unglücklich werden würde. Er begann daher auf einen Plan zu sinnen, wie er sie wieder auseinanderbringen könne, und er war nun ebenso eifrig dabei sie zu trennen, wie er früher gewesen war, sie zu vereinigen.

Schließlich verfiel er auf einen Anschlag, der ihm der beste zu sein schien. So ging er eines Tages zu O Kojos Haus, besuchte ihren Vater und sprach zu ihm:

»Ich habe dir eine sehr traurige Neuigkeit mitzuteilen. Die Familie des Herrn Gensaburo beklagt sich bitterlich über sein Betragen und über seine Verbindung mit deiner Tochter und über die Gefahr und das Unglück, in die ein Bekanntwerden dieser Sache das ganze Haus stürzen würde. Sie haben daher ihren Einfluß auf ihn verwendet und versucht, ihn zu überreden, die Verbindung aufzugeben. Nun hegt zwar Seine Herrlichkeit eine aufrichtige und tiefe Liebe für das Mädchen, aber er kann doch ihretwegen nicht seine ganze Familie aufopfern. Heute zum ersten Mal sind ihm die Augen aufgegangen über die Torheit, der er sich schuldig gemacht, und alles bereuend, hat er mir aufgetragen, eine Kriegslist zu ersinnen, um die Sache wieder abzubrechen. Natürlich hat mich dies sehr verwundert und aufgeregt, aber da man die Gerechtigkeit des Falles nicht leugnen kann, so blieb mir nichts anderes übrig, als Gehorsam zu versprechen, und um dieses Versprechen zu erfüllen, bin ich zu dir gekommen. Ich bitte dich, befiehl deiner

Tochter, daß sie sich alle Gedanken an den jungen Edelmann aus dem Kopf schlage.«

Als der Vater Kihatschi dies alles vernahm, wurde er sehr bekümmert. Dennoch ging er gleich zu O Kojo und sprach mit ihr. Sie, über diese Kunde von tiefstem Schmerz ergriffen, dachte nicht mehr an Essen und Trinken, sondern saß trostlos, finster und verzweiflungsvoll da.

Unterdessen ging Tschokitschi, der nun seine Pläne immer weiterspann, zu Gensaburos Haus und sagte ihm, daß O Kojo plötzlich erkrankt sei und daß sie ihn nicht besuchen könne. Er beschwor ihn, er möchte geduldig abwarten, bis sie zu ihm senden und ihm ihre Gesundung melden werde.

Gensaburo, der keine Ahnung davon hatte, daß das alles falsch war, wartete ganz ergeben und geduldig dreißig Tage lang, und doch brachte ihm Tschokitschi noch keine Nachricht von O Kojo. Endlich, da er ihm eines Tages begegnete, beschwor er ihn, doch ein Wiedersehen mit O Kojo veranstalten zu wollen.

»Herr!« erwiderte Tschokitschi, »sie ist noch nicht wieder gesund, und es wäre daher sehr schwierig, sie zu Euch zu führen. Aber, mein Herr Gensaburo«, und hier offenbarte er nun, plötzlich hervorbrechend, alles, »ich habe über diese ganze Angelegenheit nachgedacht. – Herr Gensaburo! Wenn das Ding ruchbar wird, so wird die ganze Familie Euer Herrlichkeit ins Verderben gestürzt. Ich bitte und beschwöre Euch, gebt O Kojo auf und vergeßt sie!«

Gensaburo war für einige Augenblicke stumm vor Staunen. Dann sagte er: »Es ist recht freundlich von dir, daß du dich bestrebst, mir einen guten Rat zu geben. Doch da ich mich O Kojo nun einmal durch ein Versprechen verbunden habe, würde es ganz unbarmherzig von mir sein, wenn ich sie wieder verraten und verlassen wollte. Ich flehe dich an, verschaffe mir ein Wiedersehen mit ihr!«

Da Tschokitschi aber nicht einwilligen wollte und da er, obwohl Gensaburo ihn von da an täglich mit Bitten bedrängte, ihm seine O Kojo wiederzubringen, nichts zur Antwort gab als seinen guten Rat, verfiel Gensaburo in tiefe Melancholie und Vereinsamung.

Eines Tages begab sich Gensaburo, der sich auf alle Weise den Kummer, den er über seine Trennung von O Kojo empfand, vom Herzen schaffen wollte, zum Joschiwara und ordnete in einem öffentlichen Vergnügungslokal die Zurüstung eines großen Festes an, zu dem er viele Freunde einlud. Aber mitten in den Lustbarkeiten schmachtete sein Herz beständig nach seiner verlorenen Liebe, und seine Freude war nichts als verkappte Betrübnis. Zuletzt kam die Nacht, und als er sich längs eines Korridors zurückzog, stieß er auf einen Mann von etwa vierzig Jahren mit langem Haar, der auf ihn zukam und als er Gensaburo erblickte, ausrief: »Oh, Wunder! Ist das nicht mein Herr Gensaburo, der hierhergekommen ist, sich zu vergnügen?«

Gensaburo fand dies sonderbar. Als er aber den Mann genauer ansah, erkannte er in ihm einen seiner Untergebenen, den er noch ein Jahr zuvor in seinem Dienst gehabt hatte, und sagte:

»Das ist eine seltsame Begegnung. Bitte, sag mir, was ist dir geschehen, seitdem du meinen Dienst verlassen hast? Jedenfalls, wie ich sehe, kann ich dir gratulieren, daß du bei so guter Gesundheit und bei Kräften bist. Wie und wo lebst du jetzt?«

»Wohl, mein Herr, seit ich Euch verließ, habe ich meinen Lebensunterhalt als Wahrsager in Kanda verdient und meinen Namen in Kaji Sasen geändert. Ich wohne in einem kleinen, ärmlichen Haus. Aber wenn Eure Lordschaft Muße hätten, mich mit einem Besuch zu beehren –«

»Ja! Das ist ein glücklicher Zufall, der uns zusammengeführt hat, und ich will allerdings kommen und dich besuchen. Zudem mochte ich dich bitten, für mich etwas auszurichten. Bist du übermorgen zu Hause?«

»Ganz bestimmt, Herr, ich werde mir eine Pflicht daraus machen, zu Hause zu sein.«

»Sehr gut, so werde ich übermorgen zu dir kommen!«

»Ich werde zu Ihren Diensten sein, Herr. Und für heute, da es schon spät geworden ist, will ich mich empfehlen.«

»Gute Nacht denn! Übermorgen werden wir uns treffen!« Und darauf schieden sie voneinander, und jeder ging seiner Wege zur nächtlichen Ruhe.

Am verabredeten Tag traf Gensaburo seine Vorbereitungen und ging in Verkleidung, ohne alle Begleitung, um Sasen zu besuchen, der ihm vor der Tür seines Hauses mit den Worten entgegenkam: »Das ist eine große Ehre für mich! Mein Lord Gensaburo ist mir höchst willkommen. Mein Haus ist zwar nur gering, aber laßt mich Euch in eins der inneren Gemächer einladen.«

»Bitte«, antwortete Gensaburo, »mach keine Umstände mit mir. Laß mich ohne Zeremonie eintreten!«

Und so ging er hinein, und Sasen befahl seinem Weib, Wein und Zutat herbeizubringen, und sie begannen zu schmausen. Endlich faßte Gensaburo Sasen scharf ins Auge und sagte: »Ich habe für dich einen Auftrag, den ich sehr wünschte, von dir ausgeführt zu sehen. Es ist eine ganz geheime Sache. Aber wenn du dich weigern solltest, ihn anzunehmen, so würde meine Ehre leiden. Ehe ich darüber spreche, muß ich daher wissen, ob du entschlossen bist, mir beizustehen, was immer ich auch von dir verlangen werde.«

»Ja, mein Herr, wenn es etwas ist, was in meiner Macht steht, so stehe ich ganz zu Eurer Verfügung.«

»Wohl denn«, sagte Gensaburo sehr befriedigt, und indem er zehn Rijos aus seinem Busen hervorzog, sprach er weiter: »Dies ist nur ein kleines Geschenk, das ich dir bei meinem ersten Besuch mache. Aber ich bitte dich, nimm es an!«

»Nein! Nein! Ich weiß zwar nicht, was Eure Herrlichkeit von mir verlangen. Aber auf keinen Fall kann ich das Geld nehmen. Ich muß Euer Gnaden wirklich bitten, es zu behalten.« Gensaburo drängte es ihm aber mit Gewalt auf, und so war er endlich gezwungen, es einzustecken. Darauf erzählte ihm Gensaburo seine ganze Liebesgeschichte mit O Kojo, wie er ihr zuerst bei der Adsumabrücke begegnet sei und dort sein Herz an sie verloren habe, wie dann Tschokitschi ihn im Teehaus zu Odschi mit ihr zusammengeführt habe und wie sie dann krank geworden sei, wie er sich nach ihr heftig gesehnt und dann Tschokitschi, anstatt sie zu ihm zu führen, ihm nur guten Rat gegeben habe. – Auf diese Weise entwarf er ein ganz klägliches Bild vom Zustand seiner inneren Unruhe und Verzweiflung.

Sasen lauschte der Erzählung ganz geduldig und antwortete nach einigem Nachdenken: »Nun, mein Herr, es scheint mir nicht ganz schwierig, die Sache ins Gleis zu bringen, aber sie bedarf doch einiger Überlegung und vorsichtiger Behandlung. Wollen aber Euer Gnaden mir die Ehre erweisen, übermorgen wieder zu mir zu kommen, so will ich mich unterdessen orientieren und Sie das Resultat wissen lassen.«

Als Gensaburo dies hörte, fiel ihm ein Stein vom Herzen, und indem er seinem Vasallen Sasen noch einmal empfahl, in der Angelegenheit sein Bestes zu tun, nahm er Abschied und ging nach Hause. Noch am selben Abend begab sich Sasen, nachdem er noch einmal alles Gehörte überdacht und danach seinen Plan entworfen hatte, zum Haus Kihatschis, des Häuptlings der Eta, und machte ihm den Auftrag, mit dem er betraut sei, bekannt. –

Kihatschi war natürlich darüber sehr verwundert und sagte: »Vor einiger Zeit, mein Herr, kam Tschokitschi zu mir und berichtete, daß Lord Gensaburo von seiner Familie über sein unregelmäßiges Leben Vorwürfe empfangen und danach beschlossen habe, seine Verbindung mit meiner Tochter aufzugeben. Ich wußte natürlich sehr gut, daß die Tochter eines Eta keine passende Partie für einen Edelmann sei, und als daher Tschokitschi mir die Mitteilung machte, blieb mir nichts anderes übrig, als meiner Tochter anzukündigen, daß sie alle Gedanken an den hohen Herrn aufgeben müsse. Seit der Zeit hat sie nun beständig geweint und geseufzt und sich in ihrem Liebeskummer verzehrt. Aber wenn ich ihr nun mitteilen werde, was Ihr eben gesagt habt, oh, wie froh und glücklich wird sie sein! Ich will gehen und gleich mit ihr reden!« – Und mit diesen Worten eilte er zu O Kojos Zimmer, und als er ihr mageres und abgehärmtes Antlitz erblickte und sah, wie sie aussah, fühlte er ein noch tieferes Mitleid mit ihr und sprach: »Nun, O Kojo, bist du heute besser aufgeräumt? Möchtest du nicht etwas genießen?«

»Ich danke, ich habe keinen Appetit!« –

»Nun auf alle Fälle! Ich habe eine Neuigkeit für dich, die dich glücklich machen wird. Es ist von deinem Herrn Gensaburo, für den dein Herz schlägt, ein Bote gekommen.«

Darauf richtete O Kojo, die, wie eine welke Blume zusammengefallen, dagesessen hatte, sich auf und rief: »Ist das wirklich wahr? Ach, ich bitte schnell! Schnell! Sag mir alles!«

»Die Geschichte, die Tschokitschi uns erzählte, daß Seine Gnaden die Verbindung mit dir abzubrechen wünschte, war nichts, als eine Erfindung. Er hat die ganze Zeit über sich gesehnt, dich wiederzusehen, und Tschokitschi beständig angetrieben, dir Nachricht zu geben. Tschokitschi ist es gewesen, der Hindernisse in den Weg geworfen hat. Jetzt endlich hat der Herr einen Mann namens Kaji Sasen, einen Wahrsager, insgeheim hergesandt. Und so kannst du, mein Kind, dich nun trösten und wieder fröhlich sein und deinen Geliebten, sobald du willst, besuchen und wiedersehen.«

Als O Kojo dies vernahm, fühlte sie sich so glücklich, daß sie glaubte, es sei alles nur ein böser Traum gewesen, und fast traute sie ihren Sinnen nicht.

Kihatschi, darüber ganz froh, kehrte zu Sasen ins andere Zimmer zurück, schilderte ihm die Freude, die seine Tochter bei der guten Botschaft empfunden habe, und setzte ihm Wein und andere Delikatessen vor. »Es wäre vielleicht«, sagte Sasen, »das Beste, daß O Kojo in Zukunft ganz im Verborgenen im Palast des Herrn Gensaburo wohnte. Aber damit die Welt davon nichts erfährt, müßte es sehr geheimgehalten werden; und ferner muß ich, wenn ich nach Hause gehe, einen Plan ersinnen, wie ich den Verdacht dieses Tschokitschi einschläfern kann, und dich dies dann in einem Brief wissen lassen. Unterdessen wäre es gut, wenn O Kojo diese Nacht einstweilen mit mir in mein Haus käme. Sie ist so erstaunlich aufgeregt, und sie soll morgen ihren Gensaburo bei mir sehen.«

Kihatschi erzählte dies seiner Tochter, und da ihr Verlangen nach Gensaburo die einzige Ursache ihrer Krankheit war, fühlte sie sich auf der Stelle genesen, sagte, daß sie sofort mit Sasen gehen wolle, und traf fröhlich ihre Vorbereitungen. Worauf denn Sasen, nachdem er es Kihatschi noch einmal eingeschärft hatte, das Geheimnis zu wahren und genau nach dem Brief, den er ihm senden würde, zu verfahren, nach Hause ging und O Kojo mit sich nahm. Und nachdem O Kojo ein Bad genommen und ihr Haar geordnet, sich geschmückt und schöne Kleider angelegt hatte, trat sie hervor und sah wieder so reizend und lieblich aus, daß keine Prinzessin im Reich es mit ihr hätte aufnehmen können. Und als Sasen sie so sah, dachte er, es wäre kein Wunder, daß Gensaburo von ihr bezaubert worden sei. Da es aber darüber spät geworden war, riet er ihr, zu Bett zu gehen, und nachdem er sie zu ihrem Gemach geführt hatte, zog er sich in sein eigenes Zimmer zurück und schrieb seinen Brief an Kihatschi, der den Plan auseinandersetzte, den er sich ausgedacht hatte.

Als Kihatschi seine Instruktion erhielt und sie erwog, erfüllte ihn Bewunderung für Sasens Erfindungsgabe und Scharfsinn. Er nahm darauf ein Ansehen und einen Gesichtsausdruck von Schrecken und Aufregung an, eilte rasch zu Tschokitschi und sprach zu ihm in großer Hast:

»Oh! Oh! Meister Tschokitschi! Was für ein entsetzliches Ding hat sich ereignet! Bitte, laßt mich Euch alles erzählen!«

»Wirklich? Was ist es denn?«

»Ach lieber Herr!« antwortete Kihatschi und tat so, als ob er sich Tränen abwischte, »meine Tochter O Kojo, in ihrer tiefen Betrübnis um ihre Trennung von Gensaburo, verweigerte zuerst alle Speise und nährte nur ihren Kummer, bis sie sich vorigen Abend, da ihr schwaches Frauenherz den großen Jammer nicht mehr tragen konnte, in den Fluß stürzte und ertränkte, ein Papier hinterlassend, in dem sie ihre Absicht schriftlich kundgab.«

Als Tschokitschi dies hörte, war er wie vom Donner gerührt und rief aus: »Kann das wirklich wahr sein? Oh, wenn ich daran denke, daß ich der erste war, der sie bei Gensaburo einführte, so wage ich nicht, Euch ins Gesicht zu blicken!«

»Ach, sprich nicht so! Unglücksfälle sind die Strafen, die uns für unsere Missetaten treffen, die wir uns in einem früheren Zustand unserer Existenz haben zuschulden kommen lassen. Ich werfe auf dich keinen Groll. Dieses Geld, das ich in der Hand halte, gehörte meiner Tochter; und die letzten Willensäußerungen, die sie niederschrieb, enthielten die Bitte, daß das Geld nach ihrem Tod dir übergeben werden möge, dir, durch dessen Vermittlung sie mit jenem Edelmann in Verbindung kam. So bitte ich denn, nimm es hin als ein für dich bestimmtes Legat meiner Tochter«, und indem er so sprach, reichte er ihm drei Rijos hin.

»Ihr beschämt mich!« erwiderte der andere. »Wie könnte ich, der ich mir vor allen anderen soviel vorzuwerfen habe in bezug auf mein Betragen gegen dich, dieses Geld annehmen?«

»Es war ja meiner Tochter letzter Wunsch. Aber, da du dir selbst Vorwürfe machst, so bitte ich dich, für das Geld Gebete lesen zu lassen zu Gunsten meiner armen Tochter.«

Endlich sah sich Tschokitschi nach vielem Zureden und sehr zu seinem eigenen Mißvergnügen genötigt, das Geld anzunehmen; und nachdem Kihatschi so alle Instruktionen Sasens ausgeführt hatte, ging er, in seinen Ärmel lachend, nach Hause.

Tschokitschi war tief bekümmert, von O Kojos Tod zu hören, und versank in Gedanken über diese traurige Neuigkeit, als er, um sich blickend, etwas wie einen Brief auf dem Platz liegen sah, wo Kihatschi gesessen hatte. Er nahm es auf und las, und das Mißgeschick wollte, daß dies eben der Brief war, der Sasens Instruktion für Kihatschi enthielt und in dem sich die ganze Geschichte, die ihn so tief ergriffen hatte, als eine Erdichtung darstellte. Als er den Streich, der ihm gespielt war, auf diese Weise erfuhr, wurde er erbittert und rief aus: »Ich mag nicht daran denken, daß ich mich von diesem hassenswürdigen alten Gecken Sasen habe hinters Licht führen lassen. Und auch der Gensaburo! Aus dankbarer Anhänglichkeit für die Gunstbezeugungen, die ich einmal in vergangenen Tagen von ihm empfangen habe, gab ich ihm treuherzig freundschaftlichen Rat, und auch das vergebens! Nun gut! Einmal haben sie mich hintergangen. Aber jetzt will ich ihnen Gleiches mit Gleichem vergelten und ihnen in den Weg treten, bevor sie ihre letzte Karte ausgespielt haben!« – Und mit solchen Gedanken und Reden arbeitete er sich in eine leidenschaftliche und bittere Stimmung hinein, machte sich in aller Stille davon und schlich um Sasens Haus herum, um nach O Kojo zu spähen, entschlossen sowohl Sasen als auch Gensaburo alles zurückzuzahlen.

Sasen unterdessen, der von dem, was sich ereignet hatte, nichts wußte und ahnte, ließ, als der von ihm und Gensaburo verabredete Tag herankam, O Kojo ihre besten Kleider anlegen, putzte sein Haus heraus und bereitete ein Gastmahl für die Zeit von Gensaburos Ankunft. Dieser erschien pünktlich zu seiner Zeit, und sogleich hereintretend sprach er zu dem Wahrsager: »Nun! Bist du mit deiner Kommission, die ich dir anvertraute, glücklich gewesen?«

Anfänglich tat Sasen so, als ob ihn die Frage in Verlegenheit setze, und sagte: »Ja, mein Herr, ich habe mein Bestes getan; aber es ist eine Sache, die nicht auf die Schnelle ins Reine gebracht werden kann. Doch in einem oberen Zimmer meines Hauses sitzt eine junge Dame von hoher Geburt und wundervoller Schönheit, die insgeheim zu mir kam, um sich von mir wahrsagen zu lassen, und wenn Euer Gnaden Lust hätten, mit mir hinaufzugehen und sie zu sehen, so steht es Ihnen frei.«

Als er hörte, daß er nicht seiner O Kojo begegnen sollte, verlor Gensaburo ganz und gar den Mut und wandte sich, um wieder nach Hause zu gehen. Doch Sasen drängte ihn so eifrig und mit so großer Beredsamkeit, daß er zuletzt hinaufging, um die gepriesene Schönheit zu sehen, worauf Sasen einen Wandschirm beiseite schob und ihm O Kojo zeigte, die in ihrem Schmuck dasaß. Gensaburo fuhr zusammen, und sich zu Sasen wendend sagte er: »Nun, in der Tat, Sasen, du verstehst es ausgezeichnet, einen Menschen hinters Licht zu führen. Doch kann ich die Art und Weise, in der du meine Instruktion ausgeführt hast, nicht genug loben.«

»Bitte, sprecht davon nicht. Aber da es schon lange her ist, daß Ihr der jungen Dame nicht begegnet seid, habt Ihr einander sicher viel zu sagen. Darum will ich hinuntergehen, und wenn Ihr irgend etwas nötig habt, bitte, ruft mich!« – Mit diesen Worten verließ er sie und ging hinunter.

Darauf redete Gensaburo das schöne Mädchen an und sagte: »Ja, in der Tat, O Kojo! Es ist schon viel Zeit verflossen, seit ich dir zum letzten Mal begegnete. Oh, wie glücklich macht es mich, dich wiederzusehen! Aber dein Gesicht ist ganz mager geworden. Armes Ding! Bist du denn so unglücklich gewesen?« – Und O Kojo, der vor Freuden die Tränen aus den Augen stürzten, verbarg ihr Gesicht, und ihr Herz war so voll, daß sie nicht sprechen konnte. Aber Gensaburo strich ihr mit der Hand sanft über Kopf und Nacken, und mit tröstenden Worten sagte er: »Komm, mein liebes Herz, jetzt ist es ja nicht mehr nötig, so zu schluchzen. Laß mich deine liebe Stimme hören und sprich zu mir!« –

Endlich hob O Kojo ihren Kopf und sagte: »Ach, als ich von dir getrennt war durch Tschokitschis Tücke und meinte, daß ich dich nie wiedersehen würde, mit wie schmerzlicher Zärtlichkeit gedachte ich da deiner! Ich glaubte, ich müßte sterben, und erwartete meine letzte Stunde, immerfort um dich mich quälend. Und als endlich, wie ich so zwischen Leben und Tod schwebte, Sasen mit einer Botschaft von dir kam, da glaubte ich, es wäre alles nur ein böser Traum gewesen.«

Und wie sie so sprach, beugte sie ihren Kopf nieder und schluchzte wieder; und da erschien sie Gensaburo mit ihrem blassen, zarten und lieblichen Antlitz schöner als je, und er empfand für sie nun noch heftiger als zuvor. Dann sagte sie: »Oh, sollte ich dir alles erzählen, was ich bis heute gelitten habe, so würde ich nie aufhören!«

»Ja«, antwortete Gensaburo, »auch ich habe viel gelitten«, und so klagten sie einander gegenseitig ihren Liebeskummer, und von da an kamen sie täglich in Sasens Haus zusammen.

Als sie eines Tages sich wieder ergötzten im oberen Zimmer von Sasens Wohnung, erschien Tschokitschi vor dem Haus und sprach: »Ich bitte um Entschuldigung, wohnt Meister Sasen hier?«

»Gewiß, mein Herr. Ich bin Sasen, zu dienen! Bitte, woher kommt Ihr?«

»Wohl, mein Herr, ich habe ein kleines Geschäft mit Euch zu verhandeln. Darf ich so kühn sein einzutreten?« Und mit diesen Worten ging er hinein.

»Aber ich bitte, wer und was seid Ihr, und was wollt Ihr?« sagte Sasen.

»Mein Herr, ich bin ein Eta, und mein Name ist Tschokitschi. Ich bitte Euch, mir gutwillig Euer Ohr zu leihen. Ich hoffe, wir werden Freunde sein!«

Hierüber war Sasen nicht wenig betroffen. Dennoch machte er ein ganz unschuldiges Gesicht, als hätte er nie zuvor von Tschokitschi gehört, und sagte: »Das ist ja etwas ganz Unerhörtes! Ich glaubte, du wärst ein respektabler Mensch, und du hast die Unverschämtheit, mir zu sagen, daß dein Name Tschokitschi ist und du einer von den ruchlosen Etas bist. Schon der Gedanke, daß ein so ehrloser Knabe in mein Haus kommt und es wagt, mir seine Freundschaft anzubieten, macht mich rasend, fürwahr! Geh fort! Je schneller desto besser! Hinaus aus meinem Haus, das deine Gegenwart befleckt!«

Tschokitschi lächelte verächtlich und erklärte: »Ei, Ihr haltet die Gegenwart eines Eta in Eurem Haus für eine Befleckung?

Das ist sonderbar! Ich glaubte, Ihr müßtet einer von den Unsrigen sein!«

»Insolenter Kerl! Pack dich so schnell wie möglich!«

»Ei! Ei! Da Ihr sagt, daß ich, ein Eta, Euer Haus entweihe, so solltet Ihr doch ebenso O Kojo loszuwerden trachten. Ich denke mir, dies Etamädchen müsse auch eine Entweihung Eures Hauses sein.«

Dies brachte Sasen in einige Verlegenheit. Doch faßte er sich, zauderte nicht und sagte: »Von wem sprichst Du? Hier ist keine O Kojo, und ich sah in meinem Leben nie ein solches Etamädchen!«

Tschokitschi zog ruhig aus dem Busen seines Gewandes Sasens Brief an Kihatschi hervor, den er einige Tage zuvor gefunden und zu sich gesteckt hatte, und indem er ihn Sasen zeigte, sagte er: »Wenn du die Echtheit dieser Schrift abzuleugnen wünschst, so werde ich die ganze Sache dem Gouverneur von Jedo anzeigen, und dann wird Gensaburos Familie ruiniert sein, und Ihr alle, die Ihr eine Rolle in diesem Stück gespielt habt, werdet auch Euren Teil bekommen. Warte nur ein wenig!«

Und als er sich anschickte, das Haus zu verlassen, schrie Sasen, der darüber fast seinen Verstand verlor und sich nicht mehr zu helfen wußte: »Halt! Halt ein! Laß mit dir reden! Ich bitte, halt! Und höre mich ruhig an! Ja, es ist ganz wahr, daß O Kojo in meinem Haus ist, wie du sagtest, und ich gebe zu, dein Unwille ist ganz gerechtfertigt! Komm, laß uns die Sache ein wenig überlegen. Sieh! Du selbst warst ja früher ein respektabler Mann, und obwohl du tief herabgesunken bist, so gibt es doch keinen Grund, warum deine Schande ewig dauern sollte. Alles, was du brauchst, um dich der Bruderschaft der Etas zu entziehen, ist ein wenig Geld. Das könntest du ja von Gensaburo erhalten, der Ursache genug hat, sein Verhältnis mit O Kojo geheimzuhalten.«

Tschokitschi lachte ihm verächtlich ins Gesicht. »Ich bin ganz bereit mit Euch zu reden. Aber ich will Euer Geld nicht. Alles, was ich will, ist, daß ich die Sache den Autoritäten anzeige, damit ich mich räche für den falschen Betrug, den man mir gespielt hat.«

»Willst du nicht fünfundzwanzig Rijos annehmen?«

»Fünfundzwanzig Rijos! Keineswegs! Ich will keinen Deut weniger nehmen als hundert Rijos, und wenn ich die nicht bekomme, werde ich die ganze Sache auf der Stelle verraten!«

Sasen, nachdem er sich ein wenig besonnen hatte, kam auf einen Einfall und sagte lächelnd: »Schön, Meister Tschokitschi! Schön! Ihr seid ein kluger Mann! Ich bewundere Euren Verstand. Ja! Ihr sollt die hundert Rijos haben, die Ihr verlangt; aber da ich eben nicht soviel Geld bei mir habe, will ich zu Gensaburos Haus gehen und es holen. Es dunkelt schon, aber es ist noch nicht spät. So laßt uns schnell gehen, und Ihr könnt das Geld gleich haben!«

Tschokitschi stimmte ein, und das Paar machte sich auf den Weg. Sasen mit bösen Gedanken. Er als ein Ronin trug einen langen Dolch in seinem Gürtel und spähte nach einem Moment, wo Tschokitschi arglos wäre, in der Absicht, ihn, dem er nun nicht mehr trauen konnte, niederzumachen. Aber Tschokitschi hatte seine Augen immer offen und gab dem Sasen keine Gelegenheit. Doch er stolperte, so wollte es sein Mißgeschick, über einen Stein und fiel, und Sasen, diesen Vorteil wahrnehmend, zog seinen Dolch und stach ihm in die Seite, und als Tschokitschi sich aufzuraffen versuchte, gab er ihm einen starken Hieb über den Kopf und streckte ihn tot nieder, worauf Sasen, sich umschauend und zu seiner Freude sehend, daß niemand in der Nähe war, nach Hause zurückkehrte.

Am folgenden Tag wurde Tschokitschis Leichnam von der Polizei aufgefunden, und bei der Untersuchung desselben fanden sie bei ihm ein beschriebenes Papier, das sie lasen und das eben derselbe Brief war, den Sasen an Kihatschi gesandt und den Tschokitschi gefunden und zu sich gesteckt hatte. Der Vorfall wurde sofort dem Gouverneur berichtet. Sasen wurde vorgeladen und man stellte eine scharfe Untersuchung an. Da er nun einsah, wie überaus töricht es von ihm gewesen war, den von ihm geschriebenen Brief, der ihn jetzt so bloßstellte, nicht von Tschokitschi zurückverlangt zu haben, verlor er alle Fassung, und als man ihn einem scharfen Examen mit Anwendung der Tortur unterwarf, bekannte er, daß er auf Gensaburos Veranlassung das Etamädchen O Kojo in seinem Haus verborgen gehalten und dann Tschokitschi, der das Geheimnis gelüftet hatte, getötet habe.

Auf dieses Zeugnis hin entschied der Gouverneur, nachdem er über Gensaburos Fall eine Beratung gehalten hatte, daß derselbe, weil er durch Eingehung einer Verbindung mit der Tochter eines Eta seine hohe Position als Hatamoto beschimpft und sich selbst und seine Familie entehrt habe, verbannt, daß sein Vermögen konfisziert und sein ganzes Geschlecht aus der Liste des Adels gestoßen werden sollte. Kihatschi, der Etahäuptling, und seine Tochter O Kojo wurden dem obersten Chef der Etas zur Bestrafung überliefert und gleichfalls verbannt, während Sasen, gegen den die Ermordung Tschokitschis vollkommen erwiesen war, dem Gesetz gemäß hingerichtet wurde.

So endete diese vom Gott der Liebe eingefädelte, traurige Geschichte vom Hatamoto und dem Etamädchen.

Exkurs über die Eta

In Asakusa in Jedo lebt ein Mann namens Dansajémon, jetziger Zeit der oberste Chef der Eta. Dieser Mann führt seinen Stammbaum zurück auf Minamoto no Joritomo, der das Schogunat im Jahr 1192 begründete. Alle Eta in Japan stehen unter seiner Jurisdiktion. Seine Unterbeamten werden Kojagaschira oder »die Häuptlinge der Hütten« genannt, und sie bilden mit ihm zusammen die Regierung der Eta. In dem schon mehr erwähnten »Testament des Ijéjasu« verfügt das 36. Gesetz:

»Alle wandernden Mendikanten, wie die männlichen Zauberer, die weiblichen Wahrsager, die Blinden, Krüppel, Bettler und Gerber (Eta) haben von alters her ihre respektiven Vorgesetzten gehabt. Du sollst aber nicht abgeneigt sein, alle die unter ihnen zu bestrafen, die Anlaß zu Streitigkeiten geben, oder die die ihren eigenen Klassen vorgeschriebenen Grenzen überschreiten und gegen die existierenden Gesetze ungehorsam sind.«

Die Beschäftigungen der Eta, um es noch einmal genauer zu sagen, sind diese: die Pferde, Ochsen und andere Tiere zu töten und zu häuten, alle Lederarbeiten zu besorgen, die Felle zu gerben, Schuhe zu machen und die Trommelfelle zu strecken. Wenn sie sehr arm sind, wandern sie von Haus zu Haus als Schuhflicker, bessern die Sandalen und andere Ledersachen und verdienen damit ihren dürftigen Unterhalt. Außerdem gewinnen ihre Töchter und jungen verheirateten Frauen etwas als wandernde Säugerinnen, »Torioi« genannt, die auf dem »Schamisen«, einer Art Zither, spielen und Balladen singen. Sie verheiraten sich nur innerhalb ihrer Gemeinschaft und bleiben eine abgesonderte, verachtete und geplagte Rasse.

Bei Hinrichtungen am Kreuz ist es das Geschäft der Etas, das Opfer mit Speeren zu durchbohren, und sie haben weitere entehrende Verrichtungen bei Verbrechern zu übernehmen. Sie müssen kranke Gefangene von ihren Zellen zu den Gerichtshallen führen, die Tortur vollziehen und die Leichname der Hingerichteten begraben. Auf diese Weise ist ihre Rasse in Verruf gekommen und befleckt, und sie werden entsprechend verachtet und gehaßt.

Unter die Jurisdiktion von Dansajémon kamen die Eta in folgender Weise:

Als Minamoto no Joritomo noch ein Kind war, focht sein Vater Minamoto no Joschitomo mit Taira no Kijomori und wurde durch Verrat getötet und seine Familie ruiniert. Und Joschitomos Konkubine, die Tokiwa hieß, nahm ihre Kinder und floh aus dem Haus, um ihr eigenes und das Leben ihrer Kinder zu retten. Aber Kijomori, begierig die ganze Familie Joschitomos, Stamm und Zweige, auszurotten, befahl seinen Leuten, sich in Rotten zu verteilen und den Kindern nachzujagen. Sie wurden gefunden, aber die junge Mutter Tokiwa war so außerordentlich schön, daß Kijomori von Liebe zu ihr entbrannte und danach verlangte, sie zu seiner Geliebten zu machen. Er machte ihr Vorschläge, in die sie unter der Bedingung einwilligte, daß er ihre Kinder schone. Wenn er aber ihre Kinder umbrächte, so würde sie sich selbst das Leben nehmen. Als er dies hörte, schenkte Kijomori, ganz geblendet von Tokiwas Schönheit, den Kindern das Leben und verbannte sie nur aus seiner Residenz.

Der kleine Joritomo wurde nach Hirugakojima in der Provinz Idsu verbannt, und als er dort aufwuchs und ins Mannesalter getreten war, heiratete er die Tochter eines Bauern. Einige Zeit danach verließ er die Provinz und zog als Soldat in den Krieg, sein schwangeres Weib zurücklassend, die zur rechten Zeit von einem Knaben entbunden wurde, zum Entzücken ihrer Eltern, die vor Freuden außer sich waren darüber, daß ihre Tochter den Samen eines adligen Geschlechts ans Licht bringen sollte. Aber sie wurde bald krank und starb, und die alten Leute nahmen das Kind in Pflege. Und als sie ebenfalls starben, fiel die Sorge für den Knaben den Verwandten seiner Mutter zu, und er wuchs als Bauer auf.

Unterdessen war auch Kijomori, Joritomos Feind, zu seinen Vätern versammelt worden, und Joritomo hatte den Tod seines Vaters durch die Tötung Munémoris, des Sohnes von Kijomori, gerächt. Danach herrschte Frieden im Land. Und Joritomo wurde der Chef aller edlen Häuser in Japan und begründete zuerst ein dauerndes Regiment im Reich.

Nachdem Joritomo auf diese Weise zu großem Ansehen und Macht gekommen war, wäre der Sohn, den die Bauersfrau ihm geboren hatte, auch zu Ansehen gekommen und wenigstens zum Gouverneur einer Provinz gemacht worden, wenn er sich als Sohn des mächtigen Fürsten zu erkennen gegeben hätte. Aber daran dachte er gar nicht, blieb vielmehr ruhig ein Akkersmann, eine glänzende Erbschaft verwirkend. Auch seine Sprößlinge lebten nach ihm als Bauern in demselben Dorf, ein stilles Glück genießend und ihre Wohlhabenheit mehrend in gutem Ruf unter ihren Nachbarn.

Joritomos fürstliche und ebenbürtige Linie starb nach drei Generationen aus, und danach wurde das Haus von Hojo mächtig in Japan. Als nun eines Tages das Haupt des Hauses von Hojo hörte, daß ein Abkömmling Joritomos als Bauer noch im Land lebe, ließ er ihn suchen und zu sich kommen. Er sprach zu ihm:

»Es ist ein hartes Ding, den Sohn eines erlauchten Hauses unter den Bauern leben und sterben zu sehen. Ich will dich in den Rang eines Samurai erheben.«

Darauf antwortete der Bauer: »Mein Herr und Fürst, wenn ich ein Samurai und der Genosse eines Edelmanns bin, werde ich nicht so glücklich sein, wie wenn ich mein eigener Herr bin und bleibe. Wenn ich aber nicht Landwirt und Oberhaupt eines Geschlechts bleiben soll, so laßt mich das Oberhaupt irgendeiner anderen menschlichen Gemeinschaft werden, wie niedrig sie auch sein mag.«

Darüber wurde der Fürst Hojo böse, und um den Bauern für seine eigensinnige Weigerung zu strafen, sagte er:

»Wohl! Wenn du durchaus das Oberhaupt von Menschen werden willst, einerlei wie gering und niedrig sie sein mögen, so gibt es kein anderes Mittel, deinem wunderlichen Wunsch zu entsprechen, als daß ich dich zum Anführer der Eta im ganzen Land mache. Du sollst es sein! Und nun sieh zu, daß du sie gut regierst!«

Als der Bauer dies hörte, war er erschreckt, aber da er es einmal ausgesprochen hatte, daß er das Oberhaupt von Menschen, so gering sie sein möchten, zu werden wünsche, so blieb ihm keine Wahl. Er mußte Regent der Eta werden, er und seine Kinder für ewige Zeiten. Und Dansajémon, der heute die Eta regiert und, wie gesagt, in Asakusa lebt, ist sein direkter Nachkomme.

KAPITEL VIII

Märchen

Ich glaube, daß die folgenden kleinen japanischen Kindergeschichten interessant genug sind, um eine Übersetzung und Mitteilung zu rechtfertigen. Mit Ausnahme derjenigen, die den Titel »Die Elfen und der neidische Nachbar« trägt und einem denkwürdigen Buch über japanische Etymologie und Sprichwörter, »Kotowasagusa« genannt, entnommen ist, findet man alle diese Geschichten in besonderen kleinen Pamphleten gedruckt, begleitet von Illustrationen, deren stereotype Blöcke schon so abgenutzt sind, daß die gedruckte Schrift kaum mehr lesbar ist. Es sind die ersten Bücher, die die Japaner ihren Kindern in die Hand geben, und mit ihnen oder ähnlichen Erzählungen lullt die japanische Mutter ihre Kleinen in den Schlaf. – In der Überzeugung, daß auch Kinder fortgeschrittenen Alters sich für solche Dichtungen interessieren, bemühte ich mich, noch mehr von ihnen zu sammeln, aber es gelang mir nicht. Denn die hier mitgeteilten sind die einzigen, die ich gedruckt auffinden konnte, und wenn ich die Japaner bat, mir noch andere zu erzählen, so glaubten sie, ich wolle mich über ihre kleinen Phantasiestücke nur lustig machen, und sprachen gleich von etwas anderem. Die Geschichte vom »Sperling mit der abgeschnittenen Zunge« und die vom »alten Mann, der verdorrte Bäume wieder blühend machte« bereits in anderen Werken über Japan paraphrasiert, aber bisher nicht in voller Länger übersetzt, wie es hier geschehen soll.

Der Sperling mit der abgeschnittenen Zunge

Einstmals in früherer Zeit lebten ein alter Mann und eine alte Frau. Der alte Mann, der sehr gutherzig und wohlwollend war, hielt sich einen jungen Sperling, den er mit großer Zärtlichkeit fütterte und aufzog. Aber die Dame war ein sehr eigensinniges Wesen von grobem Korn. Da nun eines Tages der Sperling an einem Teig, mit dem sie ihre Leinwand stärken wollte, ein wenig herumgenascht hatte, geriet sie über das kleine Tier in eine so große Wut, daß sie ihm die Zunge abschnitt und ihn dann zum Fenster hinausjagte.

Als darauf der gute alte Mann vom Feld heimkehrte und fand, daß sein Sperling nicht mehr da war, fragte er, was aus dem Vogel geworden sei. Da antwortete das alte Weib, sie habe ihm die Zunge abgeschnitten und ihn zum Fenster hinausgejagt, weil er ihren Stärketeig bestohlen hätte. Da wurde der alte Mann, wie er diese grausame Geschichte hörte, außerordentlich betrübt und sagte: »Ach! Wohin kann mein Vogel denn geflogen sein? Armes Ding! Du lieber kleiner Sperling mit der abgeschnittenen Zunge, wo hast du nun wohl dein Zuhause?« Und er ging hinaus und wanderte, seinen Liebling suchend, weit und breit umher, und rief hundertmal aus: »Herr Sperling! Herr Sperling! Wo lebt Ihr jetzt?«

Eines Tages, am Fuße eines Gebirges, begegnete dem alten Mann sein verlorener Vogel, und nachdem sie sich einander zu ihrer gegenseitigen Wohlfahrt gratuliert hatten, führte der Sperling den alten Mann zu seiner Wohnung, und nachdem er ihn seinem Weib und seinen Kücklein vorgestellt hatte, bewirtete er ihn gastfreundlich und setzte ihm allerlei Leckerbissen vor.

»Bitte, teile unsere schmale Kost«, sagte der Sperling. »So wenig es ist, so wird es dir doch gern gegeben.«

Der Sperling mit der abgeschnittenen Zunge

»Was für ein höflicher Sperling!« dachte der alte Mann, der nun für lange Zeit sein Gast blieb und von ihm täglich ganz königlich bewirtet wurde. Endlich sagte der alte Mann, er müsse Abschied nehmen und nach Hause reisen, worauf der Vogel ihm zwei aus Weidenzweigen geflochtene Körbe präsentierte, indem er ihn bat, sie als ein Abschiedsgeschenk mitzunehmen. Einer der Körbe war schwer, der andere leicht. Da sagte der alte Mann ganz bescheiden, weil er doch schwach und hoch bejahrt sei, wolle er nur den leichten Korb nehmen, warf ihn auf die Schulter und trabte nach Hause, indem er die Sperlingsfamilie sehr betrübt über seine Abreise zurückließ.

Als der alte Mann nach Hause kam, war seine Dame ganz böse und fing an, ihn zu schelten, und sagte: »Nun! Wo bist du alle diese langen Tage gewesen? Wahrlich! Sehr hübsch und passend in dem Lebensalter, in dem du stehst, so im Land herumzustreichen!«

»Oh!« antwortete er, »ich bin auf Besuch bei den Sperlingen gewesen, und als ich sie verließ, gaben sie mir diesen Weidenkorb als Abschiedsgeschenk.« Also öffnete sie den Korb, um zu sehen, was darin sein möchte, und sieh doch! – schaut! – der Korb war ganz voll von Gold und Silber und anderen Kostbarkeiten. Als die alte Frau, die ebenso habsüchtig wie grob war, all diese glänzenden Reichtümer vor ihren Augen ausgebreitet erblickte, änderte sie ihren Keifton, heiterte sich auf und konnte sich am Ende vor Freude nicht halten.

»Ich will auch hingehen und die Sperlinge besuchen«, sagte sie, »und ich muß von ihnen auch so ein hübsches Geschenk haben.« Sie fragte den alten Mann nach dem rechten Weg zur Wohnung der Sperlinge und machte sich auf die Reise. Seinen Angaben folgend, begegnete sie schließlich dem Sperling mit der abgeschnittenen Zunge und rief:

»Oh! Wie gut! Ach, wie schön, daß ich Euch finde, mein lieber Herr Sperling! Ich habe mir schon lange das Vergnügen herbeigewünscht, Eurer ansichtig zu werden!« Mit diesen und anderen süßen Worten suchte sie dem Sperling zu schmeicheln und ihn zu liebkosen.

Der Vogel konnte nicht umhin, die Dame in sein Haus einzuladen. Aber er gab sich nicht viel Mühe, sie schön zu bewirten, und ließ sich auch von einem Abschiedsgeschenk nichts merken. Sie ließ sich davon aber nicht abschrecken, sondern bat um etwas, was sie zur Erinnerung an ihren Besuch mit nach Hause nehmen könne. Der Sperling brachte darauf ebenso, wie er es zuvor getan hatte, zwei Körbe herbei, und das alte habgierige Weib wühlte sich den schwersten von den beiden aus und schleppte ihn weg. Als sie sich aber setzte und den Korb öffnete, um zu sehen, was darin sei, da polterten, sprangen und flogen allerlei Arten von Kobolden und kleinen Teufeln daraus hervor und begannen sie zu necken und zu plagen, und sie konnte sie in ihrem ganzen Leben nicht wieder los werden.

Der alte Mann aber adoptierte einen Sohn, und seine Familie wurde reich und blühend. Was für ein glücklicher, guter alter Mann!

Der heilbringende und talentvolle Teekessel

Vor langer, langer Zeit gab es in einem Tempel, genannt Morinji, in der Provinz Joschiu einen alten Teekessel. Eines Tages, als der Priester des Tempels dabei war, ihn über dem Herd aufzuhängen, um das Wasser für seinen Tee zu kochen, streckte zu seiner Verwunderung der Kessel ganz plötzlich die Schnauze und den Schwanz eines Dachses heraus.

Was für ein wundervoller Kessel, so ganz bepelzt hervorzukommen!

Der Priester war wie vom Donner gerührt und rief die Novizen des Tempels herein, die Erscheinung anzuschauen, und während sie das Ding ganz verblüfft anglotzten, indem der eine diese, der andere jene Vermutung aussprach und allerlei Vorschläge machte, sprang der Kessel auf einmal hoch in die Luft und fing an, im Zimmer herumzufliegen. Noch erstaunter als zuvor, versuchten der Priester und seine Zöglinge, ihn zu verfolgen und zu fangen. Aber kein Dieb und keine Katze waren je halb so schnell und gewandt wie dieser wundervolle Dachskessel. – Zuletzt gelang es ihnen doch noch, ihn niederzuschlagen und festzukriegen, und indem sie ihn mit vereinten Kräften packten, zwängten sie ihn in einen Kasten hinein und beschlossen, ihn wegzutragen und an irgendeinem sehr entfernten Ort zu vergraben, damit sie von dem Spukgeist nicht mehr geplagt würden. Für einen Tag fanden sie Ruhe. Aber das Schicksal wollte es, daß der Klempner, der für den Tempel zu arbeiten pflegte, am nächsten Tag vorsprach. Da besann sich plötzlich der Priester anders, und es fiel ihm ein, daß es schade wäre, den Kessel so für nichts und wieder nichts wegzuwerfen, und daß er wohl doch noch etwas, wenn auch nur ganz wenig, für ihn bekommen könnte. Deshalb zog er seinen Kessel hervor, der nun ganz seine frühere Gestalt angenommen und Schwanz und Schnauze wieder eingezogen hatte, und zeigte ihn dem Klempner. Als dieser den Kessel untersucht hatte, bot er zwanzig Kupfermünzen dafür, und der Priester war nur zu froh, den Handel abzuschließen und diesen Störenfried von Kessel loszuwerden. Der Klempner aber trabte mit seinem Paket und seinem neuen Ankauf nach Hause. In der Nacht darauf, als er sich schlafen gelegt hatte, hörte er nahe bei seinem Kissen ein sonderbares Ge-

Der talentvolle Teekessel

räusch. Er lugte mit einem Auge unter seiner Decke hervor, und da erblickte er den Kessel, den er im Tempel gekauft hatte, über und über mit Pelz bedeckt und auf vier Füßen herumspazierend. Der Klempner richtete sich ganz erschreckt auf, um zu sehen, was es denn eigentlich sei, als plötzlich der Kessel wieder seine alte Gestalt annahm. Dies wiederholte sich mehrere Male, bis der Klempner zuletzt den Teekessel einem seiner Freunde zeigte, der darauf sagte: »Dies ist ohne Zweifel ein talentvoller und glückverheißender Teekessel. Du solltest ihn hinausführen und zur Schau stellen und ihn mit Begleitung von Gesang und Musik auf einem ausgespannten Seil vor dem Marktpublikum tanzen und spazieren lassen.«

Der Klempner dachte, daß dies ein sehr gescheiter Rat sei, traf seine Arrangements mit einem Schaugeber und veranstaltete eine öffentliche Vorstellung. Das Gerücht von den Leistungen und Kunststücken des talentvollen Teekessels verbreitete sich bald, so daß sogar die Fürsten des Landes den Klempner in ihre Paläste kommen ließen und er über alle Erwartung viel Geld zusammenbrachte. Selbst die Prinzessinnen und die großen Damen des Hofes waren über den tanzenden Kessel so entzückt, daß er, kaum hatte er seine Kapriolen an einem Ort ausgeführt, sich schon wieder an einen anderen begeben mußte, um sich auch da zu produzieren. Am Ende wurde der Klempner so reich, daß er seinen Kessel dem Tempel zum Geschenk zurückgeben konnte, wo derselbe als eine kostbare Reliquie deponiert und wie ein Heiligtum verehrt wurde.

Der krachende Berg

Einst lebten ein alter Mann und eine alte Frau zusammen, die in ihrem Haus einen weißen Hasen hatten, auf den sie große Dinge hielten und der ihr Liebling war. Eines Tages kam ein Dachs, der in der Nachbarschaft wohnte, herbei und verspeiste das Futter, das die alten Leute für ihren Hasen hingesetzt hatten. Darüber wurde der alte Mann böse und ganz wütend, ergriff den Dachs und hängte ihn bei den Beinen an einen Pfosten auf. Dann ging er in den Wald, um Holz zu fällen, während die alte Frau zu Hause blieb und Weizen stampfte für die Abendgrütze. Da tat der Dachs mit Tränen in den Augen seinen Mund auf und sagte zu der alten Frau:

»Ich bitte Euch, meine Dame, ich bitte Euch, macht den Strick los!«

Die mitleidige Frau, der es ein gar zu grausames Ding zu sein schien, ein armes Tier in solcher Qual zu lassen, löste den Strick. Doch kaum fühlte der Dachs sich frei, als das undankbare Geschöpf im Nu auf und davon war, indem es schrie: »Dafür will ich Rache nehmen!«

Als der weiße Hase dies hörte, lief er schnell in den Wald, um seinen alten Herrn zu warnen. Der Dachs aber brach während der Abwesenheit des Hasen ins Haus ein und brachte die alte Frau um. Dann nahm er die Gestalt der alten Frau an, warf ihren töten Körper in den Kessel, machte eine Suppe daraus und wartete, bis der alte Mann aus dem Wald zurückkam. Als dieser ganz ermattet und hungrig anlangte, sagte ihm das vermeinte alte Weib:

»Komm! Komm! Ich habe dir von dem Dachs, den du aufgehängt hast, eine schöne Kraftsuppe bereitet. Setz dich und genieße ein gutes Abendmahl!«

Mit diesen Worten setzte sie den Suppentopf vor ihn hin, und der alte Mann langte herzhaft zu, leckte seine Lippen und lobte die schmackhafte Kost. Aber kaum war er mit Essen fertig, da nahm der Dachs seine natürliche Gestalt wieder an und rief:

»Oh! Du häßlicher alter Mann, du hast dein eigenes Weib verzehrt. Sieh, ihre Knochen, die hier in der Küchengrube liegen!« und mit verächtlichem Gelächter machte er sich davon und verschwand.

Entsetzt über das Geschehene begann der alte Mann, ein lautes Klagegeschrei zu erheben, und während er sein Schicksal bejammerte, kam der weiße Hase nach Hause. Nachdem er erfahren hatte, wie die Sachen standen, beschloß er den Tod seiner Herrin zu rächen. Er ging zurück in den Wald und traf dort auf den Dachs, der gerade vor ihm herging, schwer beladen mit einem Bündel von Reisern und Brennholz. Der Hase schlug Feuer und zündete von hinten die Reiser an, ohne sich dem Dachs zu zeigen. Als dieser das Knistern des auf seinem Rükken brennenden Holzes vernahm, rief er:

»Hallo! Was ist das für ein Geräusch?«

»Oh!« antwortete der Hase, »hier nennt man das den knisternden Berg. Diesen Lärm hört man in dieser Gegend ständig!«

Und als das Feuer an Stärke zunahm und Piff! Paff! Puff! emporflackerte, sagte der Dachs wieder:

»Oh, Himmel! Was kann denn das für ein Lärm sein?«

»Dies wird der Piff-Paff-Puff-Berg genannt«, antwortete der Hase.

Aber plötzlich versengte das Feuer den Nacken des Dachses, so daß er, schreiend vor Schmerz, die Flucht ergriff und in einen Fluß sprang, der in der Nähe lag. Obwohl nun das Feuer vom Wasser gelöscht wurde, war doch sein Nacken angebrannt

Der Hase und der Dachs

so schwarz wie Kohle. Der Hase, der nun Gelegenheit fand, den Dachs nach Herzenslust zu peinigen, bereitete ein Pflaster aus Cayennepfeffer, das er zur Wohnung des Dachses brachte, und indem er vorgab, großes Mitleid mit ihm zu haben und ein hervorragendes Mittel gegen Brandwunden zu besitzen, legte er seinen hitzigen Wickel auf den Nacken seines Feindes. Oh, wie das peinigte und kniff! Und wie der Dachs vor Schmerz nun heulte und schrie!

Als er nach einigen Tagen wieder genesen war, ging er zum Haus des Hasen in der Absicht, ihm Vorwürfe darüber zu machen, daß er ihm soviel Schmerz verursacht habe. Dort angekommen, fand er, daß der Hase sich ein Boot gebaut hatte.

»Wofür habt Ihr denn dieses Boot gebaut, Herr Hase?« fragte der Dachs.

»Ich will zur Hauptstadt des Mondes reisen«, antwortete der Hase.* »Möchtest du nicht mit mir gehen?«

»Ich danke Dir! Ich habe schon genug gehabt an deiner Reisegesellschaft bei dem krachenden Berg, wo du mir einen so bösen Streich spieltest. Ich will mir für diese Reise lieber mein eigenes Boot bauen«, antwortete der Dachs und begann sogleich für sich ein Boot aus Lehm zu gestalten.

Als der Hase dies sah, lachte er verstohlen in seinen Ärmel, und nachdem sie fertig waren, ließen sie ihre beiden Boote zugleich vom Stapel laufen ins Wasser. Die Wellen schlugen gegen die Boote. Aber das des Hasen war von festem Holz, während das des Dachses bloß von Lehm war, und als sie nun den Fluß hinunterruderten, fing das Lehmboot an, Risse zu bekommen. Da erhob sich der weiße Hase in seinem Schiff, ergriff sein Ru-

* In den Augen der Japaner haben die Umrisse der Gebirge auf dem Mond Ähnlichkeit mit der Gestalt eines Hasen. Daher besteht zwischen Hase und Mond in ihren Märchen ein phantastischer Zusammenhang.

der, schwenkte es hoch in die Luft und schlug das Boot seines Feindes völlig in Stück und dazu auch diesen selbst.

Als der alte Mann vernahm, daß der Tod seines Weibes gerächt worden war, wurde er von Herzen froh, pflegte und liebkoste nun mehr als je zuvor seinen Hasen, dessen tapfere Taten ihm Veranlassung gaben, den rückkehrenden Frühling willkommen zu heißen.

Die Geschichte vom alten Mann, der verdorrte Bäume wieder blühend machte

In ganz alten Tagen lebte einmal ein ehrlicher Mann mit seinem Weib, die zusammen einen Lieblingshund besaßen, den sie mit Fischen und anderen Leckerbissen aus ihrer Küche zu füttern pflegten. Eines Tages, als die beiden Alten hinausgingen, um in ihrem Garten zu arbeiten, begleitete sie der Hund und begann auf dem Rasen zu spielen. Auf einmal hielt er an, stand still und bellte laut »Wau! Wau! Wau!« und wedelte dazu heftig mit seinem Schwanz. Die alten Leute dachten, daß da etwas Leckeres zu essen unter dem Boden stecken mochte. Also holten sie eine Schaufel und gruben nach, als auf einmal, oh schau! die Stelle ganz voll von Gold und Silber war und noch von allerlei anderen Arten von Kostbarkeiten, die dort vergraben lagen. Sie sammelten den Schatz, und nachdem sie den Armen Almosen gespendet hatten, kauften sie sich Reisfelder und Kornfelder und wurden sehr wohlhabende Leute.

Nun wohnte im nächsten Nachbarhaus ein neidisches und habsüchtiges altes Ehepaar, die, als sie von dem Vorfall hörten, herbeikamen und sich den Hund borgten. Als man ihnen denselben gegeben hatte, nahmen sie ihn mit sich nach Hause, bereiteten ihm eine schöne Mahlzeit und sprachen zu ihm:

»Wenn Ihr so gütig sein wolltet, Herr Hund, uns auch einen Platz mit vielem Geld anzuzeigen, so würden wir uns Euch höchlich verpflichtet fühlen und sehr dankbar sein.«

Aber der Hund, der bis zu dieser Zeit von den bösen Nachbarn nichts als Kniffe und Püffe erhalten hatte, wollte nichts von den ihm vorgesetzten Leckerbissen anrühren, worauf die beiden Alten grob wurden, ihm einen Strick um den Hals warfen und ihn mit Gewalt in den Garten hinauszerrten. Es war aber alles umsonst; wohin sie den Hund auch führten, er gab keinen Laut von sich; für sie hatte er kein »Wau! Wau!«. Zuletzt fing er aber doch an, über einer Stelle stehenzubleiben und herumzuschnuppern. Da glaubten sie, daß dies mit Sicherheit der rechte Fleck war. Sie gruben nach, fanden aber nichts als ein Loch voll Schmutz und übelriechenden Abfällen, vor denen sie ihre Nasen zuhielten. Wütend über diese Täuschung, ergriff das böse alte Paar den armen Hund und tötete ihn.

Als der gute alte Mann gewahr wurde, daß sein Hund, den er ausgeliehen hatte, nicht wieder nach Hause kam, ging er zum Nachbarn, um zu fragen, was aus ihm geworden sei; und der schlimme alte Mann antwortete, daß er den Hund getötet und bei der Wurzel einer Tanne begraben habe. Darauf ging der gute alte Mann mit schwerem Herzen zu der Stelle, und nachdem er eine kleine Schüssel mit delikatem Futter hingesetzt hatte, zündete er etwas Weihrauch an, schmückte das Grab mit Blumen und vergoß Tränen über seinen verlorenen Liebling. –

Doch auf die guten beiden Alten wartete noch mehr Glück, eine gerechte Belohnung ihrer Ehrlichkeit und Tugend. Wie glaubt Ihr, daß das zuging, liebe Kinder? Oh, es ist sehr schlecht, gegen Hunde und Katzen grausam zu sein! –

Der alte Mann, der dürre Bäume wieder blühend machte

Eines Nachts, als der gute alte Mann fest eingeschlafen im Bett lag, erschien ihm sein Hund, und nachdem er ihm für all seine Güte gedankt hatte, sagte er:

»Laß den Tannenbaum, unter dem ich begraben bin, niederhauen und aus seinem Holz einen Mörser machen und wenn du ihn benutzt, dann denke dabei, daß ich es wäre.«

Der alte Mann tat, wie der Hund ihm geboten und machte einen Mörser aus dem Holz des Tannenbaums. Aber als er seinen Reis darin stampfte, verwandelte sich jedes Reiskorn in ein edles Geschmeide. Als das böse alte Paar dies sah, kamen sie den Mörser borgen. Aber sobald sie ihn zu gebrauchen versuchten, verwandelte sich all ihr Reis in Schmutz; in einem Anfall von Ärger zerhackten sie den Mörser und verbrannten ihn.

Der gute alte Mann, der keine Ahnung davon hatte, daß sein kostbarer Mörser zerhackt und verbrannt worden war, wunderte sich, daß seine Nachbarn ihn nicht zurückbrachten. Da erschien ihm nachts wieder sein Hund im Traum und erzählte ihm, was sich zugetragen hatte, indem er hinzufügte, daß, wenn er die Asche des verbrannten Mörsers sammeln und damit verdorrte Bäume bestreuen wolle, die Bäume sich wieder beleben und auf der Stelle in Blüten aussprossen würden. Nachdem dies gesprochen war, verschwand die Erscheinung, und der alte Mann, der zum ersten Mal von der Zerstörung seines Mörsers hörte, eilte weinend zu den Nachbarn und bat sie, ihm doch wenigstens die Asche seines Mörsers zurückzugeben. Als er diese hatte, kehrte er heim und versuchte ihre Zauberkraft an einem verdorrten Kirschbaum, der, sobald er mit der Asche bestreut war, gleich anfing zu sprossen und zu blühen. Als er diesen wundervollen Effekt sah, füllte er die Asche in einen Korb und wanderte im Land umher, indem er sich als alten Mann ankündigte, der ein Mittel hätte, tote Bäume wieder zum Leben zu bringen.

Ein vornehmer Prinz, der davon hörte und es für eine überaus wunderbare Sache hielt, ließ den alten Burschen kommen, der tatsächlich seine Kraft offenbarte, indem er all die vertrockneten Pflaum- und Kirschbäume wieder Blätter und Blüten treiben ließ. Der Prinz belohnte ihn sehr reichlich mit schönen Stücken von Tuch und Seide und mit anderen Geschenken und sandte ihn fröhlich nach Hause. –

Als die Nachbarn dies hörten, sammelten sie alle Asche, die bei ihnen noch übriggeblieben war, und schütteten sie in einen Korb, und der böse alte Mann ging hinaus in die Residenzstadt und machte bekannt, daß er der alte Mann sei, der das Geheimnis besäße, tote Bäume zu beleben und wieder blühend zu machen.

Er hatte nicht lange zu warten, bis er in den Palast des Prinzen gerufen und beordert wurde, seine Zauberkraft zu zeigen. Aber als er in die dürren Zweige eines entlaubten Baumes hinaufkletterte und die Asche auszustreuen begann, da erschienen weder eine Knospe noch eine Blume, vielmehr flog die Asche dem Prinzen in die Augen und in den Mund und blendete ihn und blieb ihm sogar im Hals stecken. Als die Begleiter des Prinzen dies sahen, ergriffen sie den alten Mann und schlugen ihn fast zu Tode, so daß er in einem ganz erbärmlichen Zustand nach Hause kroch. Als nun er und sein Weib herausfanden, in was für eine Falle sie geraten waren, wüteten und stürmten und schalten sie und überließen sich ganz ihrer bösen Leidenschaft. Aber das bewirkte durchaus nichts Gutes. –

Als der gute alte Mann und sein Weib vom Mißgeschick ihrer Nachbarn hörten, sandten sie nach ihnen, und nachdem sie ihnen ihr Unrecht, ihre Habsucht und Grausamkeit vorgehalten hatten, gaben sie ihnen einen Teil ihrer eigenen Schätze, die nach den wiederholten Glücksfällen sich nun zu einer recht hübschen Summe gemehrt hatten. Danach besserten die bösen alten Leute ihre Lebensweise und führten ein gutes und tugendhaftes Leben bis an ihr Ende.

Das Gefecht des Affen mit der Krabbe

Wenn ein Mensch nur an seinen eigenen Vorteil denkt und sich selbst auf Kosten der anderen Gutes zu tun strebt, so wird er sich den Zorn des Himmels zuziehen. Jeder sollte in seinem Herzen die Geschichte vom Gefecht des Affen mit der Krabbe bewahren und sie als eine nützliche Lektion seinen Kindern mitteilen:

Es war einmal eine Krabbe, die lebte in einem Sumpf in einem entlegenen Teil des Landes. Da ereignete es sich eines Tages, daß die Krabbe einen Reiskuchen fand und ihn mit sich nahm, als ein Affe, der einen häßlichen, harten Persimonenkern gefunden hatte, zu ihr trat und ihr vorschlug, sie sollten miteinander tauschen. Die Krabbe, die ein ganz schlichtes und argloses Geschöpf war, stimmte diesem Vorschlag zu; und nachdem sie getauscht hatten, ging jeder der beiden seiner Wege, der Affe in der Stille kichernd, daß er einen so guten Handel gemacht hatte.

Als die Krabbe nach Hause gekommen war, pflanzte sie den Persimonenkern in ihren Garten, und nachdem einige Zeit verstrichen war, keimte der Kern, und allmählich wuchs ein großer Baum daraus hervor. Die Krabbe beobachtete das Wachsen ihres Baumes mit großem Vergnügen. Als aber die Früchte reif waren und sie dieselben pflücken wollte, da kam der Affe herbei und erbot sich, die Pflaumen für sie zu pflükken. Die gutmütige Krabbe stimmte ein, und der Affe kletter-

Der Affe und die Krabbe

te in den Baum und begann, alle reifen Früchte selbst zu verzehren, während er nur die schlechten und sauren der Krabbe herabwarf, indem er sie zugleich aufforderte, herzhaft hineinzubeißen. Der Krabbe gefiel aber dieses Verfahren nicht und sie dachte, daß es nun wohl einmal mit ihr an der Reihe sei, dem Affen einen Streich zu spielen. So rief sie ihm zu, er möchte kopfüber vom Baum herabkommen. Der Affe tat, wie ihm geboten war, und indem er vom Baum herabkroch, den Kopf voran, fielen ihm alle die eingesteckten reifen Früchte aus den Taschen, und die Krabbe las die Pflaumen auf, rannte weg und verbarg sich in ihrer Höhle. Da legte sich der Affe in einen Hinterhalt, und sobald die Krabbe aus ihrem Loch hervorguckte, gab er ihr einen tüchtigen Schlag auf den Kopf, ließ sie liegen und ging weg.

Gerade in diesem Augenblick kamen zufällig ein freundliches Ei und eine Biene, die die Lehrlinge eines gewissen Reismörsers waren, des Weges, und da sie den jämmerlichen Zustand der Krabbe gewahrten, verbanden sie ihre Wunden, geleiteten sie nach Hause, und unterwegs begannen alle zusammen auf Rachepläne gegen den grausamen Affen zu sinnen. –

Nachdem sie sich über einen Anschlag geeinigt hatten, gingen sie gemeinsam zur Wohnung des Affen, während er abwesend war, und nachdem jeder eine Rolle in dem Stück, das sie aufführen wollten, übernommen hatte, warteten sie im Verborgenen, bis ihr Feind nach Hause käme. Der Affe, der von dem Unheil, das ihm drohte, nichts ahnte, kehrte heim, und da ihn die Lust anwandelte, eine Tasse Tee zu trinken, machte er ein Feuer auf seinem Herd, als auf einmal das Ei, das sich in der Asche versteckt hatte, in der Hitze auseinanderbarst und dem erschreckten Affen das ganze Gesicht bespritzte, so daß er heulend vor Schmerz davonlief und rief: »Oh! Was für ein unglückliches Geschöpf ich bin!« Ganz wahnsinnig vor Schmerz von der Hitze des geborstenen Eies lief er zur Hinterseite seines Hauses, als die Biene brummend aus einem Gerümpel hervorflog und zugleich ein Stück Seetang, das sich den anderen ebenfalls angeschlossen hatte, herbeikam, so daß nun der Affe von Feinden überall umgeben war. In seiner Verzweiflung ergriff er das Kleidergestell und schlug damit eine Weile tapfer um sich. Aber gegen so viele konnte er nicht aufkommen und war genötigt, Reißaus zu nehmen. Die anderen stürmten in hitziger Verfolgung hinter ihm her. Als er eben durch die Hintertür entschlüpfen wollte, kam ihm das lange Stück Seetang zwischen die Beine und ließ ihn straucheln, und der Reismörser rückte ihm von hinten auf den Leib, stülpte sich über ihn und bereitete, indem er ihn von oben bis unten bedeckte, dem ganzen Gefecht ein Ende.

Darauf zog die Krabbe, nachdem sie auf diese Weise ihren Feind bestraft hatte, im Triumph nach Hause und lebte darauf mit dem Seetang und dem Mörser beständig in Freundschaft und in brüderlicher Liebe.

Hat man je so einen Spaß erlebt!

Klein-Pfirsichs Abenteuer

Vor vielen hundert Jahren lebten ein ehrlicher alter Holzfäller und sein Weib. Eines schönen Morgens wanderte der alte Mann mit seiner Haue ins Gebirge hinaus, um ein Bündel Scheitholz zu sammeln, während sein Weib zum Fluß hinabging, um die schmutzigen Kleider zu waschen. Als sie zum Wasser kam, sah sie einen Pfirsich den Strom herunterschwimmen. Sie holte die hübsche Frucht heran und nahm sie mit sich in der Absicht, sie ihrem Mann, wenn er nach Hause käme, zu essen zu geben.

Der alte Mann kam bald vom Gebirge herunter, und seine gute Frau setzte ihm die Pfirsich vor, als gerade in dem Moment, wo sie ihm zuredete zu essen, die schöne Frucht sich in zwei Teile auseinandertat und ein kleines winselndes Kindlein ans Licht der Welt kam. Die beiden Alten nahmen das Kindchen an und zogen es als ihr eigenes auf, und weil es aus einem Pfirsich geboren war, nannten sie es »Momotaro«*, das heißt »Klein-Pfirsich«.

Nach und nach wuchs Klein-Pfirsich zu einem starken und braven Knaben heran, und endlich sagte er zu seinen Pflegeeltern:

»Ich will jetzt zur Insel der Oger oder Menschenfresser gehen und von dort die Reichtümer entführen, die diese dort angehäuft haben. Ich bitte Euch, backt mir einige Hirseklöße als Proviant für die Reise.«

Die beiden Alten zerstampften die Hirse und machten die Klöße für ihn. Und Klein-Pfirsich, nachdem er zärtlich Abschied von ihnen genommen hatte, machte sich munter auf die Reise.

Und als er so dahinwanderte, begegnete er einem Affen, der ihn angrunzte und sagte: »Kia! Kia! Kia! Wohin geht denn die Reise, Klein-Pfirsich?«

»Ich will zur Insel der Menschenfresser, um ihre Schätze zu entführen!« antwortete Klein-Pfirsich.

»Was hast du denn da in deinem Gürtel?«

»Das sind Hirseklöße, die allerbesten in ganz Japan!«

* »Momo« heißt« Pfirsich, und »taro« ist die Endung der Namen ältester Söhne, wie in »Hikotaro«, »Tokutaro« etc. Neuerdings sind jedoch diese Endsilben auch dem Namen jedes männlichen Kindes beigefügt.

Klein-Pfirsich

»Wenn du mir einen davon geben willst, so will ich dich begleiten«, sagte der Affe.

Darauf gab Klein-Pfirsich einen seiner Klöße dem Affen, der ihn dankbar entgegennahm und mit ihm ging.

Als Klein-Pfirsich noch ein wenig weiter gegangen war, hörte er einen Fasan rufen: »Ken! Ken! Ken!* Wohin geht die Reise, Meister Pfirsich?«

Klein-Pfirsich antwortete wie zuvor, und der Fasan, nachdem er um einen Hirsekloß gebeten und ihn entgegengenommen hatte, trat ebenfalls in seine Dienste und folgte ihm.

Bald danach begegneten sie einem Hund, der schrie: »Wau! Wau! Wau! Woher des Wegs, Meister Pfirsich?«

»Ich gehe zur Ogerinsel, um ihre Schätze zu entführen.«

»Wenn du mir einen von deinen hübschen Hirseklößen geben willst, will ich dich begleiten«, sagte der Hund.

»Von ganzem Herzen gern!« sagte Klein-Pfirsich, der nun im Gefolge des Affen, des Fasanen und des Hundes seinen Weg fortsetzte.

Als sie zur Ogerinsel kamen, flog der Fasan über das Burgtor hinein, und der Affe kletterte über den Wall der Burg, während Klein-Pfirsich selbst, den Hund anführend, das Tor traktierte und in das Schloß eindrang. Dann bestanden sie ein Gefecht mit den Unholden, schlugen sie in die Flucht und machten ihren König zum Gefangenen. Alle Riesen unterwarfen sich und huldigten dem kleinen Pfirsich und schleppten die Schätze, die sie angehäuft hatten, herbei. Darunter waren wundervolle Dinge: Zaubermützen und Röcke, die den, der sie anlegte, unsichtbar machten; Juwelen, mit denen man Ebbe und Flut des Meeres regulieren konnte; Korallen, Smaragde, Moschus, Ambra und

* Die Leute auf dem Land sagen in Japan, daß der Ruf der Fasanen ein Anzeichen bevorstehender Erdbeben sei.

Schildpatt, außerdem viel Gold und Silber. All diese Sachen wurden von den unterjochten vor dem kleinen Pfirsich Riesen ausgebreitet.

Danach reiste Klein-Pfirsich, mit Reichtümern ganz beladen, nach Hause und unterhielt nun seine armen Pflegeeltern für den Rest ihres Lebens in Fülle und Frieden.

Die Fuchshochzeit

Es war einmal ein junger weißer Fuchs, der Fukujémon hieß. Als er das gehörige Alter erreicht hatte, scherte er sich seine Stirnlocke* weg und sann darauf, eine hübsche Braut zu nehmen. Der alte Fuchs, sein Vater, entschloß sich, seinem Sohn das ihm zukommende Erbteil zu übergeben und sich selbst ins Privatleben zurückzuziehen. Deshalb arbeitete der junge Fuchs, von Dankbarkeit bewogen, fleißig und ernsthaft, um sein väterliches Erbe zu vermehren.

Nun trug es sich zu, daß es in einer berühmten alten Fuchsfamilie eine hübsche junge Fuchslady gab, mit einem so lieblichen Pelz, daß der Ruf ihrer Schönheit, der glänzte wie ein Juwel, sich weit verbreitete. Der junge Fuchs, der auch davon gehört hatte, war ganz darauf erpicht, sie zu seinem Weib zu machen, und es wurde eine Zusammenkunft zwischen beiden verabredet. An beiden war kein Fehl zu finden, und so wurde man sich über die Heiratspräliminarien leicht einig, und die Hochzeitsgeschenke wurden vom Bräutigam zum Haus der Braut gesendet, begleitet von den Gratulationsreden des Boten. Sie wurden von der Person, die dazu beauftragt

* Die Stirnlocke wird den Japanern abgeschnitten, wenn sie das Mannesalter erreichen.

war, pflichtschuldigst entgegengenommen. Natürlich erhielten dabei auch die Träger den herkömmlichen Ehrensold aus Kupfermünzen.

Als alle Zeremonien durchlaufen waren, wurde ein glückverheißender Tag für den Eintritt der Braut ins Haus ihres Gemahls bestimmt, und sie wurde während eines Regenschauers, bei dem die ganze Zeit über die Sonne schien, in feierlicher Prozession abgeführt.* Nachdem man die Zeremonien des Weintrinkers durchgemacht hatte, wechselte die Braut ihre Kleider, und die ganze Hochzeit wurde ohne Verzug und Hindernis mit Singen, Tanzen und allerlei Lustbarkeit beschlossen. –

Die junge Frau und ihr Gatte lebten danach sehr liebevoll miteinander, und eine ganze Schar kleiner Füchse wurde ihnen geboren, zum Entzücken der alten Großeltern, die die kleinen Babies so zärtlich behandelten, als wenn es Schmetterlinge oder Blumen gewesen wären. »Ja, ja! Sie sind das wahre Abbild ihres Großvaters!« sagte der Alte, so stolz und selbstgefällig wie möglich. »Und was den Arzt betrifft, Gott segne sie! Sie sind so gesund und stark, daß sie nicht für einen kupfernen Pfennig Medizin nötig haben werden.«

Als sie alt genug waren, wurden sie zum Tempel des Inari Sama, des Schutzheiligen der Füchse, geführt, und die alten Großeltern beteten da und baten, daß ihre Kinder erlöst und befreit sein und bleiben mögen von Jagdhunden und von allen anderen Übeln, denen Fuchsfleisch unterworfen ist.

Auf diese Weise wurde der weiße Fuchs allmählich selbst alt und glücklich, und seine Kinder wurden jährlich zahlreicher

* Ein Regenschauer bei Sonnenschein, was in England »der Teufel schlägt sein Weib« heißt, wird in Japan »die Braut des Fuchses geht zum Haus ihres Mannes« genannt.

Die Fuchshochzeit

um ihn herum, so daß ihm, der ebenso erfolgreich in seinem Geschäft wie in seiner Familie war, jeder zurückkehrende Frühling neue Ursache zur Freude verschaffte.

Die Geschichte von Sakata Kintoki

Vor langer Zeit lebte ein Offizier aus der Leibgarde des Kaisers namens Sakata Kurando, ein junger Mann, der, obwohl er sich durch Tapferkeit und Kriegskunst auszeichnete, dabei doch äußerst sanft und menschenfreundlich war. Dieser junge Offizier war über die Maßen verliebt in eine junge Dame, die in Gojosaka bei Kioto wohnte und Jaégiri hieß.

Nun begab es sich, daß Kurando, der den Neid gewisser vornehmer Personen auf sich gezogen hatte, bei Hof in Ungnade fiel und ein Ronin wurde. Daher war er nicht länger imstande, weiterhin mit seiner Geliebten Jaégiri zu verkehren. Er kam zuletzt so weit herab und verfiel so tief in Armut, daß er kaum mehr wußte, wie er sein Leben fristen sollte. Er verließ daher die Stadt ganz und flüchtete; niemand wußte wohin. Und was Jaégiri betrifft, so war auch sie völlig liebeskrank und in Trübsinn versunken, und, nach ihrem verlorenen Herzgeliebten schmachtend, floh sie zuletzt ebenfalls aus dem Haus und wanderte kreuz und quer durchs Land, überall nach Kurando fragend und spähend. –

Kurando hatte, nachdem er aus dem kaiserlichen Palast geflohen war, zum Tabakhandel gegriffen, und wie er so herumreiste, seine Waren anbietend, traf er bei diesem armseligen Geschäft zufällig mit Jaégiri zusammen. Nachdem er ihr seine letzten Wünsche mitgeteilt hatte, nahm er Abschied von ihr auf ewig und machte seinem traurigen Leben ein Ende.

Die arme Jaégiri ging, nachdem sie ihren Liebhaber beerdigt hatte, in die Aschigaraberge, einer entlegenen und einsamen Gegend, wo sie einen kleinen Knaben gebar, der, sobald er ans Licht trat, gleich von so wunderbarer Stärke war, daß er umhertobte und spielend und lustig durch das ganze Gebirge rannte. Ein Holzfäller, der das Wunder sah, war zuerst sehr erschreckt und hielt die Sache für sehr unheimlich und gefährlich. Aber nach einiger Zeit gewöhnte er sich an das Kind und nannte es »das kleine Wunder«, und seiner Mutter gab er den Namen »die alte Frau vom Berge«.

Eines Tages, als »Klein-Wunder« wieder im Gebirge herumspielte, entdeckte er im Gipfel eines hohen Zedernbaums ein Tengunest*. Er begann den Baum mit aller Kraft zu schütteln, bis zuletzt das Tengunest herunterpurzelte.

Das Glück wollte es, daß gerade als dies geschah, der berühmte Held Minamoto no Jorimitsu mit seinen Begleitern Watanabé Isuna, Usui Sadamitsu und mehreren anderen herbeigekommen war, um im Gebirge zu jagen. Und da sie das Kraftstück, das »Klein-Wunder« soeben ausgeführt, mit angesehen hatten, kamen sie zu dem Schluß, daß dies kein gewöhnliches Kind sein könne. Minamoto no Jorimitsu befahl Watanabé Isuna Namen und Herkunft des Kindes zu erkunden. Die alte Frau vom Berge, die darüber befragt wurde, antwortete, daß sie das Weib Kurandos und »Klein-Wunder« das Kind ihrer Ehe sei. Und sie erzählte dann alle Abenteuer, die sie mit ihm bestanden hatte.

Als Jorimitsu diese Geschichte hörte, sagte er: »In der Tat, dies Kind macht seiner Abstammung keine Schande. Gebt mir den Burschen her, und ich will ihn zu meinem Waffengefähr-

* »Tengu« oder »Himmelshund« ist ein Kobold, der verlassene Orte unsicher macht und den man anruft, um unartige Kinder zu schrecken.

ten und Vasallen machen.« Die alte Frau vom Berge stimmte gern zu und gab »Klein-Wunder« dem Herrn Jorimitsu; sie selbst aber blieb in ihrer Bergheimat.

So ritt denn »Klein-Wunder« mit dem Helden Jorimitsu davon, der ihm den Namen Sakata Kintoki gab. Und in der Folgezeit wurde er unter diesem Namen berühmt und ausgezeichnet als Krieger; und seine Taten werden noch bis auf den heutigen Tag besungen. Er ist der Lieblingsheld der Kinder, die Kintokis Bildnis an der Brust tragen und sich wünschen, daß sie einmal imstande sein möchten, mit seiner Stärke und Tapferkeit zu wetteifern.

Die Elfen und der neidische Nachbar

Es war einmal ein Mann, der, auf seiner Reise mitten im Gebirge von der Dunkelheit überfallen, genötigt war, im Stamm eines hohlen Baumes Obdach zu suchen. Um Mitternacht versammelte sich eine zahlreiche Gesellschaft von Elfen auf dem freien Platz vor dem Baum, und der Mann, aus seinem Versteck hervorlugend, geriet, als er sie erblickte, vor Schreck ganz außer sich.

Nach einiger Zeit jedoch fingen die Elfen an zu spielen und Wein zu trinken und sich mit Gesang und Tanz zu vergnügen, bis endlich der Mann, von Spaß und Lust angesteckt, seine Furcht gänzlich vergaß und aus seinem hohlen Baume hervorkroch, um sich der Festivität anzuschließen. Als der Tag zu dämmern begann, sprachen die Elfen zu ihm: »Du bist ein lustiger Kumpan, und du mußt wieder herauskommen und noch einmal mit uns tanzen. Du mußt uns das versprechen, aber dein Versprechen auch halten.« Darauf nahmen ihm die Elfen, im festen Glauben, ihn dadurch zur Rückkehr zwingen könnten, eine große Warze ab, die mitten auf seiner Stirn saß, und behielten dieselbe als Pfand. Dann verließen sie alle den Platz und gingen nach Hause.

Der Mann ging ebenfalls nach Hause, in munteren Gedanken über die fröhliche Nacht, die er gehabt hatte, und auch darüber, daß er seine dicke Warze losgeworden war. Er erzählte die Geschichte allen seinen Freunden, die ihm herzlich dazu gratulierten, daß er von seiner Warze kuriert sei. Nun hatte er einen Nachbarn, der auch mit einer dicken und schon sehr alten Warze angetan war. Als der vom guten Glück seines Freundes hörte, plagte ihn der Neid, und er machte sich auf, um den hohlen Baum zu finden, in dem er sich versteckte, nachdem er ihn gefunden hatte.

Um Mitternacht kamen die Elfen, wie er es erwartet hatte, und begannen zu speisen und zu trinken, mit Gesang und Tanz wie zuvor. Bei diesem Anblick kroch er aus dem hohlen Baum hervor und fing ebenfalls an zu singen und zu tanzen, wie sein Nachbar es getan hatte. Die Elfen, die ihn irrtümlich für ihren früheren lustigen Kumpan hielten, waren entzückt über seinen Besuch und sagten:

»Du bist ein guter ehrlicher Mann, daß du dich deines früheren Versprechens erinnerst, und wir wollen dir nun dein Pfand zurückgeben.« Damit zogen sie die gepfändete Warze hervor und klebten sie auf die Stirn des Mannes, oben auf die andere Warze, die er schon hatte, hinauf. Auf diese Weise ging der neidische Nachbar weinend nach Hause, mit zwei Warzen statt mit einer.

Dies ist eine gute Lektion für neidische Leute, die die Glücksfälle ihrer Mitmenschen nicht mit ansehen können, ohne sie sogleich auch für sich selbst zu begehren.

KAPITEL IX

Der Geist von Sakura

Die Leiden und der Tod des Pächters Sogoro gehören, obwohl die angeblich damit zusammenhängenden übernatürlichen Erscheinungen Lächeln erregen mögen, zu den jedem Japaner geläufigsten und ganz populären Volksüberlieferungen. Sie geben uns eine sehr eindringliche Belehrung und ein deutliches Bild von den Verhältnissen, die in Japan zwischen dem Pächter und seinem Grundherrn bestehen, sowie von der unbegrenzten Gewalt, die der Grundherr in Händen hat, um Gutes oder Böses zu stiften. Es ist höchst merkwürdig, daß in einem Land, wo der Bauer – in der Klasseneinteilung des Volks dem Rang nach nächst dem Krieger und über dem Handwerker stehend – kein geringes Ansehen genießt und wo dem Ackerbau gesetzlich so reichlicher Schutz gegen wilden Pflanzenwuchs zuteil wird, daß seinetwegen schattenverbreitende Zweige abgehauen und Hekken beschnitten werden müssen, daß in diesem Land der Gutsbesitzer hinsichtlich seines Verfahrens gegen seine den Acker bebauenden Leute faktisch keiner Kontrolle unterworfen ist. –

Die Landtaxe, oder vielmehr die vom Pächter jährlich zu entrichtende Rente, wird gewöhnlich auf vierzig Prozent vom Ertrag abgeschätzt. Doch gibt es darüber kein klares und bestimmtes Gesetz, und sehr häufig teilen der Landeigentümer und der Bauer das Ergebnis der Ernte zu gleichen Hälften unter sich. Reisland wird in drei Klassen eingeteilt, und nach diesen Klassen ist die Berechnung so, daß ein »tan« (1800 Quadratfuß) des besten Landes dem Eigentümer ein Einkommen von fünf Sack Reis jährlich eintragen sollte. Jeder dieser Säcke enthält vier »to« (ein »to« ist etwas weniger als ein halber kaiserlicher Scheffel) und hat im jetzigen Augenblick (1868) den Wert von drei Rijos oder von ungefähr sechzehn Schilling. – Land von der mittleren Klasse sollte ein Einkommen von drei oder vier Sack liefern. Die Rente wird entweder in Reis oder in Geld bezahlt, je nach dem augenblicklichen Preis des Kornes, der bedeutenden Schwankungen unterworfen ist. Sie ist im elften Monat des Jahres fällig, nachdem alle Ernten eingebracht und die Marktpreise festgestellt sind. –

Die Rente desjenigen Landes, das nicht Reis, sondern Baumwolle, Bohnen, Wurzeln und andere Früchte trägt, ist während des zwölften Monats in Münze fällig. Die Wahl über die Art der Früchte, die er anbauen will, scheint dem Pächter überlassen zu sein.

Wenn der japanische Landeigentümer von Armut bedrängt wird, beschränkt er sich nicht auf die bloße Einziehung seiner gesetzmäßigen Renten: Er kann von seinen bedürftigen Pächtern stets den Vorschuß einer Jahresrente oder ein Darlehen von soviel Geld, wie zur Deckung seiner augenblicklichen Bedürfnisse erforderlich ist, erzwingen. Wenn der Herr ein rechtlicher Mann ist, wird er dem Bauern in Zeitabschnitten, die sich über zehn bis zwanzig Jahre erstrecken, das Kapital mit Zinsen zurückzahlen. Aber nur zu oft ereignet es sich, daß solche Anleihen von ungerechten und unbarmherzigen Herren gar nicht zurückerstattet werden, daß diese im Gegenteil noch mehr Vorschuß erpressen. Dann geschieht es wohl, daß die armen Pächter, angetan mit ihren Regenmänteln aus Gras, Sicheln und Bambusstangen in den Händen tragend, sich vor dem Tor des Palastes ihres Herrn in der Hauptstadt versammeln und ihre Beschwerden vorbringen, indem sie die Vermittlung der Dienerschaft, ja sogar der zufällig vorübergehenden Frauen anflehen. Manchmal müs-

Die Deputation der Bauern vor dem Tor ihres Schloßherrn

sen sie diese Dreistigkeit mit dem Leben büßen; aber jedenfalls haben sie die Genugtuung, ihrem Bedrücker in den Augen seiner Nachbarn und des Publikums Schande zu bereiten.

Die amtlichen Berichte über die neueren Reisen im Innern Japans haben das harte Los, das die Bauern während der Regierung der Taikune und besonders unter den Hatamotos, dem von der Dynastie geschaffenen Adel, zu ertragen hatten, vollständig aufgedeckt. In einer Provinz, in der die Dorfschulzen die Erpressungen ihres Herrn unterstützt zu haben scheinen, mußten sie die Flucht ergreifen vor der erbitterten Bevölkerung, die sich den Aufstand zu Nutze machte, um die Häuser ihrer Tyrannen zu verwüsten und zu plündern, indem sie laute Gebete für eine neue und gerechte Schätzung des Landes zum Himmel schickten und überall die Wiederaufnahme der höchsten Regierungsgewalt durch den Mikado und die Abschaffung des niederen Adels, der sich durch das Elend seiner Untergebenen erhöhen wollte, mit lauten Beifallsbezeugungen begrüßten. Am Hof zu Jedo sonnten sich ehedem die Hatamotos und wurden fett, hielten dort glänzende Gelage und kümmerten sich wenig um die, die in der Provinz jammerten und verhungerten. Geld mußte beschafft werden, und es wurde beschafft.

Es ist indessen nötig, auch noch ein Wort beizufügen über die Dorfschulzen, die in der Geschichte, die ich hier mitteilen will, eine so wichtige Rolle spielen.

Die Bauern Japans werden von drei Klassen von Amtleuten regiert: von dem »Nanuschi« oder Schulzen, von den »Kumigaschira« oder den Vereinsvorstehern und von den »Hijakuschodai« oder Stellvertretern der Pächter. Das Dorf, das vom Nanuschi oder Schulzen regiert wird, ist in Gesellschaften oder Vereine eingeteilt, die, jede aus fünf Familien bestehend, von einem Kumigaschira überwacht werden; und diese Vereine zerfallen wieder in Unterabteilungen, jede bestehend aus einer Gruppe von fünf Männern, die aus ihrer Anzahl einen wählen, der ihre Stelle vertreten muß, wenn sie eine Bittschrift einzureichen oder irgendwelche Geschäfte bei ihren Oberen auszurichten haben. Dieser Beamte ist der Hijakuschodai.

Der Schulze, das Vereinsoberhaupt und der Stellvertreter halten Register über die Familien und Leute unter ihrer Aufsicht und sind verantwortlich für deren gutes und ordnungsgemäßes Betragen. Sie müssen dieselben Taxen bezahlen wie die übrigen Pächter, aber sie bekommen ein Gehalt, dessen Höhe sich nach der Größe und dem Reichtum des Dorfes richtet. Fünf Prozent der jährlichen Landtaxe macht das Gehalt des Schulzen aus, und die anderen Beamten erhalten jeder fünf Prozent von der Taxe, die von den kleinen Körperschaften, die sie speziell überwachen, entrichtet wird.

Durchschnittlich beläuft sich die Größe des Bodens, den eine Familie zu bebauen hat, auf ungefähr einen »Tscho« oder 9000 Quadratellen, doch gibt es Pächter, die wohl fünf oder sogar sechs Tscho von ihren Vorfahren geerbt haben. Es existiert auch eine Klasse von Pächtern, ihrer Armut wegen die »wassertrinkenden Pächter« genannt, die gar kein eigenes Land besitzen, sondern von denen etwas mieten, die mehr haben, als sie eigenhändig bewirtschaften können. Der dafür bezahlte Zins ist verschieden; für gutes Reisland beläuft er sich indes auf ein Pfund Sterling und achtzehn Schillinge bis zu zwei Pfund und sechs Schillinge per Tan (1800 Quadratfuß).

Die Tagelöhner der Pächter werden mit sechs oder sieben Rijos jährlich bis zu dreißig Rijos (das Rijo ungefähr im Wert von fünf Schillingen und vier Pence) bezahlt; außerdem werden sie noch gekleidet und genährt, nicht gerade mit Leckerbissen, aber doch reichlich. Der Reis, den sie selbst anbauen, ist für sie ein fast unbekannter Luxus; Hirse ist ihre gewöhnliche Nahrung, und an Fest- und Feiertagen erhalten sie Portionen von Gerste oder Buchweizen. Da, wo der Maulbeerbaum kultiviert wird und man Seidenzucht betreibt, bekommt der Tagelöhner den höchsten Lohn.

Der Ertrag der Reisernte sollte auf gutem Boden zwölfeinhalb mal so hoch sein und auf gewöhnlichem Boden sechs bis sieben mal. Gewöhnliches Ackerland ist nur halb so wertvoll wie Reisland, das nicht unter vierzig Rijos per Tan gekauft werden kann. Gemeines Hügel- oder Waldland ist wieder wohlfeiler als Ackerland, aber Obstgärten und Haine von Paulowniabäumen werden mit fünfzig bis sechzig Rijos per Tan bewertet.

Was die Strafe der Kreuzigung betrifft, durch die Sogoro, der Held der folgenden Erzählung, den Tod erleiden mußte, so wird sie für folgende Vergehen auferlegt: für Vatermord (den Mord oder Totschlag von Eltern, Onkeln, Tanten, älteren Brüdern, von Herren oder Lehrern inbegriffen), für Falschmünzerei und für unerlaubte Übertretung der Grenzen des Gebietes des Taikuns.* Der Verbrecher wird an einem aufrecht stehenden Pfahl befestigt und seine Arme und Füße mit Seilen an zwei Querbalken gebunden. Darauf wird er von Männern, die zur Klasse der Eta, der japanischen Parias gehören, mit Speeren durchstochen. Als ich einst über den Hinrichtungsplatz bei Jedo ging, war dort eben ein Leichnam am Kreuz befestigt. Der Tote hatte seinen Arbeitgeber ermordet und war, nachdem er zum Kreuzestod verurteilt worden war, im Gefängnis gestorben, ehe noch das Todesurteil vollstreckt werden konnte. Er wurde also in niederkauernder Stellung in einen weiten, roten, irdenen Krug eingepackt, dieser fest mit Salz ausgefüllt und hermetisch versiegelt. Ein Jahr, nachdem das Verbrechen be-

* Dieses letzte Verbrechen ist jetzt natürlich veraltet.

gangen worden war, trug man den Krug zum Hinrichtungsplatz und zerbrach ihn, nahm den Leichnam heraus und band diesen ans Kreuz, nachdem man die Gelenke der Knie und Arme durchschnitten hatte, damit die steifen, zusammengezogenen Gliedmaßen ausgedehnt werden konnten; dann durchstach man ihn mit Speeren, und so blieb er dort drei Tage den Blicken der Vorübergehenden ausgesetzt. Ein offenes Grab, neben dem die umhergestreute Erde nur aus Überbleibseln von Totengebeinen zusammengesetzt zu sein schien, war bereit, den entehrten Leichnam aufzunehmen; drei oder vier Etas, unsaubere und herabgewürdigte Geschöpfe, saßen als Wache dabei und rauchten ihre Pfeifen neben einem spärlichen Kohlenfeuer, während sie allerlei gemeine Späße trieben. Das wäre wohl eine ergreifende und abschreckende Mahnung gewesen, wenn die Leute sich die Mühe gegeben hätten, die Lehre zu verstehen; aber die auf der Landstraße Vorübergehenden nahmen wenig oder gar keine Notiz von dem Schauspiel, und kaum zehn Schritte vom Toten entfernt, spielte eine Gruppe rotbäckiger und fröhlicher Kinder, als ob nichts Ungewöhnliches oder Grauenhaftes in der Nähe gewesen wäre.

*Der Geist von Sakura**

Wie wahr ist der Satz, den Konfuzius aufgestellt hat, daß das Wohlwollen der Fürsten aus ihrem Land zurückstrahlt, während durch ihre Bosheit überall Aufruhr und Verwirrung entsteht!

* Diese Geschichte, die man auch zum Gegenstand eines Dramas gemacht hat, existiert in Japan gedruckt, allerdings mit veränderten Namen, damit die mächtige Hottafamilie nicht beleidigt wird. Wir haben hier die wirklichen Namen beibehalten. Die erzählten Begebenheiten trugen sich unter der Regierung des Schoguns Ijémitsu, in der ersten Hälfte des 17. Jahrhunderts zu.

In der Provinz Schimosa und dort im Distrikt Soma war Hotta Kaga no Kami, Herr des Schlosses von Sakura und das Haupt der Hottafamilie, die seit vielen Generationen berühmte Krieger hervorgebracht hatte. Als Kaga no Kami, der im Gorodschu, dem Kabinett des Schoguns, gesessen hatte, im Schloß Sakura starb, erbte sein ältester Sohn Kotsuké no Suké Masanobu seine Besitzungen und Titel und wurde zu einem Sitz im Gorodschu erhoben. Dieser war aber ein ganz anderer Mensch als die edlen Herren, die ihm vorangegangen waren. Er war hart und ungerecht gegen seine Pächter und Bauern und legte ihnen außergewöhnliche und drückende Steuern auf, wodurch er die Untertanen auf seinen Gütern in die äußerste Armut trieb. Wiewohl sie nun Jahr aus, Jahr ein und einen Monat um den anderen um Gnade flehten und Vorstellungen gegen diese Ungerechtigkeit machten, schenkte man ihnen doch keinerlei Beachtung, so daß in allen Dörfern die Leute ins höchste Elend gestürzt wurden. –

Endlich traten die Oberhäupter der 136 Dörfer, die ihrem Herrn ein Gesamteinkommen von 40 000 Kokus Reis verschafften, zusammen, hielten untereinander Rat und beschlossen einmütig, bei der Regierung, mit ihren Siegeln versehen, eine Bittschrift einzureichen und darin darzulegen, wie ihre Ortsbehörden nicht die geringste Notiz von ihren oft wiederholten Vorstellungen genommen hätten. Danach versammelten sie sich in großer Anzahl vor dem Haus eines der Räte ihres Herrn, Ikéura Kasujé, um ihm vorher die Bittschrift zu zeigen. Aber auch hier schenkte man ihnen keinerlei Beachtung. Deshalb begaben sie sich wieder nach Hause, und nachdem sie abermals miteinander Rat gehalten hatten, beschlossen sie, sich am siebten Tag des zehnten Monats zum »Jaschiki« (Palast) ihres Herrn in Jedo zu begeben. Sie waren einstimmig der Meinung, daß alle 136 Dorfoberhäupter nach Jedo gehen müßten, und das Oberhaupt des Dorfes Iwahaschi, ein Mann von etwa achtundvierzig Jahren namens Sogoro, der sich durch Verstand und Urteilskraft auszeichnete und einem Distrikt, der tausend Kokus einbrachte, vorstand, trat auf und sagte:

»Meine Herren, dies ist durchaus keine leichte Sache. Allerdings wäre es wohl von großer Wichtigkeit, daß wir unsere Klage im Palast unseres Herrn in Jedo vorbrächten; aber wie wollt Ihr es ausführen? Habt Ihr Euer Verfahren schon gut überlegt und festgestellt?«

»Ja! In der Tat ist es eine höchst wichtige Sache«, entgegneten die anderen, aber weiter wußten sie nichts zu sagen. Da ergriff Sogoro wieder das Wort und sprach:

»Wir haben uns an das öffentliche Amt unserer Provinz gewendet, jedoch ohne Erfolg. Wir haben bei den Räten unseres Fürsten ein Bittgesuch eingereicht, aber auch das war vergebens. Also weiß ich, daß alles, was uns nun noch zu tun übrigbliebe, dies wäre, daß wir unseren Fall im Palast unseres Herrn zu Jedo vorbringen. Aber wenn wir dahin gehen, so ist es ebenso gewiß, daß man uns auch dort nicht anhören, im Gegenteil uns ins Gefängnis werfen wird. Wenn man hier in unserer eigenen Provinz nichts von uns wissen will, um wieviel weniger werden die Beamten in Jedo sich um uns kümmern. Wir können unsere Petition vielleicht auf öffentlicher Straße in die Sänfte eines Mitglieds des Gorodschu werfen; aber da unser Herr selbst ein Mitglied dieses hohen Rates ist, würde auch in diesem Fall keiner von seinen Genossen sich bemühen, das Recht oder Unrecht unserer Klage zu untersuchen, aus Furcht ihn zu beleidigen, und der Mann, der die Bittschrift auf so verwegene Art einreichte, würde wohl leicht sein Leben um einer vergeblichen Sache willen einbüßen. Wenn Ihr dazu geneigt und entschlossen seid, auf jeden Fall Euch aufzumachen, so geht meinetwegen nach Jedo.

Aber nehmt von Eltern, Kindern, Frauen und Verwandten einen langen, langen Abschied! – Das ist meine Ansicht!«

Nachdem sie Sogoro angehört hatten, beschlossen die anderen dennoch, nach Jedo zu gehen, was immer daraus kommen möchte; und sie machten miteinander aus, daß sie sich alle am dreizehnten Tag des elften Monats im Dorf Funabaschi einfinden wollten.

Am verabredeten Tag kamen alle Dorfbeamten an dem bestimmten Platz zusammen, nur Sogoro, das Oberhaupt des Dorfes Iwahaschi, fehlte, und als derselbe am folgenden Tag auch noch nicht erschien, sandten sie einen aus ihrer Mitte namens Rokurobei zu ihm, um den Grund zu erforschen. Rokurobei kam gegen vier Uhr nachmittags in Sogoros Wohnung an und fand ihn, wie er ganz ruhig über seinem Kohlenfeuer saß, sich wärmend, als ob es nichts zu tun gebe. Als der Bote dies sah, sagte er etwas ärgerlich:

»Alle Oberhäupter der Dörfer sind unserer Übereinkunft gemäß in Funabaschi versammelt, und da du, Meister Sogoro, nicht erschienen bist, bin ich gekommen, mich zu erkundigen, ob Krankheit oder irgendeine andere Ursache dich abgehalten habe.«

»Es tut mir wirklich leid«, erwiderte Sogoro, »daß du dir soviel Mühe gegeben hast. Es war gestern meine Absicht abzureisen; aber heftiges Bauchgrimmen, von dem ich oftmals gequält werde, ergriff mich, und wie du siehst, muß ich mich beim Feuer pflegen, so daß ich wohl kaum in ein oder zwei Tagen werde aufbrechen können. Habe du die Güte, die anderen dies wissen zu lassen.«

Da Rokurobei sah, daß er nichts weiter ausrichten konnte, ging er ins Dorf Funabaschi zurück und teilte den anderen mit, was er erfahren hatte. Alle waren höchst aufgebracht darüber, daß einer, der so schöne Worte gesprochen hatte, sich jetzt, wie sie meinten, als feige und ihnen abtrünnig zu erweisen schien. Doch sie beschlossen, daß das Benehmen eines Mannes die übrigen nicht beeinflussen dürfe, und suchten einander zu überreden, daß sie mit ihrer Angelegenheit schon selbst fertig werden würden. Hiermit brachen sie allesamt auf, um ihre Bittschrift einzureichen.

Als sie in Jedo angekommen waren, kehrten sie in der Straße, die Bakurotscho heißt, ein. Aber wie sehr sie sich auch bemühten, ihre Klage bei den verschiedenen Beamten ihres Herrn vorzubringen, da war keiner, der ihnen Gehör leisten wollte; jeder schlug ihnen die Tür vor dem Gesicht zu, so daß sie am Ende gänzlich niedergeschlagen und ohne Erfolg in ihre Herberge zurückkehren mußten.

Am folgenden Tag, also am achtzehnten des Monats, kamen sie wieder alle zusammen in einem Teehaus in einer Allee gegenüber einer Kapelle von Kwannon Sama*, und nachdem sie dort eine Beratung abgehalten hatten, ohne einen richtigen Ausweg zu finden, beschlossen sie, noch einmal nach Sogoro zu beschicken, um zu sehen, ob er nicht doch einen Plan für sie entwerfen wolle. Also machten Rokurobei und ein gewisser Dschujémon sich um die Mittagszeit zum Dorf Iwahaschi auf und trafen noch am selben Abend dort ein.

Sogoro aber, das Oberhaupt des Dorfes, der sich wohl bewußt war, daß die Überreichung jenes Dokumentes eine nicht leichtzunehmende Sache sei, rief Weib und Kinder samt allen Verwandten zusammen und sagte:

»Ich habe eine Reise nach Jedo vor und zwar aus folgenden Gründen: Unser gegenwärtiger Grundherr hat die Bodensteuer auf Reisland und die anderen Abgaben um mehr als das

* Eine buddhistische Gottheit.

Zehnfache erhöht, so daß Feder und Papier kaum einen Begriff zu geben vermöchten von der Armut, in die die Leute versunken sind. Die Bauern haben alle Qualen der Hölle schon hier auf Erden zu erdulden. Die Oberhäupter der verschiedenen Dörfer, die das mit ansehen müssen, haben deshalb Bittschriften eingereicht, deren Resultat aber noch zweifelhaft ist, ich wünsche darum ernstlich, Mittel zu finden, um eine so grausame Verfolgung zu hemmen. Sollte mein hochstrebender Plan mir nicht gelingen, werde ich nicht wieder heimkehren, und selbst dann, wenn ich meinen Zweck erreichen sollte, ist es doch ungewiß, wie mich diejenigen behandeln werden, die die Macht in Händen haben. Laßt uns daher einen Becher Wein miteinander trinken, denn es ist sehr wohl möglich, daß Ihr mein Gesicht nicht wiedersehen werdet. Mein Leben wollte ich darum geben, wenn ich das Elend der guten Leute dieser Gegend mildern könnte. Wenn ich sterben sollte, betrauert mein Schicksal nicht, weint nicht um mich.«

Nachdem er dieses gesagt hatte, wandte er sich an seine Frau und seine vier Kinder und gab ihnen sorgfältige Anweisungen über alles, was sie nach seinem Tod verrichten sollten, indem er ihnen alle Wünsche seines Herzens bis aufs Kleinste offenbarte. Darauf nahm er freundlich Abschied von allen Anwesenden, nachdem er den Scheidebecher mit ihnen getrunken hatte, und begab sich zu einem Teehaus im benachbarten Dorf Funabaschi, wo die beiden Abgesandten Rokurobei und Dschujémon mit Ungeduld auf ihn warteten, um ihm alles zu erzählen, was sich in Jedo zugetragen hatte.

»Um es kurz zu machen«, sagten sie, »es scheint, daß unsere Sache gänzlich fehlgeschlagen ist; und wir sind zu dir gekommen, um deine Vorschläge anzuhören. Hast du irgendeinen Ausweg ersonnen, möchten wir ihn gern erfahren.«

»Wir haben es bei den Distriktbeamten versucht«, erwiderte Sogoro, »und wir haben es im Palast unseres Herrn zu Jedo versucht. Auch wenn wir uns noch so oft vor dem Tor unseres Herrn versammeln, man würde uns doch keiner Beachtung würdigen. Uns bleibt also nichts anderes übrig, als an den Schogun selbst zu appellieren.«

So besprachen sie ihre Pläne weiter und blieben beisammen, bis die Nacht schon weit vorgerückt war, dann erst legten sie sich zur Ruhe. Die Winternacht war lang; aber kaum begannen die Krähen mit ihrem Gekrächze den Morgen zu verkünden, als die drei Freunde sich auf die Wanderschaft machten zum Teehaus in Asakusa, wo sie bei ihrer Ankunft die anderen Dorfältesten schon versammelt fanden.

»Willkommen, Meister Sogoro«, riefen diese ihm zu. »Warum kommst du so spät? Wir haben umsonst bei allen Beamten Bittgesuche eingereicht und sind vergebens überall herumgelaufen. Wir sind mir unserer Weisheit zu Ende und können keinen neuen Plan mehr entwerfen. Wenn du irgendeinen Ausweg erdenken kannst, der dir passend erscheint, so bitten wir dich, danach zu handeln.«

»Meine Herren«, erwiderte Sogoro in ruhigem Ton, »obwohl wir hier nicht mehr erreicht haben, als in unserem eigenen Ort, wäre es doch unnütz zu jammern. In ein oder zwei Tagen wird der Gorodschu sich aufs Schloß begeben; diese Gelegenheit müssen wir abwarten, um dem Aufzug zu folgen und unser Dokument in eine der Sänften der Herren hineinzuwerfen. Das ist meine Ansicht. Was haltet Ihr davon?«

Ohne Ausnahme erklärten sich die versammelten Ältesten von der Vortrefflichkeit dieses Planes überzeugt, und nachdem sie beschlossen hatten, danach zu verfahren, kehrten sie zu ihrer Herberge zurück.

Sogoro hielt darauf eine geheime Beratung mit fünf der Ältesten ab, Dschujémon, Hanso, Rokurobei, Tschinso und Kiuschiro, und setzte mit ihrer Hilfe die Bittschrift auf, und da sie hörten, daß Kusé Jamato no Kami sich zu einem Palast unter der westlichen Mauer des Schlosses begeben würde, sobald der Gorodschu auf das Schloß komme, legten sie sich an einem Ort ganz in der Nähe auf die Lauer. Sobald die Sänfte des Gorodschu sich ihnen näherte, schritten sie darauf zu und reichten ihre Bittschrift hinein, nachdem sie demütig ihre Beschwerden vorgebracht hatten; da dieselbe angenommen wurde, wuchs den sechs Ältesten der Mut, und sie zweifelten kaum mehr an der Erfüllung ihrer Herzenswünsche; sie zogen sich also in ein Teehaus in Rijogoku zurück, und Dschujémon sagte:

»Wir können uns wirklich zu diesem Erfolg gratulieren. Unsere Bittschrift haben wir dem Gorodschu übergeben, und mögen uns dabei beruhigen; es werden nicht viele Tage vergehen, dann erhalten wir von der Regierung einen günstigen Bescheid. Dem Meister Sogoro sind wir für seine Bemühungen großen Dank schuldig.«

Sogoro aber trat vor sie hin und erwiderte: »Auch wenn wir unsere Bittschrift dem Gorodschu präsentiert haben, wird die Entscheidung der Sache nicht bald erfolgen; darum wäre es nutzlos, wenn so viele von uns hier länger verweilen. Elf Männer können bei mir bleiben, die übrigen mögen in ihren verschiedenen Dörfern heimkehren. Sollten wir Zurückbleibenden der Verschwörung angeklagt und enthauptet werden, so können die anderen sich zusammentun, um unsere Leichname zurückzufordern und zu bestatten. Was aber die Kosten betrifft, die wir bis zur Beendigung unseres Prozesses auf uns laden sollten, so wollen wir es damit unserem ursprünglichen Übereinkommen gemäß halten. Sollte es erforderlich sein, wollen wir für die Sache der 136 Dörfer unser Leben hingeben und uns der Schande unterwerfen, daß unsere Köpfe, gleich denen von gemeinen Verbrechern, zur Schau gestellt werden.« –

Sie hielten darauf ein Abschiedsfest miteinander, und nach einem betrübten Lebewohl begab sich der größte Teil der Ältesten in ihre Heimat zurück, während die übrigen den Weg zu ihrem Quartier einschlugen, um dort geduldig abzuwarten, bis man sie vor den hohen Rat laden würde. Als Sogoro am zweiten Tag des zwölften Monats eine Vorladung zur Residenz des Gorodschu Kusé Jamato no Kami erhalten hatte, machte er sich auf, derselben nachzukommen. Man führte ihn zum Portal des Hauses, wo ihm zwei Räte namens Aidschima Gidaiju und Jamadschi Jori entgegentraten und sagten:

»Vor einigen Tagen hattest du die Verwegenheit, eine Bittschrift in die Sänfte unseres Herrn Jamato no Kami zu werfen. Nun hat derselbe sich zu einem ganz außergewöhnlichen Gnadenakt entschlossen und will dir diese abscheuliche Beleidigung verzeihen. Solltet Ihr aber jemals wieder versuchen, ihm Eure Bittschriften aufzudrängen, so würdet Ihr aufrührerischen Betragens schuldig erachtet werden«, und hiermit gaben sie ihm die Bittschrift zurück.

»Ich erkenne die Gerechtigkeit dieses Tadels Seiner Gnaden demütigst an. Aber mit Verlaub, meine Herren, dieses ist keine übereilte und unüberlegte Handlung. Jahr aus, Jahr ein ist ein Mißgeschick nach dem anderen über uns gekommen, bis die Leute zuletzt in Not und Mangel geraten sind, so daß, da das Ende dieses Übels nicht abzusehen war, wir uns erkühnt haben, diese Bittschrift einzureichen. Ich bitte Euer Gnaden, unserem Fall doch Barmherzigkeit angedeihen zu lassen und huldvollst unsere Schrift annehmen zu wollen. Lassen Sie Sich herab zu solchen Maßregeln, die unserem Volk wieder Gedeihen geben, oh, dann wird unsere Dankbarkeit für so große Güte keine Grenzen kennen!«

»Deine Forderung ist zwar eine gerechte«, erwiderten die beiden Räte, »dennoch kann Eure Bittschrift keine Annahme finden; deshalb mußt du sie zurücknehmen.«

Mit diesen Worten gaben sie ihm das Dokument zurück und schrieben die Namen Sogoros und der sechs Ältesten, die ihn begleitet hatten, auf. Was half's, sie waren genötigt, ihre Bittschrift wieder mitzunehmen und sich in ihre Herberge zurückzubegeben. Da saßen nun die sieben Männer, niedergeschlagen und voller Sorgen, mit verschränkten Armen, und überlegten, was jetzt zu beginnen wäre und welchen neuen Plan sie machen sollten. Zuletzt, als sie mit ihrer Weisheit ganz am Ende waren, sprach Sogoro mit flüsternder Stimme:

»Also ist unsere Bittschrift, die wir mit soviel Mühe an den Mann gebracht haben, uns doch wieder zurückgegeben worden! Wie sollen wir uns nach so großer Schande nun wieder in unseren Dörfern zeigen? Ich für meinen Teil will meine Mühe wenigstens nicht umsonst verschwendet haben; ich bin jetzt entschlossen, an den Schogun selber zu appellieren, den rechten Augenblick zu erspähen, in dem er sich vom Schloß wegbegeben wird, da will ich ihm an der Landstraße abpassen und ihn, der ja der Herr über unseren Herrn ist, mit unseren Beschwerden bekannt machen. Das ist jetzt unsere letzte Zuflucht.«

Dieser Rede gaben die anderen ihren Beifall, und nachdem sie allesamt frischen Mut gefaßt hatten, harrten sie auf eine Gelegenheit.

Nun trug es sich zu, daß es am zwanzigsten Tag des zwölften Monats dem damals herrschenden Schogun Fürst Ijémitsu gefiel, bei den Gräbern seiner Vorfahren zu Ujéno* seine Andacht zu verrichten. Als Sogoro und die übrigen Ältesten dies hörten, sahen sie es als eine besondere Gunst der Götter an und hofften, daß es ihnen dieses Mal nicht mißlingen werde. Deshalb entwarfen sie eine neue Bittschrift, und zur festgestellten Zeit versteckte Sogoro sich unter der Sammajébrücke am hinteren Tor von Ujéno.

Als Fürst Ijémitsu in seiner Sänfte vorüberkam, kletterte Sogoro zur großen Überraschung des Gefolges des Schoguns unter der Brücke hervor. Sie schrien: »Stoßt den Burschen zur Seite!« Sogoro jedoch machte sich die so entstandene Verwirrung zu Nutze, erhob laut seine Stimme, und indem er rief: »Ich wünsche Seiner Hoheit in Person demütigst eine Bittschrift zu überreichen«, drängte er sich mit seiner Schrift, die er oben an ein sechs Fuß langes Bambusrohr befestigt hatte, vor und versuchte, sie in die Sänfte zu werfen. Trotz der Aufrufe, ihn festzunehmen, und ungeachtet der Püffe, die das Gefolge ihm austeilte, gelang es ihm, sich bis an die Sänfte hindurchzuwinden, und der Schogun nahm selbst das Dokument entgegen. Sogoro aber wurde vom Gefolge arretiert und ins Gefängnis geworfen. Was die Bittschrift anbelangt, so befahl Seine Hoheit, sie dem Gorodschu Hotta Kotsuké no Suké, dem Herrn der Bittsteller, zu übergeben.

Als Hotta Kotsuké no Suké in sein Haus kam und die Bittschrift gelesen hatte, rief er einen seiner Räte, Kodschima Schikibu, zu sich und sagte:

»Meine Gutsverwalter sind wahre Stümper. Warum weigerten sie sich, die Bittschrift von den versammelten Bauern in Empfang zu nehmen? Dadurch haben sie mir diese Unannehmlich-

* Zerstört während der Revolution im Sommer 1868 von den Truppen des Mikados. Siehe weiter unten die Bemerkungen über die Gräber der Schogune.

keit bereitet. Ihre Dummheit ist ganz unglaublich gewesen, aber nun ist es geschehen. Die Sache ist zu bekannt geworden. Wir sind jetzt gezwungen, ihnen all die neuen Steuern zu erlassen, und du mußt dich erkundigen, wieviel den früheren Schloßherren entrichtet worden ist. Was jedoch diesen Sogoro betrifft, so ist er wohl nicht der einzige, der hinter der Verschwörung steckt; da aber sein abscheuliches Verbrechen, der Prozession des Schoguns aufgelauert zu haben, strafbar und unverzeihlich ist, müssen wir es dahin bringen, daß wir ihn von der Regierung ausgeliefert bekommen und daß er als warnendes Beispiel für meine übrigen Leute ans Kreuz geschlagen wird – er, sein Weib und seine Kinder auch. Und nach seinem Tod soll sein Besitztum konfisziert werden. Die anderen sechs müssen verbannt werden; und damit soll die Sache zu Ende sein.«

»Herr«, entgegnete Schikibu, indem er sich vor ihm niederwarf, »deine hohen Absichten sind gerecht. Sogoro hat in der Tat für sein abscheuliches Verbrechen die höchste Strafe verdient. Aber ich unterfange mich, dir demütigst vorzustellen, daß sein Weib und seine Kinder nicht in demselben Maß schuldig genannt werden können. Darum flehe ich, Herr, dich an, sie gnädigst einer so strengen Strafe zu entheben.«

»Wenn die Sünde des Vaters so groß ist, können Frau und Kinder nicht verschont bleiben«, erwiderte Kotsuké no Suké. Und da sein Rat erkannte, daß das Herz seines Herrn völlig verhärtet war, mußte er notgedrungen seinen Befehlen ohne weitere Widerrede gehorchen.

Sobald Kotsuké no Suké die Auslieferung Sogoros von der Regierung erreicht hatte, ordnete er an, daß derselbe, gleich einem Verbrecher, in einer mit Netzen überspannten Sänfte auf sein Landgut Sakura gebracht und in ein Gefängnis gesperrt werde. Seine Sache wurde in Untersuchung gezogen,

Sogoro schleudert die Bittschrift in die Sänfte des Taikun

und Kotsuké no Suké, der Herr und Gebieter, fällte ein Urteil dahin, daß er eines verabscheuungswürdigen Verbrechens wegen bestraft werden müsse. Demgemäß wurde er am neunten Tag des zweiten Monats des zweiten Jahres der Periode »Schoho« (1644 n. Chr.) zum Kreuzestod verurteilt.

Sogoro nebst Frau und Kindern sowie auch die Ältesten der 136 Dörfer wurden zum Gerichtshof von Sakura gebracht, wo fünfundvierzig der obersten Beamten sich versammelt hatten. Hier unterrichtete man die Ältesten davon, daß in Übereinstimmung mit ihrer Bittschrift ihr Herr sich gnädig herablassen wolle, Befehl zu geben, daß ihnen die drückenden Steuern erlassen werden und die seit alten Zeiten erhobenen Abgaben nicht übersteigen sollten. Was aber Sogoro und dessen Frau betrifft, so wurde über sie folgendes Urteil gesprochen:

»Insofern du dich als Oberhaupt der Dorfbewohner geriert hast; insofern du dich zweitens unterfangen hast, die Regierung so geringzuachten, daß du dich mit deiner Bittschrift direkt an Seine Hoheit, den Schogun, wandtest, wodurch du deinem Herrn eine grobe Beleidigung zufügtest, und insofern du drittens dem Gorodschu eine Bittschrift überreicht hast, und insofern du viertens Mitwisser und Teilnehmer einer Verschwörung warst: wirst du wegen all dieser gehässigen Verbrechen zum Tod am Kreuz verurteilt. Dein Weib wird verurteilt, auf dieselbe Weise zu sterben, und deine Kinder sollen enthauptet werden.«

Obiges Urteil ist über folgende Personen verhängt worden:
Über
Sogoro, das Oberhaupt des Dorfes Iwahaschi, 48 Jahre alt.
Seine Frau Man, 38 Jahre alt.
Seinen Sohn Gennosuké, 13 Jahre alt.
Seinen Sohn Sohei, 10 Jahre alt.
Seinen Sohn Kihatschi, 7 Jahre alt.

Die älteste Tochter Sogoros namens Hatsu, neunzehn Jahre alt, war an einen Mann namens Dschujémon im Dorf Hakamura in Schitatschi, jenseits des Flusses im Bezirk des Matsudaira Mutsu no Kami (des Fürsten von Sendai), verheiratet. Seine zweite Tochter Saki, sechzehn Jahre alt, war an einen gewissen Todschura, Oberhaupt eines Dorfes im Gebiet des Gutsherrn Naito Geki, verheiratet. Über diese Frauen wurde keine Strafe verhängt.

Den sechs Ältesten, die Sogoro begleitet hatten, bedeutete man, daß sie zwar nach Recht und Billigkeit auch den Tod verdient hätten, daß indessen aus besonderer Mildherzigkeit ihres Gebieters ihr Leben geschont werden solle und sie nur zur Verbannung verurteilt worden seien. Ihren Frauen und Kindern sollte nichts geschehen, und ihr Eigentum ihnen bleiben. Diese sechs Männer wurden nach Oschima in der Provinz Idsu verbannt.

Sogoro hörte seinen Urteilsspruch mit größter Ruhe an.

Die sechs Männer wurden verbannt, aber drei von ihnen erlebten es noch, daß sie beim Ableben des Schoguns, des Fürsten Genjuin*, begnadigt wurden, worauf sie in ihre Heimat zurückkehren durften.

Obiger Entscheidung gemäß wurden den Bauern die hohen Steuern erlassen, und Männer und Frauen, Jung und Alt jubelten über den Vorteil, den Sogoro und die sechs Ältesten für sie errungen hatten, auch gab es keinen einzigen unter ihnen, der nicht über das Schicksal dieser Märtyrer getrauert hätte.

Als die Beamten der verschiedenen Dörfer den Gerichtshof verlassen hatten, teilte Sembei, das Oberhaupt des Dorfes Saka-

* Dies ist der Name, den man dem Schogun Ijétsuma nach seinem Tod beigelegt hatte. Er war der vierte von der Dynastie Tokugawas, der am achten Tag des fünften Monats des Jahres 1680 n. Chr. starb.

to, den anderen mit, daß er mit ihnen über gewisse wichtige Dinge zu sprechen habe, weshalb er sie bat, sich im Tempel Fukuschoin zu ihm zu finden. Dazu waren sie allesamt willig und als die 136 Männer in jenem Tempel versammelt waren, redete Sembei sie folgendermaßen an:

»Für den glücklichen Erfolg unserer Bittschrift, durch die wir erreicht haben, daß unsere Steuern wieder auf denselben Betrag herabgesetzt wurden, wie sie unter unseren früheren Herren waren, sind wir dem Meister Sogoro verpflichtet, der sein Leben für uns in die Schanze geschlagen hat. Jetzt sollen er, seine Frau und Kinder als Verbrecher für die Sache der 136 Dörfer leiden. Daß dieses vor unseren eigenen Augen geschehen soll, scheint mir eine Sache der Unmöglichkeit zu sein. Was sagt Ihr dazu, liebe Herren?«

»Jawohl! Jawohl! Alles, was du da sagst, ist wahr, vollkommen wahr«, erwiderten die anderen, und darauf trat Hansajémon, der Älteste des Dorfes Katsuta, vor und sagte:

»Wie Meister Sembei eben gesagt hat, ist unser Sogoro zum Tode verurteilt worden wegen einer Sache, an der alle Dorfbewohner bis zum letzten Mann beteiligt sind. Das können wir nicht ruhig mit ansehen. Zwar weiß ich gewiß, daß es ganz nutzlos wäre, wollten wir uns für Sogoro selbst verwenden; jedoch könnten wir wenigstens darum ansuchen, daß man seiner Frau und den Kindern das Leben lasse.«

Nachdem alle versammelten Ältesten dieser Rede ihren Beifall zugejauchzt hatten, beschlossen sie eine Bittschrift zu entwerfen, und kamen dahin überein, daß, wenn ihr Gesuch von den Ortsbehörden nicht bewilligt werden sollte, es im Palast ihres Herrn in Jedo zu präsentieren sei und daß man, wenn das mißlänge, sich an die Regierung wenden müsse. Demgemäß setzten sie alle am folgenden Tag ihr Siegel unter das Gnadengesuch, nachdem vier von ihnen, darunter Sembei und Hansajémon, es folgendermaßen entworfen hatten:

»In tiefster Ehrfurcht wagen wir demütigst folgendes Gesuch, das die Ältesten der 136 Dörfer mit ihren Siegeln versehen haben, einzureichen: Man hat auf unsere demütige Bitte, die wir kürzlich vorgebracht, die Gnade gehabt, unsere Steuern wieder bis auf dasselbe Maß herabzusetzen, das bei unseren früheren Gutsherren bestand, und man hat uns mit neuen Privilegien beschenkt. Mit ehrfurchtsvoller und dankbarer Freude haben die Bauern alle, jung und alt, diese Gnadengeschenke entgegengenommen. Was aber Sogoro, den Ältesten des Dorfes Iwahaschi, betrifft, der es gewagt hat, Seine Hoheit, den Schogun, in Person anzuflehen und sich dadurch eines verabscheuungswerten Verbrechens schuldig zu machen, so ist er zum Tode in der Festungsstadt verurteilt worden. Mit Furcht und Zittern erkennen wir die Gerechtigkeit dieses Urteils an. Aber was sein Weib und seine Kinder betrifft, so ist sie nur eine Frau, und die letzteren sind so jung und unschuldig, daß sie nicht Ost und West unterscheiden können. Darum bitten wir, daß du in deiner großen Huld ihnen ihre Sünde vergeben mögest und sie den Stellvertretern der 136 Dörfer ausliefern wollest, wofür wir dir ewig dankbar sein werden. Wir, die Ältesten der Dörfer, wissen nicht, bis zu dem Grade wir uns einer Übertretung schuldig machen, wenn wir dieses Gesuch einreichen. Wir waren darin alle schuldig, daß wir unser Siegel auf das frühere Bittgesuch setzten; aber Sogoro, das Haupt eines großen Distrikts, der tausend Kokus Einkommen brachte, und der daher ein sehr erfahrener Mann war, handelte für uns andere, und es bekümmert uns tief, daß er allein für alle leiden soll. Jedoch ergeben wir uns darein, daß in seinem Fall keine Begnadigung zu hoffen ist. Für seine Frau und Kinder aber flehen wir demutsvoll um Rücksicht und Erbarmen.

Unterzeichnet von den Ältesten der Dörfer des Grundbesitzes, im zweiten Jahr des Schoho und im zweiten Monat.«

Nachdem die 136 Ältesten dieses Gesuch aufgesetzt hatten, zogen sie, mit Sembei an der Spitze, zum Gerichtshof, um dasselbe einzureichen, und fanden dort die verschiedenen Beamten in feierlicher Zusammenkunft. Der Schreiber nahm ihnen die Schrift sofort ab, öffnete sie und las sie laut vor. Darauf sagte der Rat Ikéura Kasujé:

»Das Gesuch, das Ihr an uns gerichtet habt, ist jedenfalls höchst lobenswert. Doch müßt Ihr wissen, daß dieses eine Sache ist, die unserer Kontrolle nicht mehr unterworfen ist. Die Angelegenheit ist vor die Regierung gebracht, und obwohl die Priester des Tempels der Vorfahren meines Herrn sich für Sogoro verwendet haben, ist mein Gebieter doch so erbittert, daß er sogar ihnen kein Gehör leiht, denn er behauptet, dieser Mensch würde ihn sicher ins Verderben gestürzt haben, wenn er nicht ein Mitglied des Gorodschu gewesen wäre; nur sein hoher Rang habe ihn gerettet. Ja, so streng und entschieden drückte sich mein Herr aus, daß sogar die Priester sich nicht getrauten, wieder auf diesen Gegenstand zurückzukommen. Ihr seht also, daß Euer Versuch, neue Schritte in dieser Sache zu tun, ganz vergebens sein würde, denn Eure Bittschrift wird auf keinen Fall angenommen werden. Darum tätet Ihr besser, nicht länger daran zu denken.« Und mit diesen Worten gab er ihnen das Memorial zurück.

Da Sembei und die Ältesten zu ihrer größten Betrübnis sahen, daß ihr Beginnen hoffnungslos sei, verließen sie den Gerichtshof und berieten sich betrübten Herzens. Sie bissen die Zähne zusammen vor Enttäuschung und in Erwägung dessen, was der Rat über die Nichtigkeit ihres Versuches gesagt hatte. Aus lauter Kummer darüber verließ Sembei samt Hansajémon und Heidschuro am elften Tag des zweiten Monats (dem Tag, an dem Sogoro mit seinem Weib und den Kindern die Strafe erlitt) Ewaradai, den Ort der Hinrichtung; sie begaben sich zum Tempel Senkodschi in der Provinz Schinschiu. Dort bestiegen sie den Berg Koja in Kischiu, ließen sich am ersten Tag des achten Monats das Haupt scheren und wurden Priester. Dabei änderte Sembei seinen Namen in Kakuschin und Hansajémon den seinen in Senscho. Was Heidschuro betrifft, so wurde er am Ende des siebten Monats krank und am elften Tag des achten Monats starb er im siebenundvierzigsten Jahr seines Alters. So blieben diese drei Männer, die Sogoro geliebt hatten, wie die Fische das Wasser lieben, ihm treu bis ans Ende. Heidschuro wurde am Berg Koja bestattet. Kakuschin durchwanderte als Priester das Land, indem er für Sogoro und seine Kinder um Einlaß ins Paradies betete. Nachdem er alle Kapellen und Tempel besucht hatte, kehrte er in seine eigene Provinz Schimosa zurück und ließ sich beim Tempel Riakakudschi im Dorf Kano im Distrikt Imban nieder, hielt dort Gebete und brachte Opfer dar für das Heil der Seelen Sogoros, seiner Frau und Kinder. Hansajémon, nun unter dem Namen des Priesters Senscho bekannt, blieb in Schinagawa, einer Vorstadt Jedos, und sammelte bei guten und barmherzigen Leuten Geld zur Errichtung von sechs bronzenen Buddhas, die noch bis heute vorhanden sind. Später wurde er krank und starb in seinem siebzigsten Jahr, am zehnten Tag des zweiten Monats des dreizehnten Jahres der Periode »Kambun«. Sembei, der als Priester seinen Namen in Kakuschin geändert hatte, starb mit sechsundsiebzig Jahren am siebzehnten Tag des zehnten Monats des zweiten Jahres der Periode »Empo«.

Also weihten sich diese Männer um Sogoros und seiner Familie willen ganz verschiedenen Werken der Andacht. Auch die übrigen Dorfbewohner brachten Opfer und Speisen herbei, um die Manen der Toten zu beschwichtigen, und sie beteten um ihren Eingang ins Paradies. Und da man auf diese Weise ohne Unterbrechung viele Litaneien wiederholte, kann kein Zweifel bestehen, daß Sogoro die Seligkeit erlangt hat.

»Im Paradies, wo die Gnadengaben Gottes unparteiisch verteilt werden, lernt die Seele ihre Fehler erkennen durch das Maß der Belohnung, das ihr gegeben wird. Den Gelüsten des Fleisches hat sie entsagt, und der geläuterte Geist steigt zur Herrlichkeit Buddhas empor.«*

Am elften Tag des zweiten Monats des zweiten Jahres des »Schoho« wurde in Ewaradai ein Schafott errichtet, weil Sogoro eines strafwürdigen Verbrechens schuldig erkannt worden war, und der Rat, der zu Jedo residierte, sowie der Rat, der auf den Landgütern Kotsuké no Sukés residierte, samt den übrigen Beamten, verfügte sich in feierlichster Ordnung zu diesem Platz. Darauf nahmen die Priester von Tokodschi aus dem Dorf von Sakénaga, denen die Sargträger folgten, ihre Stelle gegenüber den Räten ein und sprachen:

»Wir suchen demütigst um die Erlaubnis, eine Bitte vorzubringen.«

»Was haben Eure Hochwürden zu sagen?«

»Wir sind Männer, die die Welt verlassen und sich dem Priestertum zugewandt haben«, antworteten die Mönche ehrfurchtsvoll, »und wir wünschen, wenn es möglich wäre, die Leichname derjenigen, die sterben sollen, bei uns aufzunehmen, damit wir sie ehrenvoll begraben können. Es würde uns zu großer Freude gereichen, wenn unsere Bitte gnädigst erhört und uns zugestanden werden sollte.«

* Buddhistische Zeremonie.

»Euer Gesuch soll Euch gewährt werden; allein da Sogoros Verbrechen sehr groß war, muß sein Körper drei Tage und drei Nächte zur Schau ausgestellt bleiben, danach aber soll derselbe Euch ausgeliefert werden.«

Um die Zeit der Schlange (zehn Uhr morgens) als der zur Hinrichtung festgesetzten Zeit strömten die Leute aus den benachbarten Dörfern und von der Schloßstadt, Jung und Alt, Männer und Frauen, herbei, um das Schauspiel mit anzusehen. Viele kamen auch, um Sogoro, seinem Weib und den Kindern ein letztes Lebewohl zu sagen und für sie zu beten. Als die Stunde geschlagen hatte, wurden die Verurteilten gebunden herbeigeführt, und sie mußten sich auf groben Matten niedersetzen. Sogoro und seine Frau schlossen die Augen, denn der Anblick war mehr, als sie ertragen konnten, und die Zuschauer riefen schluchzend und unter strömenden Tränen »Grausam!« und »Unbarmherzig!«. Sie nahmen dabei Süßigkeiten und Kuchen aus ihren Brusttaschen hervor und warfen sie den Kindern zu. Pünktlich um die Mittagsstunde wurden Sogoro und seine Frau auf die Kreuze gebunden, dann diese wurden aufgestellt und in der Erde befestigt. Nachdem das geschehen war, wurde der älteste Sohn, Gennosuké, den beiden Eltern gegenüber vor das Schafott geführt. Da schrie Sogoro laut:

»Oh, grausam! Grausam! Was für ein Verbrechen hat dieses arme Kind begangen, daß man es so behandelt? Was mich betrifft, so ist es ja einerlei, was aus mir wird.« Und heiße Tränen flossen von seinem Angesicht nieder.

Die Zuschauer beteten laut und schlossen ihre Augen, ja sogar der Scharfrichter, der hinter dem Knaben stand, sagte, es sei grausam, daß das Kind wegen der Schuld des Vaters leiden solle, und betete im Stillen. Der Knabe Gennosuké aber, der immer mit geschlossenen Augen dagestanden hatte, sprach zu seinen Eltern:

»Oh, mein Vater und meine Mutter! Ich gehe Euch voran ins Paradies, dem seligen Land, um Euch dort zu erwarten. Meine kleinen Brüder werden mit mir am Ufer des Flusses Sandsu* stehen, und wir werden unsere Hände nach Euch ausstrecken um Euch hinüberzuhelfen. Lebt wohl Ihr alle, die Ihr gekommen seid, uns sterben zu sehen, und nun, bitte, schlagt meinen Kopf schnell ab!«

Damit bot er seinen Nacken dar, indem er sein letztes Gebet flüsterte; und nicht nur Sogoro und seine Frau, sondern selbst der Scharfrichter und die Zuschauer konnten ihre Tränen nicht zurückhalten. Und trotzdem mußte der Henker, erschüttert wie er war und im Innersten der Seele gerührt, kraft seines Amtes den Kopf des Kindes abschlagen, und eine herzzerreißende Wehklage erhob sich aus dem Mund der Eltern und Zuschauer.

Darauf sagte das jüngere Kind Sohei zum Scharfrichter: »Herr, ich habe ein Geschwür an meiner rechten Schulter, bitte schlag mir den Kopf von der linken Schulter her ab, damit du mir nicht weh tust. Ach, ich weiß nicht, wie man sterben muß und was ich tun soll.«

Als der Henker und die Beamten daneben die arglose Rede des Kindes hörten, weinten sie wieder aus Mitleid; aber helfen konnten sie nicht, und der Kopf fiel schneller nieder als Wasser im Sand aufgesogen werden kann. Darauf wurde der kleine Kihatschi, der dritte Sohn, der seines zarten Alters wegen doch wohl hätte geschont werden können, hingeschlachtet, während er in seiner Einfalt noch von den Süßigkeiten aß, die ihm von den Zuschauern zugeworfen waren.

* Der buddhistische Styx, der das Paradies von der Hölle scheidet und über den die Toten von einer alten Frau gerudert werden, weswegen eine kleine Münze für diese mit ihnen begraben wird.

Nachdem die Hinrichtung der Kinder zu Ende war, nahmen die Priester von Tokodschi ihre Körper, legten sie in ihre Särge, trugen diese unter den Wehklagen der Umstehenden fort und beerdigten sie mit großer Feierlichkeit.

Eben wollte Schigajémon, ein Diener Dansajémons, des Obersten der Etas, der zu diesem Zweck da war, seinen Speer auf Sogoro werfen, als O Man, Sogoros Frau, ihre Stimme erhob und sagte:

»Bedenke, lieber Gatte, daß du von Anfang an auf dieses Schicksal vorbereitet warst. Wenn nun unsere toten Körper schimpflich an diesen Kreuzen zur Schau ausgestellt bleiben müssen, so haben wir doch die Verheißungen der Götter vor uns; darum trauere nicht! Laß uns dem Tod ins Angesicht schauen! Wir nähern uns dem Paradies und werden bald mit allen Heiligen vereint sein. Sei ruhig, lieber Mann. Laß uns fröhlich unsere beiden armen Leben zum Besten für viele dahingeben. Der Mensch lebt nur für eine Generation; aber sein Name durchdauert viele. Ein guter Name ist höher zu achten als das Leben.«

So sprach sie, und Sogoro lächelte von seinem Kreuz herab und gab ihr zur Antwort:

»Wohlgesprochen, mein liebes Weib! Wenn wir auch für viele Strafe leiden müssen, unser Gnadengesuch hat doch seinen Zweck erreicht, und es bleibt uns nichts zu wünschen übrig. Ich bin jetzt glücklich, denn ich sehe mein Herzensverlangen erfüllt. Das Leben ist mannigfachem Wechsel und vielen Glücksfällen unterworfen. Aber hätte ich auch fünfhundert Leben und könnte fünfhundert Mal diese meine Gestalt wieder annehmen, würde ich dennoch wünschen, fünfhundert Mal zu sterben, um so große Ungerechtigkeiten zu beseitigen. Auch bekümmere ich mich nicht um meinetwillen, nur daß meine Frau und Kinder bestraft werden mußten, das ist zu viel. Das ist unbarmherzig und grausam! Darum, wenn auch mein Herr sich mit eisernen Wänden umgeben sollte, soll mein Geist sie doch durchbrechen und seine Knochen zermalmen, zum Lohn für diese schlimme Tat.«

Und wie er so sprach, wurden seine Augen glutrot und strahlten wie die Sonne oder der Mond, und er sah aus wie der Dämon Rasetsu*.

»Komm denn, Henker!« schrie er laut, »beeile dich und durchstich mich mit deinem Speer.«

»Deine Wünsche sollen dir gewährt werden«, sagte der Eta Schigajémon und warf einen Speer in seine rechte Seite, so daß er aus der linken Seite wieder herausdrang und das Blut wie ein Springquell emporspritzte. Darauf durchstach er die Frau an der linken Seite; sie schlug ihre Augen auf und sagte mit sterbender Stimme:

»Lebet wohl, Ihr alle, die Ihr anwesend seid. Möge Trübsal fern von Euch bleiben! Lebt wohl, lebt wohl!« und als ihre Stimme schon fast erloschen war, wurde der zweite Speer in ihre rechte Seite geworfen, und sie gab ihren Geist auf. Sogoro aber zeigte keine Spur von Furcht und Klage, nicht einmal seine Gesichtsfarbe veränderte sich, vielmehr öffnete er seine Augen sehr weit und sprach:

»Hört, meine Herren! Alle, die Ihr gekommen seid, dieses Schauspiel anzusehen. Denkt daran, daß ich meinem Herrn, dem Kotsuké no Suké, bezahlen werde für sein heutiges Werk. Ihr werdet es mit eigenen Augen sehen, und kommende Geschlechter werden noch davon zeugen. Zum Zeichen soll mein Kopf nach meinem Tod sich wenden und gegen das Schloß sehen. Sobald Ihr dieses wahrnehmet, werdet Ihr nicht mehr zweifeln, daß meine Worte in Erfüllung gehen werden.«

* Ein buddhistischer Teufel.

Als er das gesagt hatte, gab der Beamte, der die Hinrichtung leitete, dem Eta Schigajémon ein Zeichen und befahl ihm, der Sache ein Ende zu machen, damit Sogoro nicht länger fortfahre zu sprechen. Also durchstach Schigajémon ihn zwölf bis dreizehn Mal, bis er tot war. Und als er gestorben war, wandte sich sein Kopf herum und richtete sich auf das Schloß. Die beiden Räte aber, die dieses Wunder sahen, stiegen von ihrer hohen Tribüne herab, knieten vor Sogoros Leichnam nieder und sprachen:

»Wiewohl du nur ein Bauer dieses Gutes warst, ersannst und betriebst du doch einen hochherzigen Plan, um den anderen Pächtern in ihrer Not beizustehen. Du hast dich abgemüht und zerquält um ihretwillen. Allein darin, daß du dich an den Schogun in eigener Person wandtest, begingst du ein schweres Verbrechen und zolltest deinen Vorgesetzten nicht genügend Achtung; und darum konntest du unmöglich unbestraft bleiben. Jedoch geben wir zu, daß es ein grausamer Akt war, dein Weib und deine Kinder in dein Verbrechen hineinzuziehen und sie vor deinen Augen zu töten. Was nun aber geschehen ist, ist geschehen, und das Bedauern nutzt nichts mehr. Allein deinem Geist soll Ehre widerfahren, du sollst heilig gesprochen werden gleich dem heiligen Daimio und sollst unter die Schutzgötter der Familie unseres Herrn versetzt werden.«

Bei diesen Worten verneigten die beiden Räte sich mehrere Male vor dem Toten, um damit ihre Treue gegen ihren Herrn zu beweisen. Als diesem aber die Sache hinterbracht wurde, lachte er spöttisch über den Einfall, daß der Haß eines Bauern dem Lehnsherrn etwas anhaben könne; und er behauptete, daß dieser Vasall, der die Kühnheit gehabt hatte, einen Komplott auszuhecken, das ihn zugrunde gerichtet haben würde, wenn nicht seine hohe Stellung ihn gerettet hätte, nichts als seinen verdienten Lohn bekommen habe. Und was dessen Heiligsprechung anbelange, so solle er bleiben, was er gewesen. Da die Beamten den Zorn ihres Herrn bemerkten, mußten sie gehorchen.

Aber es dauerte nicht lange, da erfuhr er selbst, daß, obwohl Sogoro tot war, seine Rache doch lebendig blieb.

Nachdem die Verwandten Sogoros und die Ältesten der Dörfer zum Gerichtshof geladen waren, wurde folgendes Urteil erlassen:

»Obwohl das Eigentum Sogoros, des Ältesten des Dorfes Iwahaschi, eingezogen wurde, soll sein ganzes Hausgerät den beiden verheirateten Töchtern vermacht werden; und die Dorfbeamten sollen darauf sehen, daß diese wenigen armseligen Sachen nicht von unrechtmäßigen und gewissenlosen Menschen gestohlen werden.

Seine Reis- und Kornfelder, nebst seinem Berg- und Ackerland sollen meistbietend verkauft werden. Sein Haus und das dasselbe umgebende Grundstück sollen den Ältesten des Dorfes überliefert werden. Die Summe, die der Verkauf seines Eigentums einbringt, soll dem Gutsherrn ausgezahlt werden.

Obiges Dekret wird den Bauern der Dorfes seinem vollen Inhalt nach mitgeteilt werden; und es wird aufs Strengste verboten, diese Entscheidung zu tadeln.

Gegeben am zwölften Tag des zweiten Monats und im zweiten Jahr der Periode »Schoho«.

Nachdem die Bauern diesen Ausspruch in gebührender Demut angehört hatten, verließen sie den Gerichtshof. Darauf wurden den Beamten des Schlosses folgende Bestrafungen auferlegt, die durch Zurückweisung der ersten Bittschrift ihrem Herrn so großen Verdruß bereitet hatten:

»Ihres Amtes werden enthoben: die zu Jedo und auf der Burg wohnhaften Beamten.

Aus der Provinz werden verbannt: vier Distriktgouverneure und drei Amtmänner sowie neunzehn kleinere Beamten.

Ihres Amtes entlassen: drei Metsukés oder Zensoren und sieben Magistratspersonen.

Zum Harakiri verurteilt: ein Distriktgouverneur und ein Jedo-Amtmann.

Dieser strenge Urteilsspruch ist als eine Folge jener Ungerechtigkeit anzusehen, deren sich die Angestellten schuldig machten, indem sie den Leuten neue und unvorhergesehene Steuern auferlegten und die Bauern durch Zurückweisung ihrer Bittschriften, ohne vorhergegangene Beratung mit ihrem Herrn, in so große Bedrängnis brachten, daß sie veranlaßt wurden, sich an die Person des Schoguns selbst zu wenden. In ihrer Habsucht verloren sie die Zukunft aus den Augen und legten den Bauern eine zu schwere Last auf, wodurch diese verführt wurden, an eine höhere Gewalt zu appellieren und dadurch die Ehre des Hauses ihres Herrn in Gefahr zu bringen. Wegen dieses schlechten Betragens sollen die verschiedenen Beamten, wie oben gesagt, bestraft werden.«

Auf diese Art wurde im Palast zu Jedo und im Gerichtshof daheim die Gerechtigkeitspflege gehandhabt. Aber in der Weltgeschichte sind von den ältesten Zeiten an bis auf den heutigen Tag wenige Beispiele vorhanden, daß ein Mann sein Leben für viele so willig opferte, wie Sogoro es tat; dafür wird er auch vom Adel und vom Landvolk gleich hoch erhoben.

Monat auf Monat war vorübergegangen, da wurde im vierten Jahr der Periode »Schoho« die Gemahlin Kotsuké no Sukés von heftigen Schmerzen ergriffen, als sie guter Hoffnung war; und es wurden Diener nach allen verschiedenen Tempeln und Kapellen ausgesandt, um für sie beten zu lassen. Doch alles ohne Erfolg, sie litt nach wie vor. Gegen Ende des siebten Monats desselben Jahres erschien jede Nacht ein übernatürlicher Schein im Zimmer der hohen Dame; und dieser wurde von grauenhaften Tönen begleitet, als ob viele Personen ein teuflisches Lachen ausstießen, zuweilen auch von erbärmlichen Wehklagen, als ob Myriaden von Menschen jammerten. Die tiefe Betrübnis und der Schrecken, die sie hierüber empfand, vermehrten ihre Leiden. Daher schlug ihr eigener Geheimrat, ein bejahrter Mann, in einem angrenzenden Zimmer seine Wohnung auf, um dort Wache zu halten. Plötzlich vernahm dieser ein Geräusch wie von einer großen Menschenmenge, die auf den Brettern am Dach über dem Zimmer der Dame marschierten, darauf einen Ton, als ob Männer und Frauen weinten; und während der Rat, wie vom Donner getroffen und außer sich vor Entsetzen, noch darüber nachsann, was all dies wohl bedeuten möchte, erscholl ein laut ausbrechendes Gelächter, und danach war alles wieder still. Früh am folgenden Morgen erschienen die Frauen, die dem Haushalt der hohen Dame vorstanden, in Gegenwart des Herrn Kotsuké no Suké und sprachen:

»Seit Mitte des letzten Monats haben die Aufwärterinnen sich bei uns über die gespensterhaften Geräusche beklagt, durch die unsere Frau nächtlich beunruhigt wird, und sie behaupten, daß sie ihr nicht länger mehr dienen können. Wir haben versucht, sie damit zu beschwichtigen, daß wir sagten, die Teufel sollten gebannt werden und dann sei nichts mehr von ihnen zu fürchten. Dennoch fühlen wir, daß ihre Angst nicht unbegründet ist und daß sie wirklich ihre Arbeit nicht mehr verrichten können; darum bitten wir Euer Gnaden, die Sache in Überlegung zu ziehen.«

»Das ist eine überaus seltsame Geschichte, die Ihr mir da erzählt; ich will diese Nacht selbst in den Gemächern meiner Gemahlin bleiben und wachen. Ihr könnt mit mir kommen.«

Der Geist von Sakura

Also blieb der hohe Herr Kotsuké no Suké in selbiger Nacht in eigenster Person wach. Zur Stunde der Ratte (Mitternacht) wurde ein entsetzliches Getöse von Stimmen hörbar, und plötzlich erschienen Sogoro und seine Frau, beide an ihre verhängnisvollen Kreuze gebunden. Geister ergriffen die Hand der Dame und sprachen:

»Wir sind dir entgegengekommen. Wohl sind die Schmerzen groß, die du jetzt leidest, doch sind sie nichts gegen die in der Hölle, zu der wir dich bald führen wollen.«

Bei diesen Worten ergriff Herr Kotsuké no Suké sein Schwert und wollte die Geister durch einen gewaltigen Streich verjagen; aber ein lautes Gelächter ließ sich vernehmen, und die Erscheinungen waren verschwunden. Entsetzt sandte Kotsuké no Suké seine Diener zu allen Tempeln und Altären, daß die Priester um die Vertreibung der Dämonen beten möchten; doch die Geräusche wurden wie zuvor allnächtlich vernommen. Als der elfte Monat des Jahres wiederkehrte, wurden die Erscheinungen menschlicher Gestalten in den Gemächern der Dame immer häufiger und noch schrecklicher; die Geister überhäuften sie mit Spott und heulten ihr entgegen, daß sie gekommen wären, sie zu holen. Darüber fingen alle Frauen an zu schreien und fielen in Ohnmacht, und dann verschwanden die Geister gewöhnlich wieder mit lautem Hohngelächter. Dies trug sich eine Nacht nach der anderen zu, und selbst bei Tage zeigten sich die Erscheinungen manchmal; die Krankheit der Herrin aber wurde täglich schlimmer, bis sie endlich in der letzten Minute des Jahres vor Gram und Angst starb.

Nun fing der Geist Sogoros und der seiner gekreuzigten Frau an, Tag und Nacht dem Herrn Kotsuké no Suké selber zu erscheinen. Sie schwebten durch sein Zimmer und glotzten ihn an mit ihren roten flammenden Augen. Den Dienstleuten standen vor Entsetzen die Haare zu Berge; sobald sie aber nach den Geistern schlagen wollten, waren ihre Glieder wie gelähmt, und weder Hände noch Füße gehorchten ihnen. Kotsuké no Suké zog sein Schwert, das über seinem Bett hing; doch jedesmal verschwanden dann die Geister, um sofort in einer noch schauerlicheren Gestalt erneut zu erscheinen, bis auch er endlich nach Erschöpfung seiner Kräfte und seines Muts von Angst überwältigt wurde. Da geriet der ganze Haushalt in Verwirrung; mystische Religionsgebräuche und Zauberformeln wurden Tag für Tag von den Priestern über Kohlenfeuern abgehalten und ununterbrochen Gebete ausgesprochen; aber die Erscheinungen wiederholten sich nur um so häufiger, und von ihrem Aufhören war nichts zu merken.

Nach dem fünften Jahr »Schoho« wurde die Benennung der Zeitperiode in »Keian« geändert, und während des ersten Jahres »Keian« fuhren die Geister fort im Palast zu spuken; sie erschienen nun auch im Zimmer von Kotsuké no Sukés ältestem Sohn, wobei sie sich mit noch mehr Schauerzeichen umgaben als vorher. Auch wenn Kotsuké no Suké sich anschickte, zum Schloß des Schoguns zu gehen, hörte man sie ihr Rachegeschrei in der Vorhalle des Hauses erheben.

Endlich versammelten sich die Verwandten der Familie und die Mitglieder des ganzen Haushaltes und hielten Rat miteinander. Sie sprachen Kotsuké no Suké ihre Meinung darüber aus, daß gewöhnliche Mittel keinesfalls hinreichen würden, die Geister zu bannen; man müsse Sogoro eine Kapelle erbauen und ihm göttliche Ehren erweisen. Erst dann würden die Erscheinungen wirklich weichen.

Nachdem Kotsuké no Suké die Sache sorgfältig überlegt und seine Einwilligung gegeben hatte, wurde Sogoro unter dem Namen »Sogo Daimio« heilig gesprochen und ihm zu Ehren eine Kapelle errichtet. Nachdem man ihm göttliche Verehrung dargebracht hatte, wurden diese entsetzlichen Erscheinungen nicht länger wahrgenommen, und der Geist Sogoros blieb ruhig auf immer.

Im zweiten Jahr der Periode »Keian«, am elften Tag des zehnten Monats, als man das Fest feierte, an dem man das erste Feuer auf dem Herd anzündet, kamen die verschiedenen Daimios und die bedeutendsten Hatamotos auf das Schloß des Schoguns zu Jedo, um ihre Glückwünsche bei dieser Gelegenheit darzubringen. Während der Zeremonien hatte Hotta Kotsuké no Suké mit Sakai Iwami no Kami, dem Herrn des Schlosses von Matsumoto in der Provinz Schinschiu, einen blutigen Streit, dessen Ursache unbekannt blieb, und Sakai Iwami no Kami, obwohl er aus einer tapferen und edlen Familie stammte, erhielt dabei eine so schwere Wunde, daß er am folgenden Tag im Alter von dreiundvierzig Jahren starb. Daraufhin wurde seine Familie gestürzt und entehrt.* Kotsuké no Suké hatte das große Glück, aus dem Schloß zu entkommen, um in seinem eigenen Haus Zuflucht zu suchen. Dort bestieg er ein tüchtiges Pferd namens Hira-Abumi und floh auf sein Schloß Sakura in Schimosa, indem er den Weg dorthin, der ungefähr sechzig Meilen beträgt, in sechs Stunden zurücklegte. Als er vor dem Eingang des Schlosses angekommen war, rief er mit lauter Stimme der inneren Wache zu, die Tore zu öffnen, und gab ihrem Anruf die Erwiderung, er sei Kotsuké no Suké, der Herr des Schlosses. Da die Wache ihren Ohren nicht trauen wollte, schickte sie zum

* Wenn in alten Zeiten ein Edelmann ermordet wurde und außerhalb seines eigenen Hauses starb, war er entehrt und seine Güter waren verfallen. Als der Regent des Schoguns vor einigen Jahren außerhalb des Schlosses von Jedo ermordet wurde, gab man mit Hilfe einer gesetzlichen Fiktion bekannt, er sei im eigenen Palast gestorben, damit sein Sohn Nachfolger werden und in den Besitz seiner Güter gelangen konnte.

Rat, unter dessen Aufsicht das Schloß stand, und dieser stürzte heraus, um sich zu überzeugen, ob die Person, die Einlaß begehrte, wirklich der Gebieter selber sei. Sobald er Kotsuké no Suké erkannte, ließ er die Tore öffnen, und da es ihm über die Maßen wunderbar schien, sagte er:

»Bist du es wirklich, mein Gebieter? Welcher seltsame Zufall bringt dich zu so später Nachtzeit, zu Pferde und allein, ohne einen einzigen Begleiter hierher?«

Mit diesen Worten ließ er Kotsuké no Suké herein, der auf die besorgten Fragen seiner Leute über die Ursache seiner plötzlichen Erscheinung antwortete:

»Wohl mögt Ihr Euch wundern. Ich hatte heute im Schloß von Jedo einen blutigen Streit mit Sakai Iwami no Kami, dem Herrn des Schlosses von Matsumoto, und stach ihn nieder. Man wird mich bald verfolgen, laßt uns deshalb die Festung in Verteidigungszustand setzen und uns auf einen Angriff vorbereiten.«

Als sein Hausgesinde dies hörte, geriet das ganze Schloß in Aufregung. Zu gleicher Zeit waren auch die Leute in Kotsuké no Sukés Palast zu Jedo in größter Sorge, da sie nicht wußten, wohin ihr Herr geflohen sei, bis endlich ein Bote von Sakura seine Ankunft daselbst berichtete.

Als der Streit innerhalb des Schlosses von Jedo und die Flucht Kotsukés ruchbar geworden war, wurde er des Verrats angeklagt, und man sandte Soldaten aus, um ihn tot oder lebendig zu fangen. Midsuno Setsu no Kami und Goto Jamato no Kami wurden mit der Ausführung dieses Befehls beauftragt, und sie machten sich am dreizehnten Tag des zehnten Monats auf. In der Stadt Sasai angekommen, sandten sie einen Herold ab mit folgender Botschaft:

»Weil Kotsuké no Suké den Sakai Iwami no Kami im Schloß zu Jedo getötet hat und ohne Erlaubnis auf sein eigenes Schloß geflohen ist, wurde er des Verrates angeklagt, und wir, die wir durch Blutsbande und Freundschaft mit ihm verbunden sind, wurden beantragt, ihn zu verhaften.«

Der Herold richtete diese Botschaft an den Rat des Kotsuké no Suké, der seinen Herrn damit entschuldigte, daß er toll geworden sei, worauf er die beiden Edelleute bat, sich für ihn zu verwenden. Goto Jamato no Kami ließ darauf den Rat zu sich fordern und beredete sich im Geheimen mit ihm, wonach der letztere sich verabschiedete und auf das Schloß Sakura zurückkehrte.

In der Zwischenzeit war im hohen Rat zu Jedo entschieden worden, daß, weil Goto Jamato no Kami und Midsuno Setsu no Kami mit Kotsuké no Suké verwandt seien und aus diesem Grund Schwierigkeiten haben mochten, man ihnen zwei andere Edelleute, Ogasawara Iki no Kami und Hagai Hida no Kami, zu Hilfe schicken wolle mit dem Befehl, daß sie bei irgendwelchen Unannehmlichkeiten sogleich Nachricht nach Jedo senden sollten. In Folge dieses Befehls waren die beiden Edelleute eben bereit, am fünfzehnten des Monats mit fünftausend Mann nach Sakura abzumarschieren, als ein Bote von diesem Ort kam, der dem Gorodschu folgenden Bescheid von den beiden Edelleuten, die ihnen vorangegangen waren, überbrachte:

»Den Befehlen seiner Hoheit des Schoguns gemäß begaben wir uns am dreizehnten Tag dieses Monats zum Schloß von Sakura und leiteten eine gründliche Untersuchung der Sache ein. Es ist wahr, daß Kotsuké no Suké sich des Verrats schuldig gemacht hat, aber er hat seinen Verstand verloren; seine Diener haben Ärzte herbeigerufen, und er befindet sich in einer Behandlung, die seine Vernunft allmählich wiederherstellen und seinen Geist vom Schlaf erwecken wird. Zur der Zeit, als er Sakai Iwami no Kami erschlug, war er für seine Handlung nicht verantwortlich, und er wird sein Verbrechen aufrichtig bereuen, sobald er es erkennen kann. Wir haben ihn gefangengenommen und werden deiner Befehle gewärtig sein. Durch diese Zeilen wollten wir dir kundgeben, was wir getan.

Gezeichnet:

Goto Jamato no Kami.

Midsuno Setsu no Kami.

An den Gorodschu, im zweiten Jahr Keian, zweiten Monats, vierzehnten Tages.«

Dieser Bericht erreichte Jedo am sechzehnten des Monats und wurde vom Gorodschu gelesen, nachdem sie das Schloß verlassen hatten. Infolge der Aussage über Kotsuké no Sukés Tollheit erhielt die zweite Expedition Gegenbefehl, und folgende Instruktionen wurden an Goto Jamato no Kami und Midsuno Setsu no Kami gesandt:

»Bezüglich der Angelegenheit des Hotta Kotsuké no Suké, des Herrn des Schlosses von Sakura in Schimosa, dessen Streit mit Sakai Iwami no Kami im Innern des Schlosses von Jedo mit Blutvergießen endete, ist dieses strafwürdigen Verbrechens halber und seiner Mißachtung der Heiligkeit des Schlosses wegen der Befehl erlassen, daß Kotsuké no Suké als Gefangener in einer mit Netzen überspannten Sänfte nach Jedo gebracht werde, damit man seine Sache dort aburteile.

Im zweiten Jahr Keian, zweiten Monats.

Unterzeichnet vom Gorodschu.

Inaba Mino no Kami,

Inujé Kawatschi no Kami,

Kato Etschiu no Kami.«

Gleich nach Empfang dieser Depesche wurde Hotta Kotsuké no Suké in eine Sänfte gesetzt, die mit einem Netz von grüner Seide überdeckt war, unter strenger Bewachung der Diener jener beiden Edelleute nach Jedo geführt und nach Ankunft in der Hauptstadt der Obhut des Akimoto Tatschima no Kami überantwortet. Alle seine Untergebenen wurden ganz im Stillen zerstreut, und man befahl, die Tore seines leeren Schlosses zu öffnen und es der Obhut des Midsuno Iki no Kami zu überlassen.

Endlich begann Kotsuké no Suké zu fühlen, daß er den Tod seiner Gemahlin und seine eigenen gegenwärtigen Unglücksfälle nur als eine gerechte Strafe für die Ermordung Sogoros und seiner Frau und Kinder zu betrachten habe, und ihm war zumute wie einem, der aus einem schweren Traum erwacht. Nacht und Morgen brachte er, von Reue erfüllt, dem heiligen Geist des gestorbenen Pächters Gebete dar; er bekannte sein Verbrechen, beklagte es und tat das Gelübde, daß, wenn seine Familie vor dem Untergang bewahrt und wieder in ihr Vorrecht eingesetzt werden sollte, er sich am Hof des Mikados für den Geist Sogoros verwenden wolle, daß diesem von nun an zu Kioto mit noch größerer Ehrfurcht gehuldigt und daß die Feier seines Namens auf alle folgenden Generationen überliefert werde.*

So geschah es, daß der Geist Sogoros in seiner Rachbegier nachließ, und als er aufhörte, die Hottafamilie heimzusuchen, erhielt Kotsuké no Suké im ersten Monat des vierten Jahres Keian eine Vorladung zum Schogun, und nachdem ihm Vergebung zuteil geworden war, machte man ihn zum Herrn des Schlosses Matsujama in der Provinz Déwa mit einem Einkommen von zwanzigtausend Kokus.

* In den Tagen der Macht des Schoguns blieb der Mikado doch stets der Brunnquell aller Ehren, und als Haupt der Volksreligion und direkter Nachkomme der Götter teilte er göttliche Würden aus. Selbst noch 1868 erschien im Regierungsblatt eine Verordnung, wonach einem Vorfahren des Fürsten von Koschiu nachträglich göttliche Ehrenbezeugungen zuerkannt wurden.

Im selben Jahr, am zwanzigsten Tag des vierten Monats, gefiel es dem Fürsten Ijémitsu im achtundvierzigsten Jahr aus diesem Leben zu scheiden, und da wurde Kotsuké no Suké – mag es dem barmherzigen Gemüt des Fürsten zu verdanken sein oder der großmütigen und göttlichen Vermittlung des heiligen Sogoro – zum Besitzer des Schlosses Utsu no Mija in der Provinz Schimotsuké befördert mit einer Einnahme von achtzigtausend Kokus, und sein Name wurde in Hotta Hida no Kami geändert. Dazu erhielt er sein ursprüngliches Schloß Sakura mit einem Einkommen von zwanzigtausend Kokus ebenfalls zurück, so daß kein Zweifel darüber bestehen kann, daß der Heilige Sogoro sich mit ihm wieder vollkommen ausgesöhnt habe. Zum Lohn für all diese Gunst wurde die Kapelle Sogoros so herrlich ausgeschmückt, daß sie glänzte wie ein Edelstein.

Es ist unnötig zu sagen, in wie großer Anzahl die Bauern der Güter der Familie Hotta zur Kapelle hinströmten. Was für Glücksfälle den Leuten auch zuteil wurden, sie schrieben es alles diesem Gotteshaus zu, und die Andächtigen verrichteten dort Nacht und Tag ihren Gottesdienst.

*

Hier folgt nachträglich eine Abschrift der Bittschrift, die Sogoro dem Schogun auf der Brücke überreicht hatte:

»Wir, die Ältesten der 136 Dörfer des Distrikts Kiba in der Provinz Schimosa sowie des Distriktes Buji in der Provinz Kadsusa reichen in tiefster Ehrfurcht unsere demütige Bittschrift ein:

Als man unseren früheren Herrn, Doi Schoscho, im neunten Jahr der Periode ›Kanjé‹ in ein anderes Schloß versetzt hatte, wurde Hotta Kaga no Kami Herr des Schlosses von Sakura, und im siebzehnten Jahr derselben Periode folgte diesem Kotsuké no Suké. Seit der Zeit sind die Steuern, die man uns auferlegt hat, im Verhältnis von einem To und zwei Scho auf jeden Koku* erhöht worden.

Item. In jetziger Zeit werden Steuern von neunzehn Artikeln unserer Erzeugnisse erhoben, während unser früherer Herr nur verlangte, daß wir ihn mit Hülsenfrüchten und Sesam versorgten, wofür er uns in Reis bezahlte.

Item. Wir werden jetzt nicht nur nicht bezahlt für unsere Erzeugnisse, sondern, wenn wir sie nicht auf Tag und Stunde einliefern, verfolgen und quälen die Beamten uns, und wenn sich trotzdem noch ein Aufschub ergibt, werden wir hart getadelt und in Fesseln gelegt; sodaß, wenn unsere Ernten mißraten, wir von anderen Distrikten kaufen müssen und auf diese Weise ins äußerste Elend getrieben werden.

Item. Wieder und wieder haben wir darum nachgesucht, dieser Lasten enthoben zu werden; aber unsere Bitten sind nicht angehört worden. So sind die Leute in Armut verfallen, und sie können unter so schwerer Steuerlast kaum leben. Oft haben sie das Land, das sie beackern, verkaufen wollen, aber es hat sich kein Käufer gefunden. Daher ist es vorgekommen, daß einige ihr Land den Dorfbehörden übergeben haben und mit Weib und Kind in andere Provinzen geflohen sind. 730 Menschen oder mehr sind an den Bettelstab geraten, 158 Häuser sind gänzlich zerfallen, Land, das siebentausend Kokus trug, ist aufgegeben worden und liegt unbebaut da, und elf Tempel sind in Schutt gefallen, weil die, die sie unter Aufsicht hatten, ruiniert sind.

Außerdem haben die verarmten Pächter mit ihren Frauen, die in anderen Provinzen Zuflucht gesucht haben, weil sie ohne Obdach waren, sich einem schlechten Lebenswandel ergeben, und dies veranlaßt die Leute, Übles von ihrem Herrn zu

* 10 Scho = 1 To. 10 To = 1 Koku.

reden; die Dorfbeamten sind nicht mehr imstande, Ordnung zu halten, und werden gemaßregelt. Alle unsere Vorstellungen über diese Punkte hat man für nichts geachtet, darum sind wir gezwungen worden, unser Gesuch an den Gorodschu Kusé Jamato no Kami, als er sich auf dem Weg zum Schloß befand, zu richten, aber unsere Petition wurde uns zurückgegeben. Und jetzt wagen wir als letztes Hilfsmittel, uns zitternd Seiner Hoheit dem Schogun in Person zu nahen.

Im ersten Jahr der Periode ›Schoho‹, zwölften Monats, zwanzigsten Tages.

Die Siegel der Ältesten der 436 Dörfer.«

*

Um diese Zeit war der Schogun Fürst Ijémitsu, Enkel von Ijéjasu. Er erhielt nach seinem Tod den Namen Daiju-In.

Der Gorodschu um diese Zeit bestand aus Hotta Kotsuké no Suké, Sakai Iwami no Kami, Inabe Mino no Kami, Kato Etschiu no Kami, Inujé Kawatschi no Kami.

Die Wakadoschijori (oder der zweite Rat) waren: Torii Wakasa no Kami, Tsutschija Déwa no Kami und Itakura Naisen no Scho. –

*

Der Glaube an Geister scheint ebenso allgemein verbreitet zu sein, wie es der an die Unsterblichkeit der Seele ist, auf den er sich gründet. In beiden Ländern, sowohl in China als auch in Japan, schreibt man den geschiedenen Geistern das Vermögen zu, die Erde wieder zu besuchen, in sichtbarer Gestalt ihre Feinde zu beunruhigen und an den Orten zu erscheinen, in denen ihre irdische Hülle trauerte und litt. Häuser, in denen es spukt, finden nicht leicht Bewohner; denn Gespenster kommen stets in der Absicht, Rache zu üben. Ja, die Eigentümer solcher Häuser finden sich manchmal bereit, Leute für das bloße Bewohnen derselben zu bezahlen, so groß ist die Furcht davor und das Verlangen, den bösen Ruf, der an ihnen haftet, zu verwischen.

Als ich einst an einem kalten Winterabend mit einigen japanischen Freunden in Jedo bei einer Kohlenpfanne mit ihrer unvollkommenen Wärmeausstrahlung kauern dasaß, wandte sich das Gespräch auf die Geschichte Sogoros und auf Geistererscheinungen im allgemeinen. Viele Spukgeschichten wurden an dem Abend erzählt, und ich schrieb nachher die drei folgenden nieder, für deren Glaubwürdigkeit die Erzähler mit der festesten Überzeugung einstehen wollten.

Der Geist des Senroku und sein Kind

Vor ungefähr zehn Jahren wohnte in der Mikawastraße in Kanda zu Jedo ein Fischhändler namens Senroku. Er war ein armer Mann, hatte eine Frau und einen kleinen Sohn. Seine Frau erkrankte und starb; deshalb nahm er eine alte Person in Dienst, die auf seinen Knaben achten sollte, während er selbst ausging, um seine Fische zu verkaufen.

Nun begab es sich eines Tages, daß er und die anderen Händler seiner Gilde um Geld spielten, und als dies den Behörden zu Ohren kam, wurden sie alle ins Gefängnis geworfen. Obwohl ihr Vergehen an sich nur als ein leichtes zu betrachten war, hielt man sie doch eine Zeitlang in Haft, solange die Sache in Untersuchung blieb. Darauf erkrankte Senroku infolge der feuchten und verpesteten Luft des Gefängnisses am Fieber. Sein Kind wurde während der Zeit von den Behörden den Beamten des Stadtviertels, zu dem der Vater gehörte, übergeben und befand sich dabei ganz wohl; denn Senroku war als ein rechtschaffener Mensch bekannt, und sein Schicksal erregte viel Mitleid.

Eines Abends kam Senroku blaß und elend in das Haus, in dem der Knabe wohnte, und seine Freunde beglückwünschten ihn herzlich zu seiner Befreiung aus dem Kerker. »Was! Wir glaubten, du seiest krank im Gefängnis. Das ist ja eine fröhliche Rückkehr!« Senroku dankte darauf denen, die sich seines Kindes angenommen hatten, indem er sagte, er sei heimlich durch Vergünstigung seiner Wärter für diesen Abend freigelassen worden; aber erst am folgenden Tag würde sein Vergehen ihm ganz erlassen, und dann könne er öffentlich von seinem Haus wieder Besitz nehmen. Für diese Nacht müsse er noch ins Gefängnis zurückkehren. Damit bat er die Anwesenden, ferner seinem Kleinen ihr Wohlwollen zu schenken, und verließ zögernd und mit sehr trauriger Miene das Haus. Am folgenden Tag ließen die Gefängnisbehörden die Beamten des Quartiers vor sich fordern. Diese dachten, man habe sie berufen, damit Senroku ihnen als freier Mann zurückgegeben werde, wie er selbst es gesagt hatte. Aber zu ihrem Erstaunen vernahmen sie, daß er in der letzten Nacht im Gefängnis gestorben sei, und sie erhielten Befehl, seinen entseelten Leib zur Beerdigung fortzutragen. Da erkannten sie, daß sie Senrokus Geist gesehen hatten und daß, als er von seinem Wiederkommen am nächsten Tag gesprochen, er seinen Leichnam gemeint habe. Also begruben sie ihn anständig und nahmen sich der Erziehung seines Sohnes an, der noch bis zum heutigen Tag lebt.

*

Die nächstfolgende Geschichte wurde von einem Professor am Kollegium zu Jedo erzählt, und obwohl sie nicht so neuen Datums ist wie die vorige, stellte er sie doch als eine völlig authentische und ganz notorische Tatsache hin.

Schusen und der Geist im Brunnen

Vor beinahe zweihundert Jahren gab es in Jedo ein Oberhaupt der Polizei namens Aojama Schusen, der in der Bantschostraße wohnte. Es war seine Aufgabe, Diebe und Brandstifter einzuziehen. Er war ein grausamer, jähzorniger Mann, herzlos und ohne Mitleid, und machte sich nichts daraus, Menschen hinzurichten und zu foltern und dabei seinen Groll und seine Rachsucht zu befriedigen.

Dieser Mann Schusen hatte in seinem Haus eine Magd namens O Kiku (Chrysantheme), die von Kindheit an in der Familie gewesen und daher mit dem Temperament ihres Herrn sehr vertraut war.

Eines Tages zerbrach O Kiku aus Zufall eine Porzellanschüssel, die zu einer Reihe von zehn ähnlichen Schüsseln gehörte, auf die der Hausherr einen besonders hohen Wert legte. Sie wußte wohl, daß sie für diese Unvorsichtigkeit leiden müsse; doch fürchtete sie, daß ihre Strafe noch größer werden würde, wenn sie die Sache geheimhielte. Daher ging sie sogleich zu der Frau ihres Herrn und bekannte mit Furcht und Zittern, was sie getan hatte.

Als Schusen nach Hause kam und vernahm, daß eine seiner Lieblingsschüsseln zerbrochen sei, geriet er in so heftigen Zorn, daß er das Mädchen zu einem Schenktisch führte, sie mit Stricken an demselben festband und jeden Tag einen ihrer Finger abschnitt. Festgebunden wie sie war und in Todesängsten vermochte O Kiku sich kaum zu bewegen; aber endlich gelang es ihr doch, die Stricke durchzubeißen und in den Garten zu entfliehen, wo sie sich in einen Brunnen stürzte und ertrank.

Von der Zeit an wurde jede Nacht eine Stimme aus dem Brunnen gehört, die eins, zwei, drei und so weiter bis neun –

die Zahl der unzerbrochen gebliebenen Schüsseln – zählte, und da, wo die zehnte Schüssel hätte kommen sollen, brach die Stimme in lautes Wehklagen aus. Hierüber völlig entsetzt verließ das ganze Gesinde das Haus ihres Herrn, bis endlich Schusen keinen einzigen Diener mehr hatte und nicht imstande war, seinen öffentlichen Pflichten nachzukommen. Und als die Regierungsbeamten dies merkten, wurde er entlassen.

Um diese Zeit gab es am Tempel Densuin einen berühmten Priester namens Mikadsuki Schonin. Derselbe hatte von dem, was sich zugetragen, gehört und begab sich einst in der Nacht zu dem Haus. Als der Geist anfing, die Schüsseln zu zählen, verbot er es ihm und brachte ihn endlich durch sein Gebet und seine Ermahnungen dahin, daß dieses Gespenst aufhörte, die Lebenden zu beunruhigen.

*

Das Beschwichtigen von spukenden Geistern scheint bei den buddhistischen Priestern eine ihrer Amtsfunktionen zu sein; wenigstens sieht man sie in fast jeder Gespenstergeschichte eine hervorragende Rolle spielen.

Der spukende Gläubiger

Vor etwa dreißig Jahren stand zu Mitsumé in Jedo ein Haus, von dem es hieß, daß allnächtlich Geister darin umgingen. Daher wollte niemand darin wohnen, und es blieb stets unvermietet. Indessen kam ein Mann namens Miura Takeschi, der aus der Provinz Oschin stammte, nach Jedo, um sich dort als Fechtmeister niederzulassen. Seine Armut machte es ihm wünschenswert, so billig wie möglich zu wohnen. Als er daher vom Gespensterhause hörte, für das man keinen Mieter finden könne und das der Eigentümer jedem etwaigen Liebhaber zinsenfrei geben wolle, sagte er, ihm sei weder vor Mensch noch vor Teufel bange, und so bekam er die Erlaubnis, das Haus umsonst zu beziehen. Er mietete sich anderswo ein Fechtzimmer, um darin bei Tage seine Stunden zu geben, und spät abends kehrte er stets zum Geisterhaus zurück.

Eines Abends wurde seine Frau, die das Haus während seiner Abwesenheit hütete, durch einen entsetzlichen Lärm, der von einem Teich im Garten kam, aufgeschreckt, und da sie dachte, dies sei vielleicht der Geist, von dem sie soviel gehört hatte, steckte sie ihren Kopf unter die Betttücher und verlor fast den Atem vor Angst. Sobald ihr Mann nach Hause kam, erzählte sie ihm, was sich ereignet hatte, und am folgenden Abend kehrte er früher als gewöhnlich zurück, um den Geisterlärm abzuwarten. Um die nämliche Zeit wurde derselbe Ton gehört – als ob ein Gewehr mitten im Teich abgefeuert würde. Als er die Fensterläden öffnete und hinausschaute, sah Takeschi etwas wie eine schwarze Wolke über dem Wasser schweben, und in der Wolke gewahrte er die Gestalt eines Mannes mit kahlem Kopf. Da er vermutete, es müsse dieser Erscheinung eine besondere Ursache zugrunde liegen, stellte er sorgfältige Nachfragen an und erfuhr, daß der frühere Mietsherr vor etwa zehn Jahren Geld von einem blinden Schamponierer* geliehen und, nicht imstande, die Summe zurückzuzahlen, seinen Gläubiger, weil er ihn des Geldes wegen drängte, ermordet und seinen Kopf in den Teich geworfen habe. Der Fechtmeister rief seine Schüler zusammen, leerte mit ihnen

* Die anscheinend armen, blinden und kahlköpfigen Schamponierer in Japan treiben einen einträglichen Handel als Geldmakler. Sie verleihen kleine Summen gegen Zinsen von zwanzig Prozent monatlich, vierundzwanzig Prozent jährlich – und wehe dem armen Schelm, der in ihre Klauen fällt!

den Teich und fand auf dem Grund desselben einen Schädel. Dann ersuchte er einen Priester, daß er mit ihm den Schädel im Tempel bestatten und für die Ruhe der Seele des Ermordeten beten möge. Das geschah, und auf diese Weise wurde der Geist des Gläubigers gebannt und erschien nun nicht mehr.

*

Der Glaube an Flüche, die über Familien durch mehrere Generationen hängen, ist ebenso allgemein wie der an Geister und übernatürliche Erscheinungen. Es gibt eine seltsame Geschichte dieser Art im Geschlecht Asai, das zur Klasse der Hatamotos gehört. Vor sechs Jahren hatte der Vorfahr des jetzigen Repräsentanten dieses Hauses eine Nebenfrau, deren Herzenswunsch es war, einen das Haus oft besuchenden Mann, in den sie sich verliebt hatte, zu heiraten. Weil sie aber eine tugendsame Person war, fiel es ihr nie ein, etwas Unrechtes zu tun. Allein die Frau des Herrn Asai, die eifersüchtig auf das Mädchen war, suchte ihn zu überzeugen, daß ihre Nebenbuhlerin sich vergangen habe, und als er dies vernahm, wurde er so zornig, daß er das Mädchen mit einem Leuchter schlug, wodurch sie ihr rechtes Auge verlor. Sie hatte ihre Unschuld hoch beteuert. Da sie sich dennoch so grausam behandelt sah, sprach sie einen Fluch über das Haus aus, worauf der Herr noch einmal den Leuchter ergriff, der Armen den Kopf zerschmetterte und sie tötete. – Kurz darauf verlor Asai sein linkes Auge, wurde krank und starb, und von der Zeit an bis auf den heutigen Tag hat, wie die Sage geht, der jeweilige Repräsentant des Hauses Asai das linke Auge nach dem Alter von vierzig Jahren verloren, ist kurz danach erkrankt und gestorben, ganz in demselben Alter, wie jener grausame Herr, der seine Nebenfrau tötete.

Exkurs über die Grabstätten der japanischen Schogune

Unter den vielen schönen landschaftlichen Szenen und Punkten in der Nähe Jedos ist wohl ganz besonders der Tempel von Sodschoji, einer der großen Beerdigungsplätze der Schogune, des Besuches wert. Überhaupt hat man nur nach den Kirchhöfen zu fragen, wenn man die allerschönsten Stellen irgendeiner Stadt des Orients sehen will. Die Behausungen der Toten sind auch in Japan immer die lieblichsten Orte.

Der Haupttempel mit seinen gigantischen roten Säulen, die ein schweres chinesisches Dach von grauen Ziegeln tragen, steht inmitten eines Parks von herrlichen und sorgfältig gepflegten Tannen und Pinien. Dieser Park umfaßt beinahe ein ganzes Städtchen, aus netten, reinlich aussehenden Häusern bestehend, dazu vierunddreißig Tempelgebäude für die Priester und für die Aufseher der Kapellen.

Den Eingang des Tempels bildet eine riesige offene Halle, die in einen mit Steinen gepflasterten Hofraum führt. Am einen Ende des Hofes befindet sich eine breite Freitreppe, deren drei oder vier unterste Stufen aus Stein, die oberen aus rotem Holz sind. Bei letzteren wird der Besucher durch eine Warntafel gebeten, seine Stiefeln auszuziehen, eine Mahnung, die die Engländer mit ihrer charakteristischen Nichtachtung der Gefühle anderer gewöhnlich zu übersehen pflegen.

Die Haupthalle des Tempels hat sehr großartige Proportionen, und der Hochaltar ist mit schönen bronzenen Kandelabern, Weihrauchpfannen und anderen Ornamenten geschmückt, und an zwei Tagen des Jahres werden die Wände mit einer Reihe von sehr merkwürdigen Gemälden behängt, die diejenigen fünfhundert Götter darstellen, deren Abbilder allen Personen, die Canton besucht haben, bekannt sein werden.

Die große Glocke außen in der Haupthalle zeichnet sich durch die große Schönheit ihrer tieftönigen Schallwellen aus, die über die ganze Stadt rollen, sowie auch durch ihren ziemlich bedeutenden Umfang, der freilich im Vergleich mit den Riesenglocken von Moskau und Peking doch nicht in Betracht kommt. Sie ist zehn Fuß hoch und hat fünf Fuß acht Zoll im Durchmesser, dazu hat das Metall einen Fuß Dicke. Sie wurde im Jahr 1673 aufgehängt.

Aber die Hauptgegenstände des Interesses in diesen wundervollen Anlagen sind die Kapellen, die neben den Gräbern der Schogune stehen.

Einst – so wird erzählt – als Fürst Ijéjasu in Jedo einritt, um sein neues Schloß in Besitz zu nehmen, trat der Abt von Sodschoji aus seinem Tempel heraus – schon damals einem alten Gebäude und nahe beim Schloß gelegen – und ging vors Tor, um dem Fürsten zu huldigen. Da Ijéjasu sah, daß der Abt kein gewöhnlicher Mann sein könne, hielt er an, fragte nach seinem Namen und trat in den Tempel ein, um sich auszuruhen. Der Mönch fand durch seine gefällige Redeweise so große Gnade vor den Augen Ijéjasus, daß er Sodschoji zu seinem Familientempel erwählte, und da er fand, daß die Anlagen umher zu eng und dem Schloß zu nahe waren, ordnete er an, daß der Tempel an den jetzigen Ort verlegt werden solle. Im Jahr 1610 wurde der Tempel, durch Vermittlung Ijéjasus, zur Würde eines kaiserlichen Tempels erhoben, über den die Prinzen von Geblüt bis zur letzten Revolution das Präsidium hatten, und dem Abt wurde das Recht zugestanden, bei seinen Besuchen im Schloß in seiner Sänfte sitzenbleiben zu dürfen bis zur Eingangshalle anstatt schon an der gewöhnlichen Stelle auszusteigen und zu Fuß durch verschiedene Tore und Höfe zu gehen. Auch waren die Privilegien des Tempels nicht bloß auf fruchtlose Ehren beschränkt, denn er war mit

Ländereien im Wert von fünftausend Kokus Reis jährlich dotiert.

Als Ijéjasu starb, wurde ihm zu Ehren der Altar Antoku In gegen Süden im Haupttempel errichtet. Am siebzehnten Tag des vierten Monats, dem Jahrestag seines Todes, werden hier seiner Seele zu Ehren, die als »Gongen Sama« angebetet wird, Zeremonien gefeiert, und diese Kapelle wird für alle, die der Wunsch bewegt, hier zu beten, geöffnet. Aber Ijéjasu liegt hier nicht begraben; seine sterblichen Reste werden in einer reichgeschmückten Kapelle aufbewahrt, die inmitten der Berge, einige achtzig Meilen nördlich von Jedo, in Nikko liegt, einem so wundervollen Ort, daß die Japaner von ihm ein in Versen gefaßtes Sprichwort haben, in dem gesagt wird, daß der, der Nikko nicht gesehen habe, nie das Wort »cekko« (reizend, herrlich, großartig, wunderschön) aussprechen dürfe.

Hidétada, der Sohn und Nachfolger Ijéjasus, sowie Ijénobu, Ijétsugu, Ijéschigé, Ijéjoschi und Ijémotschi, der sechste, siebte, neunte, zwölfte und vierzehnte Schogun der Tokugawa-Dynastie, sind in den drei mit dem Tempel verbundenen Kapellen beigesetzt. Die übrigen, mit Ausnahme Ijémitsus, des dritten Schoguns, der bei seinem Großvater in Nikko liegt, sind in Ujéno begraben.

Die Kapellen sind von außerordentlich großer Schönheit. Sie liegen längs einer herrlichen Allee von Pinien, die die Einfassung eines breiten wohlunterhaltenen Kieswegs bilden. Nachdem man einen Torweg von selten schöner Arbeit durchschritten hat, gelangt man in einen gepflasterten Hofraum, zu dessen Seiten eine lange Reihe kolossaler Laternen aus Stein, Geschenke der Vasallen des verstorbenen Fürsten, aufgestellt ist. Ein zweiter Torweg, von vergoldeten Säulen getragen, die mit in Holz ausgehauenen Figuren von Drachen geschmückt sind, führt in einen anderen Hof, in dem ein Glockenturm, eine große Zisterne, die in Form eines Sarkophags aus einem einzigen Steinblock herausgemeißelt ist, und eine kleinere Anzahl von bronzenen Laternen stehen. Diese sind das Geschenk der Go San Ké, der drei fürstlichen Familien, die zur Nachfolge im Amt des Schoguns berechtigt waren.

Im Innern dieses Hofes befindet sich noch ein anderer Hof, der teilweise wie ein Kreuzgang bedeckt ist und zu dem man durch einen Torweg von fast noch größerer Schönheit und Pracht als die anderen gelangt. Die Decke oben ist vergoldet und mit himmlischen Engeln, die auf Musikinstrumenten spielen, bemalt. Das Getäfel der Wände besteht aus Skulpturen in erhabener Arbeit, Vögel und Blumen in Lebensgröße vorstellend, in wunderbar schöner, farbenvoller und treuer Nachahmung der Natur. Im Innern dieses Raumes steht eine Kapelle, vor deren geschlossener Tür ein Priester an der einen, ein Untergebener des Hauses Tokugawa an der anderen Seite Wache haltend dasitzen, beide so stumm und unbeweglich, als machten sie selbst einen Teil dieser Ornamente und Schnitzwerke aus.

Man geht an der einen Seite der Kapelle vorüber und kommt dann in einen anderen Hof, der einfacher ist als der vorhergehende. Dort befindet sich an der Rückseite des kleinen inneren Tempels eine Folge von steinernen Stufen, und oben steht, von einer bronzenen Tür geschützt, auf einem steinernen Sockel eine einfache Gedenkurne aus Bronze. Unter dieser ist das Grab selbst, und es war mir bei meinen Besuchen jedesmal sehr auffallend, welch hohe poetische Empfindung in diesem einfachen Abschluß aller vorhergehenden großen Pracht ausgedrückt liegt. Mag sein, daß diese Lehre mit Absicht hier gepredigt ist oder vielleicht auch nur aus Zufall; aber sie steht da.

Es ist wenig Unterschied zwischen den drei Kapellen; sie sind alle in derselben Weise verziert. Sehr schwer ist es aber, ihrer Schönheit in Worten gerecht zu werden. Indem ich viele tausend Meilen von ihnen entfernt dieses niederschreibe, schwebt vor meiner Erinnerung ein Platz, der grün im Winter und angenehm kühl im heißesten Sommer bleibt; friedliche Kreuzgänge, der Duft von Weihrauch, der dumpftönende Gesang reich gekleideter Priester und liebliches Glockengeläut, dazu wunderschöne Formen, Farbeneinklang und reiche Vergoldung. Hier schweigt das Summen der Riesenstadt draußen; ja, selbst Ijéjasu hat in seinen Bergen von Nikko keinen stilleren Ruheplatz als seine Nachkommen im Herzen der Stadt, über die sie herrschten.

Außer den Gräbern der Schogune enthält Sodschoji andere kleinere Kapellen, in denen die Frauen des zweiten, sechsten und elften Schoguns und der Vater Ijénobus, des sechsten Schoguns, der durch Adoption in der Würde folgte, beigesetzt sind. Es gibt dort auch einen heiligen Ort, »Satsumatempel« genannt, der ein besonderes Interesse hat. In ihm befindet sich eine Tafel zu Ehren des Tadajoschi, des fünften Sohns von Ijéjasu, der den Titel Matsudaira Satsuma no Kami trug und als Jüngling starb. Bei seinem Tod schnitten fünf seiner Untergebenen, an ihrer Spitze einer namens Ogasawara Kemmotsu, sich den Leib auf, um ihrem jungen Gebieter in die zukünftige Welt zu folgen. Sie wurden an diesem Ort beerdigt, und ich glaube, daß dieses das letzte Beispiel ist, das man von der alten japanischen Sitte des »Junschi«, das heißt »mit dem Herrn sterben« hat.

Es gibt im Jahreslauf verschiedene große Festlichkeiten, die besonders in Sodschoji gefeiert werden. Die bedeutendsten derselben sind das »Kaisanki« (der Tag des Gründers), das am achtzehnten Tag des siebten Monats stattfindet; der fünfundzwanzigste Tag des ersten Monats; der Todestag des Mönches Honen, des Gründers der buddhistischen Sekte Jodo (der Sekte, der der Tempel gehört); der Todestag Buddhas am fünfzehnten Tag des zweiten Monats; der Geburtstag Buddhas am achten Tag des vierten Monats; und vom sechsten bis fünfzehnten des zehnten Monats.

Der zweite Beerdigungsplatz der Schogune befindet sich in Ujéno. Der Tempel »To-jei-san«, der in den Anlagen von Ujéno stand, ist von Ijémitsu, dem dritten Schogun aus dem Haus Tokugawa, im Jahr 1625 zu Ehren Jakuschi Niorais, des buddhistischen Äskulaps, gebaut worden. Er liegt dem Tor des Schlosses, das »Ki-mon« oder »das Teufelstor« heißt, gegenüber und wurde nach dem Muster des Tempels Hi-jei-san, einem der berühmtesten Heiligtümer Kiotos, gebaut. Nachdem er den Tempel errichtet hatte, war Ijémitsus nächste Sorge, darum zu beten, daß Morisumi, der zweite Sohn des abgedankten Kaisers, kommen möchte, um dort zu wohnen, und von der Zeit an bis 1868 stand dem Tempel immer ein Mija, d. h. ein Mitglied der Familie des Mikados, vor. Diesem oblag insbesondere die Sorge, über das Grab Ijéjasus in Nikko zu wachen, und seine Stellung war die eines geistlichen Oberhauptes oder Primas des ganzen Ostens von Japan.

Die Tempel in Jedo sind hinsichtlich ihrer Schönheit mit denen in und um Peking nicht zu vergleichen. Was dort Marmor ist, ist hier Holz. Dennoch sind sie sehr hübsch, und in den Tagen seines Glanzes war der Tempel von Ujéno einer der schönsten, die man sehen konnte. Aber ach! Der Haupttempel, die Halle zu Ehren der Sekte, der er gehört, die Halle für den Gottesdienst, der Glockenturm, die Eingangshalle und der Wohnsitz der Prinzen von Geblüt – das alles wurde in der Schlacht von Ujéno im Sommer 1868 niedergebrannt, als die Männer des Schoguns gegen die Truppen des Mikados ihren letzten Widerstand leisteten. Das Schicksal des Tages wurde durch zwei

Feldstücke entschieden, die letztere auf das Dach eines benachbarten Teehauses schafften. Die Männer des Schoguns nahmen, als sie aus der Stadt vertrieben wurden, den Mija mit sich fort, in der vergeblichen Hoffnung, seine Fahne im Norden Japans als die eines Gegenmikados wieder aufrichten zu können. Einige der kleineren Tempel und Gräber und die schönen parkähnlichen Anlagen sind die einzigen Überbleibsel des früheren Glanzes von Ujéno.

Unter dem, was noch geblieben ist, befindet sich ein Tempel in Form einer dachlosen Bühne zu Ehren des tausendhändigen Kwannon. Im Mittelalter, während der Bürgerkriege zwischen den Häusern Gen und Hei, kam ein Hauptmann des Hauses Hei namens Morihisa nach der Vernichtung seines Clans und brachte im Tempel des tausendhändigen Kwannon zu Kijomidsu in Kioto tausend Tage lang Gebete dar. Da sein Zufluchtsort entdeckt wurde, ergriff man ihn und brachte ihn gebunden nach Kamakura, der Hauptstadt des Hauses Gen. Hier wurde er verurteilt, auf einem Platz am Seeufer, genannt Im, zu sterben; aber jedesmal, wenn der Henker sein Schwert erhob, um den Streich zu führen, wurde das Schwert vom Gott Kwannon zerbrochen, und zugleich bekam die Frau des Joritomo, des Oberhauptes des Hauses Gen, eine Mahnung im Traum, er solle das Leben Morihisas schonen. Deshalb wurde Morihisa begnadigt und kam zu hoher Macht im Staat, und das alles durch die wundersame Vermittelung des Gottes Kwannon, der sich seiner treuen Anhänger aufs Beste annimmt. Ihm ist dieser Tempel gewidmet. Ein kolossaler Buddha aus Bronze, zweiundzwanzig Fuß hoch, der vor etwa zweihundert Jahren errichtet wurde, und eine steinerne Laterne, zwanzig Fuß hoch und zwölf Fuß oben im Umfang, werden von den Japanern aufs Höchste bewundert. Es gibt im ganzen Reich nur drei solche Laternen.

Die anderen beiden befinden sich in Nansendschi, einem Tempel in Kioto, und in Atsura, einer Kapelle in der Provinz Owari. Alle drei wurden 1631 n. Chr. von einem Mann namens Sakuma Daisen no Suké aus Frömmigkeit erbaut.

Ijémitsu, der Gründer des Tempels, wurde neben seinem Großvater Ijéjasu in Nikko beigesetzt, aber hier hat man beiden Fürsten zu Ehren Kapellen errichtet. Die Schogune, die in Ujéno beerdigt liegen, sind Ijétsuma, Tsunajoschi, Joschimuné, Ijéharu, Ijénori, Ijésada, der vierte, fünfte, achte, zehnte, elfte und dreizehnte Fürst aus dieser Linie. Außer diesen sind fünf Frauen der Schogune und der Vater des elften Schoguns hier bestattet.

KAPITEL X

Wie Tajima Schumé von einem Teufel gequält wurde, den er sich selbst geschaffen hatte

Einstmals kam ein Ronin namens Tajima Schumé, ein sehr gescheiter und belesener Mann, auf seinen Reisen von Land zu Land auf dem Tokaido* nach Kioto. Ihm begegnete in der Nähe von Nagoja, in der Provinz Owari, ein wandernder Priester, mit dem er sich auf ein Gespräch einließ. Da sie entdeckten, daß sie beide dasselbe Reiseziel hatten, kamen sie überein, beieinander zu bleiben und sich den Weg durch angenehme Unterhaltungen über verschiedene Gegenstände zu verkürzen. Nach und nach, als sie vertrauter wurden, fingen sie an, sich ganz offen über ihre Privatangelegenheiten auszulassen, und der Priester, der in die Redlichkeit seines Gefährten nicht den geringsten Zweifel setzte, teilte ihm den Zweck seiner Reise mit.

»Seit einiger Zeit«, sprach er, »habe ich einen Wunsch in mir genährt, der mich ganz beseelt. Ich habe mir nämlich vorgenommen, zu Ehren Buddhas eine gegossene Bildsäule zu errichten; zu diesem Zweck habe ich mehrere Provinzen durchzogen und Almosen gesammelt – der Himmel weiß, wie mühsam das war! Es ist mir gelungen, zweihundert Silberunzen zusammenzubringen – genug, hoffe ich, um dafür eine schöne Bronzefigur aufstellen zu können.«

Was sagt das Sprichwort? – »Wer ein Juwel in seinem Busen trägt, birgt Gift bei sich.« Kaum hatte der Ronin diese Worte des Priesters vernommen, als böse Gedanken in ihm aufstiegen

* »Die Straße an der östlichen See«, die berühmte Landstraße, die von Kioto nach Jedo führt. Man gebraucht diesen Namen auch, um die Provinzen zu bezeichnen, die sie durchzieht.

und er zu sich selber sagte: »Des Menschen Leben, von der Wiege bis zum Grab, besteht nur aus Glück und Unglück. Hier stehe ich, schon beinahe vierzig Jahre alt, ein Wandersmann, ohne Beruf, ja selbst ohne die Hoffnung, mein Fortkommen in der Welt zu finden. Es scheint freilich eine Schande; jedoch wenn ich das Geld, dessen sich dieser Priester rühmt, mir aneignete, so würde ich den Rest meiner Tage sorglos verbringen können.« Und hiermit fing er an zu überlegen, wie er seinen Vorsatz am besten zur Ausführung bringen mochte.

Der Priester, weit davon entfernt zu ahnen, welche Richtung die Gedanken seines Kameraden genommen hatten, wanderte munter und sorglos mit ihm weiter, bis sie die Stadt Kuana erreichten. Hier hat das Meer einen Arm, und es liegt dort eine Fähre, von der ein Boot abstößt, so oft sich zwanzig bis dreißig Passagiere zusammenfinden. In einem solchen Boot schifften sich die beiden Reisenden ein. Auf ungefähr halbem Weg kam dem Priester das plötzliche Bedürfnis, an die Seite des Bootes zu gehen, und der Ronin folgte ihm, gab ihm, da eben niemand hinsah, einen Stoß und stürzte ihn in die See. Als die Bootsleute und Passagiere das Plätschern hörten und den Priester mit den Wellen ringen sahen, erschraken sie und taten ihr Möglichstes, um ihn zu retten; aber der Wind war lebhaft, und da das Boot rasch unter den schwellenden Segeln dahinlief, waren sie bald mehrere hundert Ellen vom Ertrinkenden entfernt, und er sank, ehe man umkehren konnte, um ihn zu retten.

Als der Ronin dies sah, stellte er sich sehr betrübt, ja, wie von Verzweiflung ergriffen und sprach zu den Mitreisenden: »Dieser Priester, den wir soeben verloren haben, war mein Vetter, er war auf dem Weg nach Kioto, um die Kapelle seines Schutzheiligen zu besuchen, und da ich zufälligerweise ebenfalls dort ein Geschäft habe, kamen wir überein, zusammen zu reisen. Nun ist mein Vetter, ach, leider durch diesen Zufall verunglückt und gestorben, und ich bin allein geblieben.«

Er sagte dies alles mit anscheinend so aufrichtigem Kummer und weinte dabei so heftig, daß die Mitreisenden seiner Erzählung Glauben schenkten, ihn sehr bedauerten und sich bemühten, ihn zu trösten. Darauf sagte der Ronin zum Bootsmann:

»Von Rechts wegen sollten wir dieses Ereignis der Obrigkeit anzeigen; allein da die Zeit mir kurz zugemessen ist und dir die Sache Unannehmlichkeiten bereiten könnte, wäre es vielleicht besser, wir verschwiegen sie einstweilen. Ich will dann gleich weiter nach Kioto gehen, um es dem Schutzherrn meines Vetters mitzuteilen, und auch darüber nach Hause schreiben. Was dünkt Euch, meine Herren?« fügte er hinzu, indem er sich zu den übrigen Reisenden wandte.

Diese waren natürlich nur zu froh, irgendein Hindernis ihrer Weiterreise zu vermeiden, und waren einstimmig für den Vorschlag des Ronin, und so wurde die Sache beigelegt. Als sie endlich das Ufer erreicht hatten, verließen sie das Boot, und jeder ging seiner Wege. Der Ronin aber nahm, überglücklich, das Gepäck des wandernden Priesters mit seinem eigenen zusammen und setzte die Reise nach Kioto fort.

Als er die Hauptstadt erreicht hatte, änderte er seinen Namen Schumé in Tokubei, und indem er seine Stellung als Samurai aufgab, wurde er Kaufmann und fing an, mit dem Geld des Verstorbenen zu handeln. Das Glück begünstigte seine Spekulationen, so daß es ihm gelang, große Reichtümer anzuhäufen. Er lebte fortan im Wohlstand und ließ es sich an nichts fehlen. Endlich nahm er sich im Laufe der Zeit ein Weib, das ihn mit einem Kind beschenkte.

So vergingen Tage und Monate, als einst in einer schönen Sommernacht, etwa drei Jahre nach dem Tod des Priesters, Tokubei auf die Veranda seines Hauses hinaustrat, um die Kühle des Abends und die Schönheit des Mondlichts zu genießen. In dieser Stille und Einsamkeit begann er über allerlei nachzusinnen, da trat plötzlich der Diebstahl und die Mordtat, die er vor so langer Zeit begangen hatte, lebhaft vor sein Gedächtnis, und er sagte zu sich selbst: »Hier stehe ich mit Reichtum und Überfluß gesegnet durch das Geld, das ich einst auf so gewaltsame und grausame Weise erlangte. Seit der Zeit ist mir alles gelungen. Wäre ich damals nicht arm gewesen, wäre ich nie zum Mörder und Diebe geworden. Weh mir! Wie schlimm war das!« Und wie er die Sache so überdachte, beschlich ihn ein Gefühl der Reue, wie sehr er sich auch dagegen sträubte.

Während seine Gewissensqualen heftiger wurden, bemerkte er plötzlich zu seinem größten Erstaunen die schwachen Umrisse eines Mannes, der sich an einen Tannenbaum im Garten lehnte. Er blickte aufmerksam nach ihm hin und sah, daß die Gestalt des Mannes hager und eingefallen war, der Mund bleich, die Augen trübe und hohl, und er erkannte in dieser traurigen Erscheinung vor sich den nämlichen Priester, den er bei Kuana ins Meer gestürzt hatte. Angst und Schauder überliefen ihn ganz kalt. Er schaute abermals hin und sah, daß der Priester spöttisch lächelte. Er wollte ins Haus fliehen, aber der Geist streckte seine dürren Arme nach ihm aus, durchbohrte ihn mit einem so finsteren, rachedurstigen Blick und zeigte ihm so gräßlich geisterhafte Züge, daß vor diesem unaussprechlich schauerlichen Anblick jeder gewöhnliche Mensch in Todesangst vergangen und ohnmächtig geworden wäre. Aber Tokubei, jetzt zwar nur ein Handelsmann, war einst Samurai gewesen, und er fand in Hinsicht auf Mut und Unerschrockenheit nicht leicht seinesgleichen. Er schüttelte das Gespenst von sich ab, und nachdem er in sein Zimmer gesprungen war und einen

Dolch ergriffen hatte, hieb und stach er tapfer um sich. Aber wie er auch stoßen mochte, der Geist zerfloß immer in Luft und entzog sich seinen Streichen, erschien dann plötzlich wieder, um abermals zu verschwinden. Von der Zeit an kannte Tokubei keine Ruhe mehr, sondern wurde Nacht und Tag vom Geist geplagt.

Endlich von solch unaufhörlicher Qual gänzlich erschöpft, fiel er in Krankheit und murmelte nun immer vor sich hin: »Oh Jammer! Oh Jammer! – der wandernde Priester kommt, um mich zu foltern!« Als die Leute im Haus sein Stöhnen und Wehklagen hörten, glaubten sie, er wäre verrückt geworden, und riefen einen Arzt zu Hilfe, der ihm auch etwas verschrieb. Aber weder Pillen noch Mixtur vermochten Tokubei zu helfen, so daß sein unerklärlicher Wahnsinn bald zum Gespräch der ganzen Nachbarschaft wurde.

Da wollte es der Zufall, daß die Sache einem wandernden Priester zu Ohren kam, der in der nächsten Straße sein Quartier aufgeschlagen hatte. Als dieser die genaueren Umstände des Falls vernahm, schüttelte er den Kopf mit ernster Miene, als ob er all das längst gewußt hätte, und schickte einen Freund zu Tokubeis Haus, durch den er dort ansagen ließ, ein ganz in seiner Nähe wohnender wandernder Priester habe von Tokubeis Krankheit gehört, und er getraue sich, wenn sein Übel auch noch so ernst sei, es mit Hilfe des Gebetes zu heilen. Die Frau Tokubeis, die über die Krankheit ihres Mannes ganz außer sich war, besann sich keinen Augenblick, schickte zum Priester und führte ihn ins Krankenzimmer ihres Mannes.

Kaum hatte Tokubei den Priester erblickt, schrie er laut auf: »Hilfe! Hilfe! Da kommt der wandernde Priester wieder, um mich zu quälen. Vergebung! Vergebung!« und über und über zitternd steckte er seinen Kopf unter die Decke. Der Priester ließ nun alle Anwesenden sich entfernen, legte seine Lippen nahe ans Ohr des entsetzten Mannes und flüsterte:

»Vor drei Jahren hast du mich bei der Fähre Kuana ins Wasser gestürzt; du erinnerst dich dessen noch wohl!«

Tokubei aber blieb sprachlos und bebte vor Angst.

»Glücklicherweise«, fuhr der Priester fort, »hatte ich schon als Knabe zu schwimmen und zu tauchen gelernt; so gewann ich im Sturm das Ufer, und nachdem ich darauf noch viele Provinzen durchwandert hatte, gelang es mir, dem Buddha eine bronzene Bildsäule zu errichten und damit den Wunsch meines Herzens in Erfüllung gehen zu sehen. Auf der Heimreise nahm ich mein Quartier in der nächsten Straße und hörte dort von deinem wunderbaren Übel. Da ich die Ursache zu erraten glaubte, kam ich dich besuchen und freue mich darüber, daß ich mich nicht geirrt habe. Du hast eine böse Tat verübt, aber bin ich denn nicht Priester? Habe ich nicht den Dingen dieser Welt entsagt? Es würde mir also schlecht anstehen, Groll wider dich im Herzen zu hegen. Gehe in dich und bereue deine schlimmen Wege. Sähe ich dich das tun, würde ich das als höchste Seligkeit betrachten. Sei also fröhlich und getrost, und schau mir ins Antlitz, so wirst du bald gewahr werden, daß ich wirklich ein Lebender bin und kein rachsüchtiger Spukgeist, zu deiner Qual erschienen.«

Als Tokubei sah, daß er es nicht mit Geist zu tun habe, und da die Gutherzigkeit des Priesters ihn gänzlich überwältigte, brach er in Tränen aus und antwortete: »Oh wahrlich! Wahrlich! Ich weiß nicht, was ich sagen soll. In einem Anfall von toller Verblendung wurde ich versucht, dich zu töten und zu berauben. Später hat das Glück mich fortwährend begünstigt; aber je reicher ich wurde, desto tiefer empfand ich, wie gottlos ich gewesen, und desto deutlicher ahnte ich, daß die Rache meines

Opfers mich eines Tages noch erreichen würde. Von diesem Gedanken verfolgt, verließ mich all mein Mut, bis ich eines Abends deinen Geist sah, und da erkrankte ich. Aber wie deine Rettung dir gelang und wie du lebendig geblieben bist, ist mir unbegreiflich.«

»Ein schuldbefleckter Mensch«, sprach der Priester und lächelte dabei, »fährt beim Flüstern des Windes zusammen und schaudert beim Klappern des Storches. Das Gewissen eines Mörders nagt an seinem Herzen, bis er endlich Dinge sieht, die gar nicht sind. Die Armut treibt einen Mann zu Verbrechen, die er in seinem Wohlstand bereut. Wie wahr ist der Lehrsatz des Moschi*, daß das Herz des Menschen, das von Natur rein ist, durch die Umstände verdorben wird.«

So moralisierte der Priester weiter, und Tokubei, der längst sein Verbrechen bereut hatte, flehte ihn um Vergebung an und gab ihm eine große Summe Geld, indem er hinzufügte: »Die Hälfte hiervon ist die Summe, die ich dir vor drei Jahren stahl, die andere Hälfte bitte ich dich inständigst als Zinsen dafür anzunehmen oder als Geschenk!«

Der Priester weigerte sich eine Weile, das Geld zu nehmen, aber Tokubei drang so sehr in ihn, daß er nachgab. Dieser tat auch sein Möglichstes, ihn noch länger zurückzuhalten, aber vergebens. Der Priester ging seines Weges und verschenkte das Geld an die Armen und Dürftigen. Was Tokubei selbst betrifft, so schüttelte er seine Krankheit bald ab und lebte von nun an in Frieden mit allen Menschen, von allen daheim und in der Ferne geachtet und stets auf Werke der Wohltätigkeit und Liebe bedacht.

* »Moschi« ist die japanische Aussprache des Namens des großen chinesischen Philosophen Meng Tse, den die Europäer »Menzius« nennen.

KAPITEL XI

Über verschiedene Arten von Aberglauben in Japan

Katzen, Füchse und Dachse werden von den Japanern mit abergläubischer Scheu und Ehrfurcht betrachtet. Man glaubt, daß sie menschliche Gestalt annehmen können, um die Leute zu behexen. Indessen arbeiten sie, wie die Feen in unseren europäischen Erzählungen, sowohl für gute wie für böse Zwecke. Wer ihnen einen wichtigen Dienst erweist, verschafft sich in ihnen mächtige Bundesgenossen. Aber wehe dem, der ihnen Schaden zufügt! – Er und die Seinigen werden in jedem Fall dafür leiden müssen. In der ganzen Welt, scheint es, werden Katzen und Füchse als unheimliche Tiere betrachtet; aber daß die Dachse ebenfalls einen Platz im Feenland haben, ist mir ganz neu. Die Insel Schikoku, die südlichste der großen japanischen Inseln, scheint derjenige Teil des Reiches zu sein, in dem der Dachs am meisten verehrt wird. Unter den mannigfachen Streichen, die er der menschlichen Rasse spielt, ist einer, von dem ich eine sehr hübsche Darstellung, in Elfenbein geschnitten, besitze. Beim Herannahen der Dämmerung legt sich der Dachs an einem einsamen Ort auf die Lauer und wartet auf die Wanderer, die von der Dunkelheit überfallen werden; sowie einer erscheint, holt das Tier tief Atem, bläht seinen Bauch auf und trommelt darauf sehr leise mit seiner geballten Pfote, wodurch er so bezaubernde Töne hervorbringt, daß der Wanderer nicht widerstehen kann, dem Klang zu folgen, der irrlichtergleich sich entfernt und wiederkehrt, wie er selbst vorwärtsschreitet, bis er ihn ins Verderben gelockt hat. Die Liebe ist jedoch der mächtigste Hebel, den die Katze, der Fuchs und der Dachs alle gleich oft in Bewegung setzen, um den Menschen in Schaden zu bringen. Kein deutscher Dichter ersann eine Wassernixe, die einnehmender gewesen wäre, als die schönen Jungfrauen, von denen der Ritter der japanischen Romanzen angefallen wird: »Der wahre Held erkennt das Ungeheuer und erschlägt es; der schwächere Sterbliche gibt nach und unterliegt.«

Die japanischen Geschichtenbücher sind voll von Erzählungen über die Streiche dieser Geschöpfe, die, wie unsere »Weiße Frau«, selbst in den Annalen alter Adelsfamilien eine Rolle spielen. Ich habe einige derselben gesammelt und bitte nun um ein geneigtes Ohr für eine ausgezeichnete und zweischwänzige* Verwandte des »gestiefelten Katers« und der »Frau Katze Blanca«.

Die Vampirkatze von Nabéschima

Es gibt eine Überlieferung in der Familie Nabéschima**, wonach der Fürst von Hisen von einer Katze, die einer seiner Untergebenen sich hielt, behext wurde. Dieser Fürst hatte eine Dame von seltener Schönheit, O Tojo, bei sich im Haus. Sie war sein Liebling unter allen Damen seines Palastes. Auch konnte keine sich an Reiz und Talenten mit ihr vergleichen.

Eines Tages ging der Fürst mit dieser O Tojo im Garten spazieren, und sie blieben, den Duft der Blumen einatmend, bis

* In Japan findet man, wie auf der Isle of Man, Katzen, die da, wo ein Schwanz sein sollte, nur ein Stümpfchen haben. Bisweilen ist dies durch Kunst hervorgebracht, bisweilen ein natürliches Gebrechen. Die Überlieferung sagt, daß die Katze von Nabéschima ein Ungeheuer mit zwei Schwänzen gewesen sei. Die Katzen in Jedo haben keinen guten Ruf als Mäusefänger, weil ihre Energie durch das Streicheln von Damenhänden häufig geschwächt wird.

** Die Familie des Fürsten von Hisen, eines der achtzehn Hauptdaimios in Japan.

zum Sonnenuntergang dort und kehrten dann in den Palast zurück, ohne im Geringsten darauf zu achten, daß eine große Katze ihnen nachschlich.

Nachdem O Tojo sich von ihrem Herrn getrennt hatte, zog sie sich in ihr eigenes Gemach zurück und ging zu Bett. Um Mitternacht wurde sie im Schlaf aufgeschreckt und gewahrte, daß eine große Katze, neben ihr kauernd, sie beobachtete. Als sie aufschrie, sprang das Tier auf sie los, setzte seine scharfen Zähne in ihren zarten Hals und erdrosselte sie. – Oh, welch beklagenswertes Ende für eine so schöne Dame, die Herzliebste ihres Fürsten! So plötzlich sterben zu müssen! Und von einer Katze totgebissen zu werden!

Die Katze scharrte unter der Veranda ein Grab, begrub O Tojo darin, und indem sie deren Gestalt annahm, begann sie den Fürsten zu behexen.

Der hohe Fürst aber wußte nichts von alledem und ahnte nicht im Entferntesten, daß das liebliche Wesen, das ihm schmeichelte und ihn liebkoste, ein koboldartiges, widerwärtiges Ungeheuer war, das seine Geliebte getötet und ihre Gestalt angenommen hatte, um ihm das Lebensblut auszusaugen.

Tag für Tag, wie die Zeit verlief, schwand des Fürsten Kraft dahin; die Farbe seines Gesichtes veränderte sich, sie wurde bleich und fahl, so daß er aussah, wie einer, der an einer tödlichen Krankheit leidet. Seine Räte und seine Gemahlin, beunruhigten sich seinetwegen sehr; sie wandten sich an die Ärzte, die ihm verschiedene Mittel verschrieben. Allein je mehr Arznei er nahm, desto ernster schien seine Krankheit zu werden, und keine Art der Behandlung schlug ein. Am meisten litt er zur Nachtzeit, in der sein Schlaf unterbrochen und er von gräulichen Träumen beängstigt wurde. Deshalb stellten seine Räte hundert Diener an, die nachts aufsitzen und neben ihm Wache halten mußten.

Aber sonderbarerweise, gleich in der ersten Nacht gegen zehn Uhr, als die Wache an ihrem Platz war, wurden alle von einer so plötzlichen und unbegreiflichen Schläfrigkeit befallen, daß sie nicht widerstehen konnten und einer nach dem anderen fest einschliefen. Nun trat die falsche O Tojo herein und quälte den Fürsten bis zum Morgen. In der folgenden Nacht begab sich ganz dasselbe, und der Fürst blieb der Tyrannei des Kobolds unterworfen, während seine Wächter um ihn her wider Willen schliefen.

Dies wiederholte sich Nacht um Nacht, bis endlich drei von den Räten des Fürsten sich entschlossen, selbst als Wache aufzusitzen und zu versuchen, ob sie dieser mysteriösen Schläfrigkeit Herr werden könnten. Allein es ging ihnen nicht besser als den anderen, und etwa um zehn Uhr waren sie alle fest eingeschlafen. Am nächstfolgenden Tag hielten die drei Räte eine feierliche Sitzung, und ihr Oberhaupt, ein gewisser Isahaja Busen, sprach:

»Es ist doch ein wunderbares Ding, daß eine Wache von hundert Mann auf diese Weise vom Schlaf überwältigt wird. Ganz gewiß muß der Bann, der unseren Gebieter und seine Leute hält, das Werk irgendeiner Zauberei sein. Da nun alle unsere Anstrengungen sich als fruchtlos erwiesen haben, laßt uns Ruiten, den Hauptpriester des Tempels Mijo In, aufsuchen und ihn inständig bitten, Gebete für die Genesung unseres Herrn anzuordnen.«

Und da die anderen Räte den Vorschlag Isahajas billigten, gingen sie zum Priester Ruiten und ersuchten ihn, er möge für den Fürsten und dessen Genesung Litaneien anstimmen.

So geschah es, daß der Hauptpriester von Mijo In allnächtlich Gebete für den Fürsten darbrachte. In einer Nacht, als er um die neunte Stunde (Mitternacht) seine frommen Übungen beendet hatte und sich schlafen legen wollte, glaubte er draußen im Garten ein Geräusch zu vernehmen, als wüsche sich jemand am Brunnen. Da ihm dies höchst sonderbar vorkam, sah er zum Fenster hinaus, und da bemerkte er im Mondenschein einen hübschen jungen Krieger, etwa vierundzwanzig Jahre alt, der sich wusch und der, nachdem er sich gänzlich gereinigt und seine Kleider wieder angelegt hatte, sich vor die Statue Buddhas stellte und heiße Gebete für die Genesung des gnädigen Fürsten verrichtete. Ruiten sah dies mit Verwunderung an, und als der junge Mann nach Beendigung seiner Andacht fortgehen wollte, hielt der Priester ihn zurück, indem er ihm zurief:

»Freund, ich bitte dich, ein wenig zu warten, ich habe dir etwas zu sagen.«

»Zu Diensten, Euer Hochwürden. Was wünscht Ihr von mir?«

»Habe die Güte, zu mir heraufzukommen, daß ich mit dir reden kann.«

»Mit Euer Hochwürden Erlaubnis«, und damit stieg er die Treppe hinauf.

Darauf sagte Ruiten:

»Ich kann wahrlich meine Bewunderung darüber nicht unterdrücken, daß du, als ein so junger Mann, schon eine so loyale Gesinnungen an den Tag legst. Ich bin Ruiten, der Hauptpriester dieses Tempels, und hier dazu angestellt, um für die Genesung unseres Herrn Gebete zu tun. Sage mir, bitte, deinen Namen.«

»Mein Name, Herr, ist Ito Soda, und ich diene bei der Infanterie von Nabéschima. Seitdem unser Herr krank danieder liegt, ist es mein innigster Wunsch, daß ich bei seiner Pflege mitwirken könnte; doch bin ich nur ein gemeiner Soldat, und mein Rang ist nicht so hoch, daß ich ihm nähern dürfte; mir bleibt daher nichts anderes übrig, als zu den Göttern des Landes und zu Buddha für die Wiedergenesung meines Herrn zu beten.«

Als Ruiten dies hörte, vergoß er Tränen der Freude über die Vasallentreue dieses Ito Soda und sagte:

»Deine Absicht ist in der Tat gut und schön. Aber wie wunderlich ist doch die Krankheit, an der unser Herr leidet! Schreckliche Träume befallen ihn jede Nacht, und die Diener, die bei ihm wachen, werden alle von einem geheimnisvollen und unwiderstehlichen Schlaf überwältigt, so daß nicht einer von ihnen wach zu bleiben vermag. Es ist ganz unbegreiflich!«

»Ja«, erwiderte Soda, nach einigen Augenblicken des Nachdenkens, »das kann nichts anderes als Hexerei sein. Wenn ich nur die Erlaubnis erhalten könnte, eine Nacht bei unserem Fürsten aufzusitzen, so möchte ich gern versuchen, ob ich nicht dieser Schläfrigkeit widerstehen und den Kobold erwischen kann.«

Endlich sagte der Priester: »Ich stehe in freundschaftlicher Verbindung mit Isahaja Busen, dem vornehmsten Rat des Fürsten. Ich will ihm von dir und deiner loyalen Gesinnung erzählen und mich bei ihm verwenden, damit du deinen Wunsch erreichen mögest.«

»Wie dankbar bin ich Euch, hochwürdiger Herr. Ich bin wahrlich nicht von dem eitlen Gedanken erfüllt, meinen eigenen Vorteil und mein Weiterkommen zu suchen. Das Einzige, was ich wünsche, ist, die Genesung meines Fürsten zu bewerkstelligen. Einstweilen laßt mich Eurem Wohlwollen empfohlen sein!«

»Nun denn, morgen abend will ich dich mit mir zum Haus des Rates nehmen.«

»Ich danke Euch, Herr! Lebt wohl.« Und so trennten sie sich.

Am folgenden Abend kehrte Ito Soda zum Tempel Mijo In zurück, und als er Ruiten dort antraf, begleitete er ihn zum Haus von Isahaja Busen. Dort ließ der Priester seinen jungen Mann draußen stehen, während er zum Rat hineinging, um sich nach dem Befinden des Fürsten zu erkundigen.

»Bitte, sagt mir, lieber Herr, wie geht es unserem Herrn? Hat sein Zustand sich irgendwie gebessert, seit ich für ihn Gebete dargebracht habe?«

»Ach nein; seine Krankheit ist sehr schwer. Wir sind ganz überzeugt, daß er das Opfer irgendeiner bösen Verzauberung ist. Aber da es kein Mittel gibt, auch nur einen von der Wache nach zehn Uhr munter zu halten, werden wir den Geist niemals zu Gesicht bekommen, und wir sind in der größten Not.«

»Wie tief fühle ich mit Euch; es ist zum Verzweifeln! Ich habe Euch indessen etwas zu sagen. Ich glaube fast, daß ich einen Mann gefunden habe, der den Kobold zu greifen und zu bannen vermag, und ich habe ihn hier mitgebracht.«

»Wirklich! Wer ist dieser Mann?«

»Nun, er ist einer von den Fußsoldaten des Fürsten namens Ito Soda, ein treuherziger Bursche, und ich hoffe, du wirst seiner Bitte stattgeben und ihm erlauben, bei unserem Gebieter zu wachen.«

»Gewiß werde ich das; es ist wundervoll, soviel Eifer und Treue in einem gemeinen Soldaten zu finden«, erwiderte Isahaja Busen nach einem Augenblick des Nachsinnens, »jedoch können wir unmöglich einem Menschen von so niedrigem Rang das wichtige Amt übertragen, bei unserem Herrn Wache zu halten.«

»Es ist freilich wahr, daß er nur ein gemeiner Soldat ist«, warf der Priester ein. »Doch warum könnte man nicht in Anbetracht seiner Treue seinen Rang erhöhen und ihn dann die Wache beziehen lassen?«

»Es wäre wohl Zeit genug, ihn auch noch nach der Genesung unseres gnädigen Herrn zu befördern. Aber bitte, laß mich diesen Ito Soda sehen, damit ich weiß, was er für ein Mensch ist. Sollte er mir gefallen, will ich mich mit den anderen Räten besprechen, und vielleicht können wir seine Bitte erfüllen.«

»Da werde ich ihn sogleich bringen«, erwiderte Ruiten, und damit entfernte er sich, um den jungen Mann zu holen.

Der Priester kam zurück und stellte Ito Soda dem Rat vor; dieser blickte ihn aufmerksam an, und da seine anständige und edle Erscheinung ihm gefiel, sagte er:

»Ich habe vernommen, daß du sehnlich wünschst, die Erlaubnis zu erhalten, die Nachtwache im Gemach unseres Gebieters zu übernehmen. Zuvor muß ich freilich mit den anderen Räten darüber Rücksprache halten, und dann wollen wir sehen, was man für dich tun kann.«

Als der junge Soldat diese Worte hörte, wurde er über die Maßen froh und entfernte sich, nachdem er Ruiten aufs Wärmste gedankt hatte, daß er ihm dazu verholfen habe, sein Ziel zu erreichen.

Am folgenden Tag hielten die Räte eine Versammlung, schickten darauf nach Ito Soda und zeigten ihm an, daß er schon in derselben Nacht mit den anderen Untergebenen wachen könne. Er ging nun herzlich froh seines Weges, und nachdem er alle seine Vorkehrungen getroffen hatte, nahm er mit Einbruch der Nacht seinen Platz unter den hundert Herren ein, die Dienst im Schlafgemach des Fürsten hatten.

Der Fürst lag und schlief in der Mitte des Zimmers, die hundert Wachen saßen rings um ihn herum und suchten sich durch angenehme Gespräche und lustige Einfälle die Zeit zu vertreiben; aber als die zehnte Stunde nahte, fingen sie an, schläfrig zu werden, und trotz ihrer Bemühungen, sich gegenseitig wach zu halten, wurden sie doch allmählich alle vom Schlaf überwältigt.

Auch Ito Soda fühlte die ganze Zeit, wie eine unüberwindliche Neigung zum Schlaf ihn beschleichen wollte, und obwohl er auf alle Art und Weise sich zu ermannen suchte, sah er endlich ein, baß es keine andere Hilfe gäbe, als zu einem außergewöhnlichen Mittel zu greifen. Dazu hatte er bereits seine Vorkehrungen getroffen. Er zog ein Stück geöltes Papier, das er mitgebracht hatte, hervor, breitete es über die Fußmatte und setzte sich darauf; dann nahm das kleine Messer, das er in der Scheide seines Dolchs bei sich trug, und bohrte es in seine eigene Lende. Der Schmerz der Wunde hielt ihn eine Zeitlang wach; doch da der Schlummer, der ihn umfangen wollte, ein Werk der Zauberei war, wurde er nach und nach doch wieder schläfrig. Da drehte er sein Messer in der Wunde herum und wieder herum, worauf der Schmerz dermaßen heftig wurde, daß er gegen alle Schläfrigkeit gewappnet war und treulich Wache halten konnte. Das geölte Papier hatte er sich deswegen unter die Beine gelegt, damit das Blut, das aus seiner Wunde fließen würde, die Matte nicht verderben mochte.

Auf diese Weise blieb also Ito Soda wach, und während er aufmerksam horchte, tat sich plötzlich die Schiebetür des fürstlichen Gemaches auf. Er sah einen Schatten heranschleichen, und wie derselbe näher kam, war es die Gestalt einer wunderschönen Frau von etwa dreiundzwanzig Jahren. Sie blickte vorsichtig umher, und als sie sah, daß alle Wachen schliefen, lächelte sie. Es war ein ominöses Lächeln. Eben wollte sie ans Bett des Fürsten treten, als sie bemerkte, daß in einer Ecke des Zimmers ein Mann saß, der noch in vollkommen wachem Zustand war. Dies schien sie stutzig zu machen. Sie wandte sich zu Soda und sagte: »Dich habe ich hier noch nie gesehen. Wer bist Du?« – »Ich heiße Ito Soda, und dies ist die erste Nacht, daß ich hier Wache halte.«

»Wahrlich ein mühevolles Amt! Doch sieh, die anderen Wächter sind allesamt eingeschlafen; wie kommt es, daß du allein wachgeblieben bist? Aber was für eine Wunde hast du am Knie? Es ist ganz rot von Blut.«

»Oh, ich wurde sehr schläfrig, da stieß ich mir das Messer in die Lende, und der Schmerz, den es mir verursachte, hat mich wachgehalten.«

»Welche außerordentliche Treue!« sagte die Dame.

»Ist es nicht Pflicht eines Untergebenen, sein Leben für seinen Herrn zu lassen? Ist solch eine Schramme der Beachtung wert?«

Nun näherte sich die Dame dem schlafenden Fürsten und sagte: »Wie steht es heute Abend mit meinem Herrn?« Aber der Fürst, von seiner Krankheit ganz erschöpft, erwiderte nichts. Soda indessen beobachtete sie scharf und kam auf die Idee, daß es O Tojo sei; er beschloß, sie auf der Stelle zu töten, sobald sie versuchen würde, den Fürsten zu quälen. Indessen wurde der Kobold, der in Gestalt O Tojos jede Nacht den Fürsten gepeinigt hatte und auch diese Nacht zu keinem anderen Zweck gekommen war, durch die Wachsamkeit Ito Sodas aus dem Feld geschlagen; denn jedesmal, wenn sie sich dem Kranken in der Absicht näherte, ihre Zauberkünste auf ihn wirken zu lassen, und dabei ihren Kopf drehte, gewahrte sie Ito Soda, der seine starren Blikke fest auf sie geheftet hielt. – Es blieb ihr also nichts anderes übrig, als wieder fortzugehen und den Fürsten in Ruhe zu lassen.

Endlich brach der Tag an, und als die anderen Offiziere erwachten und ihre Augen öffneten, sahen sie, wie Ito Soda dadurch wach geblieben war, daß er sich die Lende durchbohrt hatte. Darüber waren sie höchst beschämt und gingen ganz niedergeschlagen nach Hause. –

Am selben Morgen trat Ito Soda in das Haus Isahaja Busens und erzählte ihm, was sich in der vergangenen Nacht zugetragen hatte. Die Räte lobten Ito Sodas Benehmen mit lebhaften Worten und befahlen ihm, die folgende Nacht abermals Wache zu halten. Zur nämlichen Stunde kam die falsche O Tojo wieder und sah sich rings im Zimmer um. Da schlief die ganze Wache fest, ausgenommen Ito Soda, der vollkommen wach war, und da sie wieder aus dem Feld geschlagen wurde, begab sie sich in ihre eigenen Gemächer zurück.

Als nun der Prinz, seit Soda die Wache hatte, die Nächte ruhig zubringen konnte, fing seine Krankheit an, sich zu bessern. Große Freude verbreitete sich darüber im Palast. Soda wurde befördert und mit einem Landgut beschenkt. Zu gleicher Zeit ließ O Tojo sich nicht mehr sehen, da ihr offenbar geworden war, daß die nächtlichen Besuche ihr keinen Gewinn brächten, und von der Stunde an war die Nachtwache nicht mehr jenen Anfällen von Schläfrigkeit unterworfen. Dieses Zusammentreffen fiel Soda als sehr sonderbar auf. Er ging zu Isahaja Busen und sagte ihm, ganz gewiß könne diese O Tojo nichts anderes sein als ein Kobold. Nach einigem Nachsinnen sprach Isahaja:

»Ja, wie aber sollen wir dieses gottlose Wesen aus dem Weg räumen?«

»Ich will in das Zimmer der Abscheulichen gehen und tun, als ob ich nichts Besonderes vorhätte, und sie zu töten versuchen. Aber ich bitte dich, acht Männer anzustellen, daß sie draußen bleiben und ihr auflauern, falls sie versuchen sollte zu entschlüpfen.«

Nachdem sie über diesen Plan einig geworden waren, trat Soda mit einbrechender Nacht in O Tojos Zimmer und gab vor, mit einem Auftrag vom Fürsten zu kommen.

»Was für eine Botschaft bringst du mir von meinem Herrn?« fragte sie, sobald sie ihn erblickte.

»Oh! Nichts Besonderes; habe nur die Güte, diesen Brief zu lesen.« Und indem er so sprach, näherte er sich ihr allmählich, zog rasch seinen Dolch heraus und stach nach ihr; das Gespenst aber sprang zurück, ergriff eine Hellebarde und sagte zu Soda, den sie finster anglotzte:

»Wie kannst du das wagen gegen eine Dame deines Gebieters? Ich werde sogleich deine Entlassung befehlen.« Dann versuchte sie Soda mit der Hellebarde zu treffen. Aber dieser stach mit seinem Dolch verzweifelt und gewaltig um sich, und der Kobold, der wohl einsah, daß er es mit ihm nicht aufnehmen könne, warf die Hellebarde von sich, und plötzlich war die wunderschöne Frau in eine Katze verwandelt, die an den Seiten des Zimmers hinaufkletterte und mit einem Satz auf das Dach hinaussprang. Isahaja Busen, der mit seinen acht Männern draußen Wache hielt, schoß nach der Katze, verfehlte sie aber, und es gelang ihr zu entschlüpfen.

Also floh sie ins Gebirge und richtete dort bei den Leuten der Umgegend noch viel Unheil an, bis zuletzt der Fürst von Hisen eine große Jagd anstellte, auf der das Ungeheuer erlegt wurde.

Der Fürst aber genas von seiner Krankheit, und groß war die Belohnung, die der Krieger Ito Soda erhielt.

Die Geschichte von der treuen Katze

Vor ungefähr sechzig Jahren ging ein Mann zur Sommerzeit zu einem gewissen Haus in Osaka, um dort einen Besuch zu machen, und im Laufe der Unterhaltung sagte er:

»Ich habe heute einige sehr wunderliche Kuchen gegessen«, und als man ihn fragte, was er damit meine, erzählte er folgende Geschichte:

»Ich bekam die Kuchen von den Verwandten einer Familie, die gerade den hundertsten Jahrestag des Todes einer Katze feierte, die ihren Vorfahren angehört hatte. Ich erkundigte mich nach dem Ursprung dieser Feier, und man sagte mir, es sei in früherer Zeit ein junges Mädchen in der Familie gewesen, das sich, nachdem es ins sechzehnte Lebensjahr eingetreten war, stets unter Aufsicht eines im Haus aufgezogenen Katers befunden habe. Die beiden seien nie einen Augenblick getrennt gesehen worden.

Als der Vater des Mädchens dies bemerkte, wurde er sehr böse, weil er glaubte, daß der Kater, uneingedenk aller Güte, die er seit Jahren im Haus genossen hatte, sich in seine Tochter verliebt habe und sie behexen wolle. Er beschloß daher, das Tier zu töten. Während er diesen Plan heimlich mit sich selbst besprach, behorchte ihn die Katze, trat in der Nacht an sein Kopfkissen, nahm menschliche Sprache an und sagte zu ihm:

›Du hast mich in Verdacht, daß ich in deine Tochter verliebt sei. Obwohl das sicher möglich wäre, ist dein Argwohn doch ohne Grund. Die Wahrheit ist nämlich dieses: Auf deinem Kornboden hält sich schon seit vielen Jahren eine alte, sehr große Ratte auf. Gerade diese alte Ratte ist es aber, die sich in meine junge Herrin verliebt hat, und darum darf ich ihr nicht einen Augenblick von der Seite gehen, aus Furcht, das böse Tier möchte sie wegschleppen. Also bitte ich dich, mich nicht mehr in Verdacht zu haben. Ich allein kann es mit der Ratte wohl nicht aufnehmen, aber im Haus des Herrn Soundso in Ajikawa gibt es eine ausgezeichnet begabte Katze, die »Butschi« heißt; wenn du dir diese Katze leihen willst, wollen wir der alten Ratte bald den Garaus machen.‹

Als der Vater aus diesem Traum erwachte, dünkte er ihm so wunderbar, daß er dem ganzen Haus davon erzählte, und am folgenden Tag stand er sehr früh auf, ging nach Ajikawa, erkundigte sich nach dem Haus, das ihm im Traum gezeigt worden war, und fand es auch ohne Schwierigkeit. Er machte dem Herrn des Hauses seine Aufwartung, teilte ihm alles mit, was sein eigener Kater ihm gesagt hatte und wie sehr er wünsche, die Katze Butschi auf kurze Zeit von ihm zu leihen.

›Das läßt sich sehr leicht bewerkstelligen‹, sagte der andere, ›bitte, nimm sie gleich mit.‹ Und also zog der Vater mit der Katze Butschi unter seiner Obhut sogleich von dannen.

Noch in selbiger Nacht sperrte er die beiden Katzen auf dem Kornboden ein, und nach einer Weile vernahm man einen furchtbaren Lärm, dem eine lautlose Stille folgte. Die Leute aus dem Haus öffneten nun die Tür und drängten sich alle hinein, um zu sehen, was geschehen sei. Und da fanden sie die beiden Katzen und die Ratte alle ineinander verwickelt und nach Atem ringend! Schnell wurde der Ratte, die ebenso groß war wie jede der Katzen, die Kehle durchgeschnitten; dann bemühte man sich um die beiden Katzen. Aber obwohl man ihnen Ginseng* und andere Stärkungsmittel eingab, wurden doch beide matter und matter, bis sie zuletzt starben. Die Ratte wurde in den Fluß geworfen, aber die beiden Katzen mit allen Ehren in einem benachbarten Tempel bestattet.«

Wie ein Mann behext und sein Kopf von zwei Füchsen geschoren wurde

Im Dorf Iwahara in der Provinz Schinschiu wohnte eine Familie, die im Weinhandel bedeutenden Reichtum erworben hatte. Bei einer festlichen Gelegenheit trug es sich zu, daß eine große Anzahl von Gästen im Haus versammelt war, die mit Wein und Fisch köstlich bewirtet wurde. Als dabei der gefüllte Kelch umherkreiste, wandte das Gespräch sich auf Füchse. Un-

* Ein in China und Japan hochberühmtes Stärkungsmittel. Die beste Art kommt aus Korea.

ter den Gästen befand sich ein Zimmermann namens Tokutaro, ein Mann von etwa dreißig Jahren und von sehr widerspenstigem, hartnäckigen Sinn. Derselbe sagte:

»Meine Herren, Ihr habt schon ziemlich lange über Menschen, die von Füchsen behext wurden, geredet. Wahrlich! Ihr müßt wohl selbst unter ihrem Einflüsse stehen, da es Euch einfallen kann, solche Dinge vorzubringen. Wie in aller Welt sollten Füchse soviel Gewalt über Menschen haben können? Jedenfalls müssen diejenigen große Tröpfe sein, die sich so anführen lassen. Laßt uns nicht länger von solchen Dummheiten sprechen!«

Darauf gab ein Mann, der neben ihm saß, zur Antwort:

»Tokutaro ahnt wenig von dem, was alles in der Welt vorgeht, sonst würde er nicht so reden. Wie viele Myriaden von Menschen gibt es, die von Füchsen behext worden sind. Du liebe Zeit! Auf dem Makimoor allein ist wenigstens zwanzig oder dreißig Männern von jenen Bestien übel mitgespielt worden. Solchen Tatsachen, die sich vor unseren Augen zutragen, zu widersprechen, wäre doch wohl schwer!«

»Ihr seid nichts mehr und nichts minder, als ein Haufen ausgemachter Tröpfe«, rief Tokutaro. »Ich wette, wenn ich mich gleich heute Nacht zum Makimoor aufmache, werde ich es Euch beweisen können. Kein Fuchs lebt in ganz Japan, der aus Tokutaro einen Narren machen kann.«

So sprach er in seinem Übermut. Die anderen jedoch wurden alle ungehalten darüber, daß er sich so rühmte. Sie sagten:

»Wenn du zurückkommst, ohne daß irgend etwas vorgefallen ist, so wollen wir dir fünf Maß Wein und Fisch im Wert von tausend Käsch geben; wenn du aber behext werden solltest, mußt du das gleiche für uns tun.«

Tokutaro ging die Wette ein und machte sich bei einbrechender Nacht ganz allein auf zum Makimoor. Als er sich diesem Moor näherte, sah er ein kleines Bambusgehölz vor sich, und ein Fuchs lief hinein. Da fiel ihm augenblicklich ein, die Füchse dieses Sumpfes möchten vielleicht trachten, ihn zu behexen. Indem er noch hinschaute, kam die Tochter des Schulzen vom Dorf Ober-Horikané daher, die mit dem Vorsteher des Dorfes Maki verheiratet war.

»Ei, wohin gehst du, Meister Tokutaro?« fragte sie.

»Ich gehe zum nächsten Dorf.«

»Da du dann durch meinen Geburtsort kommst, möchte ich dich gern so weit begleiten, wenn du mir's erlauben willst.«

Dies fand Tokutaro sehr auffällig, und er verfiel auf den Gedanken, es möge wohl ein Fuchs sein, der ihn zum Besten haben wolle; deswegen beschloß er, den Spieß umzukehren und den Meister Fuchs zu überlisten. Er antwortete:

»Es ist schon lange her, seit ich das Vergnügen hatte, dich zu sehen; es wird mir sehr angenehm sein, dich zu begleiten, da dein Haus an meinem Weg liegt, wie es scheint.«

Damit ging er hinter ihr her, weil er dachte, er würde ganz gewiß die Spitze eines Fuchsschwanzes an ihr entdecken; aber wie sehr er seine Augen auch anstrengte, er konnte nichts dergleichen an dem Mädchen gewahren. Endlich erreichten sie das Dorf Ober-Horikané, und als sie zur Hütte des Vaters des Mädchens kamen, trat die ganze Familie heraus, voll Verwunderung über ihre Erscheinung.

»Oh je, oh je! Da ist unsere Tochter! Ich hoffe doch, daß nichts Schlimmes vorgefallen ist!«

So riefen sie und fuhren fort, eine ganze Reihe von Fragen an sie zu richten.

Währenddessen ging Tokutaro zur Küchentür hinter dem Haus, winkte dem Hausherrn, herauszukommen, und sagte:

»Das Mädchen, das da mit mir gekommen ist, ist nicht wirklich Eure Tochter. Gerade als ich auf das Makimoor zuging und nahe beim Bambusgehölz war, sprang ein Fuchs vor mir her; kaum war er im Gebüsch verloren, trat er in Gestalt Eurer Tochter wieder heraus und erbot sich, mich zum Dorf zu begleiten. Ich tat, als ob ich mich von dem dummen Tiere hätte hintergehen lassen, und kam mit ihm hierher.«

Als der Herr des Hauses dies gehört hatte, legte er den Kopf auf die Seite, dachte ein Weilchen nach und rief dann sein Weib, der er die Geschichte ins Ohr flüsterte.

Aber sie brach in großen Zorn aus über Tokutaro und sagte:

»Das ist wahrlich hübsch, die Töchter anderer Leute auf diese Art beschimpfen zu wollen. Das Mädchen ist unsere Tochter und daran ist kein Zweifel. Wie kannst du nur solche Lügen erfinden?«

»Nun«, erwiderte Tokutaro, »du magst wohl so sprechen, trotzdem liegt hier kein Irrtum vor, daß dies ein Werk der Zauberei ist.«

Da sie merkten, daß er eigensinnig auf seiner Meinung beharrte, wurden die alten Leute gänzlich irre und sagten:

»Was meinst du denn, was zu tun sei?«

»Bitte, überlaßt das mir, ich werde bald genug der Bestie die falsche Haut abziehen und sie Euch in ihrer wahren Farbe zeigen. Geht Ihr beiden nur in Eure Vorratskammern und wartet dort.«

Damit ging er in die Küche, packte das Mädchen beim Kragen, und beim Herd zwang er sie nieder.

»Oh, Meister Tokutaro, was soll dieses brutale Verfahren? Mutter! Vater! Zu Hilfe!«

So schrie das Mädchen und ächzte laut; Tokutaro aber lachte nur und sprach:

»Aha, du wolltest mich behexen, nicht wahr? Sowie du in den Wald gesprungen warst, nahm ich mich augenblicklich in acht, daß du mir keinen Streich spielen solltest. Ich werde dich bald lehren, dich so zu zeigen, wie du eigentlich bist.« Und indem er dieses sagte, schlang er ihr die beiden Hände hinterm Rücken zusammen, trat und marterte sie, sie aber weinte nur und schrie:

»Ach! Wie weh! Wie weh!«

»Wenn dies nicht genug ist, dich zu zwingen, in deiner wahren Gestalt zu erscheinen, so werde ich dich zu Tode braten«, und er häufte Brennholz auf den Herd, und indem er ihr die Kleider aufschürzte, versengte er sie vollständig.

»Oh weh! Dies ist mehr, als ich vertragen kann«, seufzte sie und starb.

Darauf kamen die beiden alten Leute von der Hinterseite des Hauses hergelaufen, und indem sie Tokutaro beiseite schoben, schlossen sie ihre Tochter in die Arme, legten die Hände an ihre Lippen, um zu prüfen, ob sie noch atme; aber das Leben war entflohen, und nicht das kleinste Zeichen eines Fuchsschwanzes war an ihr bemerkbar. Da faßten sie Tokutaro beim Nacken und riefen:

»Unter dem Vorwand, daß unsere wahre Tochter ein Fuchs sei, hast du sie gebraten und getötet. Du Mörder! Ihr da, kommt, bringt uns Stricke und Taue, daß wir diesen Tokutaro binden!«

Die Diener nahten gehorsam, ergriffen Tokutaro und banden ihn an eine Säule. Der Herr des Hauses richtete das Wort an ihn und sprach:

»Du hast unsere Tochter vor unseren eigenen Augen getötet. Ich werde nun die Sache vor den Gutsherrn bringen, und du sollst mit deinem Kopf dafür büßen. Bereite dich auf das Schlimmste vor.«

Und indem er dies sagte, warf er auf Tokutaro furchtbare, starre Blicke. Dann trugen sie den Leichnam ihrer Tochter in die Vorratskammer. Während sie einen Boten in das Dorf Maki sandten, um die Begebenheit bekannt zu machen, und noch andere Maßregeln nahmen, kam ganz unerwartet der Priester des Tempels Anrakuji im Dorf Iwahara heran, gefolgt von einem Ministranten und einem Kirchendiener. Mit lauter Stimme rief er in die Vordertür des Hauses hinein:

»Wie steht's mit dem ehrenwerten Herrn des Hauses, ist alles wohl? Ich war heute in einem benachbarten Dorf, um Gebete zu halten, und auf meinem Rückweg konnte ich nicht vor Eurer Tür vorübergehen, ohne wenigstens nach Eurem Wohlbefinden zu fragen. Wenn Ihr zu Hause seid, möchte ich Euch gern meine Aufwartung machen.«

Wie er so mit heller Stimme sprach, hörte man ihn hinten im Haus, und der Herr erhob sich, trat hinaus, und nachdem die gebräuchlichen Begrüßungsformeln gewechselt waren, sagte er:

»Ich sollte mir von dir die Ehre erbitten, heute abend unser Gast sein zu wollen. Aber leider findest du uns alle in der höchsten Bestürzung, und ich muß dich ersuchen, meine Unhöflichkeit zu entschuldigen.«

»Nun, was ist denn geschehen?« erwiderte der Priester. Und nachdem der Herr des Hauses die ganze Geschichte von Anfang bis zu Ende erzählt hatte, war jener wie vom Donner gerührt und sprach:

»Wahrlich, das ist eine furchtbare Betrübnis für Euch!«

Dabei schaute er zur Seite und bemerkte den gefesselten Tokutaro. Da rief er aus: »Ist das nicht Tokutaro, den ich da sehe?«

»Oh, Euer Hochwürden«, entgegnete Tokutaro ganz erbärmlich, »es kam da so manches Sonderbare zusammen, daß ich mir einbildete, die junge Dame sei ein Fuchs, und ich tötete sie. Aber, ich bitte Euer Hochwürden, sich für mich zu verwenden und mir das Leben zu retten.« Bei diesen Worten stürzten ihm die Tränen aus den Augen.

»Ja, wahrlich«, sagte der Priester, »du magst wohl Ach und Weh schreien; jedoch, vorausgesetzt, ich rette dir das Leben, willst du dann zustimmen, mein Jünger zu werden und ins Priesteramt einzutreten?«

»Ach! Rette nur mein Leben, dann will ich von ganzem Herzen gern Euer Schüler sein!«

Als der Priester dies vernommen, rief er die Eltern herbei und sprach zu ihnen:

»Es scheint fast, daß mein heutiges Erscheinen hier zu wunderbar rechter Zeit eingetroffen ist, wiewohl ich nur ein törichter alter Priester bin. Ich will Euch einen Vorschlag machen. Wenn Ihr Tokutaro tötet, werdet Ihr damit Eurer Tochter das Leben nicht zurückgeben. Ich habe seine Erzählung angehört, und es war bei seiner Tat keine vorbedachte Bosheit im Spiel. Was er tat, geschah in der Absicht, Eurer Familie einen Dienst zu erweisen, und es wäre in jedem Fall besser, die Sache zu vertuschen. Überdies wünscht er, sich ganz in meine Hände zu geben und mein Jünger zu werden.«

»Ja, ja! Es ist so, wie du sagst«, erwiderten Vater und Mutter zugleich. »Rache wird unsere Tochter nicht wiedererwecken. Aber, bitte, verscheuche unseren Gram, indem du seinen Kopf scherst und ihn auf der Stelle zum Priester machst.«

»Ich will ihn sogleich vor Euren Augen scheren«, antwortete der Priester, ließ die Stricke, mit denen Tokutaro gebunden war, lösen, und nachdem er seine Priesterbinde angelegt hatte, hieß er ihn, seine Hände zum Gebet emporzuhalten. Darauf stellte sich der ehrwürdige Mann hinter ihn mit dem Rasiermesser in der Hand, und während er einen Lobgesang anstimmte, strich er ihm zwei bis drei Mal mit dem Messer über den Kopf und übergab dann dasselbe seinem Ministranten, der Tokutaros Haar völlig abschor.

Als letzterer dem Priester nach Beendigung der Zeremonie seine Verbeugung gemacht hatte, erscholl ein lautes Gelächter; im nämlichen Augenblick brach der Tag an, und Tokutaro befand sich allein, mitten in einem großen Moor. Anfangs glaubte er in seiner Überraschung, dies sei alles ein Traum, und ärgerte sich sehr, von den Füchsen so angeführt worden zu sein. Darauf fuhr er sich mit der Hand über den Kopf und fühlte, daß er völlig kahl geschoren war. Es war nichts anderes dabei zu tun, als aufzustehen, sich sein Taschentuch um den Kopf zu winden und wieder zu dem Ort zurückzugehen, wo seine Freunde versammelt waren.

»Hoho, Tokutaro! Also bist du wieder da! Nun was war's mit den Füchsen?«

»Wirklich, Ihr Herren«, entgegnete er und verneigte sich. »Ich schäme mich eigentlich sehr, vor Euch zu erscheinen.«

Darauf erzählte er ihnen die ganze Geschichte, und als er geendet hatte, zog er das Tuch vom Kopf herunter und zeigte seinen kahlen Schädel.

»Das ist ein Hauptspaß!« schrien seine Zuhörer und beanspruchten mit schallendem Gelächter den Gewinn ihrer Wette von Fisch und Wein. Diese wurde pflichtmäßig entrichtet; aber Tokutaro ließ sein Haar nie wieder wachsen, er entsagte der Welt und wurde Priester unter dem Namen »Sainen«.

*

Es gibt in Japan eine Menge Erzählungen von Männern, die von Füchsen geschoren wurden; die obige Begebenheit ist von Herrn Schominsai, einem Lehrer in der Stadt Jedo, während einer Ferientour, die er in die Gegend machte, wo die Sache sich zugetragen hat, persönlich in Erfahrung gebracht worden, und ich* habe sie ganz mit den nämlichen Worten wiedergegeben, mit welchen er sie mir erzählte.

Die dankbaren Füchse

An einem schönen Frühlingstag gingen zwei Freunde hinaus zu einem Moor, um Farnkraut zu sammeln. Sie hatten zu ihrer Begleitung einen Knaben, der eine Flasche Wein und eine Büchse mit Mundvorräten trug.

Wie sie so umherstreiften, sahen sie am Fuß eines Hügels einen Fuchs, der sein Junges zum Spielen herausgebracht hatte, und als sie, von diesem Schauspiel angezogen, stillstanden, kamen drei Knaben aus einem benachbarten Dorf hinzu, mit Körben in den Händen und in der nämlichen Absicht wie die beiden Freunde selbst. Sobald die Knaben die Füchse sahen, nahmen sie einen Bambusstock von der Erde auf und suchten den Tieren heimlich von hinten her beizukommen. Als die alten Füchse sich auf die Flucht machen wollten, umzingelten sie dieselben und schlugen sie mit dem Knüppel, so daß sie wegliefen, so schnell ihre Füße sie trugen; aber zwei von den Knaben hielten das Junge fest, packten es beim Schopf und machten sich hochvergnügt mit demselben davon.

Die beiden Freunde hatten dem Hergang die ganze Zeit zugesehen, und einer von ihnen rief mit laut erhobener Stimme: »He! Ihr Knaben! Was wollt ihr mit dem kleinen Fuchs da machen?«

* Der Verfasser des »Kansenjawa«, des Buches, aus dem obige Geschichte genommen ist.

Der älteste der Knaben erwiderte: »Wir wollen ihn mit nach Hause nehmen und an einen jungen Mann in unserem Dorf verkaufen. Er wird ihn gern nehmen, in einen Kochtopf tun und verspeisen.«

»Gut!« entgegnete der andere, nachdem er die Sache genau überdacht hatte, »ich meine, es ist euch ganz einerlei, wem ihr ihn verkauft. Laßt ihn mich doch lieber haben.«

»Ja, aber der junge Mann aus dem Dorf versprach uns eine nette runde Summe, wenn wir ihm einen Fuchs verschaffen könnten, und er veranlaßte uns, ins Gebirge hinauszugehen, um einen zu fangen – daher können wir ihn dir nicht für jeden beliebigen Preis geben.«

»Nun, da kann es wohl nicht anders sein, doch wieviel hat der junge Mann euch für den Fuchs geben wollen?«

»Oh, er wollte uns wenigstens dreihundert Käsch geben.«

»Dann gebe ich euch einen halben Bu*, und ihr werdet bei dem Wechsel fünfhundert Käsch gewinnen.«

»Nun, dafür wollen wir ihn verkaufen, Herr. Wie aber sollen wir ihn dir übergeben?«

»Ihr könnt ihn einfach hier anbinden«, sagte der andere, und damit machte er dem jungen Fuchs das Band der Serviette, in die die Frühstücksbüchse eingewickelt war, fest um den Hals und gab den drei Knaben einen halben Bu, mit dem sie ganz entzückt davonliefen.

Der andere Freund sagte darauf zu ihm: »Du hast wahrlich sonderbare Liebhabereien. Wozu in aller Welt brauchst du diesen Fuchs?«

»Wie unfreundlich von dir, so von meinen Liebhabereien zu sprechen! Wären wir nicht eben dazwischengekommen, wäre

* Der »Bu« oder, wie die Fremden ihn nennen, der »Itschibu«, ist ungefähr einen Schilling und vier Pence wert.

der junge Fuchs verloren gewesen. Wie hätte ich ruhig dabeistehen und zusehen können, daß einem Geschöpf das Leben genommen würde? Es war keine große Ausgabe, die ich machte – nur ein halber Bu, um den Fuchs zu retten. Aber wenn es ein ganzes Vermögen gekostet hätte, würde ich nicht angestanden haben. Ich glaubte, du wärest vertraut genug mit mir, um mein Herz zu kennen, aber da du mich heute beschuldigst, überspannt zu sein, sehe ich, wie sehr ich mich in dir geirrt hatte. Darum soll unsere Freundschaft von Stund an zu Ende sein.«

Und nachdem er dies mit großem Nachdruck gesagt hatte, trat der andere einige Schritte zurück, bückte sich, die Hände auf die Knie legend, und entgegnete:

»Oh wahrlich, wahrlich, deine Herzensgüte erfüllt mich mit Bewunderung. Wenn ich dich so sprechen höre, empfinde ich mehr als je, wie groß die Liebe ist, die ich für dich im Herzen trage. Ich glaubte, du würdest vielleicht wünschen, den jungen Fuchs als eine Art Köder zu benutzen, um die Alten zu dir heranzuziehen, damit du von ihnen Wohlfahrt und Frömmigkeit für dein Haus erbitten könntest. Wenn ich dich eben überspannt nannte, so wollte ich nur dein Inneres prüfen wegen jenes Argwohns; jetzt aber fühle ich mich wahrlich tief beschämt.«

Und wie er dies sagte, immer in gebückter Stellung verharrend, erwiderte der andere: »Wirklich? Waren das deine Gedanken? Dann bitte, verzeih mir meine heftige Sprache.« Nachdem die beiden Freunde sich wieder versöhnt hatten, untersuchten sie den jungen Fuchs und bemerkten eine leichte Wunde an seiner Pfote, die ihn am Gehen hinderte, und während sie noch darüber nachdachten, was sie tun sollten, entdeckten sie die Pflanze, die »das Kraut des Doktors Nakasé« genannt wird, und die eben zu ihren Füßen aufsproßte. Sie nahmen davon ein wenig, rollten es zwischen ihren Fingern zusammen und legten es auf die wunde Stelle. Darauf schütteten sie etwas von dem gesottenen Reis aus ihrer Frühstücksbüchse und hielten es dem kleinen Fuchs vor; er aber ließ kein Zeichen des Hungers merken, darum streichelten sie ihm sanft über den Rücken und liebkosten ihn. Als bald darauf der Schmerz in der Wunde nachzulassen schien, mußten sie über die Kraft jenes Krautes erstaunen. Da plötzlich sahen sie ihnen gegenüber die alten Füchse hinter einigen Schobern von Reisstroh sitzen und sie beobachten.

»Schau! Schau! Da sind die beiden alten Füchse wieder zurückgekommen aus Furcht, es möchte ihrem Jungen etwas zuleide geschehen. Komm, laß uns ihm die Freiheit geben!« Mit diesen Worten machten sie das Band um den Hals des jungen Tieres los und richteten seinen Kopf hin zu der Stelle, wo die alten Füchse saßen, und da der verletzte Fuß nicht mehr schmerzte, sprang der Kleine mit einem Satz an die Seite der Eltern und leckte sie über und über vor Freude, während diese nach den beiden Freunden hinüberschauten, als ob sie ihnen Dank zunicken wollten. Und die Freunde gingen, im Herzen sehr befriedigt, weiter, bis sie eine hübsche Stelle fanden, wo sie ihre Weinflasche herausnahmen und sich zu ihrer Mahlzeit niederließen. Dann kehrten sie nach einem angenehm verbrachten Tag zurück und wurden von nun an treuere Freunde denn je.

Der Mann aber, der den jungen Fuchs erlöst hatte, war ein wohlhabender Kaufmann. Er hatte drei oder vier Agenten und zwei weibliche Dienstboten, nebst mehreren männlichen, und führte ein freigebiges und gastfreundliches Wohlleben. Er war verheiratet, und in dieser Ehe war ihm ein Sohn geschenkt worden, der eben sein zehntes Jahr erreicht hatte, aber von einer wunderlichen Krankheit behaftet war, die der Geschicklichkeit aller Ärzte und allen angewandten Mitteln Trotz bot. Endlich verordnete ein berühmter Arzt ihm die einem noch lebendigen

Tier entnommene Fuchsleber und behauptete, diese würde auf jeden Fall Besserung bewirken. Wenn man diese Leber nicht verschaffen könne, sagte er, würden die teuersten Arzneien der Welt dem Knaben nicht wieder zur Gesundheit verhelfen.

Als die Eltern dies vernahmen, gerieten sie in große Verlegenheit. Sie teilten den schwierigen Fall einem Mann mit, der im Gebirge wohnte. »Sollte unser Kind auch darüber sterben«, sagten sie, »so möchten wir selbst doch keine anderen Wesen ihres Lebens berauben. Da du mitten in den Bergen wohnst, wirst du es gewiß erfahren, wenn deine Nachbarn auf die Fuchsjagd gehen. Uns ist es ja einerlei, wie hoch der Preis sein möge, den wir für die Leber eines Fuchses bezahlen sollen; wir bitten dich, kaufe du uns eine um jeden Preis.« Und so drangen sie in ihn, sich um ihretwillen die größte Mühe zu geben, wogegen er versprach, ihren Auftrag gewissenhaft zu erfüllen, indem er sich entfernte.

Am Abend des folgenden Tages kam ein Bote, der vorgab, von dem Mann gesandt zu sein, der es übernommen habe, die Fuchsleber zu verschaffen. Der Herr des Hauses trat also hinaus, um mit ihm zu reden.

»Ich komme von Herrn Soundso. Am gestrigen Abend ist ihm die Leber eines Fuchses in die Hände gefallen, und er hat mich gesandt, sie dir zu überbringen.« Bei diesen Worten zog der Bote einen kleinen Krug zum Vorschein und fügte hinzu: »In wenigen Tagen wird er dich den Preis wissen lassen.«

Nachdem jener diese Botschaft ausgerichtet hatte, war der Herr des Hauses hocherfreut und sprach: »Ich bin ihm wirklich aufs höchste dankbar für diese Güte, denn das Leben meines Sohnes wird dadurch gerettet werden.«

Die Hausfrau erschien und nahm den Krug mit Äußerungen größter Erkenntlichkeit entgegen.

»Wir müssen dem Boten ein Geschenk machen.«

»Nein, lieber Herr, ich versichere dich, man hat mich schon für meine Mühe belohnt.«

»Dann mußt du auf jeden Fall die Nacht über bei uns bleiben.«

»Ich danke dir, Herr, aber im nächsten Dorf wohnt ein Verwandter von mir, den ich seit langer Zeit nicht gesehen habe; mit diesem möchte ich die Nacht zubringen.« Damit verabschiedete er sich und ging.

Die Eltern verloren keinen Augenblick, dem Arzt sagen zu lassen, daß sie die Fuchsleber verschafft hätten. Am nächsten Tag erschien der Doktor und mischte für den Kranken eine Medizin, die sofort gute Wirkung tat, worüber sich im ganzen Haus nicht wenig Freude verbreitete. Das gute Glück fügte es, daß drei Tage später der Mann, den sie mit dem Kauf der Fuchsleber beauftragt hatten, ans Haus kam; die Hausfrau trat ihm eilig entgegen und hieß ihn Willkommen.

»Wie schnell hast du unsere Wünsche erfüllt und wie gütig von dir, sogleich zu uns zu schicken! Der Doktor hat die Arznei bereitet, und schon kann unser Knabe aufstehen und im Zimmer umhergehen, und das alles verdanken wir deiner Freundlichkeit.«

»Aber hört mich doch!« schrie der Gast, der gar nicht wußte, wie er die Freude der beiden Eltern verstehen sollte. »Weil es sich als völlige Unmöglichkeit erwies, den Auftrag, den Ihr mir wegen der Fuchsleber gabt, auszuführen, bin ich heute gekommen, Euch meine Entschuldigung zu machen, deshalb begreife ich ganz und gar nicht, wofür Ihr mir so dankbar seid.«

»Wir möchten dir danken, guter Herr«, entgegnete der Hausherr, indem er sich so tief verneigte, bis seine Hände die Erde berührten, »daß du uns die Fuchsleber, um die wir dich baten, verschafft hast.«

»Aber ich bin mir wirklich nicht bewußt, Euch eine Leber geschickt zu haben, es muß hier ein Irrtum vorliegen. Seid doch so gut und erkundigt Euch sorgfältig danach.«

»Nun, das ist sonderbar genug! Vor ungefähr vier Nächten kam ein Mann von etwa fünf- oder sechsunddreißig Jahren mit einer mündlichen Botschaft von dir des Inhalts, du habest ihn mit einer Fuchsleber geschickt, die du eben erhalten hättest, und er fügte hinzu, er würde ein anderes Mal wiederkommen, um uns den Preis zu sagen. Als wir ihn baten, die Nacht bei uns zuzubringen, antwortete er, daß er lieber bei einem Verwandten im nächsten Dorf logieren wolle, und so ging er fort.«

Der Besucher versank mehr und mehr in Staunen, und indem er seinen Kopf in tiefem Nachdenken auf eine Seite lehnte, bekannte er, daß er durchaus nicht wisse, wie er das verstehen solle. Was Mann und Frau betrifft, so waren sie ganz verwirrt darüber, einem Menschen so begeistert gedankt zu haben für Gefälligkeiten, von denen er nichts wissen wollte. Also nahm der Freund seinen Abschied und ging nach Hause.

In derselben Nacht erschien neben dem Kopfkissen des Herrn vom Haus eine Frau von ungefähr ein- oder zweiunddreißig Jahren. Sie sprach: »Ich bin die Füchsin, die in dem und dem Berg wohnt. Als ich im vorigen Frühling mein Junges zum Spielen hinausbrachte, wurde es von zwei Knaben weggeschleppt und nur durch deine Güte gerettet. Der Wunsch, dir die Freundlichkeit zu erwidern, beseelte mein Innerstes. Endlich, als Unglück über dein Haus kam, hoffte ich, dir von Nutzen sein zu können. Die Krankheit deines Sohnes konnte nur durch eine Leber, die von einem lebenden Fuchs genommen war, kuriert werden. Darum tötete ich mein Junges und nahm seine Leber heraus, um deine Güte zu vergelten; sein Vater selbst brachte sie dir, in der Verkleidung eines Boten, ins Haus.«

Und wie sie so sprach, vergoß die Füchsin Tränen. Der Hausherr wollte ihr danken und machte im Bett eine Bewegung, bei der seine Frau aufwachte, die nun fragte, was geschehen sei; da fing er zu ihrer großen Verwunderung bitterlich an zu weinen und vor Betrübnis ins Kissen zu beißen.

»Warum weinst du so?« fragte sie.

Endlich richtete er sich im Bett auf und sprach:

»Als ich im vorigen Frühling auf einer Vergnügungstour war, wurde, wie ich dir damals erzählte, durch mein Eingreifen einem jungen Fuchs das Leben gerettet. Neulich sagte ich Herrn Soundso, daß ich selbst dann nicht Anlaß zum Tod eines Fuchses geben möchte, wenn mein Sohn vor meinen Augen sterben müßte; ich bat ihn aber, falls er hörte, daß ein Fuchs von einem Jäger getötet worden sei, ihn mir zu kaufen. Wie die Füchse dies erfahren haben, weiß ich nicht, aber die beiden Füchse, denen ich jene Freundlichkeit erwies, haben nun ihr eigenes Junge getötet und die Leber herausgenommen, und nachdem der alte Fuchs sich als Bote verkleidet hatte, kam er, als von der Person gesandt, der wir den Auftrag mit der Leber gegeben hätten, hierher. Soeben stand sein Weibchen neben meinem Kopfkissen und erzählte mir alles; so kam es, daß ich bis zu Tränen gerührt ward und mich nicht überwinden konnte.« –

Als die gute Hausfrau dies vernommen hatte, fing sie ebenfalls an, vor Rührung zu weinen, und beide blieben längere Zeit in Gedanken verloren. Endlich aber kamen sie wieder zu sich, zündeten die Lampe an auf dem Gestell, das den Hausgott trug, und verbrachten die Nacht in Gebet und Lobpreisungen. Am folgenden Tag machten sie die ganze Hausgenossenschaft, ihre Verwandten und Freunde mit der Begebenheit bekannt. Wiewohl es nun manche Beispiele gibt, daß Menschen ihre eigenen Kinder getötet haben, um eine Wohltat vergelten zu können, so hat man doch kein Beispiel von einer ähnlichen Tat, die Füchse ausgeführt hätten. Daher wurde diese Geschichte bald im ganzen Land besprochen.

Der Knabe aber, der durch die Wirkung jener Medizin wieder gesund geworden war, wählte den schönsten Fleck des väterlichen Landgutes aus, um Inari Sama*, dem Fuchsgott, eine Kapelle zu errichten, und er brachte den beiden alten Füchsen Opfer dar, und kaufte für sie den höchsten Rang am Hof des Mikados.

*

Die Stelle in dieser Geschichte, die von dem Rang spricht, der für die Füchse am Hof des Mikados gekauft wurde, ist natürlich nur Unsinn. »Die Heiligen, die man in Japan verehrt«, schreibt ein glaubwürdiger Japaner, »sind Männer, die in entlegenen Zeiten, während der Entwicklungsperiode des Landes, als Weise lebten, und da sie durch ihre großen und tugendhaften Handlungen sich die Dankbarkeit aller folgenden Geschlechter erwarben, wurden ihnen nach dem Tod göttliche Ehrenbezeugungen zuteil. Wie könnte der Sohn des Himmels, der zugleich Vater und Mutter seines Volks ist, zum Verkäufer von Rang und Ehren werden? Wäre der Rang eine käufliche Sache, so würde er aufhören, dem Tugendhaften nicht mehr als Belohnung gegeben zu werden.«

* Inari Sama ist der Titel, unter dem eine gewisse mythische Persönlichkeit, »Uga« genannt, göttlich verehrt wird, der man das Verdienst zuschreibt, die Reispflanze eindeckt und zuerst kultiviert zu haben. Sie wird mit einigen Reisähren in der Hand vorgestellt, und ihr Symbol ist eine Schlange, die einen Ballen Reis bewacht. Die Füchse bedienen diese Gottheit und vollführen ihre Befehle. Weil Reis das wichtigste und notwendigste Produkt Japans ist, sind die Ehrenbezeugungen, die Inari Sama zuteil werden, besonders großartig. Beinahe jedes Haus auf dem Land besitzt an irgendeiner Stelle des Gutes eine hübsche kleine Kapelle dem Inari Sama zu Ehren, und an einem gewissen Tag des zweiten Monats im

Das Fest von Inari Sama

Jahr wird sein Fest gefeiert, wobei zum großen Entzücken der Kinder viel Trommelgewirbel und anderer Lärm vorkommt. »An diesem Tag«, sagt das Buch »O-Satsujo«, eine japanische Enzyklopädie, »gibt es allerlei Arten von Zeremonien in Jedo, in welcher Stadt für Inari Sama Myriaden von Kapellen stehen. Dann werden lange Banner mit Inschriften ausgezogen, Lampen und Laternen aufgehängt und die Häuser mit verschiedenartigen Puppen und Figuren geschmückt, Flöten und Trommeln ertönen, und die Leute vergnügen sich mit Tanz und allerlei festlichen Freuden, wie es jedem einfällt. Kurz, es ist die lauteste Festzeit im ganzen Jahr zu Jedo.«

Alle Angelegenheiten, die mit den Kapellen der einheimischen Schintoreligion zusammenhängen, sind der Oberaufsicht der Familien Joschida und Fuschimi anvertraut, den Kugés oder Adeligen am Hof des Mikados zu Kioto. Die Angelegenheiten der buddhistischen oder eingeführten Religion stehen unter der Obhut der Familie Kandschuji. Da diejenigen, die als Priester dem ehrenvollen Amt des Gottesdienstes vorstehen, notwendigerweise Personen von einigem Ansehen sein müssen, wird ihnen durch Vermittlung der Repräsentanten der oben genannten großen Adelsfamilien ein gewisser Rang verschafft, und diese erhalten bei Ausstellung des erforderlichen Patents als ihnen zukommende Gebühr ein Honorar, das, wiewohl sehr unbedeutend an sich, dennoch von großer Wichtigkeit für die armen Kugés ist, deren geldarme Lage einen großen Kontrast zum Reichtum der Daimios, die doch dem Rang nach unter ihnen stehen, bildet. Ich glaube, daß dieses der einzige Fall ist, wo man in Altjapan einen Rang kaufen oder verkaufen kann. In China kann andererseits jedermann werden, was er will, wenn er nur dafür bezahlt, und der vielbegehrte Knopf, der dem Wortlaut nach eine Belohnung für Gelehrsamkeit und gut bestandenes Examen ist, wird in den meisten Fällen dem reichen Unwissenden als Preis erteilt.

Die Heiligen, die oben angeführt wurden, sind die Patrone des ganzen Landes, verschieden von denen, die nur für besondere Werke an einzelnen Orten angebetet werden. Auf diese zahlreiche Klasse wird in unseren Erzählungen oft hingedeutet.

Die Fuchsleber, die dem Knaben in der vorhergehenden Erzählung als Medizin vorgeschrieben wurde, wird den mit der chinesischen Apothekerkunst vertrauten Personen nicht sonderbar vorkommen. Die Japaner richteten sich lange Zeit nur nach jener chinesischen Pharmazie, während sie jetzt die Heilmethode, wie sie in Europa gehandhabt wird, mit Erfolg studieren. Als ich in Peking war, sah ich einen chinesischen Arzt einen Absud von drei Skorpionen für ein Kind verordnen, das von heftigem Fieber ergriffen war. Und bei anderer Gelegenheit wurde einer meiner Stallknechte, der an der Ruhr litt, mit Akupunktur der Zunge behandelt. Die medizinischen Wissenschaften stehen in China heutzutage so ziemlich auf derselben Stufe, auf der sie im 16. Jahrhundert in Europa standen, wo damals auch die Auswürfe und Absonderungen aller Arten von Tieren, von Reptilien, giftigen Schlangen und Insekten, ja selbst lebendige Wanzen den Patienten eingegeben wurden. »Einige Ärzte«, sagt Matthiolus, »brauchen die Asche von Skorpionen, die lebendig verbrannt sind, gegen Stockungen, wie sie in den Nieren von Blasensteinen verursacht werden. Aber ich selbst habe gründlich den Nutzen eines Öles erfahren, das ich eigenhändig fabriziere, und bei dem Skorpione einen bedeutenden Teil der Ingredienzien ausmachen. Man reibe nur die Gegend des Herzens und alle Pulse des Körpers damit ein, so wird der Patient befreit werden von den Wirkungen aller Arten von Gift, die er verschluckt hat, nur allein die ätzenden ausgenommen.« Absude von ägyptischen Mumien wurden sehr empfohlen und oft mit gehörigem akademischen Ernst verordnet; auch wurden die Knochen des menschlichen Schädels, pulverisiert und mit Öl versetzt, als besonders heilsam in Fällen von Nierenstein angewandt. (Vgl. Petri Andreae Matthioli Opera, 1574).

Das Geld des Dachses

Es ist ein verbreitetes Sprichwort unter den Leuten, daß ein Vogel oder sonst ein Tier empfangene Wohltaten vergessen darf, daß aber einem undankbaren Menschen die ganze Welt nur Böses nachsagen wird.

Und doch zeigen sogar auch Vögel und Tiere manchmal Dankbarkeit, so daß ein Mensch, der eine Gefälligkeit nicht erwidert, fast schlechter sein muß als das stupide Vieh. Ist das aber nicht eine Schande zu nennen? –

Es lebte einstmals an einem Ort namens Namékata in Hikatschi ein alter Priester in einer kleinen Hütte. Er war ebensowenig berühmt durch Gelehrsamkeit wie durch hohe Weisheit. Dagegen war er stets nur darauf bedacht, seine Tage mit Gebet und Meditieren zu verbringen. Er hatte niemanden, nicht einmal ein Kind zu seiner Bedienung, sondern bereitete sich seine Nahrung mit eigenen Händen. Alle Abende und Morgen sprach er das Gebet »Namu Abida Butsu«* und das war sein ganzes Sinnen und Trachten. Wiewohl der Ruf seiner Tugenden sich nicht weithin erstreckte, wurde er von seinen Nachbarn doch geachtet und verehrt, und sie brachten ihm oft Nahrung und Kleidung, und wenn das Dach oder die Wände seiner Hütte der Ausbesserung bedurften, besorgten sie die Arbeit für ihn; daher brauchte er seine Gedanken nicht mit den Dingen dieser Welt zu beschäftigen.

Einst an einem sehr kalten Abend, als er weit davon entfernt war, zu erwarten, daß jemand zu ihm kommen würde, hörte er draußen eine Stimme rufen: »Hochwürden! Hochwürden!« Er

* Ein buddhistisches Gebet, das etwas von den Klängen des ursprünglichen Sanskrits bewahrt. Der Sinn des Gebetes wird so gedeutet: »Errette uns, ewiger Buddha!« Viele, selbst Priester, die es immer beten, kennen nur die Formel, ohne sie im geringsten zu verstehen.

stand auf, ging hinaus, um nachzuschauen, wer es sei, und da sah er einen alten Dachs vor der Tür stehen. Ein gewöhnlicher Mensch würde bei dieser Erscheinung sehr erschrocken sein; aber da der Priester ein Mann war, wie ich ihn oben beschrieben habe, zeigte er nicht die geringste Furcht, sondern fragte das Tier nach seinem Begehr, worauf der Dachs sich ehrfurchtsvoll auf seine Knie niederließ und sagte:

»Bis jetzt, guter Herr, habe ich mein Lager im Gebirge gehabt, und weder Frost noch Schnee haben mir jemals etwas angetan; aber nun werde ich alt, und diese strenge Kälte wird mir zuviel, ich kann sie nicht mehr ertragen. Ich bitte Euch, laßt mich herein und mich am Feuer in Eurer Hütte wärmen, damit ich in dieser bitterkalten Nacht am Leben bleibe.«

Als der Priester vernahm, in wie hilflosem Zustand das Tier sich befand, wurde er von Mitleid gerührt und sprach:

»Das ist leicht zu machen. Nur geschwind! Komm herein und wärme dich.«

Voller Entzücken über diesen freundlichen Empfang, trat der Dachs in die Hütte, kauerte sich beim Feuer nieder und begann sich zu wärmen. Der Priester aber kehrte mit erneuter Inbrunst zu seinen Gebeten zurück, ließ seine Glocke vor dem Bild Buddhas erschallen und schaute gerade vor sich hin.

Nach zwei Stunden nahm der Dachs seinen Abschied mit überströmenden Danksagungen und spazierte hinaus. Von der Zeit an kam er jede Nacht zur Hütte. Da er jedesmal dürre Reiser und welke Blätter, die er im Gebirge aufgesammelt hatte, als Brennholz mitbrachte, befreundete der Priester sich immer mehr mit ihm und gewöhnte sich so an seine Gesellschaft, daß, wenn jemals ein Abend verging, ohne daß der Dachs sich zeigte, er ihn sehr vermißte und sich fragte, warum er wohl nicht gekommen sei. Als der Winter vorüber war und am Ende des zweiten Monats der Frühling erschien, gab der Dachs seine Besuche ganz auf und wurde nicht mehr gesehen, doch bei Wiederkehr des Winters nahm das Tier seine alte Gewohnheit, zur Hütte zu kommen, wieder auf. Nachdem auf diese Weise zehn Jahre verstrichen waren, sprach der Dachs eines Tages zum Priester: »Euer Hochwürden Güte habe ich es zu verdanken, daß ich all diese zehn Jahre über meine Winternächte mit Gemütlichkeit verbringen konnte. Eure Gefälligkeit ist so groß, daß ich mich ihrer mein Leben lang und selbst nach meinem Tod noch erinnern werde. Was kann ich nun meinerseits tun, sie Euch zu vergelten? Wenn Ihr irgendeinen Wunsch habt, so bitte, nennt ihn mir.«

Der Priester lächelte über diese Rede und antwortete:

»Da ich der bin, der ich bin, habe ich weder Verlangen noch Wünsche. Wie sehr es mich auch freut, deine gütigen Absichten zu vernehmen, so gibt es doch nichts, was ich dich für mich zu tun bitten möchte. Du brauchst meinetwegen nicht in Sorgen zu sein. Solange ich lebe, sollst du hier, wenn der Winter kommt, willkommen sein.«

Als der Dachs dies hörte, konnte er seine Bewunderung über die Tiefe des Wohlwollens und die Uneigennützigkeit des alten Mannes kaum zurückhalten; doch weil er eine so große Schuld der Dankbarkeit auf sich geladen hatte, berührte es ihn schmerzlich, daß ihm eine Erwiderung nicht vergönnt sein sollte. Da er wiederholt davon zu sprechen fortfuhr, sagte der Priester endlich, von der Gutherzigkeit des Dachses ganz gerührt: »Seit ich meinen Kopf geschoren, der Welt entsagt und alle Freuden des Lebens aufgegeben habe, hegte ich keinen Wunsch mehr. Trotzdem muß ich gestehen: Ich möchte wohl drei Rijos in Gold besitzen. Nahrung und Kleidung erhalte ich durch die Güte der Dorfbewohner, darum brauche ich mich um diese Dinge nicht zu kümmern. Sollte ich morgen sterben und meine Sehnsucht, wieder in der nächsten Welt geboren zu werden, sich erfüllen, so haben dieselben guten Leute versprochen, zusammenzukommen und meinen Leichnam zu beerdigen. Auch wenn ich also keinen besonderen Grund habe, mir Geld zu wünschen, möchte ich dennoch wohl, wie gesagt, drei Rijos haben, um sie in irgendeiner heiligen Kapelle zu opfern, damit Messen für mich gelesen und Gebete gehalten werden, durch die ich die ewige Seligkeit erlangen kann. Doch ich würde dieses Geld beileibe nicht auf ungesetzliche oder gewalttätige Weise erlangen wollen, ich denke nur, was wohl werden könnte, wenn ich es hätte. Du siehst nun, daß ich dir alles, was ich auf dem Herzen habe, mitteile, weil du so freundliche Gesinnungen für mich kundgetan hast.«

Als der Priester geendet hatte, neigte der Dachs seinen Kopf nach einer Seite und machte eine ganz nachdenkliche und sorgenvolle Miene, so daß der alte Mann ganz traurig darüber wurde, einen Wunsch ausgesprochen und dem Tier dadurch anscheinend Gedanken und Unruhe gemacht zu haben. Er fing daher an, das Gesagte wieder zurückzunehmen: »Ehrenbezeugungen nach dem Tod sind am Ende doch nur, was gewöhnliche Menschen sich wünschen. Ich als Priester sollte solchen Gedanken eigentlich nicht Raum geben und kein Geld dazu verlangen. Ich bitte dich daher, das, was ich gesagt habe, völlig unberücksichtigt zu lassen.« Der Dachs aber tat, als ob er mit dem, was der Priester zuletzt gesagt hatte, einverstanden wäre, und kehrte wie gewöhnlich zu seinen Bergen zurück.

Von der Zeit an kam der Dachs nicht mehr zur Hütte. Dem Priester fiel dies auf; aber er bildete sich ein, daß er entweder deshalb wegbleibe, weil er nicht ohne das Geld erscheinen mochte oder weil er vielleicht bei einem Versuch, es zu stehlen, ertappt und getötet worden sei. Er machte sich daher Vorwürfe, daß er seine Sünden zwecklos vermehrt und dies alles zu spät zu bereuen habe. Da er endlich fest überzeugt war, der Dachs müsse zu Tode gekommen sein, brachte er seine Zeit damit hin, Gebete über Gebete für ihn zu verrichten.

Nachdem so wieder drei Jahre vergangen waren, hörte der alte Mann eines Abends eine Stimme vor seiner Tür laut rufen: »Hochwürden! Hochwürden!«

Da es wie die Stimme seines Dachses klang, sprang er schnell auf, um die Tür zu öffnen, und siehe! Da stand wirklich der Dachs. Der Priester schrie voll Entzücken ganz laut: »Und da bist du gesund und munter endlich wieder! Warum bist du so lange ausgeblieben? Ich habe dich immer sehnsüchtig erwartet die ganze lange Zeit.«

Der Dachs trat in die Hütte ein und sprach: »Wenn das Geld, das du nötig hattest, für ungesetzliche Absichten bestimmt gewesen wäre, hätte ich dir leicht soviel verschaffen können, wie du nur hättest wünschen mögen; aber da ich hörte, daß es einem Tempel zu Messen für dein Seelenheil geopfert werden sollte, dachte ich, du könntest den Schatz, den ich vielleicht irgendeinem Mann stehlen würde, der ihn sicher verbarg, nicht zu einem heiligen Zweck verwenden, weil ich das Geld auf Kosten seines Kummers erlangt hätte. Darum ging ich zur Insel Sado*, und da sammelte ich den Sand und die Erde, die von den Bergleuten als unnütz weggeworfen werden, schmolz alles noch einmal im Feuer ein, und mit dieser Arbeit brachte ich viele Tage und Monate zu!«

Als der Dachs mit seinem Bericht zu Ende war, besah der Priester das Geld, das er herbeigeschafft hatte, und in der Tat! Er konnte ganz deutlich erkennen, daß es glänzend, neu und ganz rein war. Er nahm es also und eignete es sich ehrerbietig zu, indem er es bis zur Höhe seines Kopfes emporhob.

* Eine Insel an der Westküste Japans, berühmt wegen ihrer Goldminen.

»Also hast du all diese Mühe und Arbeit wegen einer törichten Äußerung von mir gehabt? Doch ich habe den Wunsch meines Herzens erreicht und bin dir wahrhaft dankbar.«

Und während er dem Dachs mit großer Höflichkeit und ernstem Anstand seinen vollen Dank aussprach, sagte das Tier: »Ich bin, indem ich dieses tat, nur meinen eigenen Wünschen gefolgt; doch hoffe ich, daß du die Sache keiner Seele erzählen wirst.«

»Und doch«, erwiderte der Priester, »kann ich wirklich nicht umhin, diese Geschichte zu erzählen. Denn wenn ich das Geld in meiner armen Hütte behielte, könnte es mir von Dieben gestohlen werden; entweder muß ich es jemandem geben, um es für mich aufzubewahren, oder es sogleich im Tempel opfern. Wenn ich dies tue und so die Leute einen armen alten Priester mit einer für seine Lage ganz ungewöhnlich großen Geldsumme sehen, wird es Argwohn bei ihnen erwecken, und ich werde alles, wie es sich zugetragen hat, erzählen müssen. Ich werde indessen hinzufügen, daß der Dachs, der mir das Geld gegeben hat, nicht mehr in meine Hütte kommt, und da brauchst du nicht zu fürchten, daß man dir auflauere, sondern du kannst ruhig kommen wie in früheren Zeiten, um dich hier vor der Kälte zu schützen.« Dazu nickte der Dachs seinen Beifall, und solange der alte Priester lebte, kam er und verbrachte die Winternächte mit ihm.

*

Durch diese Geschichte wird offenbar, daß selbst Tiere das Gefühl der Dankbarkeit besitzen; in dieser Eigenschaft übertreffen die Hunde alle anderen Tiere. Findet sich nicht die Erzählung des Hundes von Totoribé Jorodsu in den Annalen Japans aufgeschrieben? Ich* habe gehört, daß manche Anekdoten dieser Art gesammelt worden und in einem Buch abgedruckt sind, das ich

* Der japanische Verfasser dieser Erzählung.

noch nicht gesehen habe; aber da die Tatsachen, die ich erzählt habe, sich auf einen Dachs beziehen, scheinen sie mir über die Maßen wunderbar.

Der Fürst und der Dachs

In längst vergangener Zeit lebte einmal ein Ahnherr des Fürsten von Tosa, der unter dem Namen Jamanutschi Kadsutojo bekannt war. Im Alter von vierzehn Jahren liebte es dieser Prinz über die Maßen zu fischen und pflegte dieses Vergnügens wegen häufig zum Fluß hinabzugehen. Nun ereignete es sich eines Tages, daß, als er sich mit nur einem Begleiter zum Wasser begeben und eben einen großen Zug getan hatte, plötzlich ein heftiges Unwetter über sie hereinbrach. Der Fürst, der keinen Regenmantel bei sich hatte, geriet in einen so erbärmlichen Zustand, daß er unter einer Linde Schutz suchte, um dort zu warten, bis das Wetter sich aufklären würde. Das Gewitter aber machte keine Miene zum Abzug, und da der Fürst nichts tun konnte, wandte er sich an seinen Begleiter und sagte:

»Dieser Regen, scheint's, wird so bald nicht aufhören. Wir tun sicher besser daran, möglichst schnell nach Hause zurückzugehen.«

Wie sie nun nach Hause trabten, brach die Nacht ein, und es wurde ganz finster. Ihr Weg ging über einen langen Damm, und an der Seite desselben fanden sie ein Mädchen, etwa sechzehn Jahre alt, das bitterlich weinte. Verwundert blickten sie ihr scharf ins Gesicht und gewahrten ihre ganz außerordentliche Lieblichkeit. Während Kadsutojo noch darüber nachsann, was eine so ungewöhnliche Begegnung wohl bedeuten mochte, trat sein

Begleiter, von den Reizen des Mädchens betroffen, ihr näher und sagte:

»Kleine Schwester, erzähl uns, wessen Tochter du bist und wie es kommt, daß du ganz allein bei finsterer Nacht und in solchem Regenstrom draußen bist. Das ist wahrlich über die Maßen wunderlich.«

»Mein Herr«, erwiderte sie, durch Tränen zu ihm aufschauend, »ich bin die Tochter eines armen Mannes dort in der fürstlichen Residenzstadt. Meine Mutter starb, als ich sieben Jahre alt war, und mein Vater hat nun eine zänkische Frau geheiratet, die mich nicht leiden kann und schlecht behandelt. Jetzt ist er mitten in meinem Kummer weit weg auf einer Geschäftsreise, so daß ich mit meiner Stiefmutter allein geblieben bin. Gerade diesen Abend quälte und schlug sie mich so, daß ich es nicht länger mehr ertragen konnte und mich zu meiner Tante, die in jenem Dorf wohnt, aufmachte. Da überfiel mich unterwegs dieser Regenschauer. Während ich dort lag und warten wollte, bis der Regen vorüber ist, erfaßte mich ein Krampf, woran ich oftmals leide, und meine Schmerzen waren gerade sehr groß, als mir das Glück zuteil wurde, Euch, gnädige Herren, zu erblicken.«

Während sie so sprach, verliebte sich der Begleiter des Prinzen, von ihrer unvergleichlichen Schönheit angezogen, heftig in sie. Sein Gebieter Kadsutojo dagegen, der von Anfang an kein Wort geäußert, sondern in tiefes Nachdenken verloren dagestanden hatte, zog sein Schwert heraus und hieb ihr ohne weiteres den Kopf herunter. Sein Begleiter, aufs höchste bestürzt, schrie laut auf:

»Ach, junger Herr, welch gottlose Tat habt Ihr da verübt! Welches Leid wird es über uns bringen, daß Ihr die Tochter eines Mannes ermordet habt. Denn darauf könnt ihr Euch verlassen, daß die Sache weitere Folgen haben wird.«

»Du weißt nicht, was du sprichst«, antwortete Kadsutojo, »nur bitte ich dich um eines: erzähle niemandem davon«, und beide gingen stillschweigend nach Hause.

Da Kadsutojo sehr müde war, ging er zu Bett und schlief, ohne daß ihn das Bewußtsein irgendeiner begangenen Schuld gestört hätte, ruhig ein, denn er war tapfer und furchtlos. Der Diener aber empfand große Unruhe. Er ging zu den Eltern seines jungen Gebieters und sprach zu ihnen:

»Ich hatte die Ehre, meinen jungen Herrn heute beim Fischen zu begleiten, aber der Regen vertrieb uns. Als wir über den Damm zurückgingen, entdeckten wir ein Mädchen, die am Magenkrampf litt, und mein junger Gebieter tötete sie ohne weiteres. Obwohl er mich gebeten hat, es niemandem zu erzählen, kann ich es meinem hohen Herrn und seiner Gemahlin doch unmöglich vorenthalten.«

Darüber waren die Eltern Kadsutojos aufs äußerste bestürzt. Sie wehklagten über die Gottlosigkeit ihres Sohnes, gingen sofort in sein Zimmer, weckten ihn, und der Vater sprach, indem seine Tränen flossen:

»Oh, du feiger Meuchelmörder, der du bist! Wie kannst du die Tochter eines fremden Mannes ohne alle Veranlassung ums Leben bringen? Eine so unerhörte Schurkerei ist des Sohnes eines Samurais unwürdig. Wisse, daß es die Pflicht jedes Samurai ist, über das Land zu wachen und das Volk zu beschützen; das ist seine tägliche Aufgabe. Denn Dolch und Schwert sind den Menschen gegeben worden, daß sie Rebellen damit erschlagen und ihrem Fürsten treulich dienen und nicht daß sie umhergehen, Sünde zu tun und die Töchter unschuldiger Leute zu töten. Wer so verblendet ist, daß er dies nicht versteht, wird in seinen Missetaten beharren und sicherlich Schande auf seine Angehörigen bringen. So sehr es mich auch grämt, dir das Leben, das ich dir gegeben, wieder zu nehmen, so kann ich es doch nicht dulden, daß durch dich unser Haus beschimpft werde; bereite dich also auf dein Schicksal vor!«

Bei diesen Worten zog er sein Schwert heraus; Kadsutojo aber sprach ohne ein Zeichen von Furcht zu seinem Vater:

»Dein Zorn, Herr, scheint vollständig gerecht; jedoch entsinne dich, daß ich die Klassiker studiert habe und die Gesetze über Recht und Unrecht kenne, darum solltest du dich überzeugt halten, daß ich niemals einen Menschen ohne guten Grund töten werde. Das Mädchen, das ich erschlug, war keinesfalls ein menschliches Wesen, sondern ein häßlicher Kobold. Da ich dessen ganz gewiß war, hieb ich sie nieder. Ich hoffe, du wirst morgen deine Diener hinsenden, um ihren Körper zu suchen, und wenn es wirklich der eines menschlichen Wesens ist, so werde ich dir weiter keine Mühe machen und mir selbst den Bauch aufschlitzen.«

Darauf steckte der Vater sein Schwert in die Scheide und erwartete den Anbruch des Tages. Als der Morgen gekommen war, befahl der alte Fürst, ganz in Betrübnis versunken, seinen Dienern, ihn zum Damm zu geleiten; da fand er einen sehr großen Dachs mit abgehauenem Kopf tot am Weg liegen, und der Scharfsinn seines Sohnes nahm den Vater höchlichst Wunder. Aber der Begleiter wußte nicht, wie er das verstehen sollte, und hegte noch allerlei Zweifel. Der Fürst kehrte nach Hause zurück, sandte zu seinem Sohn und redete ihn so an:

»Es ist doch höchst merkwürdig, daß jenes Wesen, das deinem Begleiter ein Mädchen schien, sich dir als Dachs zeigte!«

»Deine Verwunderung, mein Herr, ist sehr gerechtfertigt«, erwiderte Kadsutojo lächelnd, »auch mir erschien sie als Mädchen. Aber ein junges Mädchen zur Nachtzeit, weit von irgendeinem bewohnten Ort! Wie sollte das zugehen? Noch seltsamer war ihre zauberische Schönheit, und am allerseltsamsten, daß, wiewohl der Regen vom Himmel strömte, kein Zeichen von Nässe an ihren Kleidern zu sehen war, und als mein Begleiter sie fragte, wie lange sie sich da aufgehalten habe, antwortete sie, schon seit längerer Zeit habe sie am Damm in Schmerzen gelegen. Indem ich dies alles kombinierte, verschwand mir jeder Zweifel daran, daß sie ein Kobold sein müsse, und mithin tötete ich sie.«

»Wie kam es aber, daß du wegen ihrer trockenen Kleider glaubtest, sie müsse ein Kobold sein?«

»Augenscheinlich dachte die Bestie uns durch ihre Schönheit zu behexen, damit sie an den Fisch kommen könne, den mein Diener trug; aber sie vergaß, daß es regnete und daß es nicht seine Richtigkeit haben könne mit ihren trockenen Kleidern. Infolge dieser Vergeßlichkeit eben entlarvte ich sie.«

Als der alte Fürst seinen Sohn so klug sprechen hörte, war er ganz hingerissen von Entzücken über Scharfsinn und Umsicht des Jünglings, und da es offenbar war, daß Kadsutojo einen hohen Beweis von Vorbedacht und Weisheit gegeben hatte, faßte er den Entschluß, abzudanken*, und Kadsutojo wurde anstatt seines Vaters zum Fürsten von Tosa proklamiert.

* Die Sitte des Abdankens ist unter allen Klassen, vom Kaiser herab bis zu seinem niedrigsten Untertan, ganz an der Tagesordnung. Der Kaiser gibt seine Abdankung nach Beratung mit seinen Ministern; der Schogun muß die Erlaubnis des Kaisers dazu einholen; die Daimios die des Schoguns. Die Abdankung des Kaisers wurde »Sento« genannt, die des Schoguns »Ogoscho«, bei jedem anderen Rang heißt es »Inkijo«. Dabei muß man bemerken, daß die Fürsten Japans, wenn sie »Inkijo« werden, eigentlich nur dem äußeren Schein und dem Namen, aber nicht der wirklichen Macht entsagen. Sie spielen hinterher noch immer eine höchst wichtige Rolle sowohl in ihrer eigenen Provinz als überhaupt im ganzen Land. Die Ex-Fürsten von Tosa, Uwajima und Owari, sind bei weitem angesehenere Männer in Japan als die wirklichen Inhaber der Titel.

KAPITEL XII

Japanische Predigten

»Hier werden Predigten gehalten am 8., 18. und 28. Tag jedes Monats.« Das war der Inhalt eines Plakats, das mich täglich lockte, wenn ich am Tempel Tscho-o-ji vorüberging. Nachdem ich mich darüber vergewissert hatte, daß weder der Prediger noch seine Gemeinde irgend etwas dagegen einzuwenden hätten, daß ich eine der Predigten anhörte, traf ich meine Maßregeln, um in Begleitung zweier Freunde, eines Malers und eines Schnellschreibers, dem angekündigten Gottesdienst beizuwohnen.

Wir wurden in ein Zimmer geführt, das sich neben der Kapelle befand. Letztere war nach dem sie umgebenden Garten hin geöffnet. Dieser war in geschmackvoller Ordnung gehalten und bot eine Fülle von kleinen zwergartigen Bäumen und steinernen Laternen dar. In der Partie des Gebetssaals, die für den Priester reserviert war, stand ein hoher Tisch oder Altar, der mit einem weißen und scharlachroten Tuch bedeckt war, reich geschmückt mit Stickereien von Blumen und Arabesken.

Auf dem Tisch stand eine Glocke, ein lackiertes Brett, auf dem die heiligen Bücher lagen, und ein kleines Weihrauchgefäß von altem chinesischen Porzellan. Vor dem Tisch hing eine Trommel und hinter ihm stand ein hoher Rückenbrecher, einer jener plumpen steifen Armsessel, wie sie jeden buddhistischen Tempel schmücken.

In dem einen Winkel des für die Gläubigen bestimmten Raums stand ein niedriges Schreibpult neben dem ein Schreiber kauerte. Derselbe hatte eine gewaltige Brille aus Horn auf der Nase, durch die er die Personen anstarrte, die ihre Namen und den Betrag ihrer dem Tempel dargebrachten Gaben registriert haben wollten. Diese mochten klein genug sein, denn die Versammlung schien fast aus lauter armen Leuten zu bestehen. Es waren mehrere alte Frauen zugegen, dazu Nonnen mit fahlen, glänzenden Köpfen und grotesken Gesichtern, einige Kaufleute oder Krämer, und ein halbes Dutzend kleiner dicker Kinder, vollkommene Muster eines andächtigen und anständigen Benehmens. Nur eine Dame war dabei, die in der Welt etwas mehr vorzustellen schien als die übrigen. Dieselbe war hübsch gekleidet und von einer Zofe begleitet. Sie trat mit einem gewissen aufsehenerregenden Geräusch herein, trug etwas Koketterie zur Schau und einen sehr hübschen nackten Fuß, zog, nachdem sie sich plaziert hatte, eine zierliche kleine Pfeife und einen Tabaksbeutel hervor und fing an zu rauchen.

Unterdessen wurde in der Haupthalle des Tempels die Messe zelebriert, und wir vernahmen das monotone nasale Gesumme des einfachen Gesangs schwach aus der Ferne. Sobald dies vorüber war, setzte sich der oben erwähnte Schreiber bei der aufgehängten Trommel nieder und begann mit ihrer Begleitung das Gebet »Ba Mu Mijo Ho Ren Go Kijo« zu intonieren, in das die ganze Kongregation kräftig einstimmte. Jene Worte, die unzählige Male wiederholt wurden, sind das spezielle Gebet der buddhistischen Sekte der »Nitschiren«, denen der Tempel Tscho-o-ji dediziert ist. Sie sind Nachahmungen der Sanskritlaute und haben im Japanischen keinen Sinn. Die frommen Sänger, die sie nachbeten, kennen selbst ihre Bedeutung nicht.

Nun erschien bald darauf der Prediger, angetan mit prunkenden roten und weißen Gewändern, ihm voran ein Kirchendiener, der auf einem mit Purpur und Goldbrokat bedeckten

Ein japanischer Prediger und seine Gemeinde

Brett das heilige Buch »Hokké«, auf das die Sekte der Nitschiren sich gründet, trug. Nach einer Verbeugung vor dem heiligen Gemälde, das über dem »Tokonoma« – der etwas erhöhten Partie oder Bühne des Tempels, die als Ehrenplatz betrachtet wird – aufgehängt war, nahm der ehrwürdige Herr am Tisch Platz und brachte seine Gewänder in Ordnung. Dann schlug er, indem er alle Muskeln seines Gesichts in einen Knäuel zusammenzog, in dem sich die äußerste Abstraktion ausdrückte, die Glocke auf dem Tisch drei Mal an, verbrannte ein wenig Weihrauch und las einen kleinen Abschnitt aus dem genannten heiligen Buch vor, das er ehrerbietig an seinem Kopf erhob. Die Kongregation begleitete ihn dabei im Chor, ganz devot, aber ohne Verständnis, denn »das Wort«, im alten Chinesisch geschrieben, ist dem gewöhnlichen japanischen Kirchengänger ebenso dunkel, wie die lateinischen Liturgien der katholischen Kirche einer normannischen Bäuerin. Während die kleine Herde kleine Kupfermünzen in Papier wickelte und vor den Tisch als Opfergaben hinwarf, rezitierte der Priester einige Phrasen allein, wobei sein Schreiber sich höchst unehrerbietig mit einem Mitglied der Versammlung in einen lauten Disput über den Belauf eines Geldbeitrags einließ.

Als die Eingangszeremonien beendet waren, brachte ein kleiner auf dem Kopf geschorener Knabe eine Tasse Tee herein, die nachher zur Auffrischung Seiner Ehrwürden des Predigers noch dreimal gefüllt werden mußte. Letzterer, nachdem er das Knäuel stiller Gesichtsmiene glatt auseinander gelegt hatte, lächelte ein wenig, räusperte sich, schluckte seinen Tee und strahlte uns Zuhörern nun so freundlich entgegen, wie der munterste und rosigste Priester, dem je Stola und Leibbinde angelegt wurden. – Sein Discours, der in einer ganz leichten und familiären Manier vorgetragen wurde, war eine Extempore-

Dissertation über gewisse Stellen der heiligen Bücher. Jedesmal, wenn er pausierte oder auf einen Punkt besonderen Nachdruck legte, brach die Versammlung in den Ruf *»Nammijo!«* aus, was eine Korruption der ersten drei Worte des oben zitierten Gebets ist. Sie wußten diesem Ausruf jedesmal einen Ausdruck und eine Intonation zu geben, die mit den Äußerungen des Predigers in Harmonie waren. –

»Es gereicht mir zur größten Genugtuung«, begann Seine Ehrwürden, indem er sein Auditorium freundlich lächelnd anblickte, »an diesem Tag hierselbst so viele Herren und Damen beisammen zu sehen, um in der Treue ihrer Herzen dem Fest der Kischimojin* die gebührende Ehre zu erweisen.«

»Nammijo! Nammijo!« fiel die Versammlung in abbittendem Ton ein.

»Ich bin gewiß, daß Eure Frömmigkeit von Kischimojin günstig aufgenommen werden wird. Die gütige Kischimojin trauert fortwährend über die Qualen der Menschheit, die in einem Haus von Feuer wohnt, und sie bestrebt sich beständig und ernstlich, Mittel zu ihrer Erlösung zu finden.«

»Nammijo! Nammijo!« fielen die Gläubigen dankbar und ehrfurchtsvoll ein.

»Nichtsdestoweniger werden Eure Anbetungen der Kischimojin und Eure Glaubensbekenntnisse nutzlos sein, wenn Ihr nicht Wahrheit in Eurem Herzen habt. Denn dann wird sie Euer Opfer nicht annehmen.«

»Der Mensch ist von Geburt an ein hilfsbedürftiges Geschöpf. Er ist stets suchend und bittend. Wir alle, sowohl Ihr, die Ihr mich anhört, als ich, der Euch predige, haben unsere Bedürfnisse und Wünsche. Wenn hier irgend jemand sein sollte,

* Kischimojin ist eine weibliche Gottheit der Buddhisten.

der sich schmeichelt, keine Wünsche und Bedürfnisse zu haben, der mag sich besinnen! Wünscht und betet nicht ein jeder, daß Himmel und Erde ewig dauern möchten, daß sein Vaterland und seine Familie blühen und gedeihen möchten, daß Fülle im Land sei und daß das Volk gesund und glücklich bleibe?

Die Wünsche der Menschen sind sehr mannigfach und zahlreich, und diese Wünsche, so zahllos wie sie sein mögen, sind doch alle den Göttern von Anfang an bekannt. Leben ist unnütz, wenn Ihr nicht Treue und Wahrheit im Herzen habt.

Das Gebet ›*Na Mu*‹ z.B. ist ein Gebet, um Eure Leiber der Sorge der Götter anzuempfehlen. Wenn nun Eure Herzen, indem Ihr es aussprecht, treu und redlich sind, so wird Eure Bitte ganz gewiß erhört werden. Das ist nicht bloß eine Versicherung Nitschirens, des heiligen Stifters unserer Sekte. Es ist eine heilige Lehre von Buddha selbst und darf nicht bezweifelt werden.«

»*Nammijo! Nammijo!*« riefen die Frommen in tiefer Überzeugung.

»Von Natur ist das Herz der Menschen aufrichtig und wahr; aber es gibt sieben Leidenschaften*, von denen es gestört und verderbt wird. Buddha ist untröstlich, wenn er die feurigen Flammen sieht, von denen die Welt verzehrt wird. Diese Flammen sind die fünf Gelüste der sündigen Welt. Und diese fünf Gelüste sind: die Begierde nach reizenden Schauspielen, süßen Tönen, berauschenden Wohlgerüchen, leckeren Gerichten und reichem Putz.

Kaum ist der Mensch mit einem Körper begabt, so wird er von diesen Gelüsten bewegt, die am Ende, sozusagen, sein Herz selbst werden, und da es ein moralisches Gesetz ist, daß jeder den Eingebungen seines Herzens folgt, so glühen und flammen

* Die »sieben Leidenschaften« sind: Freude, Ärger, Traurigkeit, Furcht, Liebe, Haß und Begierde.

in dieser Weise der Leib, die fleischlichen Gelüste, das Herz und die Diktate des Herzens in einem verzehrenden Feuer auf.

Wehe über diese jämmerliche Welt! sagt der göttliche Buddha.«

»*Nammijo! Nammijo!*« riefen die Zuhörer, von Betrübnis ergriffen und mit vielem Kopfschütteln.

»Unter dem ganzen Himmel gibt es kein so erbärmliches Ding, wie es der menschliche Körper ist. Er schwitzt Fettigkeiten aus, die Augen destillieren Schleim, die Nase ist voll davon, und der Mund ist angefüllt mit wäßrigem Speichel, und das sind noch nicht die unreinsten Sekretionen des Leibes. Wie verkehrt ist es, auf diesen unreinen Leib als auf etwas Lauteres und Vollkommenes zu sehen! Wie können wir gewaschen und gereinigt werden, es sei denn, daß wir den Lehren Buddhas lauschen?«

»*Nammijo! Nammijo!*« erscholl der einfallende Ruf eines unreinen und zerknirschten Sünders im Alter von kaum zehn Jahren. –

»Des Menschen Los ist ungewiß und schwankend und immer wieder vom rechten Weg abweichend. Warum geht man hin, um die Blumen anzuschauen und ihre Schönheit zu bewundern? Wenn Ihr nach Hause kommt, werdet Ihr die Eitelkeit dieser Freude erkennen. Wie lange behaltet Ihr den schmeichlerischen Geschmack der Leckerbissen, die Ihr genoßt? Stets wünschend, dieses zu tun, jenes zu sehen, wünschend, köstliche Gerichte zu essen, wünschend, feine Kleider zu tragen – verbringt Ihr das Leben, indem Ihr dabei ein Feuer anfacht, das Euch verzehrt. Wie schrecklich ist das, wenn Ihr darüber nachdenkt!

In den Dichtungen des Priesters Saigijo steht geschrieben: Wahrlich ich habe vertrauten Umgang gepflogen mit den Blumen, aber sie sind verblüht und zerstoben; wie traurig! – Die

Schönheit des Convolvulus, wie reizend ist sie! Und doch an einem kurzen Morgen schließt er seinen Kelch und vergeht.

In dem Buch genannt ›Rin Jo Bo Satsu‹* wird uns erzählt, wie einst ein König hinausging in seinen Garten, um sich zu ergötzen und sein Auge an der Schönheit seiner Blumen zu weiden. Nach einiger Zeit verfiel er in Schlaf, und während er schlummerte, begannen die Frauen seines Gefolges die Blumen zu pflücken. Als der König erwachte, waren von der ganzen Pracht seiner Blumen nur einige wenige entblätterte und verwelkte Kelche und Knospen übriggeblieben. Als er dies sah, rief der König: ›Die Blumen vergehen und sterben, so ist es mit den Menschen. Wir werden geboren, wachsen, altern, erkranken und sterben. Wir sind so flüchtig wie der aufleuchtende Blitz und verschwinden wie der Morgentau.‹

Ich weiß nicht, ob einer von Euch, die Ihr hier anwesend seid, je seine ganzen Gedanken auf den Tod gerichtet hat. Wie schnell kommt er! Wie kurz ist das Leben! Und was für ein klägliches und bejammernswertes Ding ist es, daß in diesem kurzen Leben die Menschen sich im Feuer der Gelüste verzehren. Und wenn wir diesem Feuerbrand entschlüpfen wollen, wie soll uns dies gelingen außer durch den Beistand und die Lehre des göttlichen Buddha?«

»Nammijo! Nammijo!« rief die Versammlung in weichem, flehendem Ton.

»Seitdem Buddha selbst den versengenden Flammen der fleischlichen Gelüste entkam, waren all seine Gedanken auf die Rettung der Menschheit gerichtet. Einstmals lebte ein gewisser Ketzer namens Rokutsuponji, ein Wahrsager, erfahren in der Astrologie und Heilkunst. Eines Tages trug es sich zu, daß die-

* Eins der klassischen Bücher der Buddhisten.

ser Ketzer in Gesellschaft Buddhas in einen Wald eintrat, der voll von Menschenschädeln war. Buddha nahm einen dieser Schädel auf, und indem er so mit dem Finger auf ihn klopfte (hierbei klopfte der Prediger mit seinem Fächer auf den Tisch), sprach er: ›Was für eine Art Mensch war es wohl, als dieser Knochen noch Leben hatte?‹ – Der Ketzer, indem er aus dem Ton, den der Schädel beim Anschlagen von sich gab, Schlüsse zog, begann dessen frühere Geschichte zu erzählen und seine zukünftige zu prophezeien. Darauf stellte Buddha, indem er auf einen anderen Schädel klopfte, wiederum dieselbe Frage. Der Ketzer antwortete:

›Was diesen Schädel betrifft, so weiß ich wahrlich nicht, ob er einem Mann oder einer Frau angehörte, auch nicht, woher sein Eigentümer kam, noch wohin er ging. Was denk du darüber?‹

›Oh! Frage mich nicht!‹ antwortete Buddha. Aber der Ketzer drang in ihn und forderte Antwort. Darauf sagte Buddha: ›Fürwahr! Dies ist der Schädel eines meiner Schüler, der sich den Gelüsten des Fleisches entwand!‹

Darüber wunderte sich der Ketzer und sprach:

›Wirklich! Das ist ein unerhörtes Ding! Hier bin ich, der die Weise des Lebens und des Todes aller Wesen, selbst der Ameisen, die da kriechen, kennt; ich glaubte, daß nichts meiner Kenntnis entgehen könnte, und doch liegt nun hier einer deiner Schüler, der ein viel edleres Wesen ist, als alle anderen, und ich wußte es nicht. Von diesem Tag an will ich deiner Sekte angehören und nur danach verlangen, deiner Belehrung teilhaftig zu werden.‹

Auf diese Weise wurde der gelehrte Ketzer ein Schüler Buddhas. Wenn nun ein Mann wie dieser bekehrt wurde, wieviel mehr sollten dann spätere Geschlechter von gewöhnlichen Menschen fühlen, daß sie nur durch Buddha allein die sündigen Gelüste des Fleisches zu überwinden vermögen! Diese Gelüste sind die Begierden, die in unseren Herzen stürmen. Wenn wir uns von ihnen befreien, dann werden unsere Herzen hell und rein werden; und es gibt nichts auf der Welt als die Lehre Buddhas, was uns diese Freiheit verschaffen kann. Wenn wir den Befehlen Buddhas folgen, dann mögen wir frei von Begierden unser Leben in Glück und Freuden verbringen!«

»Nammijo! Nammijo!« riefen alle mit triumphierendem Frohlocken aus.

»In den heiligen Büchern lesen wir über Bekehrungen von einem Zustand der Sünde zu einem Zustand der Seligkeit. Die Seligkeit ist nun nicht etwa eine Million Meilen weit von uns entfernt. Auch ist es zu ihrer Erlangung nicht nötig, daß wir erst sterben und in einer anderen Welt wieder geboren werden. Wer seine fleischlichen Gelüste und Begierden ablegt, wird sofort und mit Gewißheit dem Buddha gleich. Wenn wir das Gebet *›Na Mu Mijo Ho Ren Go Kijo‹* rezitieren, so bitten wir damit um den Eintritt in diesen Zustand von Glückseligkeit und Frieden. Durch keine andere Belehrung als durch die Nitschirens, des heiligen Gründers dieser Sekte und Buddhas Schülers, können wir hoffen, dieses Ziel zu erreichen. Wenn wir es erreichen, wird zwischen unserem Zustand und dem Buddhas und Nitschirens kein Unterschied sein. Darauf schauend haben wir es vom frommen Stifter unserer Sekte gelernt, daß wir beständig und stets dankerfüllt das Gebet *›Na Mu Mijo Ho Ren Go Kijo‹* wiederholen müssen, indem wir dabei unsere Herzen von der Lüge ab- und der Wahrheit zuwenden.«

*

Dies war der Verlauf der Predigt, die ich anhörte und die mein Sekretär aufzeichnete. Am Schluß wurde der Prediger, der nun lächelnd um sich blickte, als ob die ernsten Wahrheiten, die er den

Leuten einzuprägen sich bestrebt hatte, nichts als ein guter Spaß gewesen wären, von der ganzen Versammlung mit langem, lautem und freudigem Geschrei begrüßt: *»Nammijo! Nammijo!«* – Sein Schreiber nahm dann wieder bei der hängenden Trommel Platz, und der Gottesdienst endete, wie er begonnen hatte, mit einem im Chor gesprochenen Gebet, währenddessen der Priester sich zurückzog, indem das heilige Buch von seinem Kirchendiener vor ihm her hinausgetragen wurde.

Obwohl gelegentlich, wie im obigen Fall, Predigten als Teil des Gottesdienstes an bestimmten Tagen des Monats abgehalten werden, so trägt man sie doch häufiger in ganzen Kursen vor, vierzehn Tage hindurch, wobei an jedem Tag zwei Predigten gegeben werden. Sehr oft sind die Prediger wandernde Priester, die, von Stadt zu Stadt und von einem Dorf zum anderen ziehend, ihre Reden entweder in der Haupthalle des Tempels oder im Gastzimmer des vor Ort residierenden Priesters abhalten.

In Japan sind viele Sammlungen von Predigten publiziert worden, die alle mehr oder weniger Verdienst haben und meist recht artig und sinnreich sind. Keine dieser Sammlungen kann jedoch, wie mir scheint, mit der Sammlung »Kiu-o-Dowa« verglichen werden, deren ersten Band die folgenden drei Predigten bilden. Sie wurden von einem Priester geschrieben, der zu der Schingaku-Sekte gehörte. Die Anhänger dieser Sekte sind Eklektiker. Sie glauben in ihrem System alles vereinigt zu haben, was die drei Hauptreligionen Japans, der Buddhismus, die Lehre des Konfuzius und die Schintoreligion, Vortreffliches enthalten. Sie behaupten, daß das menschliche Herz von Haus aus gut sei, und lehren, daß wir nur den Eingebungen unseres Gewissens, die schon bei unserer Geburt in uns gepflanzt wurden, zu folgen brauchen, um auf den rechten Pfad zu kommen. Die Texte dieser Predigten sind den klassischen Büchern der

Chinesen entnommen, in derselben Weise, wie unsere Prediger ihre Texte aus der Bibel nehmen. Geistreiche Einfälle, Anekdoten, die zuweilen in unseren Sprachen schwer wiederzugeben sind, und sarkastische Anspielungen auf dies oder jenes Mitglied der Gemeinde salzen und beleben den Diskurs, da die japanischen Prediger der Meinung sind, daß es nicht nötig sei, die Zuhörer in Tugend und Seligkeit hinein zu langweilen.

Erste Predigt

(Aus den Predigten des Kiu-o, Band 1)

Moschi sagt: »Das Herz des Menschen ist Wohlwollen, der Pfad des Menschen ist Rechtschaffenheit. Was für ein bedauernswertes Ding ist es, den rechten Weg zu verlassen und in die Irre zu gehen, das Herz ganz wegzuwerfen und nicht zu wissen, wo es zu suchen ist.«

Dieser Text ist dem ersten Kapitel der Bücher des Koschi, des Kommentators Moschis, entnommen.

Die Eigenschaft, die wir Wohlwollen nennen, ist schon von vielen Lehrern kommentiert worden. Diese Kommentare aber sind zu schwer für die Ohren und das Verständnis von Frauen und Kindern. Ich habe daher die Absicht, hier durch Beispiele, Erzählungen und andere Erläuterungen über dieses Wohlwollen zu handeln.

Vor langer Zeit lebte in Kioto ein großer Arzt namens Imaoji – seinen zweiten Namen habe ich vergessen. Er war ein weit und breit bekannter Gelehrter. Eines Tages bot ein Mann aus der Stadt Kuramagutschi ein von ihm komponiertes Arzneimittel gegen die Cholera feil und bat Imaoji, ihm eine beredte und gehörig geschmückte Verkaufsanzeige aufzusetzen. Imaoji nun, der darauf einging, bediente sich in dem Aufsatz statt des Wortes »Cholera« eines anderen Ausdrucks, den er für allgemeinverständlicher hielt. Als der Quacksalber ihn darüber zur Rede stellte und fragte, warum er das getan habe, antwortete Imaoji mit lächelndem Gesicht:

»Da Kuramagutschi eine Ortschaft auf dem Weg zur Hauptstadt ist und die Passanten nur arme Bauern und Holzfäller sind, so wäre, hätte ich ›Cholera‹ geschrieben, ihnen das unverständlich gewesen, und ich bediente mich daher eines allgemeinverständlichen Ausdrucks. Die Wahrheit selbst verliert ihren Wert, wenn sie nicht verstanden wird. Es ist auch einerlei, wie ich das Wort ›Cholera‹ buchstabiere, die Wirksamkeit der Medizin wird dadurch nicht gefährdet.« –

Nun, war das nicht gut gesprochen?

In derselben Weise sind die Doktrinen der Weisen bloßes Kauderwelsch für die Frauen und Kinder, die sie nicht verstehen.

Meine Predigten aber sind nicht für die Gelehrten gemacht. Ich wende mich an die Landleute und Handwerker, die, mit harter Tagesarbeit bedrängt, keine Zeit für das Studium haben. Für sie spreche ich mit dem Wunsch, ihnen die Lehren der Weisen deutlich zu machen. Und indem ich die Ideen meines Lehrers ins Leben führe, will ich meine Meinung ganz klar und durch Beispiele recht zugänglich machen. Indem wir so die Doktrinen der Schinto, der Buddhisten und anderer Schulen verschmelzen, werden wir uns den wahren Prinzipien der Moral etwas nähern. Ihr müßt aber schlechterdings nicht lachen, wenn ich dann und wann ein leichtes Geschichtchen einmische. Leichtfertigkeit bezwecke ich nicht. Ich will die Dinge nur in einer schlichten und gefälligen Weise mitteilen. –

Gut denn! Die Eigenschaft, die wir Wohlwollen nennen, ist eine Vollkommenheit und diese Vollkommenheit ist eben das, wovon Moschi als vom Herzen der Menschen spricht. Mit diesem vollkommenen Herzen gelangen die Menschen dazu, gegen ihre Eltern kindliche Pietät, gegen ihre Herren treue Dienstpflicht zu üben, und wenn sie ihre Frauen, ihre Brüder und Freunde in demselben Geist behandeln, dann werden sie die fünf vornehmsten Lebensverhältnisse ohne Schwierigkeit in Einklang bringen.

Will man die bezeichnete Vollkommenheit ins Leben einführen, so haben Kinder besondere, den Kindern obliegende Pflichten zu beobachten, Eltern besondere Elternpflichten, und ebenso haben auch die Ehegatten und Frauen ihre ihnen eigentümlichen Pflichten. Und wenn all diese speziellen Pflichten ohne Fehl erfüllt werden, dann wird das wahre Wohlwollen erreicht, und das wiederum ist das echte Herz des Menschen.

Nehmt z. B. diesen Fächer. Jeder, der ihn ansieht, weiß, daß es ein Fächer ist, und wenn er dies weiß, wird es ihm nicht einfallen, ihn als Schnupftuch zu gebrauchen. Der Fächer findet seine besondere Verwendung bei zeremoniellen Visiten, oder er wird geöffnet, um ein kühles Lüftchen zu erzeugen. Einen anderen Zweck hat er nicht. Ebenso könnte dies Lesepult nicht als Büchergestell und noch weniger als Kopfpolster dienen. Das Lesepult hat eben seine besonderen Verrichtungen, für die man es benutzen muß. Betrachtet Ihr nun Eure Eltern im Licht von Eltern und übt Kindespflicht gegen sie, so ist das das rechte Wohlwollen, das echte Menschenherz.

Vielleicht denkt Ihr, daß diese meine Äußerungen nicht Euch, sondern anderen Personen gelten. Aber glaubt mir nur, das Herz eines jeden von Euch ist von Natur lauteres Wohlwollen. Ich nehme nun Eure Herzen der Reihe nach vor, wie ein Krämer seine Waren aus den Schränken nimmt, und bezeichne die guten und schlechten Eigenschaften eines jeden. Aber wenn

Ihr das, was ich sage, nicht auf Euch selbst beziehen wollt, sondern darauf besteht, daß das alles eher jeden anderen als Euch selbst angeht, dann wird all meine Mühe umsonst sein.

Hört mich an! Ihr, die Ihr Euren Eltern grobe Antwort gebt und sie zum Weinen bringt; Ihr, die Ihr Euren Herren Kummer und Verdruß bereitet; Ihr, die Ihr Eure Ehegatten zum Zorn reizt; Ihr, die Ihr Eure Weiber trauern und klagen macht; Ihr, die Ihr Eure jüngeren Brüder haßt und Eure älteren Brüder mit Verachtung behandelt; Ihr, die Ihr Gram und Trübsal mit vollen Händen über die Welt aussät – was tut Ihr anderes als die, die den Fächer als Schnupftuch und das Lesepult als Kopfkissen gebrauchen wollen? Oho! – Nein! Ich will damit nicht gesagt haben, daß es solche Personen hier unter Euch gibt. Aber dennoch findet man viele dergleichen – ich meine z. B. in den Winkelgassen der Ortschaften von Indien! Nicht wahr? Ja, aber ich bitte, seid so gut zu beachten, was ich darüber eben vorher gesagt habe.

Oh, wie schrecklich wäre es, wenn ein Mensch mit einem von Haus aus bösen Naturell zur Welt käme! Glücklich sind wir, Ihr und ich, daß wir mit einem guten Herzen geboren sind, das wir nicht gegen tausend, ja nicht gegen zehntausend Goldstücke vertauschen möchten. Haben wir nicht Grund genug, dafür dankbar zu sein? –

Dieses gute Herz nenne ich in meiner Rede »das Originalherz« des Menschen. Allerdings nennt man auch das Wohlwollen das Originalherz des Menschen, doch besteht zwischen beiden ein kleiner Unterschied. Da aber die Untersuchung dieses Unterschieds uns in große Weitläufigkeit führen würde, wird es hier genügen, wenn Ihr dieses Originalherz des Menschen als ein vollkommenes Ding nehmt, dann werdet Ihr nicht in Irrtum geraten.

Ich habe zwar nicht die Ehre, jeden von Euch allen, die Ihr hier anwesend seid, persönlich zu kennen, dennoch weiß ich, daß Eure Herzen vollkommen sind. Der Beweis dafür liegt darin, daß, wenn Ihr etwas Ungebührliches sagt oder etwas tut, was Ihr nicht tun solltet, das Herz in Eurer Brust sich sogleich in geheimnisvoller Weise des Unrechts bewußt ist. Wenn ein Mensch mit einem gerechten Herzen etwas Unrechtes tut, so kommt dies daher, weil sein Herz sich vom rechten Weg verirrt und dem Bösen zugewandt hat. Dies Gesetz gilt für das ganze Menschengeschlecht.

Was sagt das alte Lied? – »Wenn der rauschende Wasserfall im Nordsturm zerstiebt, dann spiegelt sich das Mondlicht in jedem versprühten Tropfen.« Obwohl nur ein Mond da ist, genügt er doch, jeden kleinen verspritzten Tropfen mit Licht zu erfüllen. Wundervoll sind die Gesetze des Himmels! So vermag auch das Prinzip des Wohlwollens, das in der ganzen Welt nur eines ist, alle einzelnen Teilchen, aus denen die Menschheit besteht, zu durchdringen. Ihr seht also, wie die Vollkommenheit des menschlichen Herzens auch im Kleinsten nachgewiesen werden kann. Wenn wir also bei allem Beginnen den Impulsen unseres vollkommenen Herzens folgen, werden wir all unsere besonderen Pflichten erfüllen, und Pietät gegen die Eltern und Treue gegen Obrigkeit und Herrn werden von selbst erfolgen.

Ihr seht, daß die Doktrinen dieser philosophischen Schule schnell begriffen werden können. Wenn Ihr dies erst gründlich versteht, wird zwischen Eurem Betragen und dem eines Mannes, der hundert Jahre studiert hat, kein Unterschied sein.

Deshalb beschwöre ich Euch, nur den Eingebungen Eures natürlichen Herzens zu folgen. Dieses Herz stellt vor Euch hin, als einen Lehrer, und lauscht seinen Vorschriften. Überdies ist Euer Herz ein leicht angestellter und sehr bequemer Lehrer.

Denn diesem Lehrer braucht Ihr keinen Sold zu geben, und es ist auch nicht nötig, weder in der Hitze des Sommers noch bei harter Winterkälte, auszugehen, um ihm eine Staatsvisite zu machen und nach des Meisters Wohlbefinden zu fragen.

Mancher zwar möchte sicher solche Lehrer, die so billig zu haben sind, geringschätzen und meinen, daß sie nicht viel wert seien. Aber hier ist wirklich einmal ein Fall, wo Ihr ein wertvolles Ding ganz wohlfeil haben und wo Ihr Euch den Ärger ersparen könnt, einen extravaganten Preis für etwas Nutzloses bezahlt zu haben.

Ich wiederhole es, folgt den Diktaten Eures Herzens mit aller Macht. Im »Tschin-jo«, dem zweiten Buch des Konfuzius, ist es zweifellos bezeugt, daß die Eingebungen der Natur den rechten Weg anzeigen, auf dem wir wandern müssen. In der durch sie angedeuteten Richtung mögt Ihr getrost und ohne Bedenken weiter vorschreiten.

Rechtschaffenheit ist der wahre Pfad, und sie ist die Vermeidung aller Unvollkommenheiten. Wenn der Mensch alles Unvollkommene vermeidet, braucht man ihn nicht mehr darauf aufmerksam zu machen, wie sehr er von allen seinen Mitmenschen geliebt werden wird. Daher haben schon die Alten die Rechtschaffenheit als das, was sich ziemt, als eine Notwendigkeit definiert. Ist einer ein Untergebener oder Vasall, dann soll er seinem Herrn in allem dienen und gehorchen. Ist eine Frau verheiratet, soll sie ihre Schwiegereltern mit kindlicher Pietät, ihren Mann mit Ehrerbietung behandeln. Auch sonst ist alles, was gut ist, rechtschaffen und der rechte Weg.

Die alten Weisen haben die Pflichten der Menschen mit einer Heerstraße verglichen. Wenn Ihr nach Jedo oder nach Nagasaki reisen wollt, oder wenn Ihr zur Frontseite oder zur hinteren Seite Eures Hauses, oder wenn Ihr von einem Zimmer

Eures Hauses in das andere gehen wollt, so gibt es überall einen nächsten oder geraden Weg zu jedem dieser Ziele. Wenn Ihr aber diesen geraden und gut geebneten Weg nicht einhaltet, sondern über die Dächer der Häuser klettert, durch Gräben watet, durch Gebirge und Wüsteneien streift, dann werdet Ihr verwirrt im Kopf werden und Euch nicht mehr zurechtfinden.

Gerade so geht es einem Menschen, der nicht tut, was gut und recht ist. Er verläßt die gebahnte Straße und gerät in die Irre. Dankbare Anhänglichkeit bei Kindern, Tugend bei Frauen, treue Gesinnung unter Freunden, all diese Dinge sind der rechte und der gute Weg. Die Eltern dagegen zu bekümmern, die Gattin zu ärgern, andere zu hassen oder Haß in ihnen anzufachen, das sind böse Dinge und der verkehrte Weg. Diesem folgen, heißt in Dornenhecken rennen, in Flüsse oder Teiche springen und tausenderlei Unheil auf sich herabziehen.

Allerdings, wenn wir nicht recht aufpassen, werden wir nicht imstande sein, den rechten Weg zu finden. Glücklicherweise besitzen wir durch Überlieferung die Worte des gelehrten Nakasawa Doni. Ich will Euch das erzählen:

Einst geschah es, daß dieser gelehrte Nakasawa nach Ikéda in der Provinz Seschiu kam und daselbst bei einer reichen Familie aus den unteren Ständen wohnte. Der Hausherr, der gern Predigten anhörte, nahm den ehrwürdigen Herrn sehr gastfreundlich auf und rief seine Tochter, ein Mädchen von etwa vierzehn Jahren, herbei, um ihm beim Mittagsmahl aufzuwarten. Diese junge Dame war nicht nur sehr schön, sondern sie hatte auch äußerst gefällige Manieren. Sie band Blumensträuße, bereitete den Tee, spielte auf der Harfe und tat ihr Möglichstes, dem gelehrten Mann durch Vortrag einiger Gesänge zu gefallen. Für das alles bedankte sich der Prediger bei den Eltern und sprach:

»In der Tat! Das muß keine leichte Sache gewesen sein, ein junges Mädchen auf eine solche Höhe der Bildung zu bringen!«

Die Eltern, von ihren Gefühlen ganz fortgerissen und entzückt, erwiderten:

»Ja! Ja! Wenn sie heiratet, wird sie der Familie ihres Mannes schwerlich Schande machen. Außer den Künsten, die sie dir eben offenbarte, versteht sie es auch, Fackeln mit Blumenkränzen zu schmücken. Sie hat auch etwas Malen gelernt.« Und während die guten Eltern so sprachen und anfingen, ziemlich viel elterliche Eitelkeit an den Tag zu legen, sagte der Prediger:

»Wirklich? Das ist ja etwas ganz Ungewöhnliches, Erstaunliches! Es versteht sich wohl von selbst, daß Eure Tochter auch das Schamponieren versteht und daß sie Übung darin hat, den Kranken die Schultern und Lenden zu reiben.«

Da fuhr der Hausherr ganz entrüstet auf und sagte:

»Nun, ich mag wohl sehr arm und niedrig sein; aber so tief bin ich doch nicht gefallen, daß ich meiner Tochter das Schamponieren hätte beibringen müssen.«

Lächelnd erwiderte der gelehrte Mann: »Ich glaube, Ihr tut einen Mißgriff, indem Ihr Euch bei dem, was ich sagte, so aufgeregt zeigt. Die Familie einer jungen Frau mag arm oder reich sein, immerhin kommt es ihr zu, alle häuslichen Pflichten in der Wirtschaft ihres Mannes zu erfüllen und seine Eltern wie ihre eigenen anzusehen. Wenn ihr geehrter Schwiegervater oder ihre Schwiegermutter erkranken, so wird es ihnen im Krankenzimmer wenig helfen, wenn ihre Schwiegertochter Blumenkränze zu machen, Bilder zu malen und den Tee zu servieren versteht. Die kranken Schwiegereltern liebevoll und geschickt zu pflegen und sie so zu bedienen, daß sie keiner Dienstmagd und keines Schamponierers bedürfen, das ist die eigentliche Pflicht einer Schwiegertochter. Wollt Ihr mir sagen, daß Eure

Tochter das Schamponieren noch nicht gelernt hat, was doch ganz wesentlich dazugehört, damit sie ihren rechten Pfad betreten kann? Das ist es, was ich jetzt eben fragen möchte. Ja, ja! Ein so nützliches Studium ist für sie sehr wichtig!«

Darauf fühlte sich der Herr des Hauses sehr beschämt, und errötend stotterte er eine Menge Entschuldigungen. Gewiß sind Gitarre und Harfe recht niedliche Dinge in ihrer Weise. Aber das Wahre und Wichtigste für die Kinder ist doch die geschickte Pflege ihrer Eltern. Beherzigt diese Geschichte wohl und beachtet aufmerksam, wo der rechte Weg liegt. Menschen, die in der Nähe von Vergnügungsorten wohnen, gewinnen die Belustigungen zuletzt so lieb, daß sie ihre Töchter nichts lernen lassen als Harfen- und Gitarrenspiel und sie wie öffentliche Sängerinnen erziehen, sie aber kaum etwas von den wichtigeren häuslichen Pflichten guter Töchter lehren. Daher kommt es dann, daß sie oft der Wachsamkeit ihrer Eltern entschlüpfen und sich entführen lassen. Und doch ist dies dann weniger der Fehler der armen Mädchen als eine Folge der Erziehung, die sie von ihren Eltern empfangen haben. Damit will ich nicht sagen, daß Harfen und Gitarren, Gesang und Schauspiel ganz unnütze Dinge seien. Wenn Ihr sie aufmerksam betrachtet, so wird sich zeigen, daß fast all unsere Gesänge die Tendenz haben, zur Tugend zu ermahnen und das Laster zu verdammen. So findet sich z. B. in dem Gedicht »Die vier Ärmel« die Stelle: »Wenn die Menschen im Voraus all das Unheil kennten, was daraus entstehen kann, so würden sie weniger ausgehen mit jungen Mädchen, um des Abends die Blumen zu bewundern.« – Bitte, betrachtet diesen Vers wohl! Er will sagen: »Wenn ein junger Mann und ein junges Mädchen ohne die Erlaubnis ihrer Eltern ein Liebesverhältnis anknüpfen, so meinen sie, daß alles ganz wunderschön sei. Aber sie finden sich hinterher sehr getäuscht. Wenn sie wüßten, was für eine traurige und grausame Welt dies ist, so würden sie ganz anders handeln.« – Diese Idee ist einem Red über die Reue entnommen. Dergleichen begibt sich nur all zu oft in der Welt. –

Wenn ein Mann heiratet, so schwebt ihm das Bild eines reizenden Glücks vor den Augen seiner Phantasie, und er denkt sich, wie herrlich das sein wird, wenn er nun seinen eigenen Haushalt führen kann. Aber noch ehe der Boden des Familienkessels schwarz angelaufen ist, wird er sich vorkommen wie einer, der auf einem trockenen Acker schwimmen will. Seine Ideen und Phantasien werden sich alle auf den Kopf stellen, und ganz gegen seine Erwartung wird er finden, daß die Freuden des Haushalts ein reines Blendwerk waren. –

Seht doch nur seine Frau an. Von Haushaltungssorgen gedrückt, hat sie nicht acht auf ihre äußere Erscheinung, auf ihre Kleidung und ihr Haar. Mit ganz unordentlicher Frisur, ihre Schürze wie einen Gürtel umgeschlungen, ihren Säugling unter das Brusttuch gesteckt, schleppt sie eine Schüssel mit magerer Bohnensuppe herbei, die sie eben in irgendeiner Garküche gekauft hat. – Welch unpoetischer Anblick!

Das kommt davon, wenn man den Warnungen der Alten das Ohr verschlossen und nicht die rechte Zeit abgewartet hat, sondern kopfüber in den Haushalt hineingefahren ist. Wer aber trägt die Schuld davon? – Mangel an Überlegung. –

Einem Kind von fünf oder sechs Jahren wird es von selbst nicht einfallen, das Gitarrespiel zu seinem Vergnügen zu lernen. Was für eine millionenfache Dummheit ist es, wenn Eltern ihrem Töchterchen eine Gitarre in die Hand geben und mit Entzücken ihrem Spiel auf einem Instrument, das so groß ist, daß das arme kleine Wesen daran hinaufklettern könnte, zuhören und ihren Liedern lauschen, die sie mit einem schrillen, hochtönenden Diskant heruntersingt.

Ich bitte Euch, habt acht auf das, was ich sage. Ich sage Euch, wenn Ihr blind seid und nicht scharf auf Eure Kinder aufpaßt, die bloß zum Singen und Gitarrespiel erzogen sind, so werden sie ihre Eltern verlassen und heimlich entfliehen. Glaubt mir, jede Leichtfertigkeit und Oberflächlichkeit bei der Erziehung wird etwas Ungeheuerliches erzeugen. Der Dichter, der »Die vier Ärmel« schrieb, betrachtete es als den rechten Weg der Verehrung, vor allem, was zum Laster verführen könnte, zu warnen. Was nützen Theater und Dramen und modische Lieder, wenn die Moral, die sie geben wollen, ganz verfehlt wird? Wenn Ihr es auch ganz recht und angemessen finden solltet, daß ein junges Mädchen bis zu ihrer Hochzeit nur Harfe spielen und singen soll, so sage ich Euch dagegen doch, daß dem nicht so ist. Denn sie verfehlt gänzlich die Moral ihrer Musik und Gesänge. Sie läuft Gefahr, sich in irgendeinen Mann zu verlieben und sich mit ihm auf und davon zu machen. In diesem Zusammenhang kann ich Euch eine amüsante kleine Geschichte erzählen:

Die beiden neugierigen Frösche

Einst vor langer Zeit hegte ein Frosch, der in Kioto lebte, den Wunsch, nach Osaka zu gehen und diese Stadt zu besehen. Im nächsten Frühling, nachdem er einen festen Entschluß gefaßt hatte, machte er sich auf den Weg, Osaka und all seine berühmten Merkwürdigkeiten anzuschauen. Mit Hilfe einer langen Reihe von Sprüngen auf allen Vieren erreichte er einen Tempel gegenüber Nischi-no-oka, und von da kam er auf dem westlichen Weg nach Jamasaki, und begann den Berg, der »Tenosan« heißt, zu besteigen.

Nun fügte es sich, daß seinerseits auch ein Frosch von Osaka beschlossen hatte, Kioto zu besuchen, und daß auch dieser gerade den Berg Tenosan erklommen hatte. Auf dem Gipfel desselben begegneten sich die beiden Frösche, machten Bekanntschaft miteinander und teilten sich ihre Absichten mit. Sie begannen sich wechselseitig über all die auf der Reise ausgestandenen Mühseligkeiten zu beklagen und bedauerten es, daß sie doch nach alldem erst auf halbem Weg angelangt seien. Wenn sie nach Kioto und Osaka kämen, würde es um ihre Lenden und Beinchen wohl geschehen sein. Aber nun waren sie ja auf dem berühmten Berg Tenosan, von dessen Gipfel aus man sowohl Kioto als auch Osaka übersehen kann. Wollten sie sich auf die Fußspitzen stellen und das Rückgrat ein wenig recken und die Aussicht so betrachten, könnten sie sich die Mühe der Weiterreise und der steifen Beine sparen. Nachdem sie darüber einen Entschluß gefaßt hatten, stellten sie sich beide auf die Zehen und blickten umher, worauf der Frosch von Kioto sagte:

»Wirklich! Wenn ich die vielgepriesenen Gebäude und Merkwürdigkeiten von Osaka so ansehe, scheinen sie sich von denen von Kioto nicht sehr zu unterscheiden. Nein, in der Tat, es ist ganz dasselbe! – Statt mir die Mühe einer Weiterreise zu machen, will ich lieber gleich nach Hause umkehren.«

Der Osakafrosch blinzelte mit den Augen und sagte mit verächtlichem Lächeln:

»Nun ja! Ich habe viel davon gehört, daß dieses Kioto so sei schön wie ein Blumengarten. Aber es sieht ja gerade so aus wie Osaka. Wir wollen lieber beide nach Hause gehen.«

Und so verbeugten sich denn die beiden Frösche ganz höflich gegeneinander und hopsten schwadronierend wieder nach Hause.

*

Obwohl dies nur eine komische kleine Geschichte ist, so werdet Ihr ihre Bedeutung nicht sogleich verstehen. Die Sache ist diese. Die Frösche bildeten sich ein, sie blickten nach vorne. Da aber, als sie sich aufrichteten, ihre Augen nach hinten standen, bekam jeder seine eigene Vaterstadt zu sehen, während er der Meinung war, es sei der Ort, zu dem er zu reisen wünschte. Die Frösche starrten, das muß wahr sein, fest genug hin; aber sie vergaßen, darauf zu achten, ob der Gegenstand, den sie anstarrten, auch das rechte Ding sei, und daher fielen sie in Irrtum. – Ich bitte Euch, hört mir aufmerksam zu! Einer unserer Dichter sagt:

»Sonderbar sind die Frösche! Obwohl sie ganz demütig auf allen Vieren gehen, sind doch ihre Augen ganz hochmütig nach oben gerichtet.«

Ein lehrreicher Ausspruch! Und obwohl die Menschen mit dem Mund »Ja, ja!« sagen und »Euren Wünschen soll Genüge geschehen! Gewiß, Ihr habt ganz Recht«, sind sie doch den Fröschen gleich und haben wie diese ihre Augen oft ganz anderswohin gerichtet.

Eitle Toren sind die Menschen, gleich bereit zu jedem Unternehmen, auch wenn es ihre Kräfte weit übersteigt. Das ist es eben, was in unserem Textwort heißt »sein Herz wegwerfen und nicht wissen, wo man es suchen soll«. Auch wenn diese Leute erklären, jegliches irdische Ding unternehmen zu wollen: Sobald es zur Tat kommt und sie sich selbst überlassen sind, sind sie der Ausführung nicht gewachsen. Und haltet Ihr ihnen das vor, so antworten sie:

»Durch die Arbeit unserer Hände verdienen wir unseren Unterhalt, und was wir verzehren und genießen, ist unser eigener Erwerb. Wir sind dafür niemandem verpflichtet. Wenn wir uns nicht auf uns selbst verlassen könnten, wie wollten wir dann in der Welt leben!«

Es gibt viele Menschen, die sich dieser Worte »ich selbst« oder »mein Eigen« ganz gedankenlos und aufs Geratewohl bedienen. Oh, wie groß ist ihr Irrtum! Wenn es kein Regierungssystem und keine Obrigkeiten gäbe, sondern alles Anarchie wäre, würden diese Leute, die so sehr auf »sich selbst« und auf ihre eigene Kraft pochen, nicht einen Tag aufrecht bleiben.

In den alten Tagen zur Zeit des Krieges bei Itschi-no-tani rückte Minamoto no Joschitsuné* von Mikusa in der Provinz Tamba aus und griff Settsu an. Mitten im Gebirge von der Nacht überfallen, wußte er nicht, welchen Weg er einschlagen sollte. Da ließ er einen seiner Offiziere, Benkei, vom Tempel Musaschi kommen und befahl ihm, die großen Fackeln anzuzünden, über die sie vorher übereingekommen waren. Benkei empfing die Befehle und teilte sie den Truppen mit, die sich auf der Stelle in alle Täler verstreuten und die Häuser der Gebirgsbewohner anzündeten, so daß bald rings umher alles in hellen Flammen stand, und mit Hilfe dieser leuchtenden Fackeln fand die Armee, wie berichtet wird, ihren Weg nach Itschi-no-tani. –

Wenn Ihr diesen Vorfall aufmerksam erwägt, so werdet Ihr die Anwendung leicht finden. Diejenigen, die immer prahlend sprechen »*meine* Warenmagazine«, »*mein* Wohnhaus«, »*mein* Landgut«, »*mein* Weib«, »*meine* Tochter« und stets mit diesem »mein« hökern wie Hausierer mit ihrem Kram, sie werden, wenn einmal Krieg und Unruhe ins Land kommt, so hilflos sein wie Schildkröten, die plötzlich auf dem Rücken liegen. Möchten sie doch immer dankbar sein für die Ordnung und den Frieden, die in der Welt herrschen! Eine humane Regierung waltet bis an unsere Landesgrenze. Die Beamten jedes Departements halten Wache Tag und Nacht. Wenn ein Mann ruhig unter seinem Dach schläft, wie kann er behaupten, daß

* Er war der jüngere Bruder des Minamoto no Joritomo, der zuerst die Regierung der Schogune begründete. Die Schlacht bei Itschi-no-tani fand im Jahr 1184 n. Chr. statt.

es sein eigener Wert und Verdienst sei, daß er seine Glieder in sicherem Schlummer ausreckt? Ja! Ihr macht des Abends wohl in Eurem Haus die Runde und seht nach, ob die Läden alle geschlossen sind und die Haupttür fest ist, und nachdem Ihr alle Vorsichtsmaßregeln getroffen habt, legt Ihr Euch nieder, um in Frieden zu ruhen. Aber welche Art von Sicherheit habt Ihr eigentlich? Ein Brett, vier Zehntel Zoll dick, das durch Hobeln vorn und hinten noch bis auf zwei Zehntel Zoll verdünnt ist, das ist wohl eine zuverlässige Schutzwehr, in der Tat! Eine Schutzwehr, die man fast mit einem Atemzug niederblasen könnte! Glaubt Ihr, daß ein so gebrechliches Ding einen Dieb abhalten würde einzubrechen? – So steht der Fall! Diese Leute, die durch das Wohlwollen und die Kraft ihrer Regierung ein schönes und gesichertes Leben führen, vergessen ganz die geheime Vorsehung, die über ihnen wacht, und hören nicht auf, ihr eigenes Lob zu singen. Wehe über die verblendeten Egoisten!

»Mein Vermögen beläuft sich auf 5000 Silberunzen. Ich kann schlafen und essen und mich vergnügen, auch wenn ich fünf- oder siebenhundert Jahre lebe. Ich habe fünf Warenmagazine und fünfundzwanzig Häuser. Zudem besitze ich Wechsel auf andere Leute, die sich auf 1300 Silberunzen belaufen.« – So tanzt er vor Freuden herum* und bildet sich ein, daß er für fünfzig oder hundert Jahre gegen Armut gesichert sei. Sein Geist gleicht dem jener Frösche, die ihre Augen auf dem Rükken haben. Dumme, eitle Gedanken! Schwach genug in der Tat ist seine Festung! Wie wenig kann man auf sie bauen! Und wenn solche Menschen ruhig schlafen, wie schnell können sie mit ihren Häusern in jene große Fackeln verwandelt werden,

* Wörtlich: »Er tanzt den Tanz der Provinz von Tosa.«

von denen ich soeben sprach, oder wie bald mögen sie mitsamt ihren Wohnungen von einem Erdbeben verschüttet werden! Das sind die Zufälligkeiten in dieser unbeständigen Welt!

In Hinsicht auf die Gefahr, die ein allzu großes Sicherheitsgefühl birgt, habe ich Euch noch eine kleine Geschichte zu erzählen. Seid also so gut und erwacht aus Eurer Schläfrigkeit und hört aufmerksam zu:

Der Fisch Sasajé in seiner Muschel

Es gibt im Meer eine gewisse mächtige Molluske, Sasajé genannt, die sehr starke Schalen hat. Dieses Geschöpf schließt, sobald es eine Gefahr bemerkt, seine Schalen mit großem Geräusch von innen zu und glaubt sich dann vollkommen sicher. Eines Tages sprachen ein Hai und noch ein anderer Fisch, beide von Neid erfüllt, zu ihm: »Herr Sasajé, wie ist doch Euer Schloß so fest! Wenn Ihr Eure Klappen schließt, kann keiner Euch etwas anhaben. Ihr macht in der Tat eine kapitale Figur!«

Als der Sasajé dies hörte, strich er sich wohlgefällig den Bart und erwiderte:

»Wohl! Ihr Herren! Obwohl es Euch gefällt, so zu sprechen, darf man doch mit seiner Sicherheit nicht prahlen. Aber ich muß allerdings bekennen, daß ich, wenn ich mich so verschlossen habe, durchaus keine Angst empfinde.«

Und indem er noch so sprach, mit jener Art von Stolz und Selbstzufriedenheit, die sich nur schlecht hinter demütiger Bescheidenheit verbirgt, da vernahm man ein Geräusch und einen heftigen Fall. Und die große Molluske, ihre Klappen so rasch wie möglich schließend, verhielt sich ganz still und dachte bei sich, was in der Welt dieser Lärm wohl bedeuten möchte. Konnte es ein Netz sein? Oder ein großer Fischhaken? Wie ärgerlich ist es, daß man immer so angestrengt auf der Hut sein muß! War vielleicht der Hai oder der andere Fisch gefangen? Und Herr Sasajé war schon ganz besorgt um sie. Sich selbst jedenfalls fühlte er ganz sicher.

So verging einige Zeit, und als es ihm schien, daß alles umher wieder ganz ruhig sei, da öffnete er seine Schale, streckte den Kopf ein wenig heraus und blickte umher. Aber da kam es ihm vor, als ob nicht alles in der alten Ordnung sei. Manches erschien ihm ganz fremdartig.

Er sah etwas schärfer hin und siehe da, er befand sich im Laden eines Fischhändlers auf dem Verkaufstisch, mit der Marke »Sechzehn Käsch bar!« auf seinem Rücken.

*

Ist das nicht eine komische Geschichte?

Und so mag auch Euch all Euer gepriesener Reichtum von Häusern und Warenmagazinen und all Euer Rang, Macht, Talent und Klugheit mit einem Schlag entrissen werden. Armes Muscheltier! Ich möchte wohl glauben, daß es in China und Indien einige Menschen gibt, die dir ähnlich sind.

Wie wenig kann der Mensch sich auf sich selbst verlassen! Es gibt ein lehrreiches Gedicht, das sagt: »Es ist leichter, auf einer Leiter den wolkigen Himmel zu ersteigen, als sich ganz auf sich selbst zu verlassen.« Und das ist die Bedeutung unseres Textes »Wenn der Mensch sein Herz von sich wirft, weiß er nicht, wo er danach suchen soll«. Darum überlegt alles, was Ihr tun wollt, zweimal. Wenn Ihr nicht alles, was Euch selbst betrifft, gehörig überlegt, sondern immer auf das Tun und Treiben der anderen achtet, so heißt das, Euer Herz wegwerfen. Das soll aber nicht heißen, daß Ihr buchstäblich Euer Herz wegschmeißt. Hier ist vielmehr gemeint, daß Ihr Euer eigenes Gewissen nicht zu Rate zieht. Auch müßt Ihr nicht glauben, daß alles, was ich über das Selbstvertrauen gesagt habe, sich nur auf äußeren Besitz und Reichtum bezieht. Auch wenn Ihr Euch auf Eure Talente oder von Euch geleistete Dienste oder auf Euer Urteil oder auf Eure Stärke oder auf Euren Rang verlaßt und Euch im Besitz dieser Dinge und Güter ganz sicher glaubt, stellt Ihr Euch damit in ein und dieselbe Kategorie mit dem Muscheltier in meiner Geschichte. In allen Dingen müßt Ihr Euer Gewissen hören. Das eigene Herz zu prüfen, das ist die wichtigste und wesentlichste Pflicht! –

(Der Prediger verläßt seinen Sitz.)

Zweite Predigt

(Aus den Predigten des Kiu-o, Band 1)

»Wenn die Leute einen Hund oder ein Huhn verlieren, so wissen sie das Verlorene zu reklamieren. Wenn aber einer seine Seele verliert, so versteht er es nicht, sie wiederzufinden.« – Diese Parabel hat Moschi uns erklärt: Wenn ein Hund oder ein Küchlein oder die Lieblingskatze nicht zur rechten Zeit nach Hause kommt, so stellt der Hausherr eine große Jagd an und fragt verwundert: Könnten sie denn wohl von einem wilden Tier oder einer Schlange getötet worden sein, oder hat vielleicht ein Mann sie gestohlen? Und indem er die drei Häuser gegenüber und auch seine beiden Nachbarhäuser zur Rechten und zur Linken so eifrig durchstöbert, als suchte er nach einem verlorenen Kind, schreit er: »Ich beschwöre Euch, Herr Nachbar, hat sich meine schöne gefleckte Katze nicht zu Euch verlaufen? Ist meine Lieblingshenne nicht zu Euch geflogen?« Das ist die Art und Weise, wie die Leute unter solchen Verhältnissen herumrennen. Oh! Das ist für sie eine Sache von äußerster Wichtigkeit!

Und dennoch ist der Verlust einer zahmen Henne oder eines Hundes am Ende wohl kein gar so unersetzlicher Schaden. – Aber die Seele, die der Herr unseres Leibes genannt wird, ist der Meister und Regent unseres ganzen Wesens. – Wenn die Menschen ihre Seele um anderer Dinge willen fahren lassen, dann werden sie taub gegen die Ermahnung ihrer Eltern, und die Befehle ihrer Oberen sind ihnen dann wie die Winde des Himmels. Belehrung nützt ihnen nicht mehr als dem Frosch das Wasser, das man ihm über den Kopf gießt. Sie blinzeln mit den Augen, und das ist alles. Sie sprechen: »Ja! Ja!« mit den Lippen, aber das Herz ist nicht dabei. Sehend sind sie blind, hörend sind sie taub. Gesund und mit vollkommenem Leib geboren, geraten sie durch ihre eigene Verkehrtheit in die Gesellschaft der Krüppel. So ergeht es denen, die ihre Seele verlieren. Sie denken auch nicht daran, nach der verlorenen Seele zu fragen und zu suchen. – »Es war die Schuld meiner Eltern! Es war die Schuld meines Herrn! Es war die Schuld meines Gatten! Es war die Schuld meines älteren Bruders! Hatschibei, das war der Schelm. O Matsu war die leichtfertige Frau, die mich verführte!« Sie werfen die Schuld auf andere und kritisieren die Fehler ihrer Mitmenschen. Aber ihr eigenes Gewissen beraten sie nicht und erforschen nicht ihr eigenes Herz. Ist das nicht ein entsetzlicher Stand der Dinge? Sie machen einen Auflauf und ein Geschrei um einen verlorenen Hund oder um eine entflohene Lieblingshenne. Aber nach ihrer über alles wichtigen Seele suchen sie nicht. Was für verblendete Leute!

Aus diesem Grund haben die Weisen, indem sie solche Zustände beklagten, uns darüber belehrt, wo für die Menschen der richtige Pfad sei, und diese Belehrung anzunehmen, das ist das wahre Lernen. Der Hauptzweck dieses Studiums ist die Prüfung unserer Herzen. Darum sagt der Text: »Die wahre Gelehrsamkeit besteht darin, die verlorene Seele wiederzugewinnen.« Einen höheren Zweck hat das Lernen nicht. Die Weisen aller Zeiten geben uns darüber Pfand und Bürgschaft. –

Das bloße Studium der Antiquitäten und Annalen Chinas und Japans und die Forschungen in der Literatur können nicht als wahre Gelehrsamkeit bezeichnet werden, die vor allen Dingen eine Angelegenheit der Seele und ihrer Ausbildung ist. Alle Kommentare und die Bücher aller Lehrer der Welt sind nichts als ebensoviele Wegweiser, die uns über den Wohnsitz und das Wesen unserer Seele belehren sollen. Dieses Nachspüren nach unserer Seele ist dasselbe, was ich soeben die Prüfung unseres Gewissens nannte. Die Mißachtung der Beratung mit unserem Gewissen ist ein schreckliches Ding, dessen Folgen vorherzusehen unmöglich ist. Dagegen hat es eine wundervolle Wirkung, wenn wir unser Gewissen fleißig befragen. Dadurch gelangen wir auf der Stelle zur kindlichen Liebe und zur Treue gegen unseren Herrn. Tugend und Laster sind die beiden Ziele, zu denen die Prüfung oder Nichtprüfung unseres Gewissens führen. Mit Recht hat man gesagt, Wohlwollen und Bosheit seien die beiden verschiedenen Wege, auf denen die Menschen wandeln. Dazu kann ich Euch eine schreckliche, aber doch auch rührende und sehr beachtenswerte Geschichte erzählen. Obwohl Ihr, ich darf es wohl sagen, mir sehr schläfrig zu sein scheint, muß ich Euch doch bitten, mich anzuhören:

Der verlorene Sohn

In einer Gegend unseres Landes lebte einst ein wohlhabender Pächter, dessen Ehe ihm einen Sohn verschafft hatte, den er über die Maßen liebte und den er liebkoste, wie eine Kuh ihr Kalb leckt. Durch diese unmäßige Liebe und Verwöhnung wurde der Knabe allmählich ganz eigensinnig und bösartig. Er zerrte die Pferde an den Schwänzen und blies den Bullen Rauch in die Nase und neckte und peinigte die Kinder der Nachbarn auf allerlei Art und brachte sie zum Weinen.

Aus dem zänkischen Burschen wurde endlich ein unerträglich ungehorsamer und pflichtvergessener Jüngling. Er bildete sich auf seine körperliche Überlegenheit viel ein, wurde streitlustig, ein Hauptringer auf den Märkten und endlich ein Trinker und Spieler. Er zankte und schlug sich um Kleinigkeiten und verbrachte zuletzt seine ganze Zeit mit Ausschweifungen und Schwelgereien.

Wenn seine guten Eltern das kritisierten, dann erhob er laut seine Stimme und machte sich über sie lustig und sprach spöttisch: »Ihr scheltet mich wegen meines Ungehorsams und ausschweifenden Lebens. Aber, bitte! Wer bat Euch, mich in die Welt zu setzen? Ihr habt es aus freien Stücken getan, und Euch verdanke ich all das Elend und die Erbärmlichkeiten dieses Lebens. Wenn ich Euch nicht recht bin, dann bringt mich dahin zurück, wo Ihr mich hergenommen habt, und alles wird wieder in Ordnung sein.« Das waren die insolenten Reden, die er seinen Eltern gab, denen in Verzweiflung darüber die Haare ergrauten. Und obwohl er täglich gröber und heftiger gegen sie wurde und sie ganz unglücklich machte, blieb er doch immer ihr Herzenskind, und sie konnten es nicht über sich bringen, ihn aus dem Haus zu weisen und zu enterben. Sie ließen ihn seinen selbstsüchtigen Weg gehen. Und so kam er von bösen zu immer böseren Streichen, geriet in ganz schlimme Händel, erregte Lärm und Tumulte, bei denen Menschen niedergeschlagen wurden und zerbrochene Glieder davontrugen. Es ist nicht nötig, von den Empfindungen seiner armen Eltern zu sprechen. Sogar die Verwandten und Freunde des Hauses glaubten, daß ihnen Nägel in die Brust geschlagen würden. Zuletzt war er ein Bösewicht durch und durch.

Nun ist aber niemand vom Mutterleib an so böse wie er, sondern die, die in ihrer Selbstsucht verharren, verlieren die Besinnung und kommen dann endlich zu einem solchen Gipfel von Schlechtigkeit. Oh, was für ein schreckliches Ding ist dieses Wegwerfen des Herzens!

Gut also! Die Verwandten und Freunde dieses Menschen suchten nun die Eltern zu einer förmlichen Verstoßung ihres Sohnes zu überreden. Aber er war ja ihr einziges Kind, und obwohl die Eltern sagten »Ja, heute wollen wir ihn sicher enterben!« oder »Ja, morgen wollen wir alle Verbindung mit ihm abbrechen!«, so waren das doch nur leere Reden, und damit verstrichen Monate und Jahre, bis der Taugenichts sein sechsundzwanzigstes Jahr erreichte und Bosheit auf Bosheit häufte. Wer kann sagen, wieviel Gram und Kummer er auf seine Familie brachte, die immer in Furcht war, von irgendeiner neuen Untat zu hören! –

Zuletzt hielten sie einen Familienrat und erklärten den Eltern, daß die Sache jetzt soweit gediehen sei, daß, wenn sie ihren Sohn nun nicht verleugneten und verstießen, die übrigen Mitglieder der Familie alle Gemeinschaft mit ihnen aufgeben müßten. Wenn man dem Unhold ferner gestatten wolle, auf seinem bösen Weg fortzufahren, würde am Ende nicht nur die Ehre der Verwandten, sondern auch die des ganzen Dorfes darunter leiden. So müßten denn entweder die Eltern, gegen die sie im übrigen nichts hätten, den Sohn aufgeben, oder sie würden von der Familie über Bord geworfen werden. Hierüber erbäten sie sich eine bestimmte Antwort.

Die Eltern überlegten die Sache, und es fiel ihnen ein, daß es eine Mißachtung ihrer Vorfahren sein würde, wenn sie sich von ihrer ganzen Verwandtschaft absondern wollten, selbst wenn es wegen ihres Kindes geschähe. Sie beschlossen daher, ihre Verwandten zu bitten, sich bei ihnen zu versammeln und mit ihnen eine gemeinsame Petition an die Regierung aufzusetzen, um die Erlaubnis zur förmlichen Enterbung des Sohnes zu erhalten. Alle Familienmitglieder sollten dem Gesetz gemäß dieser Schrift ihre Siegel beifügen. Sie baten sie daher, sich eines Abends bei ihnen einzufinden und ihre Petschafte mitzubringen. – Das war die Antwort der Eltern.

Es gibt ein altes Sprichwort, das sagt: »Die alte Kuh leckt ihr Kalb. Und die Tigerin trägt ihr Junges im Rachen.« – Wenn der natürliche Instinkt nun schon die Tiere und Vögel antreibt, ihre Jungen zu lieben, wieviel härter und bitterer muß es dann für einen Menschen sein, sein Kind zu verleugnen!

All diese Not und Verlegenheit war die Folge davon, daß der junge Mann sein Herz weggeworfen hatte. Hätte er sein Gewissen geprüft und zu Rate gezogen, so würde sich dieser Sturm von Wind und Wetter nicht erhoben haben und alles wäre ruhig geblieben. Da er sich aber weigerte, die Stimme seines Gewissens zu hören, waren seine Eltern gegen ihren Willen genötigt, die Strafe der Enterbung über ihn zu verhängen, die er also selbst über sich gebracht hatte.

In den Gedichten des ehrwürdigen Tokuhun findet sich folgende Stelle: »Da Buddha sich so fest um unsere Herzen windet, mag der Mann, der es wagt, ihn zu mißachten, um sein Leben fürchten.« Diese Worte enthalten eine Anspielung auf die Barmherzigkeit und Liebe der Götter. Die Götter wollen, daß die Menschen ihr Gewissen prüfen, und Tag und Nacht helfen sie ihnen, das Gute vom Bösen zu unterscheiden. Aber obgleich sie uns unsere Begierden, Gelüste und Leidenschaften als Dinge bezeichnen, die wir meiden sollen, wenden die Menschen doch ihrem eigenen Gewissen den Rücken zu.

Die Liebe der Götter für den Menschen ist gleich der Liebe der Eltern für ihre Kinder, und die Menschen handeln gegen die Götter, wie pflichtvergessene Kinder gegen ihre Eltern handeln. »Diejenigen, die die Götter mißachten, mögen um ihr Leben fürchten.« Ich bitte Euch alle, die Ihr mich hört, prüft Euer Gewissen, um Euch zu retten!

Doch ich kehre zur Geschichte vom verlorenen Sohn zurück. Es geschah eines Tages, als er eben in einem benachbarten Dorf wieder würfelte, daß ein Landsmann zu ihm kam und ihm erzählte, daß seine Verwandten beieinander wären, um ihn zu enterben, und daß er, so ein hübscher Bursche er auch sein mochte, es doch sicher sehr unangenehm finden würde, auf diese Weise verstoßen zuwerden. Bevor der Freund halb ausgeredet hatte, erwiderte der andere mit lauter Stimme:

»Was! Willst du sagen, daß sie heute Abend einen Familienrat halten, mich zu enterben? In der Tat, ein guter Spaß! Wahrhaftig! Ich bin es satt, immerfort die plärrenden Gesichter meines Vaters und meiner Mutter zu sehen. Es macht mich ganz krank, an sie zu denken. Es ist unerträglich! Ich kann für mich selbst sorgen. Und wenn ich mich entschließe, nach China hinüberzugehen oder in Indien zu leben, so möchte ich wissen, wer mich daran hindern will! Das ist für mich die Hauptsache. Jetzt aber will ich zu dem Haus gehen, wo sie alle zusammensitzen, und ihnen einmal die Frage vorlegen, weshalb sie mich denn enterben wollen. Ich will schwadronieren wie Dandschuro, der Schauspieler,* und sie so in Angst jagen, daß sie mir fünfzig oder sechzig Silberunzen geben sollen, um mich loszuwerden. Und hab ich dies Geld erst im Sack, werde ich mich bald genug aus dem Staub machen nach Kioto oder

* Ein berühmter Schauspieler in Jedo, der vor 195 Jahren lebte. Er wurde in Sakura in Schimosa geboren.

Osaka, wo ich auf meine eigene Rechnung ein Teehaus eröffnen und ein Leben nach meiner Vorstellung führen will! Ich denke, das soll heute ein Prachtabend für mich werden, und ich will gleich im Voraus auf glückliches Gelingen einen Becher Wein trinken.«

Und damit begab er sich in ein Weinhaus und begann mit einem Trupp anderer junger, ihm ähnlicher Teufel Wein aus Teetassen zu trinken,* so daß sie alle vor Anfang der Nacht völlig betrunken waren. Durch den Wein gestärkt und völlig übermütig, machte er sich auf den Weg zum Haus seines Vaters, indem er einen langen Dolch in seinen Gürtel steckte und murmelte: »Nun denn, vorwärts, auf gut Glück!« Er erreichte sein Heimatdorf eben vor Anbruch der Nacht in der Absicht, mitten unter seine Verwandten zu stürmen, ihre Weisheitstasche umzuwenden und ihren kleinen Vorrat von Verstand zu erschöpfen. Er vermeinte, daß, wenn er recht auftreten, wüten und schimpfen würde, er wohl gar hundert Silberunzen aus ihnen herausbringen könne. Als er eben im Begriff war, ins Haus zu treten, überlegte er sich die Sache noch besser:

Wenn ich mich in dem Zimmer, wo sie beieinandersitzen, so ohne weiteres zeige, werden sie alle auf den Boden blicken und verstummen. Stürme ich mit Lärm und Geschrei hinein, werde ich keinen Anlaß haben, mich über sie zu beklagen. Ich muß sie auf frischer Tat ertappen und erst hineintreten, wenn sie recht mitten im Eifern und Schelten auf mich begriffen sind. Das Beste wird daher sein, wenn ich durch das Bambusgebüsch hinter dem Haus um die Veranda herumschleiche und dort die Beratung dieser weisen Herren belausche. Sicherlich werden sie

* Der gewöhnliche japanische Weinbecher hält nicht viel mehr als einen Fingerhut. »Den Wein aus Teetassen zu trinken« ist daher eine ausschweifende Unmäßigkeit, als würde man bei uns Branntwein aus Biergläsern trinken.

allerlei Skandal und große Übertreibungen gegen mich zusammenharken. Und da wird es denn ganz passen, wenn ich mitten in ihrem Eifer die Fensterläden und Schiebetüren niederschlage und mit Spektakel wie Donner unter ihnen erscheine. Was für ein guter Spaß wird das sein!«

Indem er so dachte, zog er seine eisenbeschlagenen Sandalen aus, steckte sie in den Gürtel, schürzte seine Kleider bis über die Lenden auf, schlich durch das Bambusgebüsch hinter dem Haus, sprang über den Gartenzaun, umging die Veranda und blickte von da aus ins Zimmer hinein. Er guckte durch eine Ritze in den Fensterläden und konnte seine Verwandten alle im Rat herum beieinander sitzen sehen. Sie sprachen, leise miteinander flüsternd. Die ganze Familie saß im Kreis, und einer nach dem anderen befestigte sein Siegel an die Enterbungspetition. Endlich kam das Dokument, nachdem es von Hand zu Hand gegangen war, dahin zurück, wo seine Eltern saßen. Als er das sah, dachte der Sohn:

»Aha! Jetzt heißt es Tod oder Leben! Wenn ich meine Eltern das Papier auch unterzeichnen sehe, so soll das für mich das Signal sein, die Tür aufzustoßen und mitten unter sie zu springen!«

Er hielt den Atem an, blickte scharf zu und hielt sich zum Sprung bereit.

Zu wie schrecklicher Verderbnis kann ein Mensch sein Herz versinken lassen! Moschi hat gesagt, daß der Mensch von Natur gut ist, und obwohl man in allem, was dieser Weise gesagt hat, kein Partikelchen Irrtum finden wird, können doch die Menschen, wenn sie sich gehen lassen und wenn das Böse, das sie erlernt und sich angewöhnt haben, das ihnen zur zweiten Natur geworden ist, einen ganz erschreckenden Grad von Schlechtigkeit erreichen. Wenn Menschen soweit herabkommen, dann mögen Koschi* und Moschi ihnen tausend Tage predigen, ohne eine Besserung zu bewirken. Solche verhärteten Sünder verdienten, in der untersten Hölle in eisernen Töpfen geröstet zu werden!

Doch nun will ich Euch erzählen, wie es zuging, daß jener Landstreicher von Sohn am Ende doch noch ein neues Blatt seines Lebensbuches umschlug, auf welche Weise er gehorsam und pflichtgetreu wurde und zuletzt sogar ins Paradies kam. Der Dichter sagt: »Obgleich die Herzen der Eltern nicht total von Finsternis umgeben sind, wie oft irren sie doch in übertriebener Liebe zu ihren Kindern vom rechten Weg ab!«

Als das Enterbungsdokument wieder dort ankam, wo die beiden Eltern saßen, erhob die Mutter ihre Stimme und weinte laut. Und der Vater verbarg seine innere Bewegung, indem er seinen zahnlosen Mund fest verschloß und eine Zeitlang mit niedergesenktem Haupt sitzen blieb. Dann sagte er leise flüsternd zu seiner Frau: »Weib, gib mir das Petschaft!«

Sie aber gab keine Antwort, und mit Tränen in den Augen zog sie einen ledernen Beutel, der das Petschaft enthielt, hervor und legte es vor ihren Mann nieder. Die ganze Zeit über stierte der Sohn von außen her durch die besagte Ritze des Fensterladens. Währenddessen band der alte Vater die Schnüre des Beutels los, nahm das Petschaft heraus und beschmierte es mit Farbe. Gerade in dem Moment, wo er das Siegel abdrücken und anlegen wollte, klopfte ihm seine Frau auf die Hand und sagte: »Oh! Ich bitte, wart noch ein wenig!«

Der Vater erwiderte: »Jetzt, wo alle unsere Verwandten ihre Augen auf uns gerichtet haben, mußt du nicht in dieser weichen Manier und in so großer Rührung zu mir sprechen.«

* »Koschi« ist die japanische Aussprache des Namens des chinesischen Philosophen Kung-Tsu oder Kung Fu Tsu, den wir Konfuzius nennen.

Aber sie achtete nicht auf seinen Wink und fuhr fort zu flüstern: »Bitte, höre mich an! Es ist wahr, wenn wir unserem pflichtvergessenen Sohn jetzt unser Haus übergeben, wird in weniger als drei Jahren da, wo es jetzt steht, Gras wachsen. Aber wenn wir unser eigenes Kind enterben – das einzige Kind, das wir im Himmel und auf Erden haben –, werden wir genötigt sein, ein anderes an seiner Stelle zu adoptieren. Wenn dieser adoptierte Sohn sich als ehrenhaft und pflichtgetreu erweist und unser Erbe antritt, wäre es gut. Aber wir können nicht gewiß sein, daß es so kommen wird. Wenn umgekehrt der Adoptivsohn auch ein Verschwender ist und unser Hauswesen ruiniert, wie unglücklich werden wir dann erst sein! Und wer steht uns dafür ein, daß dies nicht eintreffen wird? Und wenn wir dann noch einmal Gefahr laufen sollten, ruiniert zu werden, möchte ich doch lieber durch unseren eigenen Sohn Haus und Hof verlieren und als Bettler unser liebes, altes, gewohntes Dorf verlassen und zu Fuß unser verlorenes Kind suchen. Das ist mein sehnlichster Wunsch. Bitte, erhöre mich und tue diesem Akt der Enterbung Einhalt. Während der fünfzig Jahre, die wir zusammen gelebt haben, ist dies die einzige Gunst, die ich von dir verlangt habe. Ja! Auch wenn ich um meines Sohnes willen Bettlerin werde, ich würde ihm darüber doch nicht zürnen.«

Laut schluchzend sprach die Mutter. Die Verwandten, die dies hörten, blickten einander an und betrachteten den Vater voller Erwartung, was er tun würde, und der (wer kann sagen, mit was für Gedanken im Kopf) steckte das Petschaft wieder in den ledernen Beutel, zog die Schnur zusammen und schob das Dokument bei Seite, den Verwandten zu. »Ohne Zweifel«, sagte er, »habe ich alle Fassung verloren und bin vor meiner ganzen Familie in Ungnade gefallen. Nichtsdestoweniger denke ich, daß das, was mein gutes Weib eben gesagt hat, recht und angemessen ist, und von diesem Augenblick an gebe ich alle Gedanken an die Enterbung meines Sohnes wieder auf. Natürlich werdet Ihr alle in dem, was ich sage, eine Schwäche erkennen wollen und über mich als den Urheber des pflichtvergessenen Betragens meines Sohnes spotten. Doch Ihr mögt endlos lachen. Es wird mir nicht weh tun. Es ist gewiß, daß mein Sohn, wenn ich ihn nicht enterbe, mein Haus ruinieren wird, ehe drei Jahr über meinen Kopf hinweggehen. Dieses Haus, das von Geschlecht zu Geschlecht auf mich herabgekommen ist, dem Verfall anheimzugeben, ist ein Vergehen gegen meine Vorfahren. Das weiß ich wohl. Ferner werdet Ihr alle mich meiden, wenn ich mich von meinem Sohn nicht lossage. Ich weiß, daß ich mich von meiner ganzen Verwandtschaft trenne. Ihr denkt, daß ich mit Bitten um Barmherzigkeit und Unterstützung zu Euch kommen werde, wenn ich dies Besitztum fahren lasse, und genau deshalb wollt Ihr alle Verbindung mit mir abbrechen. Aber ich bitte Euch, laßt Euch das nicht anfechten. Ich frage jetzt nicht mehr nach meinen Pflichten gegen die Welt, nach der Versündigung an meinen Vorfahren oder nach der Trennung von meiner Familie. – Unser Sohn ist unser einziger Liebling, und wir beide sind entschlossen, ihm nachzugehen, und wenn wir ihm zu Fuß als Bettler folgen müßten. Das allein ist unser Verlangen. Wir wollen Euch durchaus nicht mit Bitten um Almosen und Barmherzigkeit zur Last fallen. Wenn wir auch sterben, wir haben nur ein Leben zu verlieren. Um unseres einzigen Sohnes und Lieblingskindes willen wollen wir arme Eltern uns am Weg niederlegen und sterben. Dort mögen unsere Körper den Boden düngen für die Bäume der Allee. Und das alles wollen wir getrost erdulden und keine Klage erheben. Darum beeilt Euch und geht nach Hause, Ihr alle miteinander! Von morgen an sind wir, wenn Ihr es wollt, geschiedene Leute und sprechen nicht mehr miteinander. Was immer Ihr über diese Angelegenheit reden mögt, es kümmert mich nicht mehr!«

Und er erhob laut seine Stimme und weinte, viele Tränen vergießend, wie sein Weib es getan hatte. Was diese betrifft, so verwandelte sich ihre Betrübnis in helle Freudentränen, als sie hörte, daß das Enterbungsdokument nun nicht gültig sei. Die übrigen Familienmitglieder saßen in stummem Erstaunen über eine so unerhörte Sache da und konnten dem alten Paar nur sprachlos ins Gesicht starren.

Ihr könnt daraus entnehmen, in wie hohem Grade Eltern von der Liebe zu ihren Kindern ergriffen und erschüttert zu werden vermögen. Wie eine Katze ihr Kleines im Maul herumträgt und es das eine Mal von der Sonne in den Schatten bringt und das andere Mal wieder aus dem Schatten in die Sonne, so machen es auch die Eltern mit ihren Kindern, setzen die schlechten Seiten derselben in den Schatten und suchen ihre guten Eigenschaften in helles Licht zu stellen. Sie kümmern sich nicht um den Tadel der Welt, noch um die Pflichten gegen ihre Vorfahren, noch auch um die traurige Zukunft, die ihnen droht. Hingerissen und berauscht von der Liebe zu ihrem Kind erregen diese Eltern wegen ihres außerordentlich innigen Mitgefühls unser eigenes Mitleiden.

Und nicht bloß die beiden Eltern unserer Geschichte sind in dieser Lage. Die Herzen aller Eltern, die Kinder haben, sind auf der ganzen Welt dieselben. In einem Gedicht des verstorbenen Gelehrten Ischida heißt es: »Wenn ich um mich schaue und die Herzen der Eltern ganz eingenommen sehe von der Liebe zu ihren Kindern, dann erkenne ich, daß auch meine eigene Mutter und mein eigener Vater ebenso gefühlt haben müssen.« – Sicherlich! Das ist ein wahres Wort!

Doch um wieder auf meine Erzählung zu kommen: Der Heiligenschein der Liebe, Güte und Barmherzigkeit seiner Eltern drang dem verlorenen Sohn tief ins Herz und in die Eingeweide. Welch wunderbare Wandlung geschah mit ihm! Als er das Benehmen seines Vaters und seiner Mutter durch die Fensterritze mit ansah und ihr Seufzen und Schluchzen vernahm, war es ihm, gleichgültig, was für ein großer Bösewicht er auch gewesen sein mochte, als stecke sein ganzer Leib in einer Presse, und obwohl Tränen in seiner Brust aufstiegen, konnte er doch vor Scham seine Stimme nicht laut erheben und nicht weinen. In seinen Ärmel beißend warf er sich auf den Boden und vergoß Tränen im Stillen. Was sagt der Vers des ehrwürdigen Priesters Eni? »Man vergießt Tränen des Dankes und weiß nicht wie und warum.« Ein hübscher kleiner Vers in der Tat! So konnte der ungeratene Sohn weder stehen noch sitzen. Da seht Ihr es deutlich, daß das menschliche Herz von Natur aus Güte und Tugend ist. Nur dann, wenn wir uns selbstversessen unseren Neigungen hingeben, wird die ursprüngliche Tugend verdunkelt.

Doch ich fahre in meiner Geschichte fort. Der verlorene Sohn wurde von der so überaus großen Güte, die seine Eltern an den Tag gelegt hatten, bis ins Innerste seiner Seele ergriffen, und der Glanz seines eigenen originalen guten Herzens kehrte ihm zurück. Die Sonne brach hervor! Und was wurde nun unter ihren Strahlen aus all den Wolken des Eigenwillens und der Selbstsucht? Die Wolken wurden zerstreut, und aus dem Grunde seiner Seele entsprang das innige Verlangen, seinen Eltern für ihre Güte zu danken. – Wir kennen alle die Geschichte jenes Rohrschneiders, der, als er den Mond so hell und glänzend zwischen den Bäumen des Moorlandes aufsteigen sah, sich einbildete, dieses Gestirn müsse mit dem Polierrohr poliert worden sein. Wenn ein Mann, der sehr boshaft gewesen ist, von Reue ergriffen wird und zu seinem originalen Herzen zurückkehrt, dann wird er um so besser, und sein Glanz gleicht dem des aufgehenden und polierten Mondes. – Das ist wunderbar genug!

So wollte denn der ganz zerknirschte Sohn sofort ins Zimmer eintreten und seine Eltern um Vergebung anflehen. Aber er dachte: »Warte noch ein wenig! Wenn ich so plötzlich in das Zimmer einbreche, werden sich alle Verwandten erschrecken und nicht wissen, was sie daraus machen sollen, und das würde meine Eltern in Verlegenheit bringen. Besser ist es, ich nehme eine unschuldige Miene an, als wüßte ich nichts von allem, was hier eben vorgegangen ist. Ich will lieber durch die Haupttür eintreten und die Verwandten bitten, für mich bei den Eltern ein gutes Wort einzulegen.«

So verließ er mit leisen Tritten die Hinterseite des Hauses, wo er gestanden hatte, und schlich herum zur Vordertür. Da angekommen, machte er mit seinen eisenbeschlagenen Sandalen absichtlich ein vernehmliches Geräusch, hustete laut, um seine Stimme zu reinigen, und trat ins Zimmer.

Die Verwandten stutzten und waren nicht wenig alarmiert; aber die Eltern, als sie ins Antlitz ihres verlorenen Sohnes blickten, brachen in Tränen aus. Er sprach kein Wort und stand eine Zeitlang mit gesenktem Haupt still weinend da. – Nach einer kleinen Weile richtete er sich an die Verwandten und sprach: »Obwohl ich schon früher oft mit Enterbung bedroht wurde und obwohl ich in jenen Tagen die Sache leicht nahm, fühlte ich doch heute abend, da ich von Eurem großen Familienrat hörte, mein Herz, ich weiß nicht wie, ganz und gar von Angst und Traurigkeit ergriffen. Auch wenn ich bis heute Böses auf Böses gehäuft habe, werde ich nun meinen Lebenswandel ändern, und daher bitte ich Euch, den auf heute festgesetzten Enterbungsakt noch eine Weile auszusetzen. Ich wage es nicht,

Euch um einen langen Aufschub anzuflehen. – Ich möchte nur dreißig Tage haben, und wenn ich innerhalb dieser Zeit nicht Beweise der Besserung und Reue gegeben habe, dann enterbt mich! Ich will mich dann nicht darüber beklagen. Ich bitte Euch, meine Herren, Euch bei meinen Eltern verwenden zu wollen, damit auch sie mir diesen Aufschub von dreißig Tagen gewähren, und ihnen meine reu- und demütigen Entschuldigungen vorzulegen.« –

Mit diesen Worten warf er sich nieder und rieb seinen Kopf auf der Matte wie ein zerknirschter Bittsteller in einer ganz demütigen Art und Weise, die sonst seiner Natur völlig fremd war.

Die Verwandten hatten sich nach Anhörung der festen und entschlossenen Äußerungen der Eltern schon von ihren Plätzen erhoben. Doch waren sie, obwohl auf dem Sprung, das Haus zu verlassen, noch in allgemeiner Aufregung und Verstimmung zurückgeblieben. Als der Sohn nun zur rechten Zeit hereintrat, stellte er mit seinen Worten Ruhe und Harmonie wieder her, und die gerührten Verwandten wendeten sich an die Eltern mit den Worten: »Wir bitten Euch, die Abmachung der heutigen Angelegenheit noch auszusetzen«, und damit legten sie ihnen die Apologie des Sohnes zu Füßen.

Ach, die guten Eltern! Sie hätten ja ihren Sohn nicht enterbt, auch wenn er gar nicht bereut hätte. Wieviel mehr weinten sie jetzt vor Freude, als sie seine Worte vernahmen. Die Verwandten, von der heilvollen Wendung entzückt, ermahnten den Sohn, nun wieder ganz und gar pflichtgetreu zu werden. Und hiermit brach der nächtliche Familienrat auf. Auf diese Weise wurde der junge Mann sozusagen im Handumdrehen ein frommer Sohn, und die Art, wie er von Stund an seinen Eltern diente, war die eines liebenden und zärtlichen Kindes. Seine früheren schlimmen Weg verwischte er gänzlich und machte sie vergessen. –

Der Ruf dieser Begebenheit verbreitete sich weit in der Welt. Und ehe ein halbes Jahr verstrichen war, gelangte sie auch zu Ohren des Gutsherrn, der, nachdem er seine adelige Brille aufgesetzt und den Fall gehörig untersucht hatte, den Sohn zum Vorsteher des Dorfes ernannte. – Danach mögt Ihr nun urteilen, was Elternliebe vermag.

Drei Jahre nach diesem Vorfall lag die Mutter schwer erkrankt auf ihrem Sterbebett. Da rief sie ihren Sohn herbei und sprach zu ihm: »Als vor einiger Zeit die Beratung über deine Enterbung und Verstoßung abgehalten wurde, da wurde dein Herz auf wunderbare Weise zum Guten gewendet, und seitdem bist du stets ein pflichtgetreuer Sohn gewesen, besser als alle anderen. Wenn du damals nicht bereut hättest und ich unterdessen gestorben wäre, so würde meine Seele wegen meines törichten Betragens gegen dich ohne Zweifel in die Hölle gefahren sein. Jetzt aber nach deiner Reue und Besserung lastet nichts mehr auf meinem Herzen, und es ist nun wohl gewiß, daß ich ins Paradies gelangen werde. So wird denn der Umstand, daß ich unter die Heiligen komme, das Werk deiner kindlichen Liebe sein.«

Und die Sage geht, daß die Mutter, ihre Hände zum Gebet erhebend, mit diesen Worten gestorben sei.

*

Es ist ausgemacht, daß wir durch unsere Handlungen schon hier auf Erden einen Einblick in das zukünftige Leben gewinnen. Wenn das Herz eines Menschen durch böse Taten schon in diesem Leben gequält wird, so wird es auch jenseits wieder gepeinigt werden. Das vom bösen Gewissen geängstigte Herz, das ist die Hölle. Das ruhige Herz, das ist das Paradies. Die Unruhe oder der Friede der Eltern hängt von ihren Kindern ab. Wenn die Kinder tugendhaft sind, leben die Eltern wie die Heiligen.

Sind die Kinder boshaft, erleiden sie die Qualen der Verdammten. Wenn Euer jugendliches Gemüt in einem Anfall von Leichtsinn Euch einmal verleitet hat, Sorge und Kummer über Eure Eltern zu bringen und ihnen Tränen zu entlocken, dann erwägt die Reihe der Argumente, die ich eben entwickelt habe. Von Stund an prüft Eure Herzen und bereut. Wenn Ihr zu Euren Pflichten zurückkehrt, werden Eure Eltern von dem Tag an glücklich wie die Heiligen leben. Aber wenn Ihr nicht bereuen wollt, sondern auf Euren bösen Wegen verharrt, werden sie die Qualen der Hölle erleiden. Himmel und Hölle ist eins mit Reue und Nichtreue. Reue aber ist nichts anderes, als das verlorene Herz wiederzufinden, und das ist der Grund und der Gegenstand aller Weisheit. Über diesen Punkt werde ich morgen abend noch weiter zu Euch reden. –

Dritte Predigt

(Aus den Predigten des Kiu-o, Band 1)

Moschi hat gesagt: »Seht hier den dritten Finger! Wenn eines Menschen dritter oder namenloser Finger krumm ist, so daß er ihn nicht ausstrecken kann, wird er, obwohl ihm der Finger sonst durchaus keinen Schmerz verursacht, doch, wenn er von jemandem hört, der so etwas kurieren kann, sich nichts daraus machen, sogleich eine weite Reise von Schin nach So* zu unternehmen, um den Arzt über seinen krummen Finger zu befragen. Denn er weiß, daß es unangenehm und widerwärtig ist, den Finger anders zu haben als andere Menschen. – Dagegen kümmert sich derselbe Mann nicht einen Deut darum, wenn

* Alte Provinzen Chinas.

sein Herz schief und krumm und von den Herzen anderer Menschen verschieden ist. – So sehr mißachten die Menschen den wahren Wert der Dinge.«

Das ist nun das zweite Kapitel meiner Predigt über das Thema, daß Wohlwollen das wahre Herz des Menschen sei, über das ich zu Euch an einem früheren Abend sprach. Die wahre Weisheit hat kein anderes Ziel als das: Verlorene Seelen wiederzugewinnen, und in Übereinstimmung damit hat Moschi in obiger Parabel die über alles erhabene Wichtigkeit des menschlichen Herzens noch einmal deutlich machen wollen.

Der »namenlose Finger« ist der neben dem kleinen. Der Daumen heißt »Vaterfinger«, der erste Finger wird »Index« genannt. Den langen nennt man Mittelfinger. Der dritte Finger wird zuweilen auch »der Finger, um Rot aufzutragen« oder »der Schminkfinger« genannt. Doch dieser Name wird ihm nur von Damen gegeben. Er ist nicht im allgemeinen Gebrauch. Da er also keinen allgemein gültigen Namen hat, wird er gewöhnlich »der namenlose Finger« genannt. Und wie kommt er zu dieser Benennung? Nun, weil er von allen Fingern der am wenigsten brauchbare ist. Wenn wir etwas greifen und festhalten wollen, tun wir dies mit Hilfe des kraftvollen Daumens und des mittleren Fingers. Wenn ein Mensch sich den Kopf kratzt, tut er es mit dem Index. Wenn er die Wärme des Weins im Kessel prüfen will,* bedient er sich des kleinen Fingers.

Während so jeder Finger seine eigenen Verwendungen und Pflichten hat, bringt nur der namenlose Finger keinen besonderen Nutzen. Er ist uns nicht im Weg, wenn wir ihn haben, und wir entbehren ihn nicht sehr, wenn wir ihn verlieren. Am ganzen Körper ist er das unbedeutendste Glied. Wenn er krumm

* Wein wird in Japan fast immer erwärmt getrunken.

ist, so daß wir ihn nicht gerade ausstrecken können, tut es uns doch nicht weh, wie Moschi sagt. Selbst wenn wir ihn gar nicht haben, sind wir darum nicht schlimmer daran. Daher wäre es, wenn er krumm ist, am besten, ihn so zu lassen, wie er ist.

Dennoch wird ein Mensch mit einem solchen krummen Finger, wenn er von einem Doktor hört, der ihn gerade machen kann, sich gleich auf den Weg machen und den Doktor zu Rate ziehen, mag die Entfernung auch noch so groß sein. – Und weshalb? – Weil er sich schämt, einen Finger zu haben, der ein wenig verschieden ist von denen der übrigen Menschen. Es verlangt ihn, geheilt zu werden, und er macht sich nichts daraus, für diesen Zweck von Schin nach So zu reisen – eine Entfernung von tausend Meilen.

In hohem Grad empfänglich sind die Menschen gegen das Schamgefühl, und zwar mit Recht. Denn das Gefühl der Scham ist der Anfang der Tugend. Dieses Gefühl ist den Menschen angeboren. Aber es gibt verschiedene Arten, Scham zu empfinden. Manche sind sehr empfindlich für Scham, die ihr Äußeres angeht, kennen aber die ihre Herzen betreffende Scham gar nicht. Das ist ein erschreckender Mißgriff. Nichts kann in Hinsicht auf Bedeutsamkeit mit dem Herzen verglichen werden. Das Herz wird mit Recht der Herr des Leibes genannt, den es regiert wie ein Meister sein Haus. Soll nun der Herr, der das Herz ist, leiden und seine Krankheit vernachlässigt werden, während man für seine Diener – und das nur sind die Glieder – alle erdenkliche Sorgfalt hat? Wenn du dir das Knie verletzt hast, lege Schwamm auf, um die Blutung zu stillen. Wenn bei der Moxibustion Eiterung erfolgt, wende ein Pflaster an; hast du dich erkältet, bereite dir eine Medizin aus Knoblauch, Grütze und Ingwerwein! – Um einer Kleinigkeit willen seid Ihr besorgt und lauft gleich zum Doktor. Ist aber euer Herz krank, macht ihr euch nichts daraus. Obwohl Ihr von Menschen geboren seid, ist es Euch doch gleichgültig, wenn Eure Herzen denen der Füchse und Schlangen, Krähen oder der Teufel ähnlicher sehen als menschlichen Herzen, weil Ihr nur für Euren Leib Sorge tragt. Oh, wie seid Ihr doch in einem so großen Irrtum befangen! Es ist wohl schon eine alte Verkehrtheit. Denn darauf deutet bereits Moschi hin, wenn er sagt, daß es die Ordnung der Dinge verkennen heiße, wenn man auf die Entstellung eines kleinen Fingers achte, die Deformitäten der Seele aber ignoriere. Das heißt, keinen Unterschied machen zwischen dem, was wichtig, und dem, was ganz unwichtig ist, eine Lappalie sorgfältig auflesen und bei etwas sehr Wertvollem vorübergehen. Und doch lehrt schon ein natürlicher Trieb den Menschen, das Große dem Kleinen, das Bedeutende dem Unbedeutenden vorzuziehen.

Wenn jemand von seinen Verwandten und Bekannten zum Essen eingeladen wird, die Gäste versammelt sind und der Hauptteil der Mahlzeit verteilt ist, dann sieht er sich um, mit Augen, die ihm fast aus dem Kopf treten, glotzt seine Nachbarn an, und indem er die kleinen Leckerbissen von geröstetem Geflügel oder Fisch, die ihnen vorgesetzt wurden, vergleicht und herausfindet, daß jene einen halben Zoll größer sind als die, die er bekommen hat, dann bläht er sich vor Ärger auf und spricht für sich: »Was in aller Welt denkt sich der Wirt? Herr Tarubei ist ein Gast. Aber ich bin es auch. Was soll das bedeuten, daß der Gastgeber mich so knauserig bedient? Dahinter muß irgendeine Bosheit oder übler Wille stecken.« Auf diese Weise grollt er mit seinem Wirt. Nun bitte ich Euch, denkt über diesen Fall nach. Lohnt es sich der Mühe, in zornige Aufwallung zu geraten wegen eines Bissens gebratenem Geflügel oder Fisch? Und doch zeigen gerade in solchen Kleinigkeiten die Menschen, wie sie etwas, das sie für bedeutend ansehen, zu erhaschen trachten. Wie kann ein Mensch wegen seines gekrümmten Fingers mit Scham erfüllt sein und es doch für kein Unglück halten, wenn sein Herz krumm ist? Da zeigt sich, wie sie den Schatten hingeben für die Substanz.

Moschi tadelt die Mißachtung der wahren Ordnung der Dinge streng. Was für verkehrte und verblendete Kreaturen sind doch die Menschen! Wie heißt es in dem alten Lied? »Verborgen tief im Innern des Waldes steht der Baum, der schon ganz verfault zu sein scheint. Aber wenn nur sein Kern noch gesund ist, kann man ihn doch noch wieder zum Blühen bringen.« – Was hat es zu bedeuten, wenn die Hand oder der Fuß entstellt ist? Das Herz ist die Hauptsache, ist der Kern. Ist Euer Herz schief, was hilft es Euch dann, daß Ihr eine Adlernase habt, daß Eure Haut glatt und Euer Haar schön ist?

All diese Dinge blenden nur das Auge und sind ansonsten äußerst nutzlos. Es ist, als tätet Ihr Pferdedünger in eine goldlackierte Teedose. Mit Recht nennt man das eine glatte und trügerische Außenseite.

Eine Küchenmagd hat die Töpfe gereinigt und in der Küchengrube ausgeleert. Der Küchenjunge Tschokitschi kommt herbei und sagt ihr: »Du hast da etwas Holzkohlenstaub an der Nase«, und zeigt mit dem Finger auf den schmutzigen Fleck. Die Küchenmagd ist ihm dafür ganz dankbar und antwortet: »Wirklich? Ach, ich bitte, wo ist es denn?« Dann wickelt sie schnell ein Handtuch um ihren Finger, und indem sie ihren Kopf beugt, bis Mund und Stirn fast auf derselben Höhe sind, schielt sie nach ihrer Nase und bearbeitet sie, als ob sie der berühmte Goto* bei der Arbeit wäre, die Ornamente eines

* Ein berühmter Gold- und Silberschmied der alten Zeit. Der Benvenuto Cellini der Japaner. Seine Marke auf einem metallenen Bildwerk erhöht den Wert desselben ums Zehnfache.

Schwertgriffs gestaltend. »Ich frage Euch, Meister Tschokitschi, ist der Schmutz nun weg?« – »Ei! Ganz und gar nicht! Du hast die Kohle nun über deine ganze Wange verbreitet.« – »Oh je! Oh je! Ist das möglich?« – Und nun benutzt sie das Wasserfaß als Spiegel und wäscht sich das ganze Gesicht rein. Darauf denkt sie bei sich selbst: »Der Tschokitschi ist doch ein guter Bursche.« Beim Abendessen hält sie es für angemessen, ihm ein Paar große Kochlöffel mehr zuzuwenden, und bedankt sich bei ihm wieder und wieder. –

Aber wenn nun derselbe Tschokitschi zu ihr käme und ihr sagte: »Oh, wie träge bist Du!« Oder: »Ich wollte du könntest es über dich bringen, etwas weniger von einem Zankteufel zu sein!« Was glaubt Ihr, würde die Küchenmagd zu solchen Ermahnungen sagen? Denkt einen Augenblick darüber nach! – »Der Teufel hol die Unverschämtheit dieses Kerls! Wenn ich ein böses Herz oder eine eckige Gemütsart hätte, wäre ich dann hier in der Küche seine treue Gehilfin? Packe dich und laß dich hängen! Du magst zusehen, wer dir in Zukunft deine schmutzigen Bettücher wäscht!« – Darüber wird sie zu einem wahren Teufel, bloß die Hörner abgerechnet.

Außer unserer armen Küchenmagd gibt es noch andere Leute, die sich in gleichem Fall ebenso betragen wie sie. »Verzeihen Sie, Herr Gundabei, das gestickte Wappen auf Ihrem Hofkleid hat sich ein wenig verschoben.« Sogleich beeilt sich Herr Gundabei, sein Kleid mit ängstlicher Sorgfalt zurechtzuziehen. »Ich danke Ihnen, mein Herr. Ich bin Ihnen für Ihre Aufmerksamkeit zehn Millionen Mal verbunden. Sollte da je irgend etwas sein, worin ich Ihnen wieder zu Diensten sein könnte, bitte tun Sie mir die Ehre, es mich wissen zu lassen«, und mit von höflicher Freundlichkeit strahlendem Gesicht drückt er seinen Dank aus. – Aber nun seht die andere Seite des

Bildes. »Wirklich, Herr Gundabei, Ihr seid ja sehr närrisch. Ihr scheint mir ganz und gar nicht verständig zu handeln.« Oder: »Ich bitte Euch, Herr Gundabei, seid doch aufrichtig und ehrlich! Es macht mich ganz übel, einen Menschen so verkehrten Sinnes zu sehen.« – Wie wird Herrn Gundabeis Antwort hierauf lauten? Er dreht sein Schwert im Gürtel um, bereit es zu ziehen, und spielt mit den Fingern den Zapfenstreich des Teufels auf dem Griff. Es sieht aus, als müßte es gleich zu einem Zweikampf kommen.

Kurz, wenn Ihr einem Menschen in irgend etwas beisteht, was mit einem Mangel seines Leibes zu tun hat, so nimmt er es ganz gütig auf und wird diesen Mangel gleich zu beseitigen bereit sein. Wenn aber jemand einem anderen helfen will, einen Fehler seines Herzens zu korrigieren, dann bekommt er es mit einem Mann im Dunkeln zu tun, der zornig losbricht und sich um Besserung nicht im Geringsten kümmert. Wie ist das doch so ganz gegen allen Verstand! Und dennoch gibt es Leute, die bis zu diesem Punkt verblendet sind. Und das ist nicht etwa ein seltener Fall. Dieser falsche Maßstab für Kleines und Großes, für Färbung und Substanz ist uns allen gemein, Euch als auch mir! –

Bitte schenkt mir Eure Aufmerksamkeit! – Unser Auge nimmt die äußere Erscheinung wahr, nicht aber das Herz. Daß das Herz schief oder verdreht ist, verletzt unser Auge nicht. Es kommt alles auf ein gesundes und scharfes Urteil an, und wir müssen beständig sorgfältig aufpassen.

Der Herr eines Hauses ruft seinen Diener Tschokitschi, der schlummernd in der Küche sitzt: »Hier! Tschokitschi! Die Gäste sind schon alle fort. Komm und trag die Überreste des Weins und der Fische in die Speisekammer!« – Tschokitschi reibt sich die Augen, und mit einer brummigen Antwort stapft er in die Speisekammer. Hier um sich blickend, sieht er all die netten

Dinge auf den Brettern und in den Schüsseln in Parade aufgestellt. Ganz wunderbar vergeht ihm seine Schläfrigkeit. Niemand braucht ihn nun zur Eile anzuspornen. Seine Augen erglänzen vor Lust, und er ruft: »Holla! Da ist ja ein ganzer Haufen von Gegenständen, die des Probierens würdig sind. Da ist ja ein ganzer Pfannkuchen in dieser Schüssel übriggeblieben! Wie hungrig müssen die Gäste noch geblieben sein! Und was ist denn das? Das sieht ja aus wie Fischpasteten!« Und damit greift er zu und stopft sich den Mund voll. Aber zugleich fällt ihm in einer chinesischen Porzellanschüssel* eine hübsche Gruppe junger Barsche ins Auge. »Da sitzen die kleinen gebratenen Schönheiten ganz still im Kreis herum, wie Buddha-Priester in Meditation verloren! Oh, du meine Güte! Wie allerliebst ist das!« – und als eben sein Zeigefinger und Daumen über ihren Köpfen ausgestreckt ist, da hört er die Fußtritte seines Herrn. Seines Unrechts sich bewußt, stopft er seinen Raub rasch in die Tasche seines Ärmels und bückt sich, um den Weinkessel und die Tassen beiseite zu stellen. Dabei purzeln all die eingesteckten Barsche aus seinem Ärmel heraus. »Was ist das?« ruft der Meister.

Tschokitschi stellt sich, als ob er nicht wüßte, was geschehe, klopft auf die Matte und sagt: »Kommt wieder vorgestern!«**

Aber es ist vergebens, seinen Herrn glauben zu machen, daß die kleinen Barsche Spinnen seien. Die gleichen diesen ja nicht im Geringsten.

Ja! ja! Es hilft nichts, unsere bösen Taten zu verbergen. Sie kommen ganz bestimmt, wie die Barsche, ans Tageslicht. Und

* Kuriositäten aus China wie Porzellansachen, Emailarbeiten, geschnittene Nephrite und dergleichen werden in Japan sehr geschätzt. Viele Porzellansachen in Japan sind mit einem nachgemachten chinesischen Stempel aus der Zeit der Ming-Dynastie versehen.

** Eine Zauberformel, um Spinnen, die in Japan als Unglücksboten betrachtet werden, einzuladen, ad calendas Graecas zu kommen.

so ist es auch mit dem menschlichen Herzen: Seine Absichten und Gedanken wollen heraus wie die Barsche. Wenn das Herz vor Wut schäumt, dann schwillt die Stirnader an. Wenn das Herz voll Kummer ist, dann steigen Tränen auf ins Auge. Ist das Herz lustig, dann zeigen sich Grübchen in den Wangen. Ist das Herz munter, dann lächelt das ganze Gesicht. – Nicht darum, weil die Augen sich mit Tränen füllen, ist das Herz traurig, nicht weil die Stirnader anschwillt, schäumt das Herz vor Wut. Vielmehr ist es das Herz, das die Grundursache aller dieser Äußerungen ist. Alle heftigen Empfindungen des Herzens tun sich in der äußeren Erscheinung kund. In der »großen Wissenschaft« des Koschi steht geschrieben: »Die Wahrheit dessen, was innen ist, erscheint auf der Oberfläche.« – Wie ist es möglich, das Herz zu verbergen? Schnöde Antworten geben, wenn man ermahnt wird, ein Liedchen pfeifen, wenn man gescholten wird, sind Beweise eines kranken Herzens. Und wenn man dieser Krankheit nicht schleunig zu Leib geht, so wird sie chronisch werden und alle Heilung schwierig sein. Vielleicht wird die Krankheit so heftig, daß selbst Giba und Henjaku* trotz gemeinsamer Beratung keine Besserung zustande bringen würden. Und daher lade ich Euch ein, bevor die Krankheit so schlimm wird, die Abhandlungen mit dem Titel »Schingaku« (die Kenntnis des Herzens) zu studieren. Wenn Ihr dabei in den Besitz Eures Herzens gelangt, so wie es von Natur aus war, wie wundervoll wird das sein! Dann wird Euch Euer Gewissen den leisesten verkehrten Trieb und die kleinste selbstsüchtige Regung anzeigen.

In diesem Zusammenhang möchte ich Euch eine kleine Geschichte erzählen, die mir von einem meiner Freunde erzählt

* Zwei berühmte indische und chinesische Ärzte.

wurde. Es ist eine Geschichte, die der Besitzer eines Geldwechselgeschäfts sehr gern vortrug.

Einen sehr wichtigen Teil des Geldwechselgeschäfts bildet die Kunst, das echte Gold und Silber vom unechten zu unterscheiden. In den verschiedenen Etablissements dieser Art befolgt man sehr verschiedene Methoden, die Lehrlinge jene Kunst zu lehren. Das Verfahren meines Geldwechslers war dieses: Zuerst pflegte er den jungen Leuten nur gutes Geld vorzulegen und gar kein schlechtes Silber. Nachdem sie sich mit dem Aussehen des guten Geldes gründlich vertraut gemacht hatten, steckte er insgeheim eine falsche Münze unter die echten, und da fand sich denn, daß sie jene sogleich entdeckten. Sie sahen es so klar und deutlich, wie Ihr etwas seht, auf das Ihr die Lichtstrahlen eines Spiegels habt fallen lassen. Diese Geschicklichkeit, falsches Geld auf den ersten Blick zu erkennen, war das Resultat einer gründlichen Kenntnis des echten Geldes. Nachdem sie einmal diese Schule durchgemacht hatten, versahen sich die Lehrlinge, wie man mir gesagt hat, während ihres ganzen Lebens nicht wieder. Ich weiß nicht, ob dies buchstäblich wahr ist, aber gewiß ist, daß dieses Geldwechslerprinzip sich vortrefflich auf moralische Belehrung anwenden läßt. Es ist eine sehr sichere Lehrmethode. Zugleich aber hat man mir auch gesagt, daß ein Mensch, der auf die besagte Weise gelernt hat, falsches von gutem Geld zu unterscheiden, nachher aber ein halbes oder ganzes Jahr lang ein anderes Gewerbe betreibt und die Behandlung des Geldes aufgibt, dann wieder geradeso wird, wie jeder andere unerfahrene Mensch, unfähig das Gute vom Schlechten zu unterscheiden.

Ich bitte Euch, denkt darüber nach. Wenn Ihr Euch einmal mit der Natur des unverdorbenen Herzens vertraut gemacht habt, werdet Ihr Euch von da an sofort der kleinsten Hinneigung zur Selbstsucht bewußt sein. Und warum? – Weil das natürliche Herz erleuchtet ist. Wenn ein Mensch das Vollkommene einmal kennengelernt hat, wird er nie das Unvollkommene annehmen wollen. Doch wenn er nach Erlangung dieser Kenntnis sein natürliches Herz aus dem Blick verliert und allmählich vergißt, das Vollkommene zu erkennen, findet er sich wieder im Dunkeln und kann das falsche Geld vom echten nicht mehr unterscheiden.

Ach, ich bitte Euch, seid auf der Hut! Wenn ein Mensch üble Gewohnheiten annimmt, kann er die Verschiedenheit zwischen dem guten Impuls seines natürlichen Herzens und den bösen Regungen seines verdorbenen Herzens nicht mehr unterscheiden. Mit diesem verfinsterten Herzen als Grundlage all seiner Handlungen kann er kaum seine Absicht durchführen, und er wird seufzend und wieder seufzend seine Achseln zucken. Ein elendes, wahrhaft bedauernswertes Geschöpf! Dabei verliert er alles Selbstvertrauen, so daß er, obwohl es viel besser für ihn wäre, seinen Mund zu halten und gar nicht darüber zu sprechen, doch hingeht und jedem, dem er begegnet, die Verkehrtheit seines Herzens bekennt, wenn er nur das geringste Mißgeschick erfährt oder sich in einer sehr unbedeutenden Verlegenheit befindet. Oh, wie trostlos ist dieser Zustand für einen Menschen! Daher bitte ich Euch, doch ja recht gründlich das echte Silber des Herzens zu erkennen, damit Ihr mit der falschen Münze nicht zu Schaden kommt. Mein Gebet ist, daß Ihr und ich während unseres ganzen Lebens nie den Weg der guten Grundsätze verlassen mögen.

In diesem Zusammenhang habe ich Euch eine amüsante Geschichte zu erzählen, wenn Ihr so gut sein wollt, zu hören:

Die guten Freunde, die das Gebrüll der Hirsche belauschen wollten

Einstmals in einer Jahreszeit, da die Herbstnächte schon anfingen, kühl zu werden, kamen fünf oder sechs Freunde, wohlhabende Kaufleute, zusammen, um ein wenig miteinander zu plaudern, und nachdem sie ihre Picknickbüchse fertig und ihre Weinflasche gefüllt hatten, machten sie sich auf den Weg zu einem Tempel im Gebirge, wo ein ihnen befreundeter Priester wohnte, um dort das Gebrüll der Hirsche zu belauschen. In dieser Absicht machten sie dem Priester einen Besuch und mieteten ein Gastzimmer im benachbarten Kloster.*

Und wie sie da so saßen, auf den Ruf der Hirsche wartend und lauschend, da fingen einige aus der Gesellschaft an, Verse zu machen. Einer schrieb einen Vers auf Chinesisch, ein anderer schrieb einen Vers von siebzehn Silben. Und während sie die Weintasse kreisen ließen, kam die Zeit des Sonnenuntergangs heran. Aber noch hatte kein Hirsch einen Laut von sich gegeben. Die achte Stunde kam und die zehnte, und kein einziger Hirsch ließ sich hören.

»Was kann das nur bedeuten?« sagte einer der Freunde. »Das Wild sollte um diese Zeit doch schreien.« –

Aber trotz all ihres Wartens blieben die Hirsche stumm. Endlich wurden die Freunde schläfrig, und da sie es überdrüssig wurden, Gesänge und Verse zu schreiben, fingen sie an zu gähnen und gaben es auf, über die Leiden und Sorgen des Lebens zu schwatzen. Und als sie endlich alle ganz still waren, erhob

* Alle Tempel in China und Japan haben Gastzimmer, die man für eine Kleinigkeit haben kann, sei es für lange oder kurze Zeit. Es ist eine falsche Ansicht, wenn man glaubt, daß diese geheiligten Räume dadurch, daß man sie als Gasthaus benutzt, entweiht würden. Es ist eben Landessitte.

sich einer von ihnen, ein guter Fünfziger, tat dem Kreisen der Weintasse Einhalt und sagte:

»Gut, gewiß! Ihr Herren! Wir haben den Abend mit Eurem Beistand in sehr vergnüglicher Konversation verbracht. Aber obwohl ich mich in dieser Weise ganz prächtig unterhalte, werden meine Leute zu Hause doch ängstlich, und ich denke, wir sollten unser Trinkgelage jetzt aufheben.«

»Warum denn das?« fragten jetzt die anderen.

»Nun, ich will es Euch sagen. Ihr wißt, daß der einzige Sohn, den ich habe, dieses Jahr zweiundzwanzig Jahre alt ist. Und Sorgen genug macht er mir auch. Solange ich zu Hause bin, hilft er mir ein wenig im Laden, aber recht verdrießlich. Und sowie er kein Stück von meinem Schatten mehr sieht, hißt er die Segel und steuert in irgendeinen unrechten Hafen, wo er zecht und allerlei Streiche ausführt. Obwohl alle unsere Bekannten und Verwandten ihm immer predigen, machen ihre Worte doch keinen größeren Eindruck auf ihn als der Wind, der in das Ohr eines Pferdes bläst. Wenn ich daran denke, daß ich mein Vermögen einem solchen Burschen hinterlassen soll, macht mir das mein Herz ganz klein, in der Tat! Und obwohl ich, Dank derer, die ich beerbt habe, keinen Mangel leide, vergieße ich doch, wenn ich an meinen Sohn denke, Tag und Nacht blutige Tränen.«

Und nachdem dieser so seufzend gesprochen hatte, erhob sich ein anderer, ein Mann von fünf- oder sechsundvierzig Jahren, und sagte:

»Nein, nein! Obwohl Ihr Euch soviel aus Eurem Mißgeschick macht, ist Euer junger Sohn doch im Grunde nur ein wenig unbesonnen. Ihr habt nicht so große Ursache zum Klagen und Grämen. Da habe ich von mir weit Ärgeres zu berichten. In den letzten Jahren haben meine Ladendiener mich in Schulden gebracht, indem sie meinten, daß fünfzig oder sechzig Unzen mehr oder weniger nichts zu bedeuten hätten. Meine Handlungsbücher sind bei ihrer Wirtschaft ganz in Unordnung geraten. Stellt Euch vor, was das sagen will! Seit sie kleine Kinder waren, so klein, daß sie sich nicht einmal die Nase putzen konnten, habe ich diese Burschen in meinem Haus gehabt, und jetzt, da sie im Laden etwas nützlich sein könnten, machen sie Schulden und sind ihrem Brotherrn zum größten Schaden. Du verlierst dein Geld doch nur an deinen eigenen Sohn.«

Dann sagte ein dritter der Herren:

»Nun ja, ich denke, daß es ganz so hart nicht ist, Geld an seine Handlungsdiener zu vertun. In welche Verlegenheiten aber bin ich seit einiger Zeit geraten! Ich kann aus meinen Kunden keinen Pfennig herauskriegen. Der eine ist mir fünfzehn Unzen schuldig, der andere fünfundzwanzig. Das ist wirklich genug, um einem Mann das Gefühl zu geben, als würde sein Herz ganz aufgerieben.«

Als dieser mit Sprechen geendigt hatte, sagte ein alter, ihm gegenüber sitzender Herr, indem er seinen Fächer hin und her bewegte:

»Gewiß, meine Herren, Eure Klagen sind nicht ganz ohne Grund und Ursache. Doch beständig um etwas Geld angesprochen zu werden, für Verwandte und Bekannte, heute eine Quittung ausschreiben, morgen einen Wechsel decken zu müssen, einen ganzen Haufen Anhänger zu haben, die einen mit tausenderlei Bitten plagen, wie das bei mir der Fall ist, das ist ein noch viel ärgerer Fall.«

Aber bevor der alte Herr noch halb ausgesprochen hatte, rief sein Nachbar laut aus:

»Ach! Ihr, meine Herren, lebt alle im Luxus im Vergleich zu mir. Bitte hört, was ich zu leiden habe. Ich habe eine Frau und eine Mutter im Haus, die über nichts einig werden können. Den ganzen Tag über streiten sie sich wie zwei Kühe, die mit ihren Hörnern aufeinander losgehen. Mein Haus ist mir dadurch so unerträglich geworden, als wenn es ganz voll von dikkem Rauch wäre. Ich denke oft, es wäre am besten, mein Weib an ihren Geburtsort zurückzuschicken. Aber ich habe zwei kleine Kinder, die sie füttern und erziehen muß. Wenn ich mich einmische und für meine Frau spreche, wird meine Mutter ganz mißmutig. Wenn ich meine Frau zurechtsetze, dann sagt sie, ich behandle sie deswegen so brutal, weil sie nicht von meinem Fleisch und Blut sei, und wirft Haß auf mich. Meine Marter und Pein sind jenseits aller Beschreibung. Ich bin wie ein Pfosten mitten zwischen den beiden Stoßenden und Streitenden.«

Und auf diese Weise schwatzten und schrien sie alle im Chor laut durcheinander, jeder über sein eigenes Unglück. Endlich stand einer von ihnen sich besinnend und sammelnd auf und sagte:

»Nun, meine Herren, jetzt sollten die Hirsche eigentlich schreien. Aber wir sind so eifrig bei unserer Konversation gewesen, daß wir nicht wissen, ob wir ihr Gebrüll verpaßt haben oder nicht.«

Mit diesen Worten stieß er die Schiebetür der Veranda zurück und blickte ins Freie hinaus, und siehe da! Ei, schaut doch! Da stand ein großer Hirsch vollkommen still und ruhig am Rande des Gartens.

»Hallo!« sagte der Mann zum Hirsch: »Was ist das? Da du die ganze Zeit über hiergewesen bist, warum hast du nicht gebrüllt?«

Darauf antwortete der Hirsch mit einer ganz langmütigen und unschuldigen Miene:

»Ah, mein Herr, als ich hier ankam, hörte ich Euch laut klagen und da habe ich Eurem Geschrei gelauscht!«

Ist das nicht eine drollige Geschichte?

*

Alte oder junge Leute, Männer und Frauen, Reiche und Arme, sie alle hören nicht auf, vom Morgen bis zum Abend über ihr Mißgeschick zu knurren. Und doch ist das alles nur die Wirkung eines erkrankten Herzens. Kurz, wegen einer ganz unbedeutenden Neigung oder wegen eines selbstsüchtigen Wunsches tun sie Unrecht, um Unmögliches möglich zu machen. Das ist purer Mangel an Urteilskraft und bringt allerlei Kummer über die Welt. Wenn Ihr einmal den Besitz eines vollkommenen Herzens erlangt habt, und einseht, daß das Unmögliche unmöglich ist, und erkennt, daß das Schwierige schwierig ist, dann werdet Ihr nicht versuchen, Euch überflüssigen Kummer zu bereiten. Was sagt das »Tschin-jo«*? Der weise Mann, den sein Los unter die Reichen oder unter die Armen, unter die Barbaren oder sonst in Sorge gebracht hat, wird immer mit Hilfe seines natürlichen Instinkts seine Lage begreifen. Wenn ein Mensch dies nicht begreift, dann denkt er, daß die Ursachen seiner Freuden und Leiden in seinem Verhalten und den äußeren Umständen stecken. Indem sie ihr Herz als Nebensache betrachten, streben sie nur nach leiblicher Behaglichkeit, verfallen dabei in Ausschweifungen, die dann in Geiz und Habsucht ausarten. Statt Freunde zu gewinnen, ist Kummer ihr Los, und sie verbringen ihr Leben mit Jammern und Weinen.

Auf die eine oder andere Art hängt in dieser Welt alles vom Herzen ab. Ich beschwöre jeden von Euch, zu sorgen, daß nicht Tränen sein Los werden!

* Das zweite Buch des Konfuzius.

KAPITEL XIII

Ein Bericht über das Harakiri

(Aus einem seltenen japanischen Manuskript)

»Seppuku« (Harakiri) ist die Art der Selbsttötung, die unter den Samurais gebräuchlich ist und der sie sich unterziehen, wenn sie nicht umhinkönnen, den Tod zu wählen. Einige führen diesen Selbstmord unter gewissen Umständen aus freiem Entschluß aus. Andere dagegen, die irgendein strafwürdiges Verbrechen begangen haben, werden dazu verurteilt, ihrem Leben selbst ein Ende zu machen. Es ist durchaus nötig, daß die Hauptperson bei diesem Akt, ihre Sekundanten und die Zeugen, die an der Sache beteiligt sind, alle dabei zu beobachtenden Zeremonien genau kennen.

Vor längerer Zeit lud einmal ein Daimio mehrere Personen, die mit den mannigfaltigen Zeremonien ganz vertraut waren, zu sich ein, um ihm die verschiedenen Förmlichkeiten auseinanderzusetzen, die von den öffentlichen Zeugen bei der Inspizierung und Verifizierung des Kopfes etc. beobachtet werden müssen, und um ihn über das Verfahren beim Akt der Selbsttötung zu unterrichten. Danach belehrte er seinen Sohn und alle seine Vasallen über diese herkömmlichen Gebräuche. Eine andere Person hat gesagt, daß, weil diese Förmlichkeiten, die der Prinzipal (der zum Harakiri Verurteilte), seine Sekundanten und die Zeugen durchmachen müssen, sehr wichtige Dinge sind, jedermann sich mit dieser schrecklichen Sache bekannt machen sollte, damit, wenn die Zeit für ihn kommen sollte, darin eine Rolle zu spielen, er nicht in Verlegenheit geriete.

Die Zeugen müssen kommen, um die Selbsttötung anzusehen und zu verifizieren. Zu »Sekundanten« braucht man Männer, die sich bereits im Kriegsdienst ausgezeichnet haben. In den alten Tagen wußte das jeder. Aber heutzutage ist es Mode, von solchen Gebräuchen nichts zu wissen, und wenn es sich einmal trifft, was selten geschieht, daß ein Verbrecher einem Daimio zur Bewachung überliefert wird, mit dem Auftrag, daß er Harakiri vollziehen solle, so trifft es sich oft, daß sich zur Zeit des Aktes unter allen Vasallen des Fürsten keiner findet, der kompetent und unterrichtet genug ist, um als Sekundant agieren zu können. In dem Fall wird dann zum Abschneiden des Kopfes des Verbrechers in aller Eile von irgendwoher ein Mensch beordert, der für den Tag ein Vasall des Fürsten wird und seinen Namen ändert. Dabei achtet man nicht darauf, ob dieser Mensch aus den mittleren oder auch aus den niedrigsten Klassen stammt. Man übergibt ihm die Sache, um über die Schwierigkeit hinwegzukommen, und betrachtet es nicht als Schande.

Es ist ein schwerer Verstoß gegen das Dekorum, wenn der Sekundant, dem beim Harakiri ein so wichtiges Amt zufällt, im Beisein der vom Gouvernement gesandten Zeugen einen Fehler macht, z. B. den Kopf nicht mit einem einzigen Schlag abtrennen kann. Eben daher sollte man immer nur eine sehr geschickte und geübte Person anstellen. Jeder Samurai sollte imstande sein, den Kopf eines Menschen abzuschlagen. Wenn man daher einen Fremden beauftragt, den Sekundanten zu machen, läuft man Gefahr, große Unkenntnis mit dem Waffenhandwerk an den Tag zu legen, und man wird nur ärgerlichen Anstoß damit erregen. Vor allem junge Leute, die immer leichtsinnig ihrem jugendlichen Eifer vertrauen, sind nicht sorgfältig genug und machen gewiß irgendeinen Fehler.

Einige Menschen sind zwar bei gewöhnlichen Veranlassungen geschickt genug, verlieren jedoch vor Publikum bei öffentlichen Aktionen ihre Geistesgegenwart und zeigen sich da nicht so tüchtig, wie sie sein sollten. Es ist daher sehr wichtig, daß Menschen, die möglicherweise zu Zeugen oder Sekundanten bei einem Harakiri aufgerufen werden könnten, sich beständig in der Handhabung des Schwertes üben, und daß ihnen alle dabei üblichen Bräuche geläufig sind, damit sie, wenn die Zeit kommt, die Fassung bewahren.

Einer großen alten Autorität zufolge gab es zwei Arten der Todesstrafe: Geköpft und stranguliert werden. Später wurde auch noch die Zeremonie des Harakiri hinzugefügt für den Fall, daß eine zur Kriegerklasse gehörende Person zum Tode verurteilt war. Dies wurde zuerst in den Tagen der Aschikaga-Dynastie* angeordnet. Zu dieser Zeit war das Land in einem Zustand äußerster Verwirrung, und viele Menschen wurden zu Gefangenen gemacht, die, obwohl sie gekämpft hatten, nicht als des Hochverrats oder der Untreue gegen ihre Lehnsherren schuldig angesehen werden konnten. Solche Männer als Verbrecher gebunden abzuführen und zu enthaupten, wäre unerträglich grausam gewesen. Man achtete daher auf feierliche Zeremonien bei der Selbsttötung durch Leibaufschneiden, um die geschiedene Seele zu trösten. Auf diese Weise verbreitete sich die Zeremonie des Harakiri, und so werden auch jetzt noch, wenn es nötig wird, einen Mann wegen einer eines Samurais nicht unwürdigen Tat zu töten, am Tag der Hinrichtung Zeugen ins Haus geschickt, und der Verurteilte, nachdem er sich gebadet und neue Kleider angezogen hat, macht selbst seinem Leben ein Ende, verliert aber dabei nicht seinen Rang als Samurai. Das ist ein Gesetz, für das in Wahrheit die Menschen dankbar sein sollten.

* Die dritte oder Aschikaga-Dynastie der Schogune blühte von 1336–1568 n. Chr. Die Ausübung der Selbsttötung durch Aufschneidung des Leibes ist in Japan ein uralter Brauch. Zur bezeichneten Zeit wurden die begleitenden Zeremonien umständlich festgestellt.

Über die Vorbereitung des Schauplatzes für das Harakiri

In alten Tagen pflegte die Zeremonie des Harakiri in einem Tempel ausgeführt zu werden. Im dritten Jahr der Periode »Kan-jei« (1626 n. Chr.) erging an eine gewisse Person, die man des Hochverrats für schuldig befunden hatte, der Befehl, sich am vierzehnten Tag des ersten Monats im Tempel von Kitschijoji zu Komagomé in Jedo zu entleiben.

Achtzehn Jahre später tötete der Vasall eines Daimios einen Seemann, der zur Küstenflotte von Osaka gehörte und mit dem er einen Disput gehabt hatte, und nachdem der Gouverneur von Osaka die Sache gründlich untersucht hatte, wurde dem Mörder befohlen, am zwanzigsten Tag des sechsten Monats im Tempel genannt Sokusanji in Osaka Harakiri auszuführen.

Während der Periode »Schoho« (Mitte des 17. Jahrhunderts) vollzog ein Mann, der eines sehr gehässigen Verbrechens für schuldig befunden war, Harakiri im Tempel Schimpukuji in der Kojistraße in Jedo.

Am vierten Tag des fünften Monats des zweiten Jahres der Periode »Meireki« (1656 n. Chr.) entleibte sich auf Befehl ein Mann, der auf dem Platz Schimidsudani in der Kojistraße den Tod des Gemahls seiner Cousine gerächt hatte, im Tempel Honseiji.

Am sechsundzwanzigsten Tag des sechsten Monats des achten Jahres der Periode »Jempo« (1680 n. Chr.) bei der Feier der Begräbniszeremonie, die zu Ehren des Jahrestages des Todes Genjuin Samas, eines früheren Schoguns, ausgerichtet wurde, tötete Naito Idsumi no Kami, der Ursache zu Haß und Rache gegen Nagai Schinano no Kami zu haben glaubte, diesen mit einem kurzen Schwert auf einen Schlag in der Haupthalle des Tempels Sojoji (dem Begräbnisort der Schogune von Jedo). Idsumi no Kami wurde von den anwesenden Offizieren verhaftet und führte am folgenden Tag in Kiridoschi im Tempel Seiriuji Harakiri aus.

In neuerer Zeit wird die Zeremonie gewöhnlich abends vollzogen, entweder im Palast oder im Garten eines Daimios, dem der Verurteilte zur Gefangensetzung überantwortet war. Ob es im Palast oder im Garten stattfinden soll, hängt vom Rang des Individuums ab. Daimios und Hatamotos und die höherem Beamten des Schoguns entleiben sich selbstverständlich im Palast. Vasallen von niederem Rang müssen es im Garten tun. Bei Vasallen großer Lehnsherren sollten, je nach Rang ihrer Familien, diejenigen, die über dem Grad eines Kapitäns stehen und den Stab führen*, ihr Harakiri im Palast selbst, alle anderen im Garten ausführen.

Falls die Personen, die an der Zeremonie beteiligt sind, wenn die Zeit kommt, in Zweifel sind über die Regeln, die sie zu befolgen haben, sollten sie, um die Frage zu entscheiden, bei kompetenten Personen anfragen.

Anfang des 18. Jahrhunderts während der Periode »Genroku«, als sich Asano Takumi no Kami im Palast eines Daimio, genannt Tamura, entleibte,** wurde, da die ganze Affäre sehr plötzlich und unerwartet kam, der Garten mit Matten bedeckt, und auf diese Matten wurde ein Teppich gelegt und die Sache so erledigt. Einige Leute behaupteten damals, daß es unrecht gewesen sei, einen Daimio zu behandeln, als wäre er ein gewöhnlicher Samurai. Doch wird gesagt, daß es in alten Zeiten üblich war, die Zeremonie auf einem im Garten ausgebreiteten Lederteppich ausführen zu lassen, und ferner behauptet man,

* Ein Stab mit einer Quaste von Papierstreifen, der gebraucht wird, um in Kriegszeiten Zeichen und Befehle zu geben.

** Siehe hierzu die Geschichte von den siebenundvierzig Ronin.

daß der richtige Platz dafür ein Gehege aus durch Bänder verbundenen Pfählen im Garten sei. Die Personen, die nur mit *einer* Form der Zeremonie bekannt sind, haben mithin Unrecht, den Daimio Tamura anzuklagen, daß er damals unrichtig gehandelt habe. Sollte jedoch seine Absicht nur gewesen sein, sein Haus vor der Befleckung mit Blut zu bewahren, dann könnte man ihm bösen Willen durchaus vorwerfen. Denn die richtige Wahl und Vorbereitung des Platzes ist bei dieser Gelegenheit von großer Bedeutung.

Früher war es vorgeschrieben, daß für Personen von hohem Rang der Platz innerhalb des Pfahlzauns sechsunddreißig Fuß im Quadrat haben solle. Ein Eingang wurde auf der Südseite gemacht und ein zweiter auf der Nordseite. Die südliche Tür hieß »Schugijomon« (»das Tor der Tugendübung«). Die Tür im Norden wurde »Umbanmon« (»das Tor des warmen Bassins«)* genannt. Zwei Matten mit weißen Borten wurden in der Form eines Hammers zurechtgelegt, die eine im rechten Winkel über der anderen. Ein Stück weiße Seide, sechs Fuß lang und vier Fuß breit, wurde über der Matte ausgebreitet. An den vier Ecken wurden vier Pfosten für Vorhänge befestigt. Vor den beiden Matten wurde ein Portal errichtet, acht Fuß hoch und sechs Fuß breit, in der Gestalt der Portale vor den Tempeln, von einer feinen Sorte von Bambus und in weiße Seide** gehüllt. Weiße Vorhänge, vier Fuß breit, wurden an den vier Ecken aufgehängt und darüber vier Flaggen, sechs Fuß lang, auf die vier Sprüche aus den heiligen Büchern geschrieben waren. Diese Flaggen wurden, wie man sagt, gleich nach Beendigung der Zeremonie zum Grab geschafft. Zur Nachtzeit wurden auf jede Seite der beiden

* Keiner der Japaner von Autorität, die ich befragen konnte, vermochte mir eine Erklärung dieses sonderbaren Namens zu geben.

** Weiß ist in China und Japan die Farbe der Trauer.

Matten in Näpfchen auf die Spitze von Bambusleuchtern zwei Lichter gestellt. Diese Leuchter waren vier Fuß hoch und in weiße Seide eingeschlagen. Die Person, die Harakiri vollziehen sollte, trat durch die Nordtür in die Umzäunung ein und ließ sich auf der weißen Seide der Matte so nieder, daß sie ihr Gesicht nach Norden zeigte. Einige haben jedoch behauptet, daß sie nach Westen blicken müsse, und wenn man dies annimmt, muß der ganze Platz danach eingerichtet werden. Die Sekundanten treten im selben Augenblick, wo ihr Prinzipal in der Nordtür erscheint, durch die Südtür in die Umzäunung ein und nehmen auf der Matte Platz, die kreuzweise gelegt ist.

Heute wird, wenn ein Harakiri stattfinden soll, entweder innerhalb des Gartens oder sonst in einem unbewohnten Raum des Hauses ein Platz für den Zweck vorbereitet. Nur wenn der Verbrecher gleich am Tag der Auslieferung sterben soll, wird die Zeremonie der Dringlichkeit wegen im Empfangszimmer selbst ausgeführt. Aber auch wenn zwischen der Verhaftung des Gefangenen und seiner Hinrichtung hinreichend Zeit bleibt, ist es besser, die Zeremonie in einem schon vorhandenen, anständigen Zimmer des Hauses auszuführen, als an einem dafür zurechtgemachten Platz.

Wenn man hört, daß ein Mann aus Besorgnis, sein Haus möge mit Blut befleckt werden, einen separaten Platz dafür hat herrichten lassen, so wird man ihn deshalb tadeln. Es kann sicherlich dem Haus eines Kriegers nicht zur Schande gereichen, daß ihm befohlen wurde, einem Samurai, der durch Harakiri starb, die letzten Pflichten zu leisten. Seinen Feind zu erschlagen, gegen den er gerechte Ursache zum Haß hat, und dann sich selbst zu töten, um dem Gesetz Genüge zu tun, das ist die Sache eines edlen Samurai. Und es ist ganz verkehrt, den Platz, wo er sich entleibt hat, als befleckt ansehen zu wollen.

Anfang des 18. Jahrhunderts vollzogen siebzehn Diener Asano Takumi no Kamis Harakiri im Garten eines Palastes zu Schirokané in Jedo. Als es vollendet war, riefen die Leute des Palastes die Priester der Schugenja-Sekte herbei, um den Platz zu reinigen; doch als der Herr des Palastes das hörte, befahl er, den Platz so zu lassen, wie er sei. Denn warum sollte es nötig sein, einen Platz zu reinigen, auf dem edle, treue Samurais von eigener Hand gestorben waren? In anderen Palästen, in denen andere Diener und Vasallen Takumi no Kamis abgeliefert worden waren, wurden, wie es heißt, die Plätze tatsächlich gereinigt. Aber die Menschen jener Zeit priesen den Fürsten von Higo, Kumamoto Ko, dem jener Palast von Schirokané gehörte. Es ist eine ganz verkehrte und gemeine Denkweise, den Tod in der Schlacht oder beim Harakiri als eine Befleckung ansehen zu wollen. Das mag man sich merken!

In neuerer Zeit ist der Platz zum Harakiri in allen Fällen achtzehn Fuß im Geviert. In der Mitte gibt es eine Vorrichtung zum Sitzen, und dort soll der Verurteilte sich hinsetzen, mit dem Gesicht gegen die Zeugen gewendet. In einigen Fällen wenden die Sekundanten den Zeugen den Rücken zu. Doch bleibt es fraglich, ob dies nicht ein Fehler gegen die Etikette ist. Die Zeugen sollten darüber zu Rate gezogen werden. Wenn die Zeugen nichts dagegen haben, sollte der Verurteilte ihnen gerade gegenüber plaziert werden. Doch sollte der Platz, wo die Zeugen ihren Sitz nehmen, zwölf oder achtzehn Fuß vom Verurteilten entfernt sein. Der Ort, von dem das Urteil verlesen wird, sollte auch nahe dabei sein.

Findet das Harakiri in einem Zimmer statt, so muß ein fünf Ellen breites Tuch aus weißem Baumwollenstoff oder eine ebenso große Bettdecke hingelegt werden. Man sagt, daß auch Matten vorbereitet werden sollen. Da jedoch Matten ohnehin schon im Zimmer vorhanden sind, sind keine besonderen Matten nötig. Zwei rote Decken aus grober Wolle, eine über die andere zusammengenäht, sollten über das Ganze ausgebreitet werden. Nimmt man bloß die weiße Baumwolle, würde das Blut bis auf die Matten durchsickern.

Am dreiundzwanzigsten Tag des achten Monats des vierten Jahres der Periode »Jenkijo« (1740 n. Chr.) wurde beim Harakiri einer gewissen Person ein weißes Tuch, acht Fuß im Quadrat, ausgelegt und auf dasselbe eine Bettdecke aus hellgrüner Baumwolle, sechs Fuß im Quadrat, auf diese ein Tuch aus weißem Hanf, sechs Fuß im Quadrat, und auf diese die beiden grobwollenen Teppiche. Am dritten Tag des neunten Monats des neunten Jahres der Periode »Tempo« (1838 n. Chr.) wurde bei einem Harakiri, wie man erzählt, ein großes doppeltes Tuch aus weißer Baumwolle ausgelegt und auf dasselbe zwei grobwollene Teppiche. – Von diesen beiden Verfahren sollte wegen der großen Sorgfalt, die dabei beobachtet wird, die erste zum Muster genommen werden.

Wenn das Harakiri in der Nacht stattfindet, müssen an jeder der vier Ecken Leuchter aus weißem Holz aufgestellt werden, damit Dunkelheit die Sekundanten bei ihrem Werk nicht behindert. An der Stelle, wo die Zeugen sitzen, sind gewöhnliche Leuchter aufzustellen. Doch eine zu helle Erleuchtung ist auch nicht schicklich. Zwei mit weißem Papier bedeckte niedrige Wandschirme müssen aufgestellt werden, in deren Schatten man auf einem Präsentierteller den Dolch, einen Eimer für den Kopf, nachdem er abgeschnitten ist, ein Weihrauchgefäß, einen Eimer mit Wasser und ein Waschbecken stellt.

Die obigen Vorschriften gelten in gleicher Weise für ein Harakiri, das in einem Garten ausgeführt werden soll. Im dem Fall wird der ganze Platz mit einem weißen Vorhang umhängt, der aber für die Gelegenheit nicht neu zu sein braucht. Wenn die Hinrichtung im Garten bei Nacht stattfindet, werden an den vier Ecken Laternen aus weißem Papier an Bambusstäben aufgehängt.

Nachdem das Urteil innerhalb des Hauses verlesen wurde, begeben sich die an der Sache beteiligten Personen zum Platz der Hinrichtung. Doch kann, wenn Umstände es wünschenswert machen, das Urteil auch auf diesem Platz selbst verlesen werden. In dem oben erwähnten Fall von Asano Takumi no Kami wurde das Urteil im Haus verlesen, und er vollzog danach das Harakiri im Garten. – Am dritten Tag des vierten Monats des vierten Jahres der Periode »Tenmei« (1784 n. Chr.) entleibte sich ein Hatamoto namens Sano, nachdem er den Urteilsspruch im obersten Gerichtshaus empfangen hatte, im Garten dem Gefängnis gegenüber. Wenn die Zeremonie im Garten stattfindet, muß man auf dem ganzen Weg bis zum Platz Matten ausbreiten, so daß es nicht nötig ist, Sandalen anzulegen. Dies hat man so angeordnet mit Rücksicht darauf, daß den Personen, die sich an einer so aufregenden Sache beteiligen, zuweilen, wenn sie etwas nervös sind, das Blut zu Kopf steigt, so daß ihnen die Sandalen von den Füßen abfallen können, ohne daß sie es merken. Und da das sehr häßlich aussehen würde, ist es besser, gar keine Sandalen anzulegen und Matten auszubreiten. Man muß auch darauf achten, daß da, wo zwei Matten aufeinandertreffen, ein kleiner Zwischenraum bleibt, weil die Leute sonst über die zusammenstoßenden Matten stolpern könnten. –

Wenn es irgendeine Auslassung oder Abkürzung bei den Zeremonien und Veranstaltungen geben soll, sollte alles wenigstens doch so gut und vollständig gemacht werden, wie es die Umstände erlauben. Asano Takumi no Kami wurde in der Stunde des Affen (zwischen drei und fünf Uhr nachmittags) in den Palast des Fürsten Tamura Sama geschafft. Dort nahm er sein Hofkleid ab, genoß eine Schüssel Suppe und fünf Gerichte, trank danach zwei Tassen warmes Wasser und entleibte sich in der Stunde des Hahns (zwischen fünf und sieben Uhr abends). Ein Fall dieser Art erfordert viel Sorgfalt und Aufmerksamkeit. Denn man muß Sorge tragen, daß die Vorbereitungen ohne die Kenntnis des Prinzipals getroffen werden. Wenn ein Zimmer nur gebaut wird, um eine Befleckung des Palasts zu vermeiden, sollte das in aller Stille geschehen. Denn es könnte den Hinzurichtenden, wenn er es mit ansehen müßte, in Aufregung versetzen.

Es ereignete sich einmal, daß ein Verurteilter im Palast eines Edelmanns aufgenommen wurde und daß seine Leute, als sie dabei waren, ein temporäres Gemach für die Zeremonie zu bauen, an einige der beteiligten Personen schrieben, um ihre Meinung zu hören. Der Brief lautete so:

»Unser Haus ist sehr klein und in jeder Beziehung unzulänglich. Wir haben der Wache befohlen, unseren Gefangenen mit allem Respekt zu behandeln. Aber unsere Dienstleute sind aus Mangel an Raum allerlei Unbequemlichkeiten ausgesetzt. Außerdem ist der Raum so eng, daß es sehr schwer sein würde, herauszukommen, wenn Feuer ausbrechen oder sich sonst etwas Außerordentliches begeben sollte. Wir gedenken daher dem alten Haus ein neues Gemach hinzuzufügen, damit die Wache zu allen Zeiten frei aus- und eingehen kann. Wir bitten Euch, über diesen Punkt nachzudenken.«

Wenn ein Samurai auf Befehl seines eigenen Lehnsherrn Harakiri vollführen soll, sollte die Zeremonie in einem der geringeren Paläste des Clans stattfinden. Einst ließ ein Fürst des Inujé-Clans seinen Haushofmeister Ischikawa Tosajémon, gegen den er eine gerechte Ursache zur Klage hatte und den er bestrafen wollte, in seinem Hauptpalast zu Kandabaschi in Jedo das Harakiri verrichten. Als man dies dem Schogun berichtete, wurde dem Fürsten befohlen, seinen geringeren Palast zu Asakusa dazu zu benutzen, weil es eine Mißachtung der Privilegien der Stadt wäre, den Hauptpalast dafür in Anspruch zu nehmen. Nun ist zu bemerken, daß das Harakiri zwar eigentlich keine Hinrichtung genannt werden kann, daß es sich aber doch von einer gewöhnlichen Hinrichtung nur dadurch unterscheidet, daß an dieser die Ehre eines Samurai nicht beteiligt ist. Es ist eine Frage des Grades. Es ist eine Sache der Zeremonie. Wenn der Hauptpalast des Fürsten* ziemlich weit vom Schloß des Schoguns entfernt ist, dann mag das Harakiri dort ausgeführt werden. Dagegen aber, daß es in einem geringeren Palast abgehalten wird, kann überhaupt gar nichts eingewendet werden. Wenn heute ein Mann von seinem Daimio zum Harakiri verurteilt wird, findet die Zeremonie gewöhnlich in einem der kleinen Paläste statt. Der Platz, den man in der Regel dafür wählt, ist ein offener Raum neben der Rennbahn für die Pferde, und die Vorkehrungen, die ich oben beschrieben habe, werden dabei oft nach den Umständen abgekürzt.

Wenn ein Dienstmann plötzlich, z. B. auf einer Reise, auf Befehl Harakiri auszuführen hat, sollte ein Tempel oder eine Kapelle am Weg für die Gelegenheit gemietet werben. Bei solchen Gelegenheiten kann man auch gewöhnliche grobe Matten verwenden, sofern sie mit etwas feineren Matten eingefaßt sind. Wenn der Verurteilte von so hohem Rang ist, daß er seine eigenen Waffenträger haben darf, sollte ihm ein Pelzteppich, sofern ein solcher zur Hand ist, untergelegt werden. Die Riemen

* Die Hauptpaläste der großen Edelleute, die »Jaschikis«, sind meistens ganz in der Nähe vom Schloß des Schoguns, in derjenigen Stadtgegend, die »das offizielle Quartier« genannt wird. Ihre Nähe zum Palast des Souveräns verbietet es, daß sie zu Schauplätzen von Hinrichtungen gemacht werden.

am Kopfende des Pelzes sollten einem alten Gebrauch zufolge so angebracht sein, daß die Haare des Pelzes rückwärts zeigen. In alten Tagen wurde auch bei den im Garten erfolgenden Hinrichtungen stets ein Pelz ausgebreitet. Daß man für ein plötzlich auf der Reise angeordnetes Harakiri einen Tempel mietete, ist häufig vorgekommen. Es ist zweifelhaft, ob dies auch jetzt noch geschehen darf. Fragen wie diese sollten immer vorher irgendeiner kompetenten Person zur Entscheidung vorgelegt werden, damit man bei der Anordnung keinen Fehler begeht.

In der Periode »Kambun« (1661–1673) mietete ein Fürst Sakai, der durch das Bischiu-Territorium reiste, einen am Weg liegenden Tempel für einen seiner Dienstmänner zur Entleibung, und die Sache wurde auf diese Weise rasch beendet.

Über die Zeremonien, die beim Harakiri einer Person beobachtet werden müssen, die einem Daimio zur Bewachung übergeben wurde

Wenn einem Mann von der Regierung befohlen wird, sich zu entleiben, schreiben die öffentlichen Zensoren, die beauftragt worden sind, als Zeugen zu agieren, an den Fürsten, dem der Verurteilte zur Bewachung übergeben wurde, um ihn zu benachrichtigen, daß sie in offiziellem Auftrag zu seinem Palast kommen wollen. Diese Botschaft wird direkt an den Fürsten selbst adressiert und ihm durch einen der Zensoren überreicht, dem eine angemessene Antwort zuteil wird.

Vor der Zeremonie senden die Zeugen einen der Zensoren, um den Platz zu inspirieren und einen Plan des Hauses einzusehen und zugleich von allen Personen, die anwesend sein sollen, eine Liste aufzusetzen. Dieser Zensor bespricht sich auch mit den »Kaischakus« oder Sekundanten, die er über die Art und Weise der Ausführung der Zeremonien examiniert. Wenn alle Vorbereitungen getroffen sind, holt er die anderen Zensoren, und sie begeben sich alle zusammen zum Hinrichtungsplatz, angetan mit ihren aus Hanf gewebten Feierkleidern. Die Dienstleute des Palastes sind versammelt, um beim Eingangstor die ankommenden Zensoren mit Kniebeugung zu empfangen, und der Herr des Palastes, dem der Gefangene anvertraut wurde, geht den Zensoren bis zum Torbogen entgegen und führt sie selbst in das vordere Empfangszimmer.

Dann kündigt der Hauptzensor dem Palastherrn an, daß er gekommen sei, um den Urteilsspruch vorzulesen, durch den der und der zum Harakiri verdammt worden ist, und daß die anderen Zensoren gekommen seien, die Ausführung des Urteils mit anzusehen. Der Palastherr fragt dann, ob man von ihm erwarte, daß er selbst in Person der Hinrichtung beiwohne, und ob er, wenn die Mitglieder der Familie des Verurteilten sich seinen Leichnam ausbitten sollten, ihrem Verlangen entsprechen dürfe. Danach kündigt er den Zensoren an, daß er Befehl geben wolle, alles in Bereitschaft zu setzen, und verläßt das Zimmer.

Nun werden den Zensoren Tee, ein Feuerbecken zum Rauchen und Süßigkeiten vorgesetzt. Aber sie weisen die Annahme solcher Gastfreundlichkeiten bis zur Beendigung ihres Geschäfts zurück. Die Gehilfen geringeren Grades befolgen dieselbe Regel. Wenn die Zensoren den Wunsch äußern, den Hinrichtungsplatz zu inspizieren, zeigen ihnen die Dienstleute des Palastes den Weg, und auch der Palastherr selbst begleitet sie. Doch kann er sich dabei auch von einem seiner »Karos« oder Räte vertreten lassen. Wenn sie zurück sind, lassen die Zensoren sich im Empfangszimmer nieder. Danach führt sie der Herr des Hauses zu der Stelle, wo der Urteilsspruch verlesen werden soll. Dabei behalten sie sowohl ihr Schwert als auch ihren Dolch.* Der Palastherr nimmt auf der einen Seite Platz. Die geringeren Zensoren sitzen auf beiden Seiten auf niedrigen Sitzen. Auch die Räte und anderen Beamten des Palastes nehmen die ihnen zukommenden Sitze ein. Einer der anwesenden Räte des Fürsten wendet sich, ohne von seinem Platz aufzustehen, an die Zensoren mit der Frage, ob er den Gefangenen herbeibringen soll.

Ehe dies geschieht, gehen einige Dienstleute des Palastes in das Zimmer, in dem der Gefangene sitzt, und melden ihm, daß die Zensoren da sind und daß er nun seine Kleidung wechseln müsse. Die Diener bringen auf einem großen Präsentierbrett die nötigen Kleider herbei. Nachdem er seine Toilette beendet hat, gehen die Zeugen fort und nehmen in der angezeigten Ordnung Platz.

Darauf wird »der Prinzipal« hereingeführt. Vor ihm her geht ein Mann, der vom Rang eines Monogaschira (Dienstmann vierten Grades) sein sollte und der einen Dolch, aber kein Schwert trägt. Sechs Männer agieren als Gehilfen. Diese sollten vom fünften und sechsten Rang sein. Sie gehen zu beiden Seiten des Prinzipals. Ihnen folgt ein Mann, der den Rang eines Jonins (fürstlichen Rates zweiter Klasse) haben muß. Wenn sie am Platz angekommen sind, geht der anführende Mann auf die eine Seite und setzt sich, und die sechs Gehilfen setzen sich auf beiden Seiten des Prinzipals. Der diesem folgende Offizier nimmt hinter ihm Platz, und nun liest der Hauptzensor den Urteilsspruch vor.

Nachdem das Urteil verlesen ist, verläßt der Prinzipal das Zimmer und wechselt wieder die Kleider. Und der Hauptzensor

* Ein Japaner legt beim Eintritt in ein Haus sein Schwert in der Regel ab und behält bloß seinen Dolch bei sich.

verläßt augenblicklich den Palast, ohne daß ihn jedoch der Palastherr bis zur Tür geleitet. Der zweite Zensor kehrt zum Empfangszimmer zurück, bis der Prinzipal die Kleider gewechselt hat.

Nachdem der Prinzipal auf dem Hinrichtungsplatz seinen Sitz eingenommen hat, kündigen die Palasträte dem zweiten Zensor an, daß alles fertig sei. Er begibt sich dann, mit Dolch und Schwert angetan, zu dem Platz. Der Palastherr, ebenfalls mit Dolch und Schwert an der Seite, nimmt seinen Sitz auf einer Seite. Die geringeren Zensoren und Räte sitzen dem Zensor gegenüber. Sie tragen nur ihren Dolch.

Der assistierende Sekundant bringt dann auf einem Präsentierbrett einen Dolch herbei und zieht sich, nachdem er denselben vor den Prinzipal hingelegt hat, zurück. In dem Augenblick, wo der Prinzipal seinen Kopf vorwärts beugt, schlägt der Hauptsekundant diesen ab. Der Kopf wird sogleich dem Zensor vorgehalten, der ihn besieht und identifiziert, indem er dem Hausherrn sagt, daß er zufrieden sei und ihm zugleich für alle seine Bemühung danke. Der Körper bleibt eine Zeitlang liegen und wird von einem weißen Schirm, den man um ihn herumstellt, verborgen. Auch wird Weihrauch herbeigebracht. Die Zeugen verlassen den Platz. Der Herr des Hauses begleitet sie bis zur Eingangstür, bei der seine Dienstleute im Hof sich wie zuvor niederwerfen.

Die Dienstleute des Palastes, die auf dem Hinrichtungsplatz zugegen sein sollten, sind: ein oder zwei Räte (Karo), zwei oder drei zweite Räte (Jonin), zwei oder drei Monogaschira, ein Haushofmeister (Rusui), sechs Aufwärter, ein Hauptsekundant, zwei assistierende Sekundanten und endlich ein Mann, um den Weihrauch zu tragen, der aber keine Person von Rang zu sein braucht, jeder Samurai paßt dazu. Diese letzteren besorgen auch die Aufstellung des weißen Schirms.

Die Pflicht zur Beerdigung des Körpers und Reinigung des Platzes fällt vier Männern zu. Diese werden aus der mittleren oder niederen Klasse der Samurai gewählt. Während der Verrichtung ihrer Pflicht krempeln sie ihre Hosen auf und tragen weder Schwert noch Dolch. Ihre Namen werden vorher dem Zensor, der als Zeuge agierte, übergeben, und auch den jüngeren Zensoren, wenn sie es verlangen sollten.

Vor Ankunft des Hauptzensors werden alle Feuerlöschgerätschaften bereit gehalten, auch Feuerwächter engagiert,* und einige Beamte machen beständig die Runde, um gegen Feuer Wache zu halten. Von dem Augenblick, wo der Hauptzensor ins Haus kommt, bis zu dem, wo er es wieder verläßt, darf niemand dasselbe betreten. Die Diener, die bei der Haupteingangstür Wache halten, müssen ihre Feierkleider aus Hanf tragen. Alle Verrichtungen im Palast müssen dann mit dem größten Dekorum vorgenommen werden und in allen Dingen muß die strikteste Aufmerksamkeit walten.

Wenn jemand zum Harakiri verurteilt wird, wäre es zu empfehlen, daß man zum Palast des Fürsten von Higo geht, um zu erfahren, was alles bei der Hinrichtung der Ronin des Asano Takumi no Kami vorgenommen wurde. Ich will einen Plan von dieser Begebenheit beifügen: Ein Vorhang wurde vor dem Empfangszimmer rings um den Garten angebracht. Drei Matten wurden hingelegt und über diese ein weißes Tuch ausgebreitet. Die verurteilten Männer wurden im Empfangszimmer beisammengehalten und dann einer nach dem anderen herausgerufen. Zwei Männer, auf jeder Seite einer, begleiteten sie. Der Sekundant folgte hinterher, und so schritten sie vor zum Hin-

* In Japan, wo Feuer alltägliche Ereignisse sind, bilden Feuereimer und andere Löschgerätschaften einen Teil der Galaausrüstung der Häuser der Personen von Rang.

richtungsplatz. Nachdem die Hinrichtung eines jeden beendet war, wurde der Körper durch einen weißen Schirm vor den Blicken des Hauptzeugen verborgen, in weißes Zeug eingewickelt auf eine Matte gelegt, von zwei Fußsoldaten nach hinten getragen und dann in einen Sarg gepackt. Der blutbefleckte Boden wurde mit Sand bestreut und dann rein gefegt, frische Matten darauf ausgebreitet und der ganze Platz von neuem zugerüstet, worauf der nächste Mann aufgefordert wurde, herbeizukommen.

Über gewisse Dinge, die die Zeugen zu beachten haben

Wenn einem Geschlechtsgenossen von seinem Lehnsherrn befohlen wird, Harakiri zu begehen, muß das Urteil vom Zensor des Clans verlesen werden, der dann zugleich als Zeuge agiert. Er muß seinen Platz dem Verurteilten gegenüber nehmen, in einer Entfernung von zwölf Fuß. Nach einigen Büchern soll die Entfernung achtzehn Fuß sein, und er sollte dem Verurteilten schief, nicht gerade gegenübersitzen. Eigentlich soll er sein Schwert neben sich niederlegen, doch kann er es auch, wenn er will, im Gürtel stecken lassen. Er muß die Sentenz bis zu Ende deutlich vorlesen, auch wenn sie ein sehr langes Dokument sein sollte. Zu Beginn mit sehr lauter Stimme zu lesen und dann gegen Ende die Stimme fast bis zu einem Geflüster fallen zu lassen, würde ihm den Anschein von Schwachmut geben. Aber es durchweg mit leiser Stimme lesen, ist auch schlimm. Es sollte, wie gesagt, recht deutlich und vernehmlich bis zum Ende vorgetragen werden. Es ist die Pflicht des Hauptzeugen, den anderen Personen, die an der Hinrichtung beteiligt sind, ein Beispiel von Entschlossenheit und Stärke zu geben.

Nachdem der Sekundant sein Werk vollbracht hat, trägt er den Kopf zum Hauptzeugen, der nach Inspizierung laut erklären muß, daß er ihn identifiziert hat. Er muß dann sein Schwert nehmen und den Platz verlassen. Es reicht aber auch, wenn der Kopf bloß abgeschlagen wird, ohne zum Hauptzeugen gebracht zu werden. In diesem Fall muß aber der zweite Zeuge zuvor ausreichend instruiert werden. Wenn der Hauptzeuge sich erhebt, sollte er zuerst mit dem linken Fuß ausschreiten und sich auch links wenden. Wenn die Zeremonie außer dem Haus stattfindet, sollte der Hauptzeuge mit Schwert und Dolch auf einem Kasten sitzen. Er muß sein Feierkleid aus Hanf tragen; seine Hosen mag er ein wenig aufkrempeln; je nach seinem Rang mag er sein volles Hofkostüm tragen, auch Flügel über demselben. Es ist eine Pflicht des Hauptzeugen, die Sekundanten und alle anderen über ihre Pflichten zu belehren und auch für den Fall, daß sich irgendein Unfall ereignen sollte, vorher Maßregeln zu verabreden.

Sollte, während die verschiedenen an der Zeremonie beteiligten Personen ihre Rüstungen putzen und sich auf das Ereignis vorbereiten, ein Fremder hereintreten, müssen sie sofort ihr Gespräch über das bevorstehende Harakiri beenden. Denn da man von Personen vom Rang eines Samurai annimmt, daß sie pflichtgemäß mit allen Details des Harakiri vertraut sind, würde es den Anschein von Unwissenheit auf sie werfen, wenn man sie darüber diskutieren sähe, was sie im Fall, daß etwas verkehrt ginge, tun sollen. Sollte aber der Eintretende ein intimer Freund sein, kann man ihn lieber offen zu Rate ziehen, statt ihm etwas zu verbergen, was letzteren doch allen nur peinlich sein würde.

Nachdem das Urteil verlesen ist, wird der Verurteilte wahrscheinlich noch einige letzte Worte an den Hauptzeugen zu richten wünschen. Es muß von der Art dessen, was er zu sagen hat, abhängen, ob man ihm das gestattet oder nicht. Fängt er an, in konfuser oder aufgeregter Weise zu sprechen, wird er nicht beachtet. Der Sekundant sollte ihn dann gleich abführen, sei es aus eigenem Antrieb oder auf ein Zeichen vom Hauptzeugen.

Wenn der Verurteilte eine Person ist, die vom Gouvernement einem Fürsten zur Bewachung übergeben wurde, sollte der Fürst nach Verlesung des Urteils seine Dienstleute zum Gefangenen senden und ihm ankündigen lassen, daß die Beschlüsse des Gouvernements unabänderlich seien, daß sie aber, wenn er einige letzte Wünsche vorzutragen habe, sie von ihrem Herrn beauftragt wären, dieselben zu empfangen. Wenn der Gefangene eine Person von sehr hohem Rang ist, sollte der Herr des Palastes selbst kommen und die Wünsche in Person anhören.

Der Verurteilte sollte in folgender Weise antworten: »Mein Herr! Ich danke Ihnen für Ihre rücksichtsvolle Aufmerksamkeit. Aber ich habe nichts, was ich zu sagen wünschte. Ich bin Ihnen für die große Güte, die ich hier genossen habe, seitdem ich unter Ihrer Aufsicht stand, sehr verpflichtet. Ich bitte Sie, Ihrem Herrn und allen Herren Ihres Clans, die mich so gut behandelt haben, meinen Respekt vermelden zu wollen.« – Oder er kann auch sagen: »Meine Herren, ich habe nichts zu sagen. Da Sie aber so gütig sind, mich zu fragen, wäre ich Ihnen sehr verpflichtet, wenn Sie die und die Botschaft an die und die Person ausrichten wollten.« – Das ist die für die Gelegenheit geeignete und angemessene Weise zu sprechen. –

Wenn der Gefangene die Dienstleute mit irgendwelchen Aufträgen betraut, sollten sie dieselben in einer Art und Weise aufnehmen, daß sie sein Gemüt darüber beruhigen. Sollte er um Schreibmaterialien bitten, um einen Brief zu schreiben, sollten sie ihm erklären, daß dies vom Gesetz verboten sei und daß sie ihm seine Bitte nicht gewähren können. Doch sie müssen fühlen, daß es sehr peinlich ist, die Bitte eines sterbenden Menschen abzuschlagen, und sie müssen ihr Bestes tun, es ihm leicht zu machen. Sie müssen jede statthafte Höflichkeit und Güte erschöpfen, wie dies getan wurde in der Periode »Genroku« im Fall der Ronin des Asano Takumi no Kami. Der Fürst von Higo ließ damals nach dem Verlesen des Urteils Papier und Schreibmaterialien auf ihr Zimmer bringen. Wenn der Gefangene sehr aufgeregt ist, nützt es nichts, ihn mit Schreibmaterialien zu versehen. Es muß von den Umständen abhängen. Aber wenn ein Mann einen anderen getötet hat und bereit ist, alle Folgen geduldig zu ertragen, dann sollte die Hinrichtung eines solchen mit allen Ehren ausgeführt werden. Wenn ein Mann einen anderen in einem Anfall unbändiger Leidenschaft auf der Stelle tötet und dann über seine Tat ganz verwirrt und krank ist, dann braucht man sich nicht soviel Mühe dabei zu geben, die Sache übertrieben pünktlich und genau durchzuführen. Wenn der Gefangene überhaupt ein gewissenhafter Mann ist, dann wird er gleich, nachdem er gefangen gesetzt wurde, eine Gelegenheit ergriffen haben, seine Wünsche kundzugeben. Die Güte soweit zu treiben, daß man Schreibmaterialien und nämliches anbietet, ist nicht obligatorisch. Wenn man über den Punkt einen Zweifel hegen sollte, muß der Hauptzeuge zu Rate gezogen werden.

Nachdem die Ronin Asano Takumi no Kamis im Palast des Matsudaira Aki no Kami das Urteil angehört hatten, ging dieser Fürst selbst hin, nahm Abschied von ihnen, und Oischi Tschikara*, den Sohn ihres Anführers, zu sich rufend, sagte er

* Oischi Tschikara war von seinem Vater getrennt, der einer von den siebzehn Männern war, die dem Fürsten von Higo zur Bewachung übergeben worden waren.

zu ihm: »Ich habe gehört, daß deine Mutter zu Hause in deiner Heimat weilt. Wie traurig sie sein wird, wenn sie von deinem Tod und von dem deines Vaters hört, das kann ich mir denken. Wenn du irgendeine Botschaft an sie hast, dann sage es mir ohne Umschweife. Ich werde sie ihr unverzüglich ausrichten.« Für einige Zeit hielt Tschikara seinen Kopf nach unten gebeugt, endlich richtete er sich ein wenig auf, und seinen Kopf erhebend sagte er: »Ich danke Eurer Herrlichkeit ganz ergebenst für das, was es Ihnen gefallen hat, mir anzubieten. Mein Vater warnte mich von vornherein, daß unser Verbrechen so groß sei und daß ich nicht vergessen dürfe, daß, wenn es *eine* Wahrscheinlichkeit für unsere Begnadigung gäbe, gegen diese *eine* hundert Millionen Wahrscheinlichkeiten ständen, daß wir Harakiri vornehmen müßten, und daß, wenn ich seine Worte mißachtete, sein Haß mich noch nach dem Tod verfolgen würde. Mein Vater prägte mir dies im Tempel Sengakuji ein und dann noch einmal, als ich von ihm getrennt wurde, um zum Palast des Fürsten Sengoku abgeführt zu werden. Nun sind wir, mein Vater und ich, nach dem Wunsch unserer Herzen zum Harakiri verurteilt worden. Dennoch kann ich nicht aufhören an meine Mutter zu denken. Als ich in Kioto von ihr Abschied nahm, sagte sie mir, daß wir uns wohl auf sehr lange trennten, und sie bat mich, kein Feigling zu sein, wenn ich an sie dächte. Da ich nun damals schon auf sehr lange Zeit Abschied von ihr nahm, habe ich ihr jetzt keine weitere Botschaft zu senden.« – Als er so sprach, wurden Oki no Kami und alle seine Dienstmänner, die um ihn herumstanden, zu Tränen gerührt vor Bewunderung seines heroischen Sinnes.

Obwohl es recht ist, daß der Verurteilte ein Bad nehmen und etwas Wein und Speisen genießen solle, muß doch auf diese Dinge nicht zuviel Gewicht gelegt werden. Selbst wenn er sich diese Gunst ausbäte, muß es doch von seinem Betragen abhängen, ob ihm das zugestanden oder verweigert werden soll. Man sollte ihn so schnell wie möglich sterben lassen. Sollte er wünschen, etwas Wasser zu trinken, soll man ihm das geben. Wenn er sich in Gespräch und Benehmen als edler Samurai zeigt, muß bei seiner Hinrichtung alle Sorgfalt und Rücksicht erschöpft werden. Übrigens wird, ein so tüchtiger Mann er auch sein mag, doch, wenn der Tod heranrückt, sein gewöhnliches Betragen einige Veränderung erleiden. Wenn die Hinrichtung sich lange hinzieht, wird aller Wahrscheinlichkeit nach der Mut des Gefangenen doch ein wenig wanken. Daher sollte die Hinrichtung, sobald das Urteil verlesen ist, rasch zu Ende geführt werden. Dies ist wieder ein Punkt, dessen der Hauptzeuge sich wohl erinnern muß.

Über die Sekundanten (Kaischakus)

Wenn der Verurteilte vom Gouvernement einem Fürsten zur Bewachung übergeben wurde, werden sechs Begleiter oder Gehilfen angestellt. Wenn die Hinrichtung dagegen innerhalb des Clans stattfindet, genügen zwei oder drei. Die Anzahl derselben muß im übrigen vom Rang des Prinzipals (des Verurteilten) abhängen. Zu Gehilfen müssen immer Männer von großer Geistesgegenwart und Stärke erwählt werden. Sie müssen bei der Verrichtung ihres Amtes ihr hanfenes Feierkleid tragen und ihre Beinkleider aufgeschürzt haben. Sie dürfen durchaus nicht ihr Schwert und ihren großen Dolch tragen, haben aber einen kleinen Dolch im Busen verborgen. Dies sind die Beamten, die den Verurteilten bedienen, wenn er seine Kleider wechselt, und die während der Verlesung des Urteils ihm zur Linken und

Rechten sitzen, um ihn zu bewachen. Für den Fall, daß irgendeine Unregelmäßigkeit sich ereignet, z. B. wenn der Verurteilte etwa versuchte, zu entfliehen, schlagen sie ihn nieder, und sollte er nicht imstande sein, aufrecht zu stehen oder zu gehen, so halten sie ihn fest.

Wenn die Gehilfen den Prinzipal zum Hinrichtungsplatz begleiten und wenn es ihrer sechs sind, setzen sich zwei von ihnen dicht zu ihm hin, während die anderen sich in einiger Entfernung niederlassen und die Reservewache bilden. Sie müssen wissen, daß sie, falls sich etwas Unrechtes ereignen und der Verurteilte durchzubrechen versucht, verpflichtet sind, ihn niederzuwerfen und ihm mit ihrem Dolch den Kopf abzuschneiden oder ihn sonst zu Tode zu bringen.

Auch dann, wenn der Sekundant ein Pfuscher ist, mit dem Abschneiden des Kopfes nicht fertig werden kann und wenn der Prinzipal dabei sich zu erheben versucht, ist es wieder die Pflicht der anderen Gehilfen, einzugreifen und ihn aus dem Leben zu schaffen. Sie müssen auch dabei helfen, ihm die oberen Kleider abzunehmen und seinen Nacken zu entblößen. In neuerer Zeit hat es jedoch Beispiele gegeben, daß die oberen Kleider nicht entfernt wurden. Das hängt von den Umständen ab. Die Aufstellung des weißen Schirms und die Einsargung des Leichnams sind Pflichten, die, obwohl sie auch von anderen Beamten übernommen werden können, ursprünglich den sechs Gehilfen zufielen. Wird ein gemeiner Mensch hingerichtet, so wird er mit Stricken gebunden auf den Platz geführt. Aber ein Samurai trägt sein Feierkleid, erhält dazu eine Waffe, und damit angetan, stirbt er. Daß ein Samurai einen Fluchtversuch unternimmt, ist nicht zu fürchten. Dennoch aber sollten, da man vorher nicht wissen kann, was sich bei solchen aufregenden Gelegenheiten ereignen mag, nur solche Männer, die ihr Geschäft gründlich Verstehen, zu Gehilfen erwählt werden.

Es gibt drei Sekundanten: den Hauptsekundanten, den assistierenden Sekundanten und den Unteren Sekundanten. Diese drei Männer sind immer da, wenn die Hinrichtung mit vollständiger Feierlichkeit durchgeführt wird. Sonst sind ein Haupt- und ein assistierender Sekundant hinreichend. Sind es drei, so haben sie folgende Pflichten zu erfüllen:

Der Hauptsekundant schlägt den Kopf ab, das ist sein Amt. Er ist der wichtigste Beamte bei der ganzen Zeremonie des Harakiri.

Der assistierende Sekundant bringt die Schüssel herbei, auf der der Dolch liegt. Das ist seine Pflicht. Er muß sich dabei so aufmerksam und rasch benehmen, daß der Hauptsekundant in seinem Werk nicht behindert wird. Der assistierende Sekundant ist der zweitwichtigste Beamte beim Harakiri.

Der dritte oder Untere Sekundant überbringt den Kopf dem Hauptzeugen zur Identifizierung. Auch soll er wissen, daß er, wenn etwas passiert, was die beiden anderen Sekundanten an ihren Verrichtungen hindert, bereit sein muß, als ihr Substitut zu agieren. Sein Amt ist ebenfalls von großer Bedeutung, und eine sehr geeignete Person muß gewählt werden, um es zu erfüllen.

Obwohl von einem Kaischaku (Sekundanten) nur im Fall von Harakiri die Rede sein kann, wurden in alten Zeiten doch alle Arten von Wächtern und Assistenten Kaischakus genannt. Der Grund ist, daß der Kaischaku als Beistand des Prinzipals dient. Wenn der Prinzipal in dem verhängnisvollen Augenblick einen Fehler macht, wäre dies ein Schimpf für seinen toten Leib. Und eben um solche Versehen zu vermeiden, wird der Kaischaku oder Sekundant angestellt. Der Kaischaku muß dies als seine vornehmste Pflicht betrachten.

Wenn ein Mann dazu auserkoren wird, einem anderen als Sekundant zu dienen, was soll man dann von ihm denken und sagen, wenn er diesen Antrag mit lächelndem Gesicht annimmt? Er ist ein ungebildeter Mensch! Aber er darf den Antrag auch nicht mit einem mißmutigen und unglücklichen Gesicht annehmen. Es wäre ebenso gut, sich ganz und gar zu entschuldigen und von der Erfüllung der Pflicht zu dispensieren. Es ist nicht gerade eine Heldentat, einem anderen den Kopf abzuschneiden, aber es ist eine Schande, es auf stümperhafte Weise zu tun. Doch muß sich jeder hüten, seinen Mangel an Geschick vorzuschützen, um sich der Pflicht zu entziehen. Denn es wäre eines Samurai ganz unwürdig, die Geschicklichkeit nicht zu besitzen, die dazu nötig ist, einen Mann zu köpfen. Einem anderen die Sache zuschieben zu wollen, ist ganz ungehörig und hieße nichts anderes, denn sich als Feigling zu erweisen. Wenn einige gern junge Leute als Sekundanten anstellen wollen, sollten sie bedenken, daß die Hände derselben noch ungeübt sind.

Wenn ein Mann aufgefordert wird, die Rolle eines Sekundanten beim Harakiri zu übernehmen, dann sollte er einfach und entschlossen seine Bereitwilligkeit erklären, daß er sein Bestes tun wolle. Er muß sich dabei eines Schwertes bedienen. Der Dolch kann ebenfalls angewandt werden, doch ist das Schwert die geeignetste Waffe. Der Sekundant sollte sich dazu das Schwert des Prinzipals selbst borgen. Wenn das aus irgendeinem Grund nicht tunlich ist, sollte er dazu von seinem Lehnsherrn ein Schwert bekommen. Sein eigenes Schwert aber sollte der Sekundant nicht benutzen.

Nachdem alle drei Sekundanten ernannt sind, müssen sie sich untereinander über die Beschaffenheit des Hinrichtungsplatzes beraten und sich über alle Details des Aktes unterrichten lassen. Wenn, nachdem sie sorgfältig alles nachgefragt und untersucht haben, doch noch etwas zweifelhaft bleiben oder nicht in Ordnung sein sollte, müssen sie an ihre Oberen appellieren und sich von ihnen die nötigen Instruktionen für ihr Verhalten erbitten.

Wenn der Verurteilte ein vom Gouvernement zur Bewachung überlieferter Verbrecher ist, tragen die Sekundanten ihre Feierkleider. Ist er nur einer aus ihrem eigenen Clan, ist es genug, daß sie die Beinkleider der Samurai anlegen. In alten Tagen, sagt man, waren sie genauso gekleidet wie der Prinzipal, und einige Autoritäten versichern, daß die Sekundanten beim Harakiri eines Edelmanns von hohem Rang weiß gekleidet sein sollten und daß auch der Schwertgriff mit weißer Seide geschmückt sein mußte. Wenn die Hinrichtung im Haus stattfand, sollten sie ihre Beinkleider nur wenig aufkrempeln, wenn im Garten, dann sollten sie sie vollständig aufknüpfen.

Die Sekundanten müssen den Prinzipal anreden und etwa folgendes sagen: »Mein Herr, wir sind beauftragt worden, Ihnen als Sekundanten beizustehen. Wir bitten Sie, die Fassung nicht zu verlieren«, und in dieser Weise weiter. Aber alles muß dabei vom Rang des Verurteilten abhängen. Wenn der Prinzipal einen letzten Wunsch aussprechen will, sollten die Sekundanten denselben anhören und empfangen, und sie sollten ihn überhaupt mit möglichster Hochachtung und Höflichkeit behandeln, um seine Angst zu mindern.

Wenn der Prinzipal sich einen alten Freund zu seinem Sekundanten erwählt oder gewünscht hat, daß irgendein besonderer Dienstmann des Palastes als sein Sekundant agiert, dann sollte die so gewählte Person dem Prinzipal dafür höflich danken, daß er sich einen so unwürdigen Menschen ausersehen habe. Zuvor muß der Erwählte seinen Lehnsherrn um Erlaubnis zur Übernahme des Sekundantenamts angehen. Auch sollte er gleich bei dieser Gelegenheit sich das Schwert seines Prinzipals ausbitten, etwa mit den Worten: »Da ich die Ehre haben soll, Euer Sekundant zu sein, möchte ich hierzu gern Euer Schwert borgen. Es mag Euch zu einigem Trost gereichen, durch Euer eigenes Schwert, das Euch so lieb und vertraut ist, zu sterben.« – Sollte der Prinzipal diese Bitte abschlagen und sollte er es vorziehen, mit dem Schwert seines Sekundanten hingerichtet zu werden, muß man ihm das zugestehen. Wenn der Sekundant mit seinem eigenen Schwert einen ungeschickten Hieb oder Schnitt macht, ist das schimpflich für ihn. Es wäre dann besser für ihn, das Schwert eines anderen zu borgen, damit der Tadel auf das Schwert und nicht auf den Schwertmann falle. Obwohl dies Regel ist und obwohl jeder Samurai ein zum Köpfen geeignetes und tüchtiges Schwert haben sollte, muß es doch, wenn der Prinzipal ausdrücklich gebeten hat, mit dem eigenen Schwert seines Sekundanten hingerichtet zu werden, so geschehen, wie er es verlangte.

Es ist wahrscheinlich, daß der Verurteilte sich bei seinen Sekundanten erkundigen wird, welche Vorrichtungen für die Hinrichtung getroffen seien. Der Sekundant muß deshalb darauf sehen, daß er imstande ist, alle solche Fragen angemessen zu beantworten. Als einmal ein Verurteilter seinen Sekundanten fragte, ob sein Kopf in dem Moment abgeschnitten wird, in dem man den Dolch auf dem Präsentierteller herbeibringt, antwortete der Sekundant: »Nein! In dem Augenblick, in dem du dich mit dem Dolch erstichst, wird dein Kopf abgeschnitten werden.« Bei der Hinrichtung eines gewissen Sano sagte dieser seinem Sekundanten, daß er, nachdem er sich den Dolch in den Leib gestoßen habe, gewiß aufschreien würde, und bat ihn, doch beim Kopfabschneiden recht kühl und besonnen zu bleiben. Der Sekundant antwortete, daß es seinem Wunsch gemäß geschehen solle, bat ihn aber auch, zuvor den Präsentierteller mit dem Dolch vorschriftgemäß in Empfang zu nehmen. Und als Sano die Hand ausstreckte, um den Präsentierteller zu nehmen, hieb ihm der Sekundant mit einem raschen Streich den Kopf vom Rumpf. Obwohl dies nicht ganz korrekt war, handelte der Sekundant, der seinem Prinzipal einige Ängstlichkeit angemerkt hatte, doch in guter Absicht, nämlich in der, einen Samurai vor der Schande zu bewahren, daß er das Harakiri in unschicklicher Weise (nämlich mit Schmerzensschrei) vollführt hätte, und dafür, daß er so rücksichtsvoll und gütig handelte, kann der Sekundant nicht getadelt werden.

Wenn der Prinzipal dringend bittet, daß man ihm erlauben möchte, sich selbst den Leib aufzuschneiden, so muß seinem Wunsch, wenn sonst keine anderen Umstände und Verhältnisse dagegen stehen, entsprochen werden. Doch darf man dann keine Zeit verlieren, ihm den Kopf abzuschneiden. Der Brauch, den Kopf herunterzuschneiden und den Gefangenen nur scheinbar das Leibaufschneiden vornehmen zu lassen, datiert aus der Periode »Tempo« (vor ungefähr hundertneunzig Jahren).

Wenn der Prinzipal seinen Platz eingenommen hat, entblößt der Sekundant die rechte Schulter und läßt sein Feierkleid rückwärts herunterfallen, und indem er das Schwert zieht, legt er die Scheide behutsam beiseite, indem er sich sorgfältig davor hütet, daß dem Prinzipal das blitzende Schwert vor Augen kommt. Dann postiert er sich zur Linken des Prinzipals ganz dicht hinter ihm. Der Prinzipal sollte so sitzen, daß er das Gesicht nach Westen kehrt, und der Sekundant sollte es nach Norden gewendet haben, und in dieser Stellung sollte er den Hieb ausführen. Wenn der Hauptsekundant bemerkt, daß der Assistierende den Präsentierteller mit dem Dolch bringt, muß er sich zusammennehmen, seine Nerven stählen und das Herz unter seinem Nabel zur Ruhe bringen. Wenn der Präsentierteller hingesetzt ist, muß er sich in Position zum Ausholen bringen. Er sollte dabei zuerst mit dem linken Fuß ausschreiten und dann schnell wechseln und den rechten Fuß nach vorne bringen. Das ist die Position, die er beim Schlag einnehmen muß. Er kann aber die Stellung seiner Füße auch ändern. Wenn der Prinzipal seine oberen Kleider zurückschiebt, muß der Sekundant das Schwert aufnehmen, und wenn der Prinzipal seine Hand ausstreckt, um den Präsentierteller zu sich heranzuziehen, wobei er seinen Kopf etwas nach vorne und herabbeugt, so ist das der rechte Moment für den Sekundanten zum Zuschlagen. Doch gibt es hierüber sehr verschiedene Überlieferungen. Einige behaupten, daß der Prinzipal den Präsentierteller mit dem Dolch ergreifen, respektvoll an seinen Kopf erheben und dann wieder absetzen müsse und daß erst dies der rechte Moment zum Zuschlagen sei.

Im Ganzen gibt es drei Regeln für die Zeit des Abschneidens des Kopfes.

Die erste sagt, es solle geschehen, nachdem der Dolch auf den Präsentierteller gelegt ist. Die zweite, wenn der Prinzipal auf die linke Seite seines Leibes blickt, bevor er den Dolch hineinstößt. Die dritte, wenn er den Dolch einstößt. Wenn man alle drei Momente ungenutzt verstreichen läßt, wird es sehr schwierig, den Kopf richtig zu treffen; so sagt die Überlieferung. –

Verschiedene andere Traditionen setzen dafür vier Momente fest. Erstens den Augenblick, wenn der assistierende Sekundant, nachdem er den Präsentierteller, auf dem der Dolch lag, beiseite gestellt hat und sich zurückzieht, zweitens, wenn der Prinzipal den Präsentierteller zu sich heraufzieht, drittens, wenn er den Dolch in die Hand nimmt, viertens, wenn er den

Schnitt in seinen Leib macht. Obwohl alle vier Verfahrensweisen von einigen Autoritäten approbiert werden, ist doch der erste Augenblick zu bald, die letzten drei aber kann man als richtig zulassen. Dann aber sollte das Zuschlagen ohne allen Verzug erfolgen.

Nachdem der Sekundant den Kopf mit einem Hieb ohne Fehl abgeschlagen hat, muß er sich hüten, das Schwert hochzuhalten. Er muß es vielmehr mit der Spitze nach unten sinken lassen, sich dann ein wenig zurückziehen und die Waffe kniend reinigen. Dazu sollte er eine hinreichende Menge weißes Papier an Brust oder Gürtel bei sich haben, um das Blut abzuwischen und das Schwert blank zu putzen. Nachdem er das Schwert in die Scheide gesteckt hat, muß er seine oberen Kleider wieder in Ordnung bringen und seinen Sitz im Hintergrund einnehmen.

Nachdem der Kopf gefallen ist, muß der jüngere Sekundant hinzutreten, den Kopf aufnehmen und ihn dem Hauptzeugen zur Inspektion präsentieren. Wenn kein jüngerer oder assistierender Sekundant da ist, dann sollte der Hauptsekundant selbst, sobald er den Kopf abgeschnitten hat, sein Schwert umgekehrt mit der Linken haltend, den Kopf in die Rechte nehmen, ihn am Mittelknoten des Haars in die Höhe heben, zum Hauptzeugen vorschreiten, indem er dabei zur Rechten des Rumpfes vorübergeht, und den Zeugen das rechte Profil des Kopfes zeigen, indem er dabei das Kinn des Kopfes auf dem Gefäß des Schwertes ruhen läßt und sich auf seinem linken Knie niederläßt. Zurückkehrend und zur Linken des Rumpfes herumgehend, läßt er sich auf sein linkes Knie nieder und zeigt den Zeugen nun das linke Profil des auf dem Degengefäß ruhenden Kopfes. – Ebenfalls gelten soll die Regel, daß der Sekundant nach Niederlegung des Schwertes aus seinem Gewand Papier hervorzieht, den Kopf in die linke Handfläche legt, ihn mit der Rechten am Knoten des Haarschopfes faßt und ihn auf das Papier legt und ihn auf diese Weise zur Inspektion präsentiert. Beide Arten mögen wohl richtig sein.

Nach Inspizierung und Identifizierung des Kopfes ist die Zeremonie zu Ende.

Den Kopf auf dickes Papier zu legen, beweist, daß man disponiert ist, dem Kopf Respekt zu zeigen. Ihn auf die Schneide des Schwertes zu legen, wäre eine Beleidigung. Das dabei einzuschlagende Verfahren hängt vom Rang der Person ab. – Soll die Zeremonie abgekürzt werden, kann sie gleich mit der Abschneidung des Kopfes ein Ende nehmen. Doch muß dies im Voraus in einer Besprechung mit den Zeugen festgelegt werden. – Falls der Sekundant einen Fehler macht und den Kopf nicht mit einem Hieb herunterbringt, muß er ihn abschneiden. Sollte er ganz verkehrt zielen und den Delinquenten aus Versehen in die Schulter treffen und sollte dieser dann auffahren und schreien und sich winden, dann muß er ihn niederdrücken und ihn erdolchen und ihm danach den Kopf abschneiden. Dabei sollten auch die assistierenden Sekundanten, die hinter ihm sitzen, hervorkommen und ihn niederhalten, während der Hauptsekundant den Kopf abschneidet. Wenn der Körper nicht gleich zusammenfällt, was, wie man sagt, zuweilen eintritt, muß ihm der Sekundant die Füße wegstoßen und ihn so zum Niederfallen bringen.

Einige behaupten, daß es für den Sekundanten das vollkommenste Verfahren sei, den Nacken nicht mit einem Hieb durchzuhauen, sondern etwas von der Haut undurchschnitten zu lassen und ihn dann, wenn der Kopf am Rest der Haut hängt, beim Schopf zu fassen, abzuschneiden und so zur Inspektion zu präsentieren. Dies soll man, wie sie behaupten, deswegen tun, damit die Zeremonie nicht mit einer gewöhnlichen Hinrichtung verwechselt wird. Den alten Autoritäten zufolge ist dies das geeignete und respektvollste Verfahren. Nach Abtrennung des Kopfes pflegen die Augen noch zu blinzeln und der Mund sich zu bewegen und in den Sand und die Kieselsteine zu beißen. Da dies bei einem für einen Samurai so wichtigen und feierlichen Anlaß sehr störend und häßlich anzusehen ist, ist es am besten, den Kopf nicht zu Boden fallen zu lassen, sondern beim Ausholen und Ausführen des Schlags ein wenig zurückzuhalten. Es mag dies ganz richtig sein. Aber es ist doch sehr schwer, so zuzuschlagen, daß der Kopf noch an einem Stück Haut hängenbleibt, und darin besteht die Gefahr des ganzen Fehlschlagens, und da jeder mißratene Hieb sehr widerwärtig anzusehen ist, wäre es in der Regel wohl am besten, immer gleich mit einem Hieb alles durchzuhauen. Andere sagen, daß selbst wenn der Kopf auf einen Schlag abgetrennt wird, man doch hinterher noch so tun müßte, als schnitte man ihn nachträglich ganz ab. Doch ist dies nicht in jedem Fall nötig.

Drei Methoden, das Schwert zu tragen, werden von den Waffenkundigen vorgeschrieben. Wenn der Prinzipal einen höheren Rang hat, wird das Schwert hoch getragen. Wenn Prinzipal und Sekundant im gleichen Rang stehen, wird das Schwert in der Mitte des Körpers getragen; wenn der Prinzipal von niedrigem Rang ist, läßt man das Schwert ganz herunterhängen. Die angemessenste Stellung beim Zuschlagen ist für den Sekundanten das Niederlassen auf ein Knie. Aber es schadet auch nicht, wenn er aufrecht steht. Andere sagen, daß der Sekundant knien soll, wenn die Zeremonie innerhalb des Hauses stattfindet, und daß er stehen kann, wenn sie im Garten ausgeführt wird. Dies sind aber Punkte, auf die man nicht zu eigensinnig bestehen sollte. Ein Mann sollte eigentlich immer in der ihm selber bequemsten Stellung zuschlagen.

Die Hauptpflicht des assistierenden Sekundanten ist es, den Präsentierteller mit dem Dolch hereinzubringen. Er sollte ihn, nachdem der Prinzipal sich gesetzt hat, sehr ruhig präsentieren und ihn so halten, daß der Verurteilte seine Hand etwas ausstrecken muß, um ihn zu erreichen. Einige sagen, er sollte ihn im Abstand von drei Fuß halten. Der assistierende Sekundant kehrt danach an seinen Platz zurück. Nur wenn er bemerkt, daß der Verurteilte große Aufregung zeigt, muß er zur Stelle bleiben, um dem Hauptsekundanten beistehen zu können, damit der Kopf richtig abgetrennt wird. Es ereignete sich einst, daß der Verurteilte, nachdem er den Präsentierteller mit dem Dolch vom assistierenden Sekundanten empfangen hatte, ihn lange Zeit vor sich in die Höhe hielt, ohne ihn niederzusetzen, und daß die, die ihm nahestanden, ihn wiederholt antreiben mußten, den Teller herunterzulassen. Es kommt auch wohl vor, daß der Delinquent seine Hand gar nicht nach dem Teller ausstreckt, um den Dolch zu nehmen. Dann muß der assistierende Sekundant ihn dazu auffordern und drängen. Der Prinzipal verlangt auch wohl, daß der Teller ein wenig näher gerückt werde; diesen Wunsch kann man ihm zugestehen. Es mag auch geschehen, daß der assistierende Sekundant den Präsentierteller in der linken Hand behält und mit der Rechten dem Delinquenten den Dolch reicht, der sich nach vorne lehnt, um ihn zu nehmen. Welche von diesen Arten die beste ist, bleibt ungewiß. Die Hauptabsicht besteht immer darin, daß der Delinquent sich nach vorne beugt und den Hals ausstreckt, um den Schlag zu empfangen. Ob und wann der assistierende Sekundant sich zurückziehen kann, muß ganz und gar vom Benehmen und der Attitüde abhängen, die der Verurteilte annimmt.

Wenn der Gefangene ein heftiger und unlenksamer Mensch ist, sollte anstatt eines Dolches ein Fächer auf den Präsentierteller gelegt werden. Und sollte er dagegen etwas einwenden, dann muß man ihm sagen, daß es ein alter Brauch sei, statt des Dolches einen Fächer hinzulegen. Dergleichen mag zuweilen vorkommen. Man sagt, daß einstmals im Palast eines Daimios eine mutige Matrone einen Mann ermordet habe, und daß ihr, als man ihr gestattete, mit allen Ehren Harakiri zu begehen, bei der Ausführung der Zeremonie ein Fächer statt des Dolches hingelegt und ihr Kopf dann abgeschnitten worden sei. Das mag ganz recht und passend sein. Wenn der Verurteilte geneigt scheint, unruhig und heftig zu werden, sollten alle Sekundanten, ohne ein Zeichen von Aufregung von sich zu geben, an seine Seite eilen und ihn zur Schnelligkeit und zum Fertigwerden drängen und ihn auf seinem Platz festhalten. Der Hauptsekundant sollte schleunigst sein Schwert ziehen, sich zum Zuschlagen in Position setzen und den Delinquenten antreiben, so rasch wie möglich die Zeremonie des Empfangs des Präsentiertellers zu beenden, und seine ganze Pflicht dann fest und unerschrocken durchführen.

Ein Fürst namens Kato, der einen seiner Räte zum Tode verurteilt hatte, wohnte der Zeremonie hinter einem Vorhang aus Bambusstreifen bei. Der Rat, dessen Name Katajama war, wurde gebunden, blickte währenddessen wütend nach dem Vorhang und zeigte nicht die geringste Spur von Furcht. Sein Hauptsekundant war ein Mann namens Jihei, der gewohnt war, den Rat Katajama immer mit großem Respekt zu behandeln. Jihei, das Schwert in der Hand, sagte zu Katajama: »Mein Herr! Ihr letzter Augenblick ist gekommen. Sein Sie so gut, Ihre Backe herumzudrehen, damit Ihr Kopf gerade stehe.« Als Katajama dies hörte, antwortete er: »Bursche, du bist impertinent!« und indem er sich mit diesen Worten umwandte, hatte er für den Sekundanten gerade die rechte Position, und Jihei vollführte auf der Stelle den verhängnisvollen Streich. – Der Fürst Kato fragte dann später, warum er so verfahren sei, und dieser antwortete, er habe wahrgenommen, daß der Gefangene auf etwas Böses sinne, und daher habe er sich entschlossen, ihn auf der Stelle zu töten, um seinem rebellischen Geist Einhalt zu tun. – Dies ist für andere Sekundanten ein Muster, das sie vor Augen haben sollten. –

Die Pflicht des jüngeren Sekundanten, den Kopf beim Schopf zu nehmen und ihn zur Identifizierung zu präsentieren, wurde bereits erwähnt. Wenn es ein Kahlkopf sein sollte, dann muß er mit dem Stilett, das in der Scheide seines Dolches steckt, das linke Ohr durchstechen und ihn so zur Identifizierung herbringen. Er muß aber auch immer einen Vorrat dicken Papiers in seinem Gewand bei sich führen. In diesem Papier muß er einen Sack mit Asche und Reiskleie eingewickelt haben, damit er den Kopf, ohne vom Blut befleckt zu werden, forttragen kann. Nach der Identifizierung des Kopfes muß der jüngere Sekundant ihn in einen Eimer legen.

Wenn sich etwas ereignen sollte, was den Hauptsekundanten an der Verrichtung seines Amtes hindern könnte, muß der zweite an seine Stelle treten. Es begab sich einmal, daß bei einer Hinrichtung der Hauptsekundant nervös und kraftlos wurde. Den Kopf schnitt er zwar noch ohne Schwierigkeit ab. Als es aber dazu kam, das blutige und grinsende Haupt aufzuheben und inspizieren zu lassen, nahm seine Nervenschwäche so zu, daß er fast krank und ohnmächtig wurde. – Dies ist eine Sache, gegen die Personen, die als Sekundanten agieren sollen, sehr auf ihrer Hut sein müssen. –

*

Als Beleg zur obigen japanischen Schilderung der beim Harakiri zu beobachtenden Formalitäten möchte ich hier beispielhaft die Schilderung einer solchen Exekution, der ich als offizieller Zeuge beiwohnte, hinzufügen. Der Verurteilte war ein Offizier des Fürsten von Bisen namens Taki Sensaburo, der bei dem auch in europäischen Zeitungen mehrfach besprochenen Tumult im Hafen von Kobé im Februar 1868 den Befehl zum Feuern auf die Fremden gab. Bis zu dieser Zeit hatte noch kein Europäer einem Harakiri beigewohnt, und manche betrachteten die ganze Sache noch immer als Fabel.

Die Zeremonie wurde diesmal vom Mikado, der den Fremden Genugtuung geben wollte, selber angeordnet, und sie fand im Tempel des Seifukuji, dem Hauptquartier der Satsumatruppen in Hiogo statt. Von jeder europäischen Gesandtschaft wurde dazu ein Beamter als Zeuge gesandt. Wir waren sieben Europäer. –

Wir wurden von den Offizieren der Fürsten von Satsuma und Tschoschiu zum Tempel geführt. Obwohl die Zeremonie einen ganz privaten Charakter haben sollte, bewiesen uns doch die zahlreichen Gruppen des Volks vor dem Eingang zum Tempel und die Äußerungen, die wir in den Straßen gelegentlich vernahmen, daß die Sache für das japanische Publikum eine Angelegenheit von höchstem Interesse sei. Der Tempelhof bot einen äußerst pittoresken Anblick. Er war mit Soldaten gefüllt, die in Gruppen um große Feuer standen, und die flackernden Flammen warfen ein unstetes Licht auf das schwerfällige Gebälk der heiligen Bauwerke.

Wir wurden in ein inneres Zimmer geführt, wo man uns zu warten bat, bis die Vorbereitungen für die Zeremonie beendet seien. Im anstoßenden Zimmer waren die hohen japanischen Beamten versammelt. Nach einer langen Pause, die das tiefe Stillschweigen umher doppelt lang zu machen schien, trat Ito Schunské, der Gouverneur von Hiogo, bei uns ein und schrieb unsere Namen auf, indem er uns zugleich benachrichtigte, daß sieben »Kenschi« (Zeugen oder Sheriffs) von Seiten der Japaner beiwohnen würden. Er und ein anderer Beamter repräsentierten den Mikado, zwei Kapitäne von Satsumas Infanterie und zwei andere von Tschoschius Armee mit einem Abgesandten des Fürsten von Bisen, dem Clan des verurteilten Mannes, vervollständigten die Zahl, die wahrscheinlich so bemessen war, um der Anzahl der Fremden zu entsprechen. Ito Schunské fragte uns ferner, ob wir auch einige Fragen an den Gefangenen zu richten wünschten, was wir verneinten.

Nach einer weiteren kleinen Pause wurden wir eingeladen, den japanischen Zeugen oder Sheriffs in das »Hondo«, den Hauptraum des Tempels, wo die Zeremonie stattfinden sollte, zu folgen. Es war ein imposanter Anblick. Eine große weite Halle mit einem Dach, das von Pfeilern aus dunklem Holz getragen wurde, eröffnete sich vor uns. Von der Decke hing eine Fülle jener vergoldeten Lampen und anderen Ornamenten herab, die den buddhistischen Tempeln eigen sind. Vor dem Hochaltar, wo der Boden zu einer Art niedriger Tribüne drei bis vier Zoll erhöht und mit schönen weißen Matten bedeckt war, lag eine grobe wollene Decke aus scharlachroten Filzen. Lange brennende Kerzen, die in regelmäßigen Abständen aufgestellt waren, gaben ein schwaches, mysteriöses Licht von sich, das zur Erkennung aller Vorgänge eben hinreichte. Die sieben Japaner nahmen auf der linken Seite der Bodenerhöhung Platz, die sieben Fremden zur Rechten. Sonst war niemand zugegen.

Nach einigen Augenblicken ängstlicher Spannung trat der Verurteilte Taki Sensaburo in die Halle, ein kräftiger Mann, zweiunddreißig Jahre alt, mit edler Miene, in sein Festtagsgewand gehüllt, mit den eigentümlichen Kleiderflügeln aus hanfenem Gewebe, die von Japanern bei großen Gelegenheiten angelegt werden. Er wurde von seinem »Kaischaku« und drei

Offizieren begleitet, die den Kriegsmantel mit goldbestickten Verbrämungen trugen.

»Kaischaku« ist mit unserem Wort »Scharfrichter« nicht ganz gleichbedeutend. Das damit bezeichnete Amt ist das eines Edelmannes und wird in vielen Fällen von einem Freund oder Verwandten des Verurteilten übernommen, und das Verhältnis zwischen beiden ist nicht das zwischen Henker und Opfer, sondern vielmehr das zwischen einem Sekundanten und seinem Prinzipal. In unserem Fall war der »Kaischaku« ein Zögling des Taki Sensaburo und war von den Freunden Sensaburos wegen seiner großen Geschicklichkeit in der Handhabung des Schwertes ausgewählt worden.

Mit dem »Kaischaku«, seinem befreundeten Henker, zur Linken schritt Taki Sensaburo langsam auf die japanischen Zeugen zu, die er und sein Begleiter höflich begrüßten. Dann näherten sich beide auch uns, den Fremden, und verbeugten sich vor uns in derselben Weise, vielleicht mit noch etwas mehr Ehrerbietung. In beiden Fällen wurden die Grüße mit zeremoniösem Anstand erwidert.

Langsam und mit großer Würde stieg der verurteilte Mann auf die Bodenerhöhung oder Tribüne vor dem Altar, warf sich vor diesem zweimal nieder und setzte sich dann mit dem Rükken gegen den Altar auf die rote Filzdecke, während sein »Kaischaku« sich links von ihm setzte. In dieser Position verblieb er bis zu seinem Tod. Darauf kam einer der assistierenden Beamten hervor und trug ein Tischchen herbei, wie es in den Tempeln für Darbringung von Opfern gebräuchlich ist. Auf demselben lag in Papier gewickelt der »Wakisaschi«, der Dolch, neuneinhalb Zoll lang, mit einer Spitze und einer Schneide so scharf wie ein Rasiermesser. Diesen überreichte er, sich auf die Knie werfend, dem Verurteilten, der ihn ehrerbietig entgegennahm, mit beiden Händen zu seiner Stirn emporhob und dann vor sich hinlegte.

Nach einer abermaligen tiefen Verbeugung sprach Taki Sensaburo mit einer Stimme, die gerade soviel innere Bewegung und zaudernde Unsicherheit verriet, wie es bei einem Mann, der ein trauriges Bekenntnis zu machen hatte, erwartet werden mochte, aber mit keiner Spur von Furchtsamkeit in seiner Stimme, folgendes:

»Ich und ich allein gab gegen das Gesetz den Befehl, auf die Fremden in Kobé zu feuern, und ließ auch zum zweiten Mal auf sie feuern, als sie zu fliehen versuchten. Für dieses Verbrechen werde ich mir jetzt den Leib aufschneiden, und ich bitte alle Anwesenden, mir die Ehre anzutun, diesem Akt als Zeugen beizuwohnen.«

Indem er sich noch einmal verbeugte, ließ der Sprecher seine Oberkleider bis zum Gürtel herabfallen und blieb dann bis zur Taille nackt dasitzen. Dem Brauch gemäß stopfte er seine Ärmel sorgfältig unter die Knie und befestigte sie dort, um zu verhindern, daß er im Todeskampf nach hinten falle. Denn ein japanischer Edelmann muß sterbend immer nach vorne fallen. Entschlossen und mit fester Hand ergriff er dann den vor ihm liegenden Dolch. Er sah ihn gedankenvoll, ich möchte fast sagen, sehnsüchtig und liebvoll an. Für einen Augenblick schien er zum letzten Mal seine Gedanken zu sammeln, und dann stieß er sich den Dolch unter der Taille auf der linken Seite tief in den Leib, zog ihn langsam durch bis auf die rechte Seite und gab ihm, indem er ihn in der klaffenden Wunde umdrehte, einen kleinen Ruck nach oben.

Während dieser peinlichen und ergreifenden Operation bewegte sich kein Muskel in seinem Gesicht. Als er den Dolch herauszog, beugte er sich nach vorn und streckte seinen Hals aus; dabei flog zum ersten Mal ein Ausdruck von Schmerz über sein Antlitz. Dennoch gab er keinen Laut von sich. Im selben Augenblick sprang der Kaischaku, der, immer an seiner Seite kauernd, jede seiner Bewegungen scharf überwacht hatte, auf die Füße und wuchtete sein Schwert für eine Sekunde in der Luft. Dann ein Blitz, ein schwerer dumpfer, häßlicher Stoß und ein polternder Fall. Mit einem Hieb war der Kopf vom Körper getrennt.

Ein tiefes Stillschweigen erfolgte, nur unterbrochen von dem häßlichen Geräusch des Blutes, das aus dem entseelten, vor uns liegenden Rumpf, der soeben noch ein braver, ritterlicher Mann gewesen war, herausrieselte. – Es war schauerlich!

Der Kaischaku machte eine tiefe Verbeugung, wischte sein Schwert mit einem dazu bereitgehaltenen Papier ab und zog sich von der Tribüne zurück. Der befleckte Dolch wurde feierlich weggetragen, als ein blutiges Beweisstück der geschehenen Hinrichtung.

Darauf erhoben sich die beiden Repräsentanten des Mikados, verließen ihre Plätze und forderten, indem sie zu uns herüberkamen, uns auf, zu bezeugen, daß das Todesurteil über Taki Sensaburo getreulich und richtig ausgeführt worden sei. Da die Sache beendet war, verließen wir den Tempel.

Die Zeremonie, der der heilige Platz und die nächtliche Stunde der Hinrichtung noch eine besonders ergreifende Feierlichkeit gegeben hatte, war in allem durch die äußerste Würde und die ungemeine Pünktlichkeit im ganzen Verfahren charakterisiert, die allen Handlungen und Prozeduren japanischer Edelleute eigen zu sein pflegen, und dies ins Auge zu fassen, war wichtig, weil es den Beweis lieferte, daß der tote Mann wirklich jener vornehme Offizier war, der das Verbrechen begangen hatte, und nicht etwa ein untergeschobener. Von der furchtbaren Szene tief erschüttert, waren wir doch zugleich auch von Bewunderung ergriffen für das männliche und feste Betragen des Dulders und für die Energie, mit der der Kaischaku seinem Herrn und Freund die letzte Pflicht erfüllt hatte.

Nichts konnte stärker den Einfluß der Erziehung bestätigen. Der japanische »Samurai« (Edelmann der Kriegerkaste) lernt es von Kindheit an, das Harakiri als eine Zeremonie anzusehen, bei der er einmal, sei es als Hauptakteur oder als Sekundant, eine Rolle zu übernehmen berufen werden mag. In den alten Familien Japans, die an den Traditionen des Rittertums festhalten, wird schon das Kind im herkömmlichen Ritus des Harakiri unterrichtet und mit der Idee desselben als einer ehrenvollen Abbüßung eines Vergehens oder als einer Vertuschung von Schande vertraut gemacht. So ist der junge Mann für die Stunde, wenn sie kommt, vorbereitet und schreitet mutig zu einem Gottesgericht, dem zeitige Gewöhnung bereits die Hälfte seiner Schrecken genommen hat. In welchem anderen Land der Welt lehrt man es einem Mann, daß der letzte Liebesdienst, den er einem Freund zu leisten hat, der ist, daß er das Amt seines Henkers übernehme?

Später brachte ich noch in Erfahrung, daß Taki Sensaburo, bevor er in die verhängnisvolle Tempelhalle eingetreten war, alle Mitglieder seines Stammes, die bei der Hand waren und von denen mehrere seinen Befehl zum Feuern ausgeführt hatten, zu sich berufen und versammelt hatte. In einer kurzen Anrede an sie hatte er die Gehässigkeit seines Vergehens und die Gerechtigkeit des über ihn gesprochenen Urteils bekannt und sie schließlich in nachdrücklicher Weise vor Wiederholungen solcher Angriffe auf die Fremden gewarnt. Sie waren auch von den Beamten des Mikados angeredet und von ihnen aufgefordert worden, in bezug auf das Schicksal ihres Clangenossen keine Rachegefühle gegen die Fremden zu nähren. Sie hatten daraufhin erklärt, daß sie sich solchen Gefühlen nicht überlassen wollten.

Man hat hinterher die Ansicht vertreten, daß es für die fremden Repräsentanten vielleicht politischer gewesen wäre, im letzten Augenblick für die Erhaltung des Lebens Taki Sensaburos und für seine Begnadigung einzutreten. Diese Frage soll auch unter den Gesandten selber besprochen worden sein. Mein eigener Glaube ist, daß Gnade, obwohl sie vielleicht auf die bereits zivilisierten Clans den gewünschten Eindruck gemacht hätten, doch von jenen wilderen Völkerschaften Japans, die die Fremden noch nicht aus eigener Anschauung und Erfahrung kennen, nur als Schwäche und Furcht ausgelegt worden wäre. Die Beleidigung – ein Angriff auf die Flaggen und Untertanen aller Traktatmächte, den nur ein Mangel an Geschick, nicht an bösem Willen daran hinderte, zu einem allgemeinen Blutbad auszuarten – war das schwerste Vergehen, das an Fremden seit ihrer Anwesenheit in Japan bisher begangen worden war. Der Tod des Schuldigen war ohne Zweifel ganz verdient, und die für ihn gewählte Form und Art der Strafe war in den Augen der Japaner gnädig, rücksichtsvoll und auch zugleich gerecht. Das Verbrechen hätte zu einem Krieg führen und Tausende das Leben kosten können. Ich glaube, daß die Art und Weise des Verfahrens sowohl im Interesse Japans als auch in dem der Europäer ein weises gewesen ist, und ich freute mich sehr, zu finden, daß einer der gescheitesten japanischen Staatsmänner, mit dem ich die Angelegenheit besprach, derselben Ansicht war.

Die beim Harakiri befolgten Zeremonien scheinen in den verschiedenen Provinzen Japans in den Details ein wenig zu variieren; aber das folgende Memorandum über diesen Brauch, wie er während der Regierung der Taikune üblich war, erweist deutlich seinen gerichtlichen Charakter. Ich übersetze es aus einer Schrift, die ein Japaner, der imstande war, über das, was er selbst gesehen hatte, deutlich zu sprechen, für mich niederschrieb. Drei verschiedene Arten von Zeremonien wurden darin beschrieben:

1) Zeremonien, die beim Harakiri eines gefangengesetzten Hatamotos (kleinen Edelmanns vom Hof des Taikuns) beobachtet werden. – Dies Harakiri wird mit großem Geheimnis aufgeführt. Sechs Matten werden in einem großen Gehöft des Gefängnisses ausgebreitet. Ein Ometsuké (Oberaufseher), dem zwei weitere Ometsukés aus der zweiten oder dritten Klasse beigestellt sind, agiert als Kenschi (Sheriff oder Zeuge) und sitzt vor den Matten. Der Verurteilte, angetan mit seinen Feierkleidern und mit seinen Flügeln aus hanfenem Linnen, nimmt auf der Mitte der Matten Platz. An jeder der vier Ecken der Matten sitzt ein Gefängnisbeamter. Zwei Offiziere des Gouverneurs der Stadt agieren als Kaischakus (Sekundanten oder Scharfrichter) und stellen sich einer zur Rechten, der andere zur Linken des Verurteilten auf. Der Kaischaku zur Linken, nachdem er seinen Vor- und Geschlechtsnamen angekündigt hat, sagt mit einer Verbeugung: »Ich habe die Ehre, Euch als Kaischaku zu dienen. Habt Ihr mir einige Wünsche anzuvertrauen?« Der Verurteilte dankt ihm und nimmt sein Anerbieten entweder an oder nicht, wie es ihm eben recht ist. Er verneigt sich vor dem Sheriff, und ein hölzerner Dolch von neuneinhalb Zoll Länge wird in Papier gewickelt auf einem Brett, wie man es für die Darbringung von Opfern in den Tempeln benutzt, im Abstand von drei Fuß vor ihm niedergelegt. In dem Augenblick, in dem er die Hand nach vorne streckt, um den hölzernen Dolch zu greifen, zieht der Kaischaku zur Linken das

Schwert und schlägt ihm den Kopf ab. Der Kaischaku zur Rechten nimmt den Kopf auf und zeigt ihn dem Sheriff. Der Körper wird den Verwandten des Toten zur Beerdigung übergeben. Sein Eigentum wird konfisziert.

2) Die Zeremonien, die beim Harakiri des Vasallen oder Dienstmannes eines Daimios befolgt werden. – Wenn der Dienstmann eines Daimios zum Harakiri verurteilt ist, werden vier Matten in einem Hof des Jaschikis (Palastes) ausgebreitet. Der Verurteilte mit seinen Feierkleidern und hanfenen Flügeln sitzt in der Mitte. Ein Beamter des Daimios agiert als Hauptzeuge, mit einem zweiten Zeugen unter ihm. Zwei andere Beamte, die als Kaischakus agieren, sitzen zur Rechten und Linken des Verurteilten, und vier Beamte werden an den vier Ecken der Matten plaziert. Der Kaischaku erbietet sich, wie im ersten Fall, die letzten Wünsche des Delinquenten auszuführen. Ein Dolch von neuneinhalb Zoll Länge wird vor ihm auf ein Brett niedergelegt. In diesem Fall ist es ein wirklicher, scharfer Dolch, den der Mann nimmt und sich in die linke Seite stößt, unterhalb des Nabels, und den er zur Rechten durchzieht. In dem Augenblick, wo er sich in seinem Schmerz krümmend nach vorne beugt, schlägt ihm der Kaischaku zur Linken den Kopf ab. Der Kaischaku zur Rechten nimmt den Kopf auf und zeigt ihn dem Sheriff. Der Körper wird den Verwandten zur Beerdigung übergeben. In den meisten Fällen wird das Vermögen konfisziert.

3) Selbstaufopferung eines in Ungnade gefallenen Daimios. Wenn ein Daimio des Hochverrats oder einer Beleidigung des Taikuns schuldig gesprochen wurde und wenn eine Entschuldigung nicht vorgebracht oder nicht angenommen werden konnte, wurde er zum Harakiri verurteilt. Er rief dann alle seine Räte und Beamten zusammen und überreichte ihnen seine

letzten Worte und sein Testament, um es dem Taikun vorzulegen. Dann legte er seine Hofkleidung an und entleibte sich und schnitt sich auch selbst den Hals ab. Seine Räte berichteten die Sache danach der Regierung und diese schickte einen Kronbeamten, um die Leiche zu beschauen und den Tatbestand zu untersuchen. Diesem teilten die Vasallen den letzten Willen und das Testament ihres Herrn mit, und er trug es zum Gorodschu (dem obersten Rat), der es dem Taikun übergab. Wenn das Vergehen ein sehr arges war, eines, das auch die gesamte Familie ins Verderben bringen konnte, wurde durch einen Gnadenakt des Taikuns die Hälfte des Eigentums konfisziert, während die andere Hälfte den Erben zufiel. Wenn das Vergehen unbedeutend war, erhielten die Erben das ganze Vermögen ohne Abzug, und die Familie litt nicht an ihrer Ehre.

In allen Fällen, in denen ein adeliger Verbrecher sich vor der Verurteilung und ehe ihm der Prozeß gemacht ist, freiwillig entleibt, wird sein Verbrechen, weil er sich nun nicht mehr verteidigen kann, als nicht bewiesen betrachtet.

Im Jahr 1869 wurde im hohen Rat oder Parlament Japans von einem gewissen Ono Seigoro, dem Sekretär des Rates, ein Vorschlag zur Abschaffung des Harakiri gemacht. Aber von den 209 versammelten Deputierten stimmten 200 gegen diesen Vorschlag, der nur von drei Sprechern befürwortet wurde. – In der darüber geführten Debatte wurde das Harakiri oder Seppuku »der wahre Heiligenschein des japanischen Nationalgeistes«, »die sichtbare Verkörperung der Pflichttreue und Aufopferung für Prinzipien«, »ein großer Schmuck des Reiches«, »ein Grundpfeiler der Verfassung«, »eine höchst wertvolle Institution zur Aufrechterhaltung der Ehre des Adels«, »ein Sporn zur Tugend und Religion« genannt. Die ganze damalige Besprechung des Gegenstands bewies die Liebe, mit der die Japaner an den Traditionen ihrer ritterlichen Vergangenheit hängen. Es ist bemerkenswert, daß jener Ono Seigoro, der den Vorschlag zur Abschaffung des Harakiri gemacht und der sich auch noch durch andere aus seiner Bewunderung für unsere westliche Zivilisation hervorgegangene Vorschläge ausgezeichnet hatte, nicht lange nach der Abstimmung über jene Besprechung ermordet wurde.

Es werden viele Geschichten vom außerordentlichen Heroismus erzählt, den japanische Edelleute beim Harakiri bewiesen haben. Der Fall eines jungen zwanzigjährigen Mannes aus dem Schoschiu-Clan, der mir von einem Augenzeugen beschrieben wurde, verdient als ein denkwürdiges Beispiel von Entschlossenheit noch erwähnt zu werden. Nicht damit zufrieden, sich bei seinem Harakiri den einen notwendigen Schnitt zu geben, schlitzte er sich dreimal horizontal und zweimal vertikal über den Leib. Danach stach er sich den Dolch tief in die Kehle, bis er auf der anderen Seite mit der scharfen Seite nach vorne wieder herauskam. Seine Zähne mit einer letzten Anstrengung zusammenbeißend, trieb er das Messer mit beiden Händen noch einmal vorwärts durch die Kehle und fiel darauf entseelt hin. –

Noch eine Geschichte, dann sei es genug. Als der Taikun während der Revolution, auf allen Seiten geschlagen, schimpflich nach Jedo floh, soll er sich entschlossen haben, gar nicht mehr zu fechten, sondern alles, was man von ihm verlangen mochte, zuzugestehen. Ein Mitglied seines zweiten Rates kam zu ihm und sagte: »Herr, es gibt für Euch jetzt nur ein Mittel, die Ehre der Familie von Tokugawa wiederherzustellen. Ihr müßt Harakiri begehen, und um Euch zu beweisen, daß ich ganz aufrichtig und uninteressiert spreche, erkläre ich mich bereit, mich selbst gemeinsam mit Euch zu entleiben.« – Der Taikun war über diese Rede sehr aufgebracht, sagte, daß er von einem so unsinnigen Vorschlag nichts hören wolle, und verließ das Zimmer. Sein getreuer Vasall aber zog sich in einen anderen Teil des Schlosses zurück und vollzog, zum Beweis seines ehrenhaften Sinns, Harakiri.

KAPITEL XIV

Verschiedene Feierlichkeiten, Zeremonien und Gebräuche der Japaner

Hochzeitsgebräuche

(Aus dem »Schorei Hikki«, dem Verzeichnis der Zeremonien)

Es gibt verschiedene Zeremonien, die bei Hochzeiten befolgt werden, und es geziemt einem Mann nicht, unter Nichtachtung seiner Lebensstellung die Regeln, die darüber gegeben sind, zu verletzen.

Sobald der Mittelsmann die Präliminarien des Heiratsvertrags zwischen den beiden Parteien geordnet hat, bringt er das Ehrengeschenk, das zur Zeit der Verlobung verheißen wurde, vom Bräutigam zu der ihm bestimmten Braut. Wenn dieses Geschenk angenommen wird, kann die Familie der Braut ihr Versprechen nicht mehr zurücknehmen. Hiermit beginnt der Vertrag.

Die gewöhnlichen Verlobungsgeschenke bestehen aus folgendem: Personen der höheren Klasse senden ein Kleid aus weißer Seide; ein Stück Goldstickerei für einen Gürtel; ein Stück Seidenzeug; ein Stück weißer Seide mit einem Rautenmuster und noch andere Seidenstoffe, die zu einem großen Ballen aus drei verschiedenen Lagen verpackt werden; vierzehn Fässer Wein und sieben Arten eingemachter Delikatessen.

Personen der mittleren Klasse senden: ein Stück weißes Seidenzeug; ein Stück Goldstickerei für einen Gürtel; ein Stück weiße Seide mit Rautenmuster und andere Seidenstoffe, die in einen Ballen aus zwei Lagen verpackt sind; zehn Fässer Wein und fünf Arten Eingemachtes.

Die niedrigen Klassen senden: ein weißes Seidenkleid; ein Gewand aus gefärbter Seide in einem Ballen aus einer Lage; sechs Fässer Wein und dreierlei Eingemachtes.

Dem zukünftigen Schwiegervater wird ein Schwert gesandt mit einer Scheide zum Anhängen, wie man es in Kriegszeiten trägt, dazu eine Liste der Geschenke. Die Schwiegermutter erhält ein seidenes Gewand mit etwas Wein und Eingemachtem.

Obwohl all diese Geschenke für den Anlaß geeignet und richtig bemessen sind, können sie je nach den Mitteln der betreffenden Personen gemehrt oder gemindert werden. Der zukünftige Schwiegervater sendet seinem Schwiegersohn Gegengeschenke von gleichem Wert. Die Braut aber macht ihrem künftigen Gatten kein Gegengeschenk. Das Geschenk vom Schwiegervater darf auf keinen Fall unterbleiben; wenn er aber unbemittelt ist, braucht er bloß Wein und Eingemachtes zu schicken.

Beim Absenden der Geschenke muß man sich hüten, die seidenen Kleider zu falten und zu knicken. Die beiden Seidenkleider, die man am Hochzeitsabend schickt, müssen in besonderer Weise mit den Halskragen aneinandergeheftet werden.

Die Zeremonien bei der Übersendung der Sänfte, um die Braut am Hochzeitsabend zu holen, sind folgende: Bei vornehmen Familien wird von beiden Seiten einer der Hauptdienstleute beauftragt und losgeschickt, um die Braut zu empfangen und zu geleiten. Vor der Haupttür des Brauthauses sind Matten ausgebreitet, auf die die Sänfte der Braut gestellt wird, während die beiden Hauptdienstleute sich gegenseitig gratulieren und die Abgesandten des Bräutigams die Sänfte von denen der Braut in Empfang nehmen. Wenn ein Eimer mit Venusmuscheln, um die Hochzeitsbrühe zu machen, von der Braut gesendet wurde, muß derselbe von einer vornehmen Person empfangen und getragen werden. In der Nähe der Tür wird zur Rechten und Linken ein Feuer angezündet. Diese Feuer werden »Gartenfackeln« genannt. Auf dem Korridor, den die Sänfte passiert, stellen zwei Männer und zwei Frauen paarweise zwei Mörser auf, in denen sie Reis stampfen. Wenn die Sänfte vorüberkommt, wird der linksseitige Reis zur Rechten hinübergeführt, und beide werden miteinander zu einer Masse vermischt. Dies wird »die Vermischung des Reismehls« genannt.*

Auch zwei Kerzen werden angezündet, eine auf der rechten, eine auf der linken Seite des Korridors. Nachdem die Sänfte vorüber ist, wird das linksseitige Licht auf die rechte Seite gebracht, und nachdem die beiden Dochte vereinigt sind, werden die Lichter ausgelöscht. Diese drei letzten Zeremonien finden nur bei Hochzeiten von Personen von hohem Rang statt. Bei Hochzeiten gewöhnlicher Leute werden sie nicht befolgt.

Die Braut bringt ins Haus ihres Gatten als Geschenke: zwei seidene Gewänder, die in einer besonderen Weise zusammengeheftet sein müssen, ein Festtagskleid mit Flügeln aus hanfenem Gewebe, einen oberen und einen unteren Gürtel, einen Fächer, entweder fünf oder sieben Taschenbücher, ein Schwert. Diese sieben Geschenke werden auf ein langes lackiertes Brett gelegt. Ihr Wert muß von den Mitteln der Familie abhängen.

Das Hochzeitsgewand der Braut ist ein weißes Seidenkleid mit Rautenmuster über einem ebenfalls weißseidenen Unterkleid. Über ihrem Kopf trägt sie einen Schleier aus weißer Sei-

* Vgl. Gibbon über Hochzeiten der Römer in seinem »Decline and Fall of the Roman Empire«, Bd. IV, S. 345: Die beiden kontrahierenden Parteien saßen bei den Römern auf demselben Schaffell. Sie aßen zusammen einen gesalzenen Kuchen aus Spelt, dem Hauptgetreide der alten Italer, und diese »Confarreatio« diente als Symbol ihrer Vereinigung in Geist und Leib.

de, den sie, wenn sie sich hinsetzt, wie einen Mantel um sich herabfallen läßt.

Alle Besitztümer und Hausgerätschaften der Braut werden vor der Hochzeit durch ihre weiblichen Dienstboten ihres Hauses in Ordnung gebracht und ebenso werden die Besitztümer des Bräutigams von einer Frau seines Haushalts geordnet.

Wenn die Braut mit ihrem Auserwählten in dem Zimmer zusammentrifft, wo die Verwandten versammelt sind, nimmt sie für das eine Mal ihren Sitz auf dem Ehrenplatz, während ihr Gatte auf einem niedrigeren Platz sitzt, ihr nicht gerade gegenüber, sondern schräg in der Diagonale, dabei vorsichtig und bescheiden die Blicke ihrer Augen meidend.

Auf einer erhöhten Stelle des Zimmerbodens wurden vorher zwei Präsentierteller gestellt, Zurüstungen zu einem Festmahl, ferner ein Tisch mit zwei Bachstelzen*, ein zweiter Tisch mit einer bildlichen Darstellung des Elysiums, mit zwei Weinflaschen, Geflügel, Fisch und zwei Sorten warmem Wein. Die Damen gehen der Braut entgegen und führen sie in ein Toilettenzimmer. Nachdem sie ihre Kleider in Ordnung gebracht hat, führen sie sie in den Saal, und die Braut und der Bräutigam

* Der Gott, der Japan schuf, heißt Kunitodatschi no Mikoto. Nach seiner Zeit lebten Isanagi no Mikoto und Isanami, der erste ein Gott, die zweite eine Göttin. Als diese beiden göttlichen Wesen auf der schwimmenden Himmelsbrücke standen, kamen zwei Bachstelzen geflogen, und die beiden Götter erfanden, indem sie die Liebkosungen der beiden Vögel belauschten, die Kunst der Liebe. Aus der auf diese Weise eingeleiteten und geweihten Verbindung entsprangen die Gebirge, die Flüsse, das Gras, die Bäume, die übrigen Götter und die Menschheit. Ein anderer Mythos erzählt, daß Isanagi no Mikoto, als die beiden Götter auf der schwimmenden Brücke standen, seinen himmlischen, mit Edelsteinen verzierten Speer ergriff und die See damit umrührte. Die Tropfen, die von der Spitze seines Speeres herabfielen, verdichteten sich und wurden eine Insel, genannt Onokorojima, auf der die beiden Götter, vom Himmel herabsteigend, ihren Wohnsitz einrichteten.

setzen sich auf die für sie bestimmten Plätze. Dann werden die beiden großen Präsentierteller hereingebracht, und die Kammerzofen reichen mit höflichen Anreden und Komplimenten eben solche getrocknete Fische und Seekräuter herum, wie sie Geschenke zu begleiten pflegen, und überreichen dem Brautpaar getrocknete Kastanien. Zwei verheiratete Damen nehmen dann jede eine der Weinflaschen und stellen sie im niedrigen Teil des Zimmers auf. Zwei Dienstmädchen, die als Mundschenken agieren, bringen die Kessel und stellen sie zu den Flaschen im niedrigen Teil des Zimmers. An eine der beiden Weinflaschen wird ein männlicher, an die andere ein weiblicher Schmetterling geheftet. Der weibliche Schmetterling wird auf den Rücken gelegt und der Wein aus der Flasche in den Kessel gegossen. Dann nimmt man den anderen Schmetterling, legt ihn auf den weiblichen, und der Wein auch dieser Flasche wird in denselben Kessel gegossen. Dann trägt man das Ganze mit gehöriger Feierlichkeit zu einem anderen Kessel von anderer Gestalt, den die Mundschenken vor sich hinstellen. Das Zusammengießen des Weins am Hochzeitsabend soll auf die Verbindung, die man schließen will, symbolisch anspielen. Kleine niedrige Speisetische, jeder auf eine Person berechnet, werden vor Braut und Bräutigam hingestellt, und auch vor der Kammerfrau der Braut. Eine der weiblichen Mundschenken nimmt drei Weintassen und stellt sie übereinander vor den Bräutigam. Der Bräutigam trinkt erst zwei Tassen Wein, dann auch die dritte und schüttet etwas Wein aus dem vollen Kessel in den leeren. Dann trinkt auch die Braut drei Tassen* und gießt ebenfalls etwas Wein aus dem einen Kessel in den anderen, wie der Bräutigam es tat. Die Tassen werden dann wieder ineinander ge-

* Jede japanische Weintasse faßt nur einen Schluck.

steckt, zum erhöhten Teil des Zimmers gebracht und dort in der vorigen Ordnung aufgestellt. Dieses Trinken aus den drei Tassen wiederholt sich drei Mal. Danach wird Eingemachtes auf die rechte Seite eines kleinen Tisches gestellt, worauf sich der Bräutigam von seinem Platz erhebt und eine Weile pausiert.

Unterdessen wird den Kammerfrauen der Braut und den Dienstmädchen Fischsuppe und Wein serviert. Diese erhalten Wein in einer irdenen Tasse, die auf einen kleinen viereckigen Präsentierteller gestellt wird. Auch wird aus der Küche ein Weinkessel mit allen Arten von Konserven herbeigebracht.

Nachdem dieser Teil des Festes vorüber ist, wird das Zimmer wieder in Ordnung gebracht, und Braut und Bräutigam nehmen ihren Sitz wieder ein. Nun werden Suppe und Reisgerichte aufgetragen, und zwei versilberte und vergoldete Porzellantassen, auf die ein Bild der Insel Takasago* gemalt ist, werden auf einen Präsentierteller gestellt. Diesmal werden Schmetterlinge aus Gold- und Silberpapier an die Kessel geheftet. Der Bräutigam trinkt wieder ein oder zwei Tassen, und die Aufwärterinnen bieten dem Paar noch mehr Delikatessen an. Mit heißem Wasser übergossener Reis und Karpfensuppe werden hereingebracht, und lackierte Tassen werden aufgedeckt, um heißen Wein zu fassen. Und nun fängt die Festmahlzeit erst eigentlich an. (Bisher geschah das Essen und Trinken nur pro forma.) Zwölf Schüsseln mit Süßigkeiten und Tee werden serviert, und

* Auf der Insel Takasago in der Provinz Harima steht ein Tannenbaum, genannt »die Tanne des beiderseitigen hohen Alters«. In der Nähe der Wurzel ist der Baum nur einfach. Aber etwa in der Mitte teilt er sich in zwei Stämme, beide sehr alt. Kleine Modelle von dieser Tanne werden bei Trauungen als Symbol, daß das glückliche Paar zusammen ein hohes Alter erreichen soll, verwendet. Das immergrüne Laub dieser Tanne ist ein Emblem der unveränderlichen Beständigkeit des Herzens. Die unter dem Baum beigefügten Figuren eines alten Mannes und einer alten Frau sind die Geister der alten Tanne.

das Diner besteht aus drei Gängen, einer dieser Gänge aus sieben Gerichten, einer aus fünf und einer aus drei, oder sonst auch zwei Gänge aus fünf und einer aus drei Gerichten, je nach den Mitteln der Familie. –

Die obigen Vorschriften gelten jedoch bloß für Familien von höchstem Rang und sind in keiner Weise passend für die geringeren Klassen, die die gehörigen Grenzen ihrer Stellung nicht überschreiten müssen.

Eine volkstümliche Sage behauptet, daß beim festlichen Weintrinken am Hochzeitstag die Braut zuerst trinken und dann die Tasse dem Bräutigam überreichen müsse. Aber obwohl es Autoritäten gibt, die diese Ansicht unterstützen, ist dies doch ohne allen Zweifel ein grober Irrtum. In der »Abhandlung über Feierlichkeiten« von Konfuzius steht: »Der Mann steht hinsichtlich seiner Wichtigkeit vor der Frau. Es ist das Recht des Starken über den Schwachen. Der Himmel geht der Erde vor. Der Fürst hat einen höheren Rang als sein Minister. Dieses Gesetz der Ehre gilt durchweg.« – Außerdem steht in Konfuzius' »Buch der Geschichte«: »Die Henne, die am Morgen kräht, bringt Unglück.« In der japanischen Literatur heißt es im »Juscho«, dem Buch von den Göttern: »Als die Göttinnen die Götter zum ersten Mal sahen, waren jene die ersten, die ausriefen: ›Oh, was für schöne Männer sind das!‹ Den Göttern aber mißfiel dies sehr, und sie sagten: ›Wir, die wir so stark und mächtig sind, sollten von Rechts wegen zuerst gesprochen haben. Wie kommt es, daß im Gegenteil diese Weiber zuerst reden? Das ist in der Tat pöbelhaft!‹« – Und außerdem steht geschrieben: »Als die Götter den Krüppel Hiruko hervorbrachten, sagte der Herr des Himmels, daß sein Unglück eine Strafe für die Göttinnen sei, die es sich herausgenommen hätten, zuerst zu sprechen.« – Dieselbe Regel gilt daher in China und Japan, und es wird für unheilvoll gehalten, wenn die Frau vorangehen will. Das sollte den Leuten zur Warnung dienen, und sie sollten sorgfältig jeden Bruch der gesetzmäßigen Etikette vermeiden, auch wenn er vom Pöbel gutgeheißen wird.

Bei den Hochzeiten geringerer Klassen veranstalten die Braut und ihre Frauen ein Festmahl, der Bräutigam aber nicht. Und nachdem das Fest der Braut zu Ende ist, wird der Bräutigam hereingerufen, und es wird ihm die Weintasse der Braut gereicht. Da aber die befolgenden Formalitäten sehr allgemein sind, lohnt die Mühe nicht, die Regeln, durch die sie geordnet werden, anzugeben. –

Weil der Hochzeitsabend nur für das verheiratete Paar wesentliche Bedeutung hat, haben einige Autoren über Zeremonien festgesetzt, daß es nicht nötig sei, für die Frauen der Braut ein eigenes Fest zu veranstalten, und meiner Meinung nach haben sie ganz recht. Denn wenn Mann und Frau bei der Eröffnung ihres Umgangs gleich wieder getrennt werden und wenn die Braut alleine gefeiert wird wie ein gewöhnlicher Gast, dann scheint dies ein unheilverkündender Anfang zu sein. – Hiermit hätte ich also zwei üble Gebräuche von bösem Omen bezeichnet, die man vermeiden muß.

Die Zeremonien, die bei Hochzeiten von Personen gewöhnlichen Ranges befolgt werden, sind diese:

Die Vorbereitungen zum Fest richten sich nach den Mitteln der Individuen. Drei Weintassen müssen auf Präsentierteller hingesetzt werden. Die Zeremonie des dreimaligen Weintrinkens muß so, wie sie oben beschrieben wurde, durchgemacht werden. Nach ihrer Beendigung wechselt die Braut die Kleider, und eine Mahlzeit von drei Gängen wird aufgetischt – zwei Gänge von fünf Gerichten und eine von drei Gerichten, oder auch ein Gang von fünf Gerichten, einer von drei und einer von zwei, je nach den Mitteln der Familie. Ein Präsentierteller mit einem Bild, das die Insel Takasago darstellt, wird herbeigebracht und der Wein gewärmt. Auch werden Süßigkeiten von fünf oder sieben verschiedenen Sorten in kleinen Büchsen oder auf Porzellantellern aufgetischt, und wenn der Tee kommt, steht der Bräutigam auf und rastet ein wenig. Sind die Weinkessel nur aus Zinn, müssen sie nicht im Zimmer ausgestellt werden. Man muß sie von der Küche hereinbringen. Auch werden in diesem Fall die Schmetterlinge nicht an ihnen befestigt.

In alten Zeiten pflegten Braut und Bräutigam während der Feierlichkeit drei- oder fünfmal die Kleider zu wechseln. Heute findet der Kleiderwechsel, nachdem die neun Tassen Wein in oben angegebener Weise getrunken sind, nur einmal statt. Die Braut legt das seidene Gewand an, das sie vom Bräutigam empfangen hat, während er sich mit dem Festkleid schmückt, das ihm von der Braut dargebracht wurde.

Nachdem diese Zeremonien vollzogen sind, wird die Braut von ihren Frauen zu den Zimmern der Schwiegereltern geführt. Sie nimmt seidene Kleider mit als Geschenke für ihre Schwiegereltern, Schwager und Schwägerinnen. Ein Präsentierteller mit drei Weintassen wird vor die Braut und die Schwiegereltern gestellt. Der Schwiegervater trinkt drei Tassen und reicht die Tassen der Braut hin, die dann, nachdem sie zwei Tassen getrunken hat, von ihrem Schwiegervater ein Geschenk erhält. Darauf trinkt sie die dritte Tasse, gibt die Tasse dem Schwiegervater zurück, der nun seinerseits drei Tassen trinkt. Darauf wird Fisch herbeigebracht und in den gewöhnlichen Häusern auch ein Reisgericht. Hierauf ergreift die Schwiegermutter die zweite Tasse, trinkt drei Tassen und reicht die Tasse der Braut, die zwei Tassen trinkt und von der Schwiegermutter ein Geschenk empfängt. Sie trinkt dann eine dritte Tasse und gibt die Tasse der Schwiegermutter zurück, die abermals drei Tassen trinkt. Eingemachtes wird serviert und in gewöhnlichen Häusern Suppe, worauf die Braut noch einmal aus der dritten Tasse trinkt und dieselbe dann ihrem Schwiegervater gibt, der dreimal trinkt. Darauf trinkt die Braut noch zweimal und dann die Schwiegermutter dreimal. So haben Braut und Schwiegereltern zusammen neunmal getrunken. Wenn Schwäger und Schwägerinnen vorhanden sind, werden eingemachte Sachen und Suppe serviert, und eine Weintasse aus Porzellan wird auf einem Präsentierteller vor sie hingesetzt, und sie trinken auf das befehlende Wort des Schwiegervaters. Daß dabei Suppe serviert wird, ist nicht unbedingt nötig. Wenn die Eltern des Bräutigams bereits tot sind und die obige Zeremonie daher ausfallen muß, führt der Bräutigam seine Braut zu einer Schreibtafel, die man aufgehängt hat und auf der die Namen seiner Eltern geschrieben stehen, damit sie vor derselben ihre Reverenz macht.

In alten Tagen pflegte der Bräutigam nach Beendigung der oben beschriebenen Zeremonien den Eltern der Braut eine feierliche Visite zu machen. Heute wird diese Visite aber schon vor dem Hochzeitstag gemacht, und obwohl die Formalitäten bei derselben denen der alten Zeit ähneln, weichen sie doch ein wenig davon ab, und es wird gut sein, daß wir diese alten Gebräuche hier kurz angeben:

Die beiden Präsentierteller, die beim Hochzeitsfest benutzt wurden, pflegte man mit hübsch arrangiertem Geflügel, Fisch und Eingemachtem beladen in einen langen Kasten zu setzen und ins Haus des Schwiegervaters zu senden. Auch wurden fünfhundertachtzig Reiskuchen in lackierten Büchsen übersendet. Das neumodische Verfahren, die Reiskuchen in einem Eimer zu schicken, ist durchaus gegen die Etikette. Wie viele lakkierte Kännchen für diesen Zweck auch immer verlangt werden, sie müssen beschafft werden, denn sie sind die für Übersendung der Kuchen allein geeigneten Dinge. Auch werden drei, fünf, sieben oder zehn Trachten von Geschenken, soviel ein Mann tragen kann, dargebracht. Der Schwiegersohn gibt seinem Schwiegervater ein Seidengewand und seiner Schwiegermutter ein seidenes Kleid, auch macht er seinen Schwägern und Schwägerinnen Geschenke. Die dabei stattfindende Zeremonie des Weintrinkens geht in derselben Weise vor sich wie zwischen der Braut und ihren Schwiegereltern, nur mit sehr geringen Variationen. Der Bräutigam erhält keine Geschenke von seiner Schwiegermutter, und nachdem die dritte Tasse getrunken ist, trinkt der Schwiegersohn vor seinem Schwiegervater. Die Eltern der Braut statten dem Bräutigam eine Dankvisite ab, bei der ähnliche Feierlichkeiten befolgt werden.

Bei den Hochzeiten der Großen besteht die Brautkammer aus drei Zimmern, die zu einem vereinigt werden* und die man für die Gelegenheit neu dekoriert. Sind nur zwei Zimmer vorhanden, wird ein drittes hinzugebaut. Die oben erwähnten Geschenke werden auf zwei großen Präsentierbrettern ausgestellt, und die Kleider der Braut werden an Kleidergestellen aufgehängt. Die Matratze und die Bettücher werden in einem Nebenkabinett ausgelegt. Die Besitztümer der Braut müssen sämtlich von den Frauen, die am Tag zuvor für diesen Zweck hergesandt wurden, geordnet und aufgestellt werden; doch mag dies auch getan werden, während die Braut ihre Kleider wechselt. Für jeden der verschiedenen Hausratsgegenstände ist ein Platz bestimmt. Der Altar für das Bild des Familienheiligen wird auf einen Sims in der Nähe des Schlafzim-

* Da eine Reihe von Zimmern in Japan bloß mit beweglichen Papierschirmen voneinander abgetrennt sind, kann je nach Größe des Hauses jede beliebige Anzahl von Zimmern auf der Stelle zu einem vereinigt werden.

mers gestellt. Das »Kajoké«* wird auf den erhöhten Teil des Fußbodens gestellt. Wenn keine solche Bodenerhöhung vorhanden ist, wird es in einem Kabinett plaziert, dessen Türen immer offen stehen, so daß es ins Auge fällt. Die Bücher werden geordnet auf einem Bücherbrett aufgestellt oder auch in einem besonderen Kabinett. Ist weder ein Bücherbrett noch ein Kabinett für sie vorhanden, werden sie auf den erhöhten Teil des Zimmerbodens gelegt. Die Kleider der Braut werden an einem Kleidergestell aufgehängt. In Familien von hohem Rang werden sieben Kleider an dem Gestell aufgehängt. Fünf von diesen werden nach einiger Zeit wieder weggenommen und durch andere ersetzt, und wiederum werden drei weggenommen und durch andere ersetzt. Es sind entweder zwei oder drei Kleidergestelle da. Das Gestell für die Handtücher wird an einem ehrenvolleren Platz angebracht als das für die Kleider. Wenn kein besonderes Toilettenzimmer vorhanden ist, werden die Bettücher der Braut und ihr ganzer Toilettenapparat im Schlafzimmer untergebracht. Keine Schirme werden in der Brautnacht aufgestellt, aber am folgenden Tag wird ein geeigneter Platz für sie ausgesucht. – Alle diese Zeremonien müssen im Verhältnis zu den Mitteln der Familie mit mehr oder weniger Luxus durchgeführt werden.

Anmerkung

Der Autor des Buches »Schorei Hikki« erwähnt nicht den Brauch des Abrasierens der Augenbrauen und des Schwärzens der Zähne, den die Frauen, wenn sie heiraten, zum Erweis ihrer ehelichen Treue vornehmen. In den oberen Klassen schwär-

* Ein Kajoké ist eine Art lackiertes Becken für das Waschen der Hände und des Gesichts.

zen die jungen Damen ihre Zähne gewöhnlich, bevor sie das Haus ihres Vaters verlassen und in das ihres Gatten eintreten, und sie vervollständigen diesen Akt durch Rasieren ihrer Augenbrauen unmittelbar nach der Hochzeit, oder doch jedenfalls nicht später als bei Gelegenheit ihrer ersten Schwangerschaft.

Der Ursprung dieses Brauchs ist dunkel. Zum Beweis, daß er schon vor dem 11. Jahrhundert n. Chr. existierte, zitiert ein merkwürdiges Buch mit dem Titel »Tejo Sakki« (»Die vermischten Schriften des Tejo«) das Tagebuch der Murasaki Schikibu, einer Tochter Tamésokis, eines Dienstmannes des Hauses Etschisen, einer Hofdame und berühmten Dichterin, der Verfasserin des Buches »Gendschi-mono-gatari« und anderer Werke. In den Tagebüchern dieser Dame steht geschrieben, daß sie am letzten Abend des fünften Jahres der Periode »Kanko« (1008 n. Chr.), um ihre Toilette für den Neujahrstag zu machen, sich in ihr Privatkabinett zurückzog und die Mängel ihrer persönlichen Erscheinung ausbesserte, indem sie ihre Zähne schwärzte und auch noch sonst ihr Äußeres schmückte. Auch im »Jeiga-mono-gatari«, einem alten Buch derselben Verfasserin, wird der Gebrauch schon erwähnt.

Auch der Kaiser und die Edelleute seines Hofes haben die Gewohnheit, sich die Zähne zu schwärzen; doch stirbt bei ihnen dieselbe allmählich aus. Man sagt, daß sie aufgebracht wurde von einem gewissen Hanasono Arischito, der zu Beginn des 12. Jahrhunderts unter der Regierung des Kaisers Tuba den Rang eines Sa Daijin oder »Ministers zur Linken« innehatte. Dieser Minister, ein Mann von sehr raffiniertem Geschmack und von großer Sinnlichkeit, rupfte sich die Augenbrauen aus, rasierte seinen Bart, schwärzte seine Zähne, puderte sein Gesicht weiß und schminkte seine Lippen rot in der Absicht, sich einer Frau möglichst ähnlich zu machen. Mitte des 12. Jahrhunderts schwärzten sich alle Edelleute des Hofes, wenn sie in den Krieg zogen, die Zähne, und seit dieser Zeit wurde es allgemeine Sitte am Hof. Die Anhänger der Häupter der Hojo-Dynastie schwärzten sich als Emblem der Treue ebenfalls die Zähne. Man nannte es die »Odawara-Mode«, nach der Residenzstadt jener Familie. So wurde endlich eine Sitte, die aus der Liebe zum Vergnügen und zur Sinnlichkeit hervorgegangen war, zuletzt als Zeichen eines guten und treuen Geistes genommen.

Die Mode des Zähneschwärzens legt ihren Anhängern keine geringen Unbequemlichkeiten auf, denn die Farbe muß jeden Tag oder doch jeden zweiten Tag erneuert werden. So sonderbar und abstoßend die Sache einem zuerst erscheint, so lernt es das Auge doch bald, ohne Abscheu auf ein gut geschwärztes und glänzend poliertes Gebiß zu blicken. Aber wenn die Farbe sich abnutzt und in ein stumpfes Grau mit schwarzen Strichen verwandelt, dann wird der Mund allerdings sehr häßlich. –

Ich füge hier ein Rezept zum Zähneschwärzen bei, das mir von einem sehr vornehmen Chemiker und Drogisten in Jedo geliefert wurde:

»Nimm drei Putten Wasser, wärme es und gieße eine halbe Tasse Wein dazu. Lege in diese Mischung eine Quantität rotglühenden Eisens. Laß es fünf oder sechs Tage stehen, wonach sich oben auf der Mischung eine Haut oder ein Schaum bilden wird, der abgenommen und in einer Teetasse neben ein Feuer gesetzt werden muß. Wenn die Substanz warm ist, müssen pulverisierte Galläpfel und Eisenfeile hinzugetan und das Ganze wieder gewärmt werden. Die Flüssigkeit wird dann mit einem weichen Federpinsel auf die Zähne gestrichen und noch etwas gepulverte Galläpfel und Eisenfeile hinzugefügt, und wenn man dies einige Male wiederholt hat, wird die gewünschte Farbe dasein.«

Man sagt, daß dieses Verfahren ein guter Schutz für die Zähne sei, und ich habe Männer gekannt, die beständig an Zahnweh litten und die schwarze Farbe auftrugen, wenn die Paroxysmen sehr heftig waren, indem sie das Martyrium der Häßlichkeit dem des Nervenschmerzes vorzogen. Ein Mann erzählte mir, daß er bei der Anwendung des Mittels sofort Linderung verspüre und daß er immer ganz frei von Schmerz sei, solange er seine Zähne schwärze.

Über Geburt und Kindererziehung
(Aus dem »Schorei Hikki«)

Im fünften Monat der Schwangerschaft einer Frau wird für das Anlegen eines Gürtels aus weißer und roter Seide, gefaltet und von acht Fuß Länge, ein glückverheißender Tag bestimmt. Der Gatte zieht diesen Gürtel aus dem linken Ärmel seines Kleides hervor, und die Gattin empfängt ihn im rechten Ärmel ihres Gewandes und legt ihn zum ersten Mal an. Diese Zeremonie findet nur einmal statt.

Nach der Geburt des Kindes wird der weiße Teil des Gürtels himmelblau gefärbt mit einer besonderen Marke darauf, und daraus wird ein Kleid für das Kind gemacht. Dies sind aber nicht die ersten Kleider, die das Kind trägt. Dem Färber gibt man bei dieser Gelegenheit Wein und Eingemachtes, wenn ihm der Gürtel anvertraut wird. Gewöhnlich erbittet man sich dazu den Gürtel, den eine Frau, die sehr leicht entbunden wurde, während ihrer Schwangerschaft getragen hat, und diese Frau wird »die Gürtelmutter« genannt. Der geliehene Gürtel wird mit dem, den der Gatte gab, zusammengebunden, und die Gürtelmutter gibt und empfängt bei dieser Gelegenheit ein Geschenk.

Die Möblierung des Zimmers der Wöchnerin ist wie folgt: Zwei Zuber, um Unterröcke hineinzulegen, zwei Zuber für die Nachgeburt, ein niedriger Armstuhl ohne Beine für die Mutter, um sich darauf zu stützen,* ein Schemel, der von der Geburtshelferin gebraucht wird, die die Lenden der zu entbindenden Frau umfaßt, um sie zu unterstützen, und den nachher die Hebamme beim Waschen des Kindes benutzt, mehrere Kissen von verschiedener Form und Größe, damit die Wöchnerin ihren Kopf nach Gefallen stützen kann, neue Eimer, Becken und Löffel von verschiedener Größe. – Vierundzwanzig Kinderkleider, zwölf aus Seide und zwölf aus Baumwolle müssen bereitgehalten werden. Die Säume dieser Kleider müssen safrangelb gefärbt sein. Es muß auch eine Schürze für die Hebamme vorhanden sein, damit diese das Kind, wenn es von hohem Rang ist, beim Waschen nicht gleich auf ihre eigenen Knie legt. Diese Schürze sollte aus einem baumwollenen Schleiertuch gemacht sein. Mit einem solchen feinen, baumwollenen, nicht gesäumten Schleiertuch sollte auch das Kind, wenn es aus dem warmen Wasser genommen wird, abgetrocknet werden.

Am fünfundsiebzigsten oder am hundertzwanzigsten Tag nach der Geburt legt das Kind die Säuglingslinnen ab, und dieser Tag ist ein Feiertag. Obwohl es Brauch ist, die Säuglinge mit verschiedenen bunten, seidenen Kleidern zu schmücken, ist dies doch verkehrt, weil zwei wichtige Lebensprinzipien dadurch verletzt werden und das Kind sich Krankheiten zuzieht. Deswegen haben die Alten diesen Brauch streng verboten. In

* Die Frauen in Japan werden in kniender Stellung entbunden, und nach der Geburt bleiben sie drei Wochen lang Nacht und Tag in kauernder Lage, indem sie sich rückwärts an eine Stütze lehnen. Danach erst erlaubt man ihnen, sich auszustrecken. Man glaubt, daß eine liegende Stellung bis zu dieser Zeit einen gefährlichen Andrang des Blutes im Kopf verursachen könne.

neueren Zeiten werden die Säuglinge mit schönen Kleidern angetan. Aber ihnen eine Mütze auf den Kopf zu setzen, um damit, wie man es tut, großen Staat zu machen, das ist dem Kind schädlich und muß unterbleiben. Es wäre sehr gut, wenn reiche Leute mit Rücksicht auf die Gesundheit ihrer Kinder eine Gewohnheit aufgeben wollten, die jetzt leider ganz modisch ist.

Am hundertzwanzigsten Tag nach der Geburt werden die Kinder, sowohl männliche als weibliche, von der Mutterbrust entwöhnt.* Dieser Tag ist ein für allemal dazu festgesetzt, und es ist nicht nötig dafür noch einen besonderen Glückstag auszusuchen. Wenn das Kind ein Knabe ist, wird es von einem Herrn der Familie, wenn ein Mädchen, von einer Dame gefüttert. Die dabei stattfindenden Formalitäten bestehen in folgendem: Das Kind wird herbeigetragen und dem »Entwöhnungsvater« oder »-paten« übergeben. Dieser nimmt es auf sein linkes Knie. Ein kleiner Tisch wird in Bereitschaft gehalten. Der Entwöhnungspate, der nun die Pflicht hat, das Kind zu füttern, nimmt etwas von dem den Göttern geopferten Reis und legt es auf den Rand des neben ihn gestellten kleinen Tischs. Er taucht seine Gabeln (Eßstöckchen) dreimal in den Reis und steckt sie vorsichtig in den Mund des Kindes, um ihm etwas von dem Reissaft einzubringen. Fünf Reiskuchen werden auch auf die linke Seite des kleinen Tisches gelegt, und der Entwöhnungsvater steckt auch von diesen dem Kind dreimal ein Pröbchen in den Mund. Nach dieser Zeremonie wird das Kind der Wärterin zurückgegeben, und dann werden drei Weintassen auf

* Dies ist nur eine nominelle Entwöhnung. Die Kinder werden in Japan viel später als in Europa wirklich entwöhnt. Man sieht es dort nicht selten, daß eine Mutter aus der ärmeren Klasse ihren derben Jungen von fünf oder sieben Jahren an ihrer Brust säugt. Sie sagen, daß auf diese Weise die Kosten der Kinderernährung gemindert werden.

einen Präsentierteller hingesetzt. Der Entwöhnungspate trinkt selbst drei Tassen und präsentiert die Tasse auch dem Kind. Nachdem man das Kind zwei Tassen hat kosten lassen, empfängt es vom Paten ein Geschenk, und man läßt es zum dritten Mal an einer Tasse nippen. Darauf wird getrockneter Fisch hereingebracht, und die Weintasse geht zum Paten, der zum dritten Mal trinkt. Noch mehr Fisch aus einer anderen Zone wird aufgetischt. Das Trinken wird wiederholt, und der Entwöhnungspate empfängt ein Geschenk vom Kind. Die Wärterin sollte den Regeln des Anstands gemäß sich beständig in der Nähe des Kindes aufhalten. Dann muß ein Gastmahl zubereitet werden, so gut es die Mittel der Familie erlauben. Ist das Kind ein Mädchen, muß eine »Entwöhnungsmutter« die Zeremonien übernehmen, und passende Geschenke müssen von beiden Seiten überreicht werden. Das Weintrinken macht man dabei ebenso durch, wie es oben angegeben wurde.

Vom fünfzehnten Tag des elften Monats des dritten Lebensjahres des Kindes an, mag es ein Knabe oder ein Mädchen sein, läßt man sein Haar wachsen. Bis zu dieser Zeit wurde der ganze Kopf geschoren. Nun läßt man drei Schöpfe stehen, einen auf jeder Seite, und einen am Hinterkopf. Auch an diesem Tag wird wieder ein Pate erwählt. Ein großer Präsentierteller, auf dem eine Kanne, eine Schere, eine Schnur aus Papier, um das Haar zu einem Knoten zu binden, etwas Baumwolle und ein Stückchen getrockneter Fisch oder Seetang, wie sie Geschenken gewöhnlich beigegeben werden, und sieben Reisstrohhalme liegen. Alle diese sieben Gegenstände müssen im Voraus in Bereitschaft gehalten werden.

Der Kopf des Kindes wird mit dem Gesicht gegen den Strich des Kompasses gewendet, der für das laufende Jahr als im Glück vorherrschend gilt, und der Pate nimmt, wenn das Kind ein Knabe ist, die Schere und macht drei Schnitte in das Haar an der linken Schläfe, drei an der rechten Schläfe und drei in der Mitte. Er nimmt dann das Stückchen Baumwolle und breitet es von der Stirn aus nach hinten über den Kopf des Kindes, so daß es im Nacken herabfällt, und befestigt das Stück getrockneten Fisch oder den Seetang und die sieben Strohhalme am Ende der Baumwolle und bindet alles mit einer Papierschnur in zwei Schlingen zusammen, wie das Haar eines Mannes. Die Zeremonie des Weintrinkens ist hierbei dieselbe wie bei der Entwöhnung. Ist das Kind ein Mädchen, so agiert eine Dame als Pate. Das Haarschneiden wird dann von der rechten Schläfe anstatt von der linken aus begonnen. In den übrigen Teilen unterscheidet sich die Zeremonie nicht.

Am fünften Tag des elften Monats des vierten Lebensjahres des Kindes wird ihm das Hakama, das weite Beinkleid, das die Samurai tragen, angelegt. Auch bei dieser Gelegenheit wird ein Pate gewählt. Von ihm erhält das Kind ein Festkleid, auf das mit Seide die Figuren von Störchen und Schildkröten (Emblemen eines langen Lebens)*, von Tannenbäumen (die immergrünen und ihre Farbe nie wechselnden Bäume gelten als Sinnbilder eines unveränderten tugendhaften Herzens) und von Bambus (Symbole eines festen und aufrichtigen Gemüts) gestickt sind. Das Kind wird auf ein gewürfeltes Brett aufrecht hingestellt, das Gesicht dem günstigen Kompaßstrich zugekehrt, und angetan mit seinem Festkleid. Es wird ihm auch ein hölzernes Schwert und ein Dolch in die Hand gegeben. Dabei wird wieder die übliche Zeremonie des Weintrinkens befolgt.

Die Zeremonie des Abschneidens der Stirnlocke schloß in alten Zeiten die Zeremonie des Anlegens der Edelmannshaube

*Vom Storch glauben die Japaner, daß er tausend Jahre lebe. Der Schildkröte geben sie zehntausend Jahre.

ein. Da diese aber aus der Mode ist, muß hier nicht von ihr gehandelt werden.*

Sobald der Knabe das fünfzehnte Lebensjahr erreicht hat, wird je nach Reife und Geschicklichkeit, die er zeigt, ein glücklicher Tag gewählt für diese wichtige Zeremonie, nach der der Knabe seinen Platz unter den erwachsenen Männern erhält. Eine Person von tugendhaftem Charakter wird zum Paten oder »Haubenvater« ernannt. Obwohl der wirkliche Name des Mannes (der Name, der nur seinen nächsten Verwandten und Freunden bekannt ist, nicht der, unter dem er gewöhnlich in der Gesellschaft sich bewegt) schon vor diesem Datum bestimmt ist, ist dies doch zuweilen auch nicht der Fall, und dann empfängt er ihn an diesem Tag vom Paten. In alten Tagen hatte man noch eine vorgängige Zeremonie, die darin bestand, daß man das Haar vor der Stirn in gerader Linie wegschnitt, so daß zwei Ecken entstanden. Bis zu dieser Zeit trug der Knabe lange Ärmel wie die Frauen, von diesem Tag an aber kurze Ärmel. Dies wird »Halbwegschneiden« genannt. Die ärmeren Klassen haben die Gewohnheit, die Ärmel vor dieser Periode zu kürzen; aber das ist gegen alle Regeln und eine üble Gewohnheit.

Ein gewöhnliches Präsentierbrett mit einer irdenen Weintasse wird herbeigebracht. Der Pate trinkt dreimal und gibt die Tasse dem jungen Mann, der, nachdem er ebenfalls dreimal getrunken hat, die Tasse dem Paten zurückgibt, der nun wieder dreimal trinkt und dann beginnt, die Haare des jungen Mannes aufzubinden.

* Um die folgende Zeremonie zu verstehen, muß man sich erinnern, daß bei den Kindern in ihrem dritten Gedenkjahr nur drei Haarschöpfe stehenbleiben. Danach läßt man das Haar allmählich wachsen, nur auf dem Scheitel schert man es weg, läßt aber eine Stirnlocke stehen. Mit zehn oder elf Jahren wird der Kopf eines Knaben mit Ausnahme der Stirnlocke genauso behandelt wie der eines Mannes.

Es gibt drei Arten, das Haar zu binden, sowie es auch eine besondere Weise gibt, die Stirnlocke lang wachsen zu lassen. Und wenn dies der Fall ist, wird die Stirnlocke nur vorn an der Spitze beschnitten. Dies ist ganz besonders unter den Edlen am Hof des Mikados die Mode. Es gilt dies aber nur von Personen, die die Hofhaube tragen und nicht von den Herren geringerer Grade. Dennoch mögen auch diese letztgenannten Personen, wenn sie die ganze Zeremonie vollständig durchzumachen wünschen, es tun, ohne Anstoß zu geben. Edelleute der Samurai- oder Kriegerklasse schneiden die Stirnlocke ganz weg. Der Pate bindet entweder das Haar des jungen Mannes auf oder zieht die Stirnlocke über ein Brett von Weidenholz und schneidet sie mit einem Messer ab. Bei Personen von sehr hohem Rang tut er nur so, als würde er schneiden, geht aber in ein anderes Zimmer, während von einem anderen das wirkliche Abschneiden verrichtet wird, nach dessen Beendigung er in dasselbe Zimmer zurückkehrt. Der Pate steckt dann die Locke, ohne den jungen Mann sehen zu lassen, was er tut, in die Tasche seines linken Ärmels und gibt sie, indem er das Zimmer verläßt, an die Aufseher oder Vormünder des jungen Mannes, die sie in Papier wickeln und auf dem Altar der Familiengötter opfern. Aber das ist wieder verkehrt. Die Locke sollte in Papier eingewickelt sicher verwahrt und im Haus des Mannes bis zu seinem Tod aufbewahrt werden, um ihm als eine Erinnerung an die vielen Liebesbeweise, die er von Vater und Mutter in seiner Kindheit erhalten hat, zu dienen. Bei seinem Tod sollte die Locke in seinen Sarg gelegt und mit ihm begraben werden. – Das Weintrinken und die Geschenke sind bei diesen Gelegenheiten ebenso wie bei den früheren.

*

Im »Schorei Hikki«, dem Buch, aus dem das obige übersetzt ist, steht nichts über die Zeremonie der Namensgebung an die

Kinder. Das folgende ist eine Übersetzung aus einem anderen japanischen Mannskript:

»Am siebten Tag nach seiner Geburt empfängt das Kind seinen Namen. Diese Zeremonie wird ›die Gratulation der siebten Nacht‹ genannt. An dem genannten Tag wählt einer der Verwandten der Familie, der entweder durch seinen Rang oder wegen seiner Tugenden ein großes Ansehen genießt, einen Namen für den Knaben, den derselbe beibehält bis zur Zeit des Abschneidens der Stirnlocke, wo er dann denjenigen Namen annimmt, den er als Mann tragen soll. Der zweite Name heißt ›Jeboschina‹* oder ›Haubenname‹ und wird gewöhnlich aus Silben zusammengesetzt, die teils einem alten Namen der Familie, teils dem Namen des Paten entnommen werden. Wenn der Pate später seinen Namen ändert, muß auch sein ›Namenskind‹ den Namen ändern. So wurde der berühmte Krieger Minamoto no Joschitsuné in seiner Kindheit ›Uschiwakamaru‹ genannt. Als er zum Mann herangewachsen war, wurde er ›Kuro‹ genannt, und sein wirklicher Name war ›Joschitsuné‹.«

Begräbnisbräuche
(Aus dem »Schorei Hikki«)

Beim Tod eines Elternteils werden die Trauerkleider aus grobem, hanfenem Gewebe gemacht, und dieselben müssen während der ganzen Trauerperiode Nacht und Tag getragen werden. Da die Beerdigung der Eltern die wichtigste Zeremonie ist, die ein Mensch während seines ganzen Lebens zu bestehen hat, muß er, wenn der Fall eintritt, damit er keinen Fehler

*Von »Jeboschi« = eine Hofhaube und »Na« = ein Name.

macht, eine geeignete Person um Rat bitten, die ihn über die hergebrachten und angemessenen Gebräuche belehrt.

Über alles tadelnswert ist das Verbrennung der Toten. Sie sollten ohne Verbrennung begraben werden. Man sollte die bei einer Beerdigung zu beobachtenden Zeremonien von Rechts wegen genau kennen, bevor sich Anlaß zu ihrer Ausübung einstellt. Wenn ein Mann weder Vater noch Mutter hat, wird er gewiß andere Verwandte zu begraben haben, und daher darf er dies Studium nicht vernachlässigen. Es gibt einige Autoritäten, die wollen, daß man glückliche Tage und Stunden und glückliche Plätze für die Beerdigung der Toten wähle. Aber das ist verkehrt; und wenn sie behaupten, daß durch die Nichtbeachtung solcher Zeiten und Plätze auf die Nachkommenschaft Unheil und Fluch herabgezogen werde, so befinden sie sich in großem Irrtum. Es versteht sich von selbst, daß man einen günstigen Tag wählen muß, insofern Wind und Regen dabei vermieden werden müssen, so daß die Menschen ihre Toten in aller Nähe und ohne daß ihre Gemüter gestört und abgezogen werden, bestatten mögen. Auch ist es wichtig, einen angemessenen Begräbnisort zu wählen, der nicht in Gefahr ist, von Wasser beschädigt zu werden, oder einen solchen, über den keine Fuß- und Fahrwege führen, oder der leicht in ein Ackerfeld verwandelt werden oder auf dem man bauen könnte.

Wenn ein Mann zum Begräbnis eines Freundes oder eines Nachbarn eingeladen ist, sollte er es vermeiden, sich mit bunten Festtagskleidern herauszuputzen. Und wenn er dem Sarg folgt, sollte er nicht mit lauter Stimme zu der neben ihm gehenden Person reden. Denn das ist sehr roh und gefühllos. Und bei der Rückkehr von der Beerdigung sollte er, selbst wenn man ihn dazu einlüde, es vermeiden, in Teehäuser oder Weinschenken einzukehren.

Die Liste der Personen, die beim Begräbnis zugegen sein sollen, muß auf Papierstreifen geschrieben, und diese müssen fest zusammengebunden werden. Die Liste mag geschrieben werden wie jede andere. Nur muß man dabei nicht von rechts nach links schreiben, wie man es gewöhnlich tut, sondern von links nach rechts, wie es in den europäischen Schriften geschieht.

Am Tag der Beerdigung während des Trauergottesdienstes wird Weihrauch im Tempel vor der Tafel verbrannt, auf die derjenige Name geschrieben ist, unter dem der Verstorbene in die Ewigkeit hinübergeht.* Die Leute, die den Weihrauch verbrennen, treten einer nach dem anderen in das Zimmer, wo die Tafel aufgestellt ist, und schreiten halb zur Tafel vor, das Gesicht ihr zugewendet. Indem sie das Räucherwerk in Papier gewikkelt aus dem Busen hervorziehen, halten sie es in der linken Hand, und nachdem sie mit der rechten Hand eine Prise herausgenommen haben, stecken sie das Päckchen in ihren linken Ärmel. Wenn der Tisch, auf den die Tafel mit dem Namen gestellt wurde, hoch ist, hebt sich der den Weihrauch opfernde Mann aus seiner kauernden Stellung halb hervor. Wenn der Tisch niedrig ist, bleibt er kniend und verbrennt den Weihrauch so. Danach macht er drei Schritte rückwärts, mit Verbeugungen und Reverenzen, und zieht sich sechs Fuß weit zurück, worauf er, um das Verbrennen des Rauchwerks zu überwachen, wieder niedersinkt und sich gegen die Priester verneigt, die mit ihrem Anführer an der Spitze in einer Reihe dasitzen. Darauf erhebt er sich und verläßt das Zimmer. Bis zum Augenblick des Verbrennens des Weihrauchs nimmt man von den Priestern keine

* Nach seinem Tod empfängt jeder einen neuen Namen. So trat der berühmte Fürst Tokugawa Ijéjasu unter dem Namen Gongen Sama in den Himmel ein. Dieser Name wird »Okurina« oder »der begleitende Name« genannt.

Notiz. Bei der Zeremonie des Weihrauchverbrennens vor dem Grab werden die Priester nicht begrüßt. Das Päckchen Weihrauch ist aus feinem, dreimal gefalteten Papier gemacht.«

Anmerkung

Daß der Verfasser des »Schorei Hikki« von den Begräbnisfeierlichkeiten so kurz gehandelt hat, geschah wahrscheinlich, weil diese Bräuche, die ganz der buddhistischen Priesterschaft anheimgestellt sind, je nach Sekte sehr variieren. Und da es nicht weniger als fünfzehn Sekten des Buddhismus in Japan gibt, wäre es äußerst umständlich, die Zeremonien, die bei jeder Sekte in Gebrauch sind, genau zu schildern. Sollte der Buddhismus, wie es wahrscheinlich der Fall sein wird, in Japan ganz verschwinden, werden die Japaner vermutlich zu ihren alten Gebräuchen, die vor der Einführung des Buddhismus im 6. Jahrhundert unserer Zeitrechnung galten, zurückkehren. Worin diese alten Gebräuche aber bestanden, habe ich nicht in Erfahrung bringen können.